Das Alte Schloss Bümpliz

Werner Meyer
Johanna Strübin Rindisbacher

Das Alte Schloss Bümpliz

Bericht über die Grabungen von 1966–1970 sowie die Bau- und Besitzergeschichte

Mit Beiträgen von Christine Keller, Erwin Baumgartner, Angela Schlumbaum und Michael Schmaedecke

Herausgegeben von der
Historisch-Antiquarischen Kommission der Stadt Bern

Paul Haupt Bern 2002

Schriftenreihe der Erziehungsdirektion des Kantons Bern
herausgegeben vom
Archäologischen Dienst des Kantons Bern

Redaktion:
Daniel Gutscher

Titelbild:
Befund und Umzeichnung des Rundturms sowie Aquarell von
Albrecht Kauw, um 1670 (Bildquelle III, vgl. S. 89).
Gestaltung: Eliane Schranz, ADB.
Hintere Umschlagseite: Aktuelle Übersicht der Schlossgebäude von Nordwesten.

Bezugsort:
Verlag Paul Haupt Bern/Stuttgart/Wien
Falkenplatz 14, CH-3001 Bern

Die Deutsche Bibliothek – CIP-Einheitsaufnahme
Das alte Schloss Bümpliz :
Bericht über die Grabungen von 1966 – 1970 sowie die Bau- und Besitzergeschichte /
Hrsg. von der Historisch-Antiquarischen Kommission der Stadt Bern.
Werner Meyer ; Johanna Strübin.
Mit Beitr. von Christine Keller .... –
Bern ; Stuttgart ; Wien : Haupt, 2002
(Schriftenreihe der Erziehungsdirektion des Kantons Bern)
ISBN: 3-258-06516-0

Herstellung: Paul Haupt AG, Bern

Inhaltsverzeichnis

Geleitwort

Der Bericht über die Grabungen und Bauuntersuchungen von 1966–1970 im Alten Schloss Bümpliz legt Rechenschaft ab über das zweite grosse Unternehmen, das von der Historisch-Antiquarischen Kommission der Stadt Bern (HAK) angeregt und finanziert worden ist. Die HAK war 1955, ausgelöst durch die Grabungen Paul Hofers in der Mattenenge, als beratende Fachkommission des Gemeinderates gegründet worden und stand seit 1960 unter dem Präsidium des städtischen Schuldirektors und Grossrates Paul Dübi. Ihr Zweck war es, archäologische Untersuchungen in der Stadt fachlich und finanziell zu unterstützen. Mit der Gründung des Archäologischen Dienstes des Kantons Bern 1969, in dessen Aufgabenbereich auch die archäologische Betreuung der Stadt Bern fällt, verschob sich die Gewichtung von der eigenen Grabungstätigkeit hin zur Auswertung und Vorlage von Forschungsresultaten und öffnete sich der Blickwinkel von der reinen Bodenforschung hin zu bauhistorischen Belangen. Träger sind nach wie vor Kanton, Burgergemeinde und Stadt.

Die Monografie über das Alte Schloss Bümpliz schliesst als sechster Band der Schriften der Historisch-Antiquarischen Kommission an die zum Jubiläum «BE 800» im Jahr 1991 vorgelegte Studie zur Berner Burg Nydegg an, die den zwischen 1951 und 1962 in mehreren Etappen erfolgten Untersuchungen Paul Hofers im Areal der zähringischen Burganlage galt.

Sie erweitert damit den Blick über den Saum der mittelalterlichen Stadt hinaus in die Nachbarschaft, ins 1919 eingemeindete Bümpliz. Dieses bildete zusammen mit der Engehalbinsel und Köniz das Dreigestirn frühgeschichtlicher und römischer Siedlungstätigkeit, längst bevor sich auf der Aarehalbinsel das heutige Bern herausbildete.

Die Bümplizerinnen und Bümplizer dürfen nach der Lektüre der mit dem vorliegenden Band nun einer breiten interessierten Öffentlichkeit zugänglich gemachten Forschungen zu einem wichtigen Aspekt ihrer weit zurückreichenden Ortsgeschichte zu Recht stolz sein. Bümpliz sank nach dem Ende des Römerreiches nicht in völliges Dunkel, sondern erlebte als burgundischer Königshof eine gewisse Blüte. Heute gehört die Erinnerung an die Zeit der spinnenden Königin Bertha zu den identitätsstiftenden Mythen dieses Stadtteils. Kleinfunde belegen immerhin, dass einst Frauen auf dem Schloss lebten, die mit Spindel und Kunkel umzugehen verstanden.

Dass das Buch heute vor uns liegt, verdanken wir allen daran Beteiligten, insbesondere dem unbestrittenen Burgenspezialisten Werner Meyer und der Kunsthistorikerin Johanna Strübin Rindisbacher, die beide für den Haupttext die Verantwortung tragen. Mein Dank geht auch an die übrigen Autorinnen und Autoren und nicht zuletzt an den Archäologischen Dienst des Kantons Bern, der unter seinem früheren Leiter a. Kantonsarchäologe Hans Grütter und dem verantwortlichen Mittelalterarchäologen Daniel Gutscher das Ziel der Befundvorlage nie aus den Augen verlor, die Publikation in seine Obhut genommen und auch die Geldmittel für die Drucklegung zur Verfügung gestellt hat.

Stadtpräsident Dr. Klaus Baumgartner
Präsident der Historisch-Antiquarischen
Kommission der Stadt Bern

Vorwort

Mit dem vorliegenden Band über die archäologischen und baugeschichtlichen Untersuchungen im Alten Schloss Bümpliz gelingt es, eine der ersten Aktivitäten einer systematischen archäologischen Erforschung eines nichtkirchlichen Bauwerks vorzulegen.

Kritiker mögen einwenden: was soll denn nach so vielen Jahren eine umfassende Vorlage der Befunde, mittlerweilen ist doch die Archäologie des Mittelalters zu einer eigenständigen wissenschaftlichen Disziplin herangewachsen und hat zusammen mit der institutionalisierten Denkmalpflege eine solide Rechtsgrundlage erhalten. Also lediglich ein Stück Forschungsgeschichte? Ja, sicher auch, aber der vorliegende Band ist weit mehr als das. Seit den Vorberichten, insbesondere seit dem 1975 in den Akten von Château-Gaillard VII durch den hauptverantwortlichen Ausgräber Werner Meyer vorgelegten Bericht, hat der mittelalterliche Adelssitz, die «Curtis» von Bümpliz in der Forschung ihren festen Standort gewonnen. Vorberichte haben jedoch allesamt den Nachteil, dass darin dargelegte Befunde kein kritisches Nachvollziehen der auf den Grabungen gewonnenen Erkenntnisse ermöglichen. Der Befund selber ist längst durch die Bautätigkeit zerstört worden. Deshalb ist die umfassende Vorlage des damals Beobachteten auch mit – zugegebenermassen allzu langer – Verzögerung bleibendes Desideratum.

Dass es Werner Meyer, trotz vieler Verpflichtungen als Ordinarius für Archäologie des Mittelalters am Historischen Seminar der Universität Basel, gelungen ist, die seinerzeitigen Ergebnisse in die aktuelle Forschung einzubinden, verdient Respekt und grossen Dank. Die Befunde zur «Curtis Bümpliz», d.h. zum Königshof und seinen Nachfolgebauten, stehen somit einem grösseren Kreis Interessierter zur Verfügung, just in einer Zeit, welche mit den interdisziplinären Forschungsprojekten «Berns Grosse Zeit – Das 15. Jahrhundert neu enteckt» und «Berns Mutige Zeit – Das 13. und 14. Jahrhundert neu entdeckt» der älteren Berner Geschichte neue Impulse zu geben vermochte und noch geben wird.

Erste Sondierschnitte hatte der nachmalige Kantonsarchäologe Hans Grütter, damals noch Kustos am Bernischen Historischen Museum, vom 6.–30. Juni 1966 zusammen mit Techniker Fritz Reber, dem Studenten Jost Bürgi (heute Thurgauischer Kantonsarchäologe) und dem Zeichner Harry Zaugg vorgenommen und dokumentiert. Als regelmässige Besucher, welche bei der Deutung der Befunde mithalfen, verzeichnen die Tagebücher die Professoren Hans-Georg Bandi, Luc Mojon und Paul Hofer.

Die dabei angetroffenen Mauerfundamente sowie der Wassergraben gaben – neben der grossen historischen Bedeutung des Ortes – Anlass zur systematischen Grabung, die vom 4. Juli bis 12. September 1970 unter der Leitung von Werner Meyer, damals noch Lehrer am Gymnasium am Kohlenberg in Basel, durchgeführt wurden. Dabei konnte er auf die Unterstützung durch 3 bis 8 Studentinnen und Studenten (Hans-Rudolf Binz, Wolfgang Bortlik, Maria-Letizia Boscardin, Peter S. Bumbacher, Heinz Flückiger, Antoinette Grün, Guido Helmig, Lukas Högl, Bernadette Lochmann, Barbara Obrist, Jürg Tauber, Beate und Hans Rudolf Wicker-Lehner) sowie Liselotte Meyer-Hofmann zählen. Dankbar erwähnt werden dürfen auch die Handlanger der Bauunternehmung Sigrist & Berger AG: Cemal Audic, Ruberto Diaz, Salvador Fernandez, Domingo Hernandez, Avellino Lema, Antonio Lestón, Mario Negri und Diego Sanchez.

Die Resultate der Grabungen wurden der Presse mit Communiqués Ende Juli und Mitte September 1970 sowie im Vorfeld zur städtischen Volksabstimmung vom 23. April 1978 über den Sanierungskredit vorgestellt.

Die schon auf der Grabung ins Auge gefassten Auswertungsarbeiten verzögerten sich wegen anderweitiger Verpflichtungen des Grabungsleiters... Nach dem Stadtjubiläum von 1991 gelang es, dem «Projekt Bümpliz» neues Leben einzuhauchen. Werner Meyer hoffte auf freie Zeiten eines Freisemesters an der Universität und erarbeitete auf Initiative von Hans Grütter und Daniel Gutscher einen ersten Kostenvoranschlag. Die Historisch-Antiquarische Kommission konnte mit der Kunsthistorikerin Johanna Strübin Rindisbacher eine Autorin für die jüngeren Kapitel der Bümplizer Schlossgeschichte verpflichten. Ein Abschluss inklusive Publikation wurde für 1997 geplant, dank der initiativen und ausdauernden Projektleitung durch unseren Mittelalterarchäologen Daniel Gutscher nicht mehr aus den Augen gelassen und zum glücklichen Abschluss geführt. Ein besonderer Dank geht auch an Jakob Obrecht für die Unterstützung der Arbeiten Werner Meyers, insbesondere die grabungstechnische Auswertung, an Christine Keller, Erwin Baumgartner, und Michael Schmaedecke für die Bearbeitung der neuzeitlichen Funde, Heinz Egger für die dendrochronologische Nachuntersuchung von Konstruktionshölzern am heutigen Bau sowie Angela Schlumbaum für die Analyse der Holzproben aus der Grabung.

Die von unterschiedlichen Händen und aus verschiedenen Zeiten stammenden Grabungsunterlagen erforderten z.T. vollständig neue Umzeichnungen der originalen Dokumente, hat doch mittlerweilen überall die computergestützte Zeichnung Einzug gehalten und sollte die Publikation ein einheitliches Gesicht erhalten. Max Stöckli und Eliane Schranz nahmen sich der zeichnerischen Umsetzung in unserem Atelier an. Sie konnten sich dabei auf die vollständigen Vorzeichnungen von Jakob Obrecht und Bruno Seitz (Planzeichnungen Teil A) sowie Felicitas Prescher (Fundzeichnungen Teil C) abstützen.

Die Verantwortung für Lektorat und Redaktion lag in den Händen von Daniel Gutscher, der auch das hilfreiche Register erstellte.

Für die Drucklegung bei Paul Haupt Bern durften wir erneut auf die Erfahrung von Jürg Rub zählen.

Allen Beteiligten sei für ihren grossen Einsatz, der stets neben vielen anderen Alltagsverpflichtungen zu erfolgen hatte, herzlich gedankt.

Bern, März 2002

Cynthia Dunning
Kantonsarchäologin

Teil A:
Die archäologischen Forschungen zur mittelalterlichen Burg

Werner Meyer

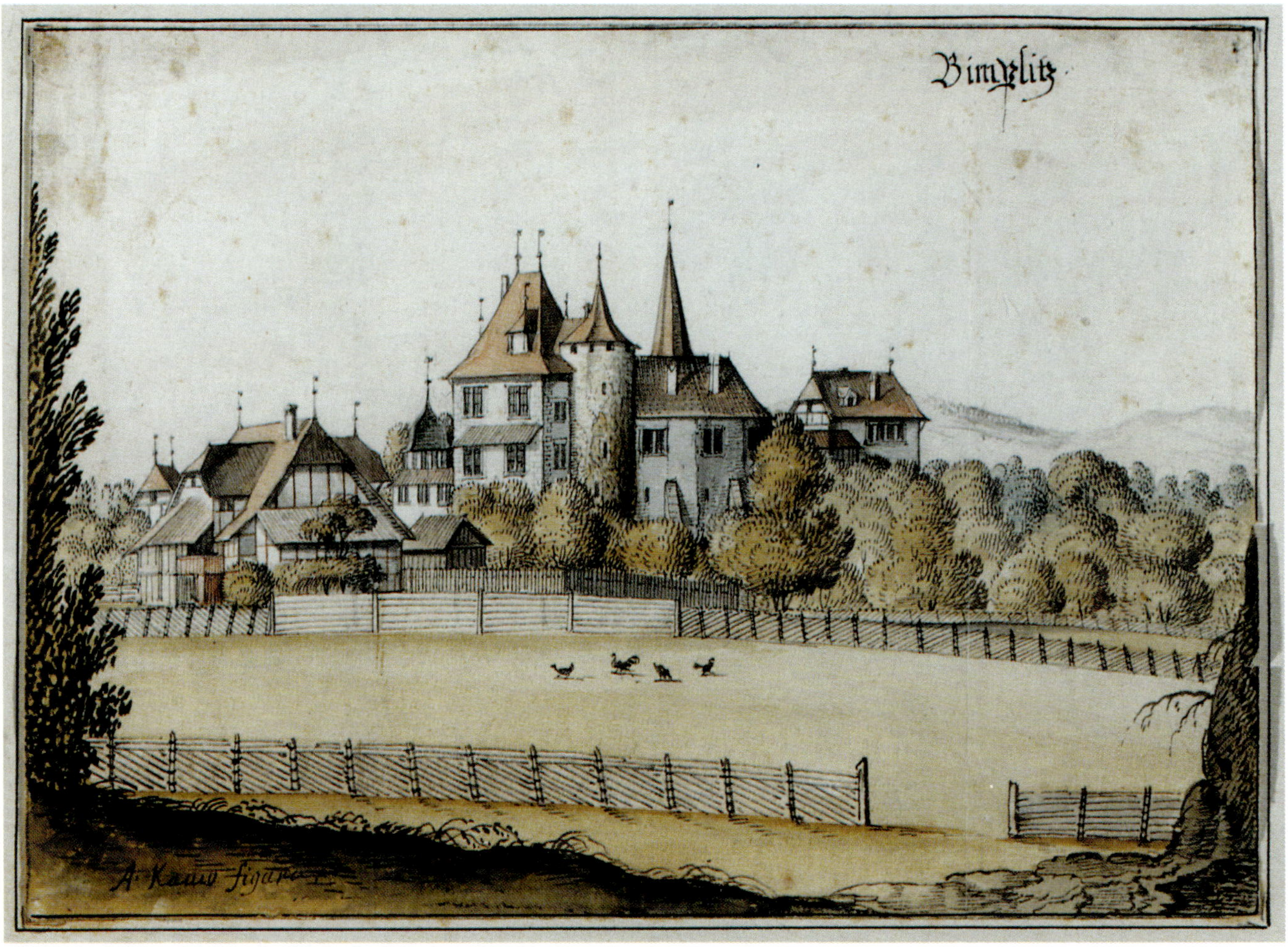

Abb. 1: Albrecht Kauw, Schloss Bümpliz um 1670, siehe Bildquelle III.

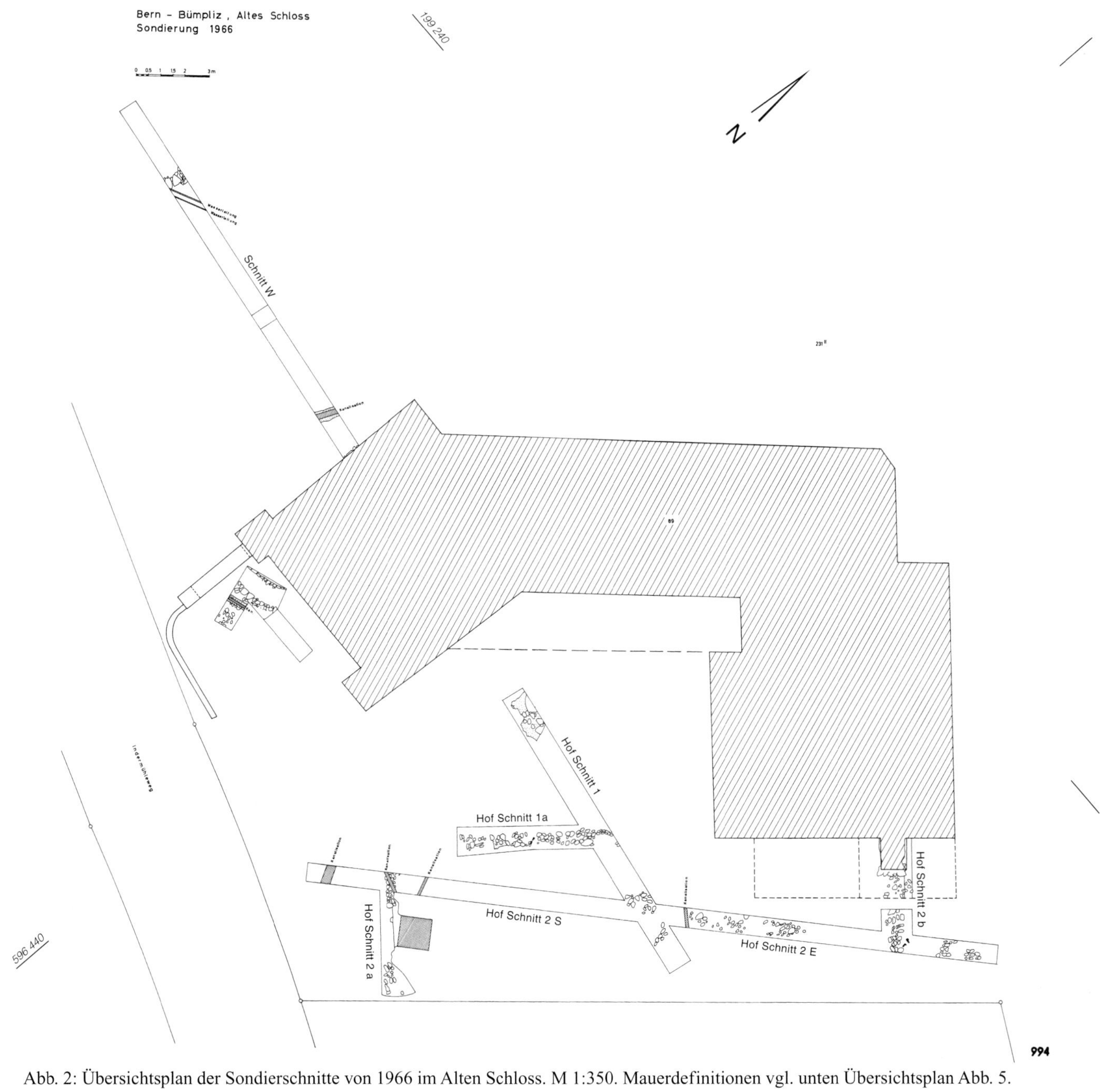

Abb. 2: Übersichtsplan der Sondierschnitte von 1966 im Alten Schloss. M 1:350. Mauerdefinitionen vgl. unten Übersichtsplan Abb. 5.

I. Forschungsstand und Grabungsverlauf

1. Das Alte Schloss von Bümpliz als archäologisches Forschungsobjekt

Der historische Gebäudekomplex des *Alten Schlosses* von Bümpliz erhebt sich inmitten einer an archäologischen Funden reichen Landschaft: Aus der Umgebung des Dorfes sind zahlreiche Einzelfunde und Fundplätze bekannt, namentlich Grabhügel und sonstige Bestattungsplätze, die bis in die Bronzezeit zurückreichen. Auch vereinzelte Fundmeldungen aus dem Neolithikum liegen vor.[1] Im engeren Raum um Bümpliz sind ausser latènezeitlichen Bestattungen vor allem zwei frühmittelalterliche Gräberfelder zum Vorschein gekommen, die auf eine intensive Besiedlung des Platzes seit dem 6. Jahrhundert schliessen lassen.[2] Da der Ortsname Bümpliz wohl auf einen ursprünglichen -ingen-Ort zurückgeht, könnte er mit der Begründung des zu den Gräberfeldern gehörigen Ortes im Frühmittelalter entstanden sein und damit als Siedlung des *Pipo* oder *Pimpo* gedeutet werden.[3]

Im Bereich der Pfarrkirche vom Bümpliz, die vor der Reformation dem Hl. Mauritius geweiht war, dehnte sich ein grosser römischer Gutshof aus, von dem in verschiedenen Etappen bedeutende Grundrissteile erfasst und dokumentiert worden sind. Da die Reihe der datierbaren Funde im 3. Jahrhundert abbricht, bleibt einstweilen unsicher, ob für die drei Jahrhunderte zwischen der Auflassung des Gutshofes und dem Einsetzen der frühmittelalterlichen Bestattungen eine Siedlungskontinuität bestanden hat.[4]

Dass sich im Verlauf des Frühmittelalters im Raume um Bümpliz an mehreren Stellen Menschen niedergelassen haben, wird durch zahlreiche Funde belegt, zuletzt durch den Nachweis eines gegenwärtig noch nicht vollständig erforschten Siedlungsplatzes mit Gräberfeld bei Niederwangen.[5]

Aus dem allerengsten Umfeld des *Alten Schlosses* von Bümpliz sind vor Beginn der archäologischen Unternehmungen 1966 keine Bodenfunde bekannt geworden. Die urkundlich frühe Nennung von Bümpliz in Diplomen König Rudolfs III. von Burgund kurz nach der Jahrtausendwende liess aber seit langem den Standort eines herrschaftlichen Zentrums in Bümpliz vermuten, zumal 1962/1963 die Mauritiuskirche archäologisch bis mindestens ins 10. Jahrhundert hatte zurück datiert werden können.[6] Dass sich die heutzutage noch erhaltenen – jedenfalls mehrphasigen – Bauten des *Alten Schlosses* an der Stelle einer Vorläuferanlage unbekannten Alters erheben dürften, war seit längerer Zeit angenommen worden.[7] Die konkreten Planungen und Fragestellungen für die Untersuchungen von 1988/1970 sollten von diesen Vermutungen ausgehen sowie vom unbestrittenen Forschungsbedürfnis, allfällige Funde und Befunde in den bereits bekannten Rahmen der archäologischen Kenntnisse über den Raum von Bümpliz einzubauen.

2. Die Sondierungen 1966

Um 1960 bot sich der historische Gebäudekomplex des *Alten Schlosses* von Bümpliz in einem dermassen verwahrlosten Zustand dar, dass umfassende Sanierungsarbeiten notwendig waren, wenn der Bau vor irreparablen Schäden bewahrt und als Geschichtsdenkmal der Nachwelt erhalten werden sollte.

Dass einer gründlichen Sanierung, die auch eine Neugestaltung bedingte, umfangreiche archäologische und bauanalytische Untersuchungen vorauszugehen hatten, stand im Hinblick auf die Geschichtsträchtigkeit des Platzes völlig ausser Frage. Freilich muss an dieser Stelle mit Bedauern festgestellt werden, dass Jahre zuvor bei der Überbauung des Indermühleweges, die das einstige Schlossareal gravierend tangierte, archäologische Abklärungen unterblieben sind.

1 Tschumi, Urgeschichte, S. 187ff.

2 Tschumi, Urgeschichte, S. 192.

3 Die in verschiedenen Schreibvarianten belegte Namensform Bümpliz ist erst seit dem 14. Jahrhundert bezeugt. Älter sind die Formen Pinpenymgis (?), Pinprinza, Pinprinzo (MGH. DD Burg. Nrn. 110, 116, 123) sowie Pipinnant (FRB 2, Nr 77). Ausser der Deutung als ursprünglicher -ingen-Name ist auch an die Möglichkeit eines -acum/-ach-Namens zu denken, namentlich im Hinblick auf die ähnliche Form Pampigniaco/Pampigny Vgl. Paul Öttli, Deutschschweizerische Ortsnamen, Erlenbach-Zürich 1950, S. 15f. – Der Autor dankt Kollegen Robert Schläpfer †, Itingen, für die namenkundlichen Hinweise.

4 Bacher, Bern-Bümpliz, S. 397–414 (mit Auflistung der älteren Literatur).

5 Tschumi, Urgeschichte, S. 186ff. (Raum Bern), 211 (Bremgarten), 223f. (Frauenkappelen), 259ff (Raum Köniz), 270f. (Laupen), 294f. (Mühleberg-Gümmenen), 302f. (Muri). – Das Gräberfeld Niederwangen ist erst 1998/1999 untersucht worden. Der Autor dankt Daniel Gutscher, ADB, für die Einsichtnahme in das Fundmaterial.

6 Zur Datierung der Mauritiuskirche von Bümpliz vgl. unten Anm. 123.

7 Vgl. unten Abschnitt I.3.

Abb. 3: Bereits 1966 wurde im Schnitt 1 das Rundturmfundament M3 angeschnitten, jedoch als solches noch nicht erkannt (vgl. Abb. 70). Ansicht von Südosten.

Als erste Massnahme für die Vorbereitung und Planung der künftigen Sanierungsmassnahmen wurde 1966 im Areal des *Alten Schlosses* eine Sondiergrabung durchgeführt. Das nicht sehr umfangreiche Unternehmen unter der Aufsicht von Hans Grütter (ADB) diente vor allem der Abklärung einer ebenso wichtigen wie im Hinblick auf das weitgehende Fehlen gesicherter Informationen über mögliche Befunde offenen Frage: Wieviel archäologische Substanz steckte überhaupt noch im Boden, der – soviel war aus Schrift- und Bildquellen bekannt – in den letzten drei Jahrhunderten zahlreiche Eingriffe durch Um- und Neubauten sowie Niederlegungen erlebt haben musste.[8]

Die kurze Sondierung blieb auf das Ziehen weniger Schnitte ausserhalb des heutigen Gebäudekomplexes beschränkt. Sie führte zum Nachweis eines flachen Wassergrabens, der die Anlage einst umgeben hatte, sowie zur Feststellung mehrerer Baustrukturen, die mindestens teilweise älter als der heutige Schlossbau zu sein schienen, was durch Keramikfragmente des 13./14. Jahrhunderts erhärtet wurde.[9]

Das Ergebnis der Sondierung erweckte für sich allein einen etwas mageren Eindruck, zumal keine eindeutigen Datierungshinweise gefunden werden konnten. Doch fiel die Antwort auf die Hauptfrage positiv aus: Der Boden musste noch zahlreiche, archäologisch relevante Reste bergen, was eine gründliche Untersuchung vor der Gesamtsanierung der Anlage notwendig machte.[10]

Gestützt auf die Ergebnisse dieser sorgfältig dokumentierten Sondierung von 1966 konnte eine umfassende Flächengrabung geplant werden, wie sie dann 1970 realisiert worden ist. Der Sondierungsbefund erlaubte es, die ungefähren Aushubkubaturen abzuschätzen und den technisch-organisatorischen Rahmen für die Flächengrabung abzustecken, so dass es auch möglich wurde, ein Budget zu erstellen, das 1970 tatsächlich eingehalten werden konnte. Damit kommt dem Grabungsunternehmen mit seiner Zweistufigkeit – 1. vorbereitende Sondierung, 2. befundgestützte Flächengrabung – exemplarische Bedeutung zu.

3. Die Fragestellung der Ausgrabung 1970

Aufgrund der urkundlichen Hinweise aus dem frühen 11. Jahrhundert und der schriftlichen Überlieferung aus dem 14. und 15. Jahrhundert durfte im Bereich des *Alten Schlosses* mit einiger Wahrscheinlichkeit die Stelle einer königlichen *Curtis* aus hochburgundischer Zeit vermutet werden. Wie eine solche *Curtis* oder *Curia* ausgesehen hatte, blieb vorerst unklar. Die Sondierungen von 1966 hatten zwar den Nachweis älterer Bauphasen erbracht, die jedenfalls vor die noch aufrechten Schlossbauten zu datieren waren. Die Frage nach einem hochburgundischen Siedlungshorizont aus der Zeit um 1000 vermochten die Befunde indessen nicht zu klären. Somit zielten die Ausgrabungen von 1970 in erster Linie auf die Lösung des Rätsels um den urkundlich bezeugten Königshof ab.[11] Erschwerend wirkte sich für die Planung des Unternehmens allerdings aus, dass es einerseits keinerlei konkrete Hinweise auf die erhofften Baureste oder den genauen Standort der mutmasslichen Kerngebäude gab und dass die zur Verfügung stehende Grabungsfläche durch die vorgegebenen Parzellengrenzen stark eingeschränkt blieb.

Während somit von den Schriftquellen her die Suche nach einer königlichen *Curtis* aus hochburgundischer Zeit im Vordergrund stand, zeichneten sich aus burgenarchäologischer Sicht weitere Fragen ab. Die Sondierungen von 1966 hatten die Existenz eines künstlich angelegten Wassergrabens nachgewiesen. Dessen Verlauf, Alter und Konstruktion zu ermitteln gehörte jedenfalls zu den vordringlichen Aufgaben der Grabung.

Ein weiteres Problem bildete die Überlieferungslücke zwischen dem frühen 11. Jahrhundert und der Zeit nach 1300. Würde sich für diese schriftlich nicht belegte Zeit

8 Hofer/Grütter, Altes Schloss, S. 3f.
9 Hofer/Grütter, Altes Schloss, S.10.
10 Hofer/Grütter, Altes Schloss, S. 11.
11 MGH DD Burg. S. 271, Nr. 110; S. 285, Nr. 116; S. 297, Nr. 123. – Vgl. unten Abschnitte V.1 und VI.1.

Abb. 4: Grabungszone J. Freilegungsarbeiten im Innenhof des Alten Schlosses. Ansicht von Süden.

überhaupt eine Besiedlung des Platzes nachweisen lassen, und wenn ja, um welche Art von Gebäudekomplex hätte es sich gehandelt?
Schliesslich musste auch der Frage nach der Übereinstimmung von schriftlichen Quellen und archäologisch-bauanalytischem Befund für das 14. und 15. Jahrhundert nachgegangen werden. Denn als ältester Teil des noch aufrechten Baukomplexes war der markante Torturm in der SW-Ecke der Anlage anzusprechen, der aber kaum weiter zurück als ins vorgerückte 15. Jahrhundert zu reichen schien.[12] Umgekehrt wird 1306 ausdrücklich ein Turm *(turris)* bezeugt, der sich in unmittelbarer Nähe des alten Königshofes, in der betreffenden Urkunde als *curtis imperii* bezeichnet, erhoben haben soll.[13] Von einer eigentlichen Burg zu Bümpliz ist allerdings erst 1485 die Rede, was mindestens hypothetisch auf die Errichtung von Neubauten im 14./15. Jahrhundert schliessen liess.[14] War jenes massive Mauerfundament, das 1966 im Innenhof des *Alten Schlosses* angeschnitten worden war, aber nicht genauer hatte identifiziert werden können, mit der Turris von 1306 in Verbindung zu bringen?

Falls es gelingen sollte, auf dem Areal des *Alten Schlosses* eine kontinuierliche Besiedlung zwischen dem 10./11. und dem 14./15. Jahrhundert nachzuweisen, durfte von den Befunden ein wichtiger Beitrag zum alten, noch nicht ausdiskutierten Problem des Überganges vom Herrenhof zur Burg, von der *Curtis* zum *Castrum,* erwartet werden.[15]

Wenig Erfolg versprach dagegen eine Überprüfung der von Paul Hofer geäusserten Vermutung, die identische Orientierung von *Altem Schloss* und *Mauritiuskirche,* die er beobachtet zu haben glaubte, lasse nicht nur auf eine königliche Besitzeinheit in Bümpliz schliessen, sondern sogar auf eine grossflächig geplante Pfalzanlage. Die von Hofer genannten Indizien erschienen uns für eine Weiterverfolgung der Hypothese zu wenig tragfähig.[16]

12 Zur Datierung des Torturmes vgl. unten Anm 55.
13 FRB 4, S. 246 Nr. 216.
14 STAB, Bümpliz Nr. 72, Dok. 51.
15 Meyer, Burgenbau und Herrschaftsbildung, S. 310. – Vgl. auch unten Abschnitt 7.2.
16 Die urkundlich vom 14. Jahrhundert an bezeugte Bezeichnung curia/curtis (s. oben Anm. 13) schliesst einen repräsentativen Bau mit einem palatium nicht von vornherein aus. Mögliche Deutung des Alten Schlosses als Pfalz auch bei Schmid, Bümpliz, S. 271f. Der von Hofer (Hofer/Grütter, Altes Schloss, S. 2f.) postulierte bauliche Zusammenhang zwischen Kirche und Schloss wird mit der gleichen «Orientation» der beiden Gebäudekomplexe begründet, was im Hinblick auf die weit auseinander liegenden Errichtungsdaten reichlich abenteuerlich anmutet.

4. Der Grabungsverlauf 1970

Für die Flächengrabung 1970 stand ein Rahmenbudget von Fr. 80'000.– zur Verfügung, das allerdings nur die archäologischen Arbeiten vor Ort – Freilegung und Dokumentation der Befunde, Abtransport des Aushubs, Registrierung der Kleinfunde – umfasste und die schwer abschätzbaren Folgekosten für Auswertung und Berichterstattung ausklammerte.

Die Grabung stand unter der Leitung des Berichterstatters. Auftraggeberin, die auch die Finanzierung sicherstellte, war die Historisch-Antiquarische Kommission der Stadt Bern (HAK). Die Oberaufsicht lag beim Archäologischen Dienst des Kantons Bern, der unter der Leitung von Hans Grütter auch die Logistik und Administration betreute sowie die Kontakte mit Behörden und Amtstellen unterhielt. Die Ausgrabungsarbeiten erstreckten sich über zehn Wochen vom 4. Juli bis 12. September 1970. Die Equipe be-

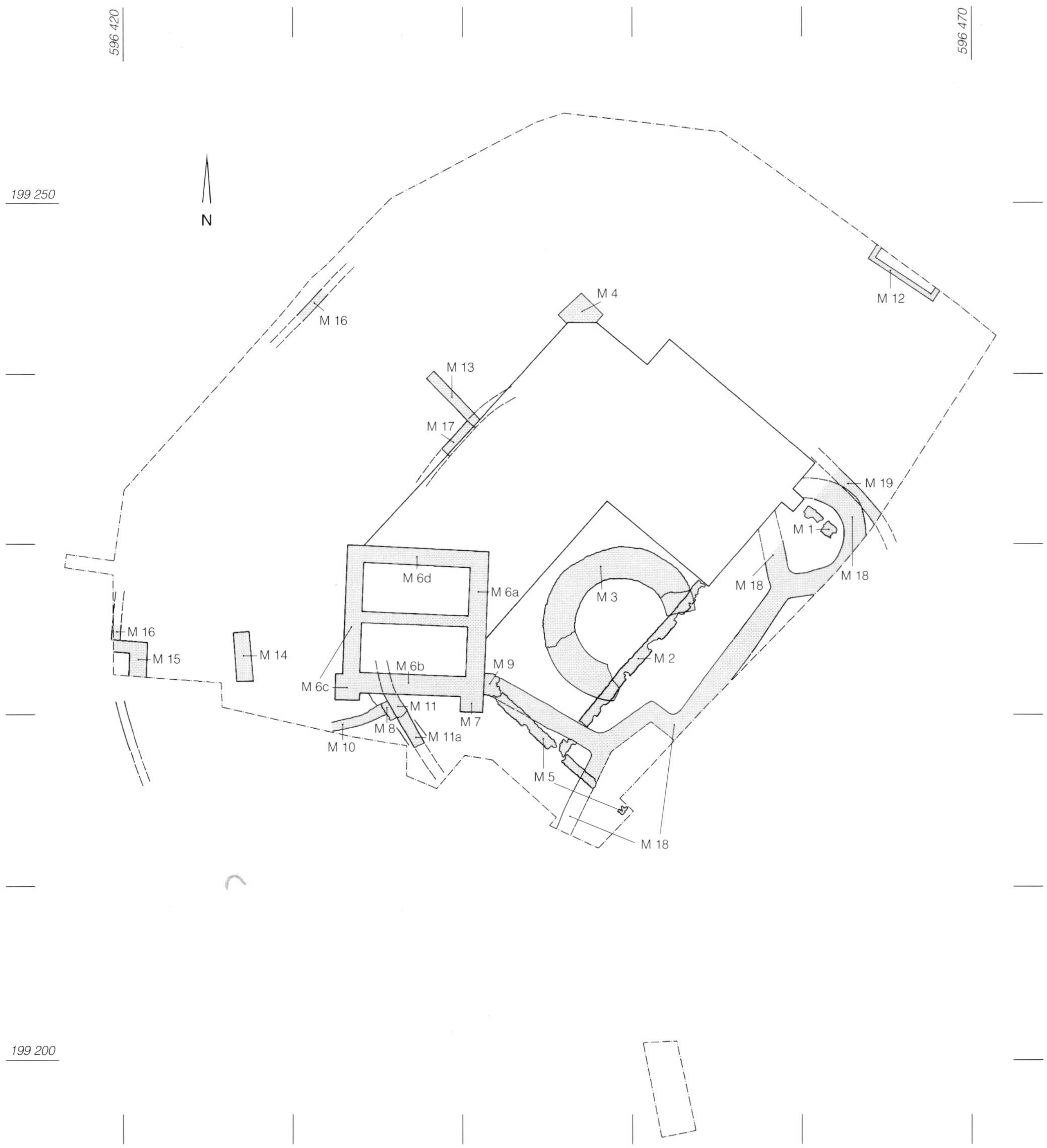

Abb. 5: Übersichtsplan der Grabung Bümpliz, Altes Schloss 1970 mit den nachgewiesenen Mauerzügen in fortlaufender Numerierung. M 1:350.

stand aus jeweils 3–6 Studierenden der Universitäten Basel und Bern sowie aus 2–5 Bauhandlangern der Firma Sigrist & Berger AG. Für Ausrüstung, Technik und Sicherheitsvorkehrungen stand Fritz Reber, Grabungstechniker des ADB, zur Verfügung.

Dank dem Einsatz aller Beteiligten konnte die Grabung planmässig und budgetgerecht zu Ende geführt werden, obwohl die äusseren Bedingungen alles andere als ideal waren und vielerlei Hindernisse auftraten, die sich erschwerend und verzögernd auswirkten.

Mehrmals drohten Schlechtwetterperioden den Zeitplan über den Haufen zu werfen. Denn trotz des Einsatzes von mobilen Dächern wurde der Boden durch anhaltende, heftige Regenfälle zeitweise dermassen durchnässt und aufgeweicht, dass die senkrechten Profilwände einzustürzen drohten und der für Grobfreilegung und Abtransport des

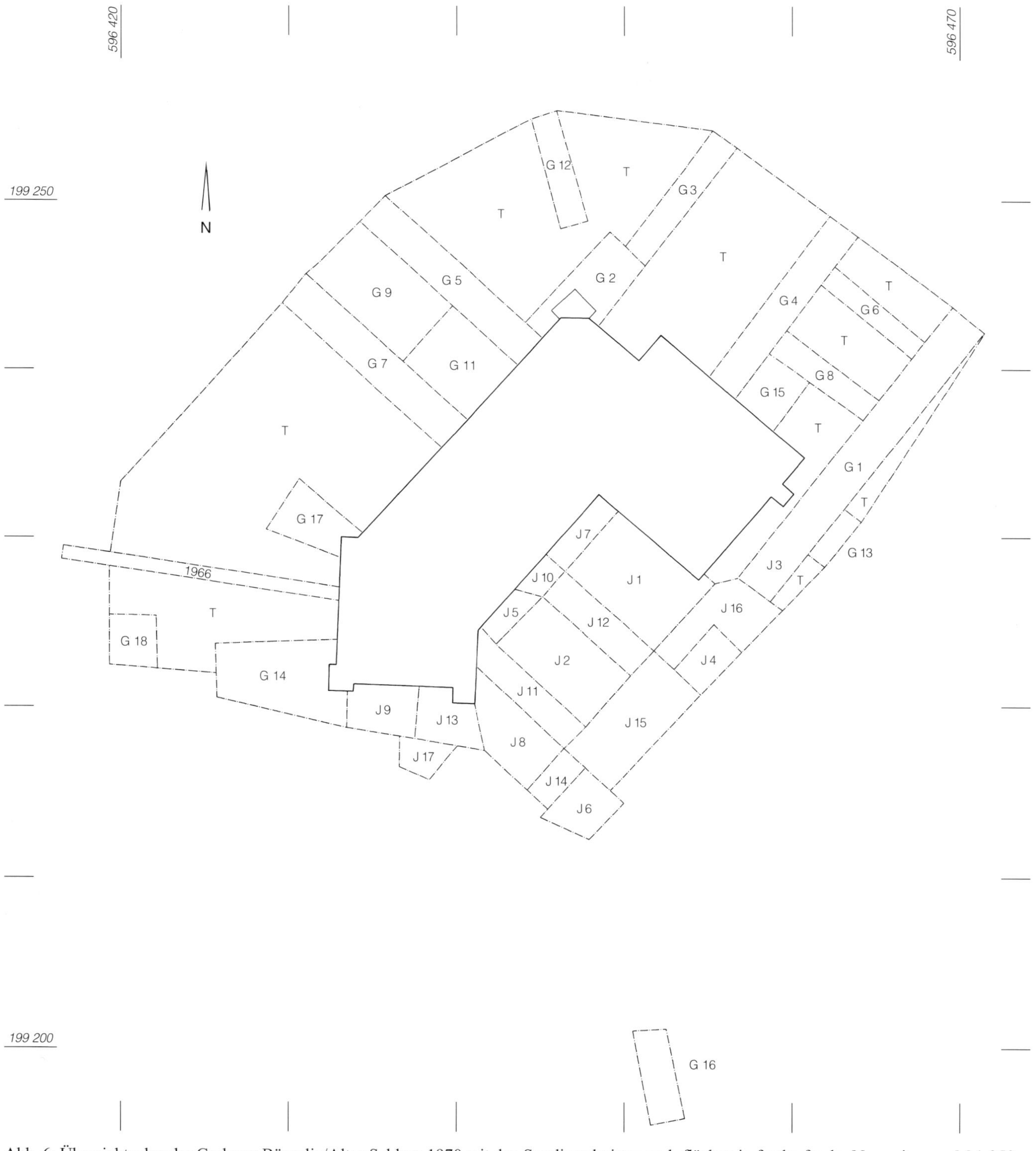

Abb. 6: Übersichtsplan der Grabung Bümpliz/Altes Schloss 1970 mit den Sondierschnitten und -flächen in fortlaufender Numerierung. M 1:350. – J Grabungszone im Innenhof, G Grabungszone im Bereich des Wassergrabens, T mit Trax im Grobaushub abgedeckte Flächen.

Abb. 7: Beginn der Aushubarbeiten in Zone J. Im Hintergrund die durch den Gartenzaun gebildete südöstliche Grabungsgrenze. Ansicht von Nordwesten.

Abb. 8: Aushubarbeiten in Schnitt G4. Die starke Durchnässung des lockeren Bodens infolge anhaltenden Regens macht ein Verspriessen der Profilwände unumgänglich. Ansicht von Osten.

Abb. 9: Rundturm M3 in Schnitt J1. In der Profilwand links des Mauerfragmentes mehrphasige Einfüllungen im ehemaligen Turminnern. Ansicht von Nordosten.

Abb. 10: Zone J. Beginn des Aushubes in den Schnitten J1 und J2. Ansicht von Süden.

Abb. 11: Beginn der Aushubarbeiten im Bereich J9 südlich des Tortermes. Ansicht von Westen.

Abb. 12: Aushubarbeiten im Nordwestbereich der Grabungszone G. Beginn der flächenhaften Abdeckung nach dem Ziehen der Sondierschnitte G5 und G7. Ansicht von Norden.

Aushubs eingesetzte Trax im Morast versank und einmal mit den Raupen sogar eine Gasleitung beschädigte, was aufwändige Notfallmassnahmen auslöste.
Dazu kam, dass wegen der flächenhaften Freilegung rund um das heutige Schlossgebäude dessen Regentraufen ihrer Ablaufrinnen beraubt wurden, so dass das Wasser, das sintflutartig von den Dächern floss, mit improvisierten Teucheln über die Grabungsflächen hinweg abgeleitet werden musste.

Angesichts solcher Probleme können die Störungen der Arbeit, die durch hysterische Nachbarn verursacht wurden, geradezu als harmlos bezeichnet werden.
Zusätzlichen Arbeitsaufwand brachten die Dichtungs- und Sicherungsmassnahmen, die an noch benützten, durch die Grabungen freigelegten Abwasserleitungen vorgenommen werden mussten.
Auch die Trocken- und Hitzeperioden führten zu Schwierigkeiten, indem die ohnehin oft nur geringen Farbunter-

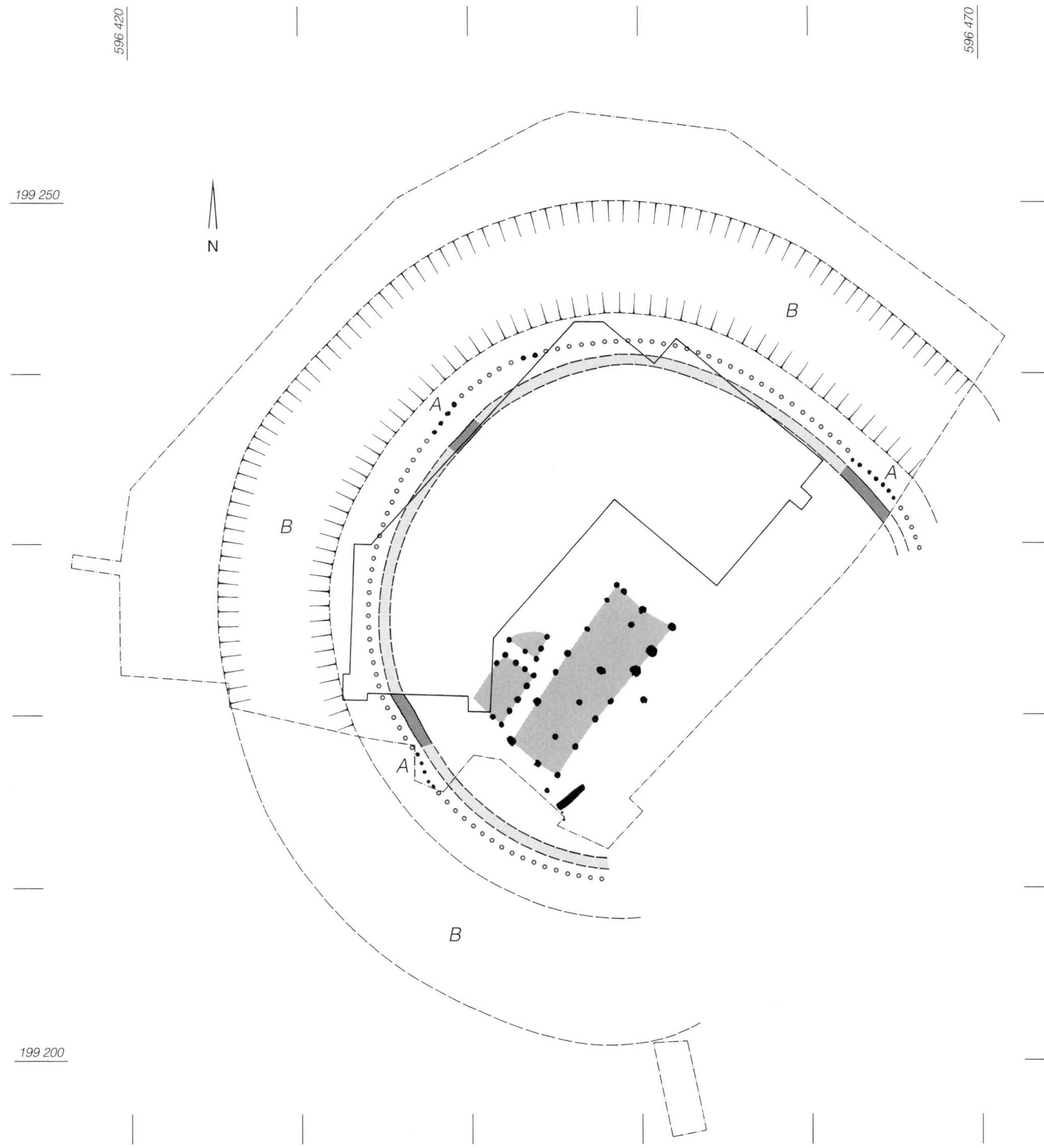

Abb. 13: Gesamtplan mit Bauten der Perioden I und II. M 1:350. – Mittlerer Raster: Umrisse der Häuser aus Periode I. Dunkler Raster: Umfassungsmauer aus Periode I und II. Heller Raster: Ergänzungen. A Palisade Periode I. B Wassergraben Periode I und II.

schiede in den horizontalen und vertikalen Schichtenfolgen rasch bis zur Unkenntlichkeit ausbleichten und für Dokumentationsarbeiten mittels Besprühung wieder sichtbar gemacht werden mussten. Das Abdecken gereinigter Flächen und Profile mit Plastikbahnen erwies sich insofern als problematisch, als sich wegen der grossen Bodenfeuchtigkeit, die nach oben und aussen drückte, unter der Abdeckung sehr rasch störende Algen bildeten.

Ein besonderes Sicherheitsrisiko ging von der Auflage aus, dass während der Grabungen der Kinderhort in den Räumlichkeiten des *Alten Schlosses* weitergeführt werden musste. Um Störungen und vor allem auch Unfälle zu vermeiden, sahen wir uns deshalb gezwungen, die Grabungszonen hermetisch durch einen festen Zaun abzuriegeln und einen eigenen Zugang ins Innere des Schlossgebäudes zu konstruieren, der brückenartig über die Grabungsfläche hinweg führte.

Für den nach und nach immer umfangreicheren Aushub

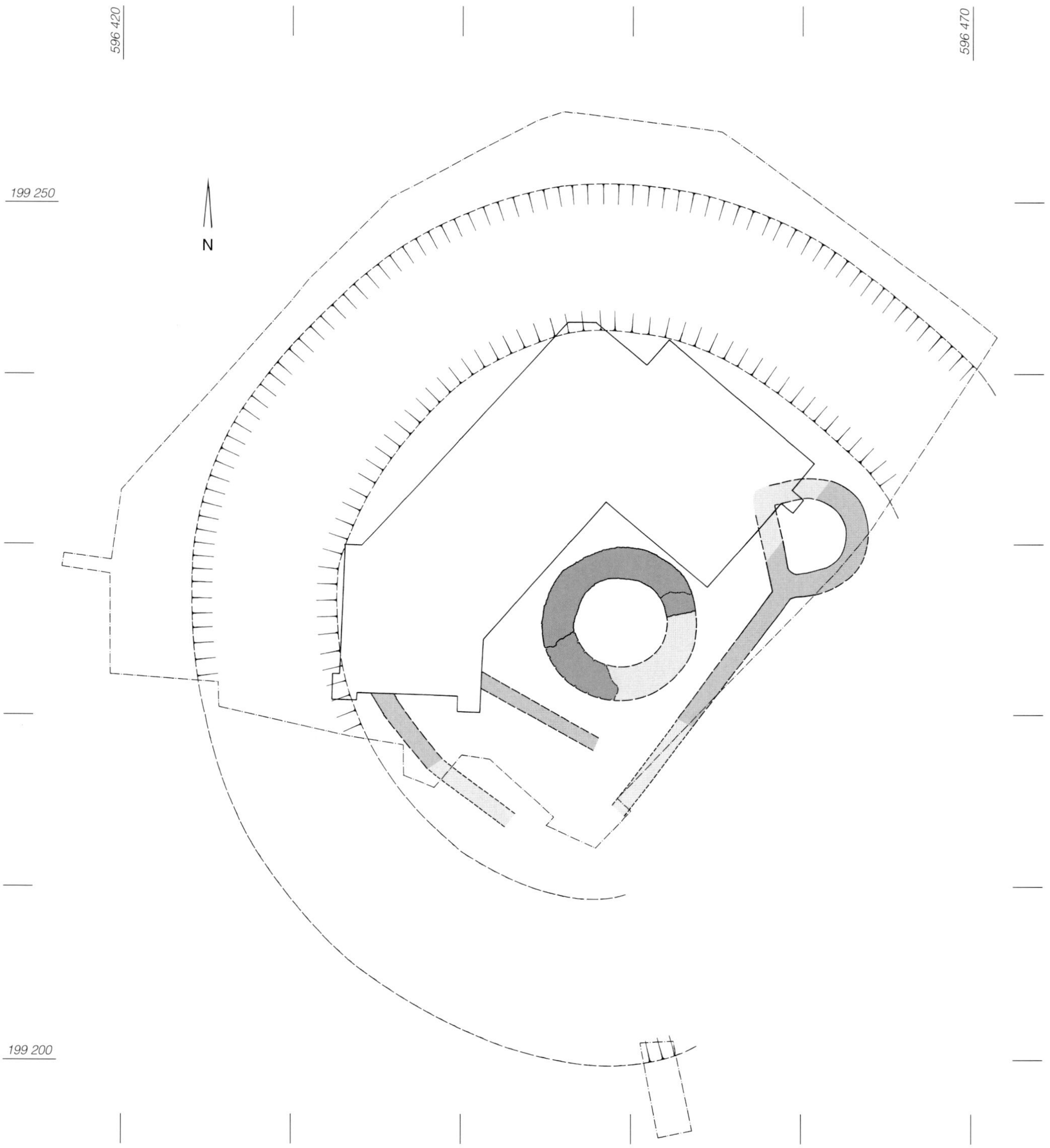

Abb. 14: Gesamtplan mit Bauten der Periode III. M 1:350. – Dunkler Raster: Rundturm aus Periode IIIa. Mittlerer Raster: Flankierungsturm, Umfassungs- und Gebäudemauern aus Periode IIIb. Heller Raster: Ergänzungen.

stand keine ausreichende Abstellfläche zur Verfügung. Die provisorischen Deponien mussten deshalb immer wieder mittels Trax und Lastwagen abgeführt werden. Finanzielle Entlastung für diesen Budgetposten kam von der Stadtgärtnerei Bern, die gutes Humusmaterial zur weiteren Verwendung auf eigene Kosten abtransportierte.

Als Grundlage der Vermessung diente ein Polygonzug, der durch die Grenzmarken der Schlossparzelle gebildet wurde. Schnitte, Flächen und Mauern wurden nach der zeitlichen Abfolge ihres Aushubes bzw. ihrer Freilegung nummeriert. Angesichts der vielen Störungen und der grossen Niveauunterschiede erwies es sich als unmöglich, eine einheitliche, zusammenhängende Schichtennummerierung vorzunehmen.

Pro Schnitt und Fläche wurden die zutage tretenden Schichten von oben nach unten separat nummeriert, das Erstellen einer Konkordanz musste der Auswertung vor-

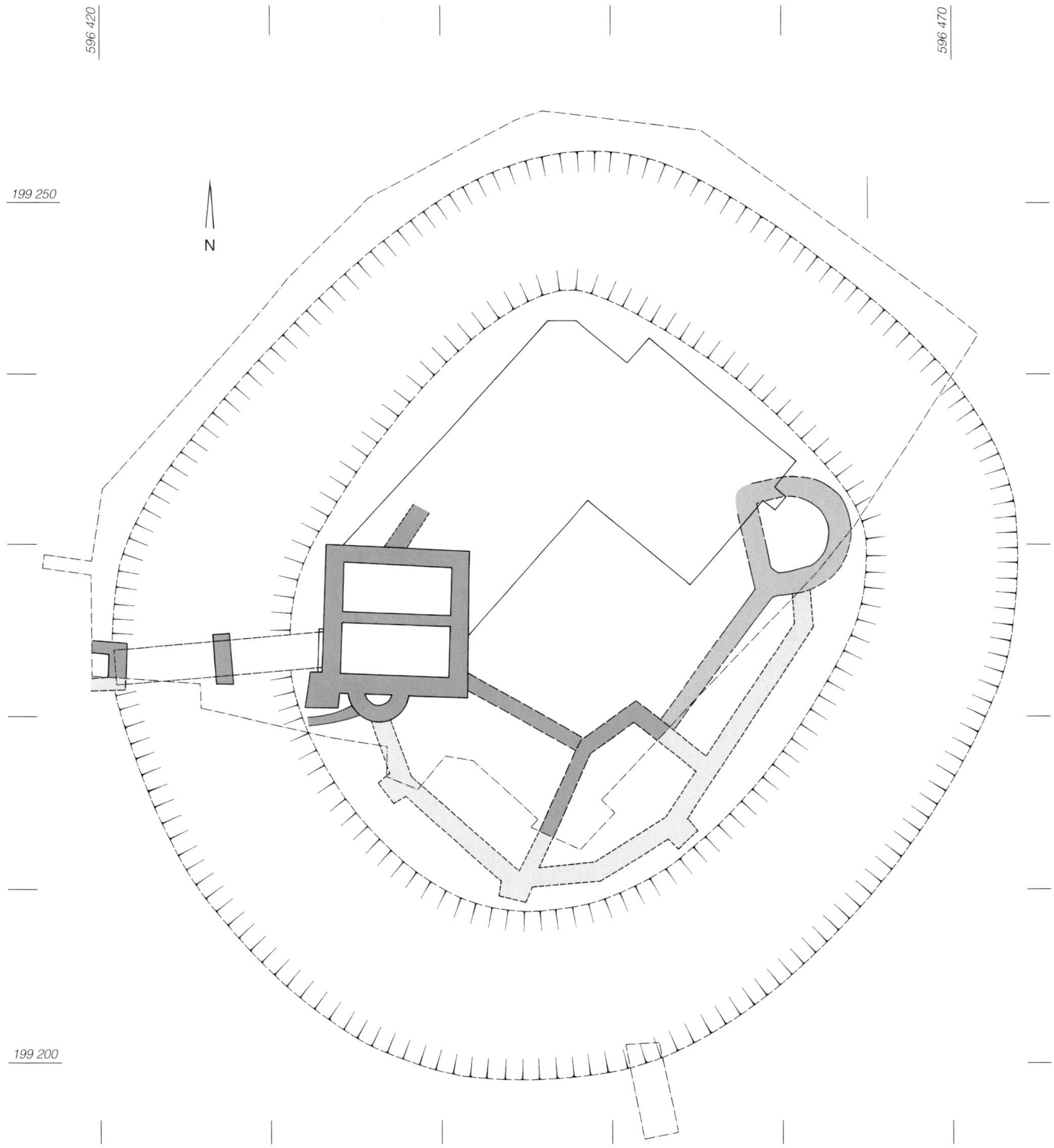

Abb. 15: Gesamtplan mit Bauten der Phase IV (1471). M 1:350. – Dunkler Raster: 1471 oder wenig später neu errichtet. Mittlerer Raster: Bauten aus Periode IIIb, 1471 in den Neubau integriert. Heller Raster: Ergänzungen.

behalten bleiben.[17] Es erschien zweckmässig, im Sinne einer topographischen Grobeinteilung, das ganze Grabungsareal in zwei Zonen einzuteilen, in Zone G, die sich über den Bereich des mutmasslichen Wassergrabens erstreckte, und in Zone J, die den Innenhof des heutigen Schlosses erfasste.

Um die einstige Topographie des Schlossareals an der südlichen Peripherie zu erfassen, schien es wünschenswert, einen Suchschnitt südlich des Indermühlewegs zu ziehen. Dank dem Entgegenkommen der Firma Merz & Benteli, der die fragliche Parzelle gehörte, wurde dieses Begehren

17 Die rückwärts chronologische Nummerierung der Schichten von oben nach unten hat den arbeitstechnischen Vorteil, dass die einzelnen Straten von Anfang an bezeichnet und damit auch die Kleinfunde laufend registriert werden können. Demgegenüber verläuft die Nummerierung der Bau- und Siedlungsperioden gemäss Auswertung des Befundes sinngemäss chronologisch, d.h. von unten nach oben.

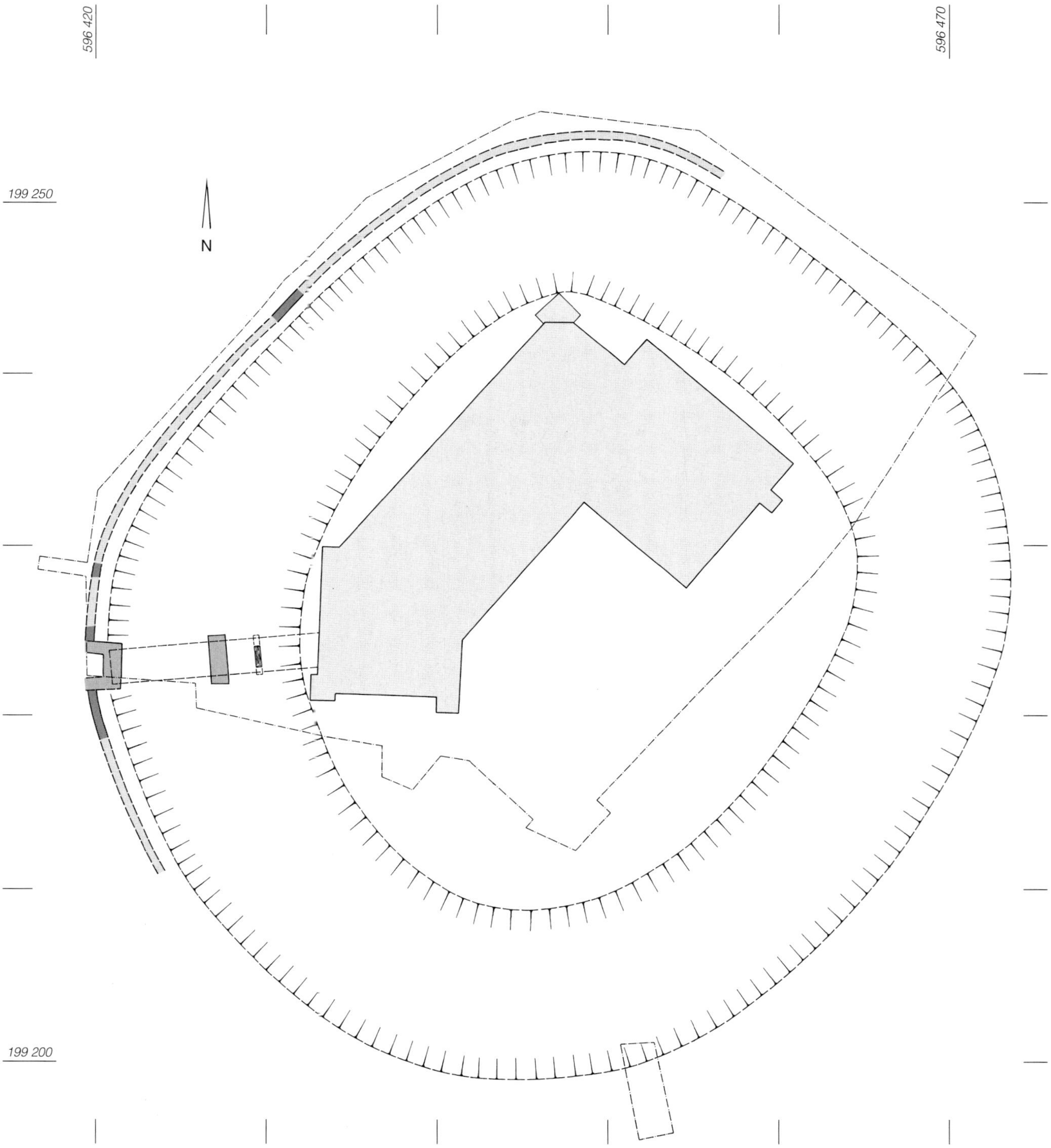

Abb. 16: Gesamtplan mit frühneuzeitlichem Mauerwerk im Grabenbereich. M 1:350. – Dunkler Raster: Äussere Grabenmauer, nachgewiesen. Mittlerer Raster: Widerlager und Brückenpfeiler, 1471 bzw. 16. Jahrhundert. Heller Raster: Äussere Grabenmauer, ergänzt.

erfüllt. Dadurch konnte der äussere Grabenrand an der Südperipherie des Schlossareals nachgewiesen werden (G 16).

Für die Studierenden, die an der Grabung mitwirkten, waren nicht nur die Beobachtungen an den Befunden und die praktischen Freilegungs- und Dokumentationsarbeiten lehrreich, sondern gerade auch die Konfrontation mit den technischen und organisatorischen Schwierigkeiten, die nun einmal zum Berufsalltag der Archäologie gehören. Welche wissenschaftliche Folgerungen sich aus den Funden und Befunden ergeben würden, war bei Abschluss der Grabungen noch nicht vollumfänglich abzuschätzen, sondern musste sich im Rahmen der künftigen Auswertung erst noch herausstellen.[18]

18 Erste Grabungsresultate sind vom Verf. 1974 auf der Tagung Château Gaillard 7 in Blois vorgestellt worden. Die damals geäusserten Thesen werden durch den hier vorliegenden Schlussbericht teilweise modifiziert. Meyer, Bümpliz, S. 159–172.

Abb. 17: Altes Schloss Bümpliz, Zustand 1970 bei Beginn der Ausgrabungen. Ansicht von Süden.

Profil 1 NW

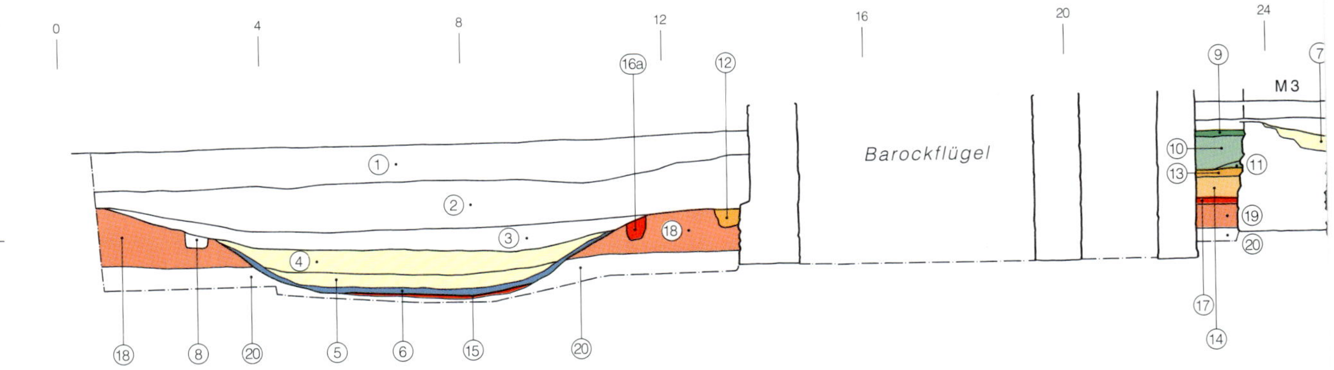

Profil 2 NE

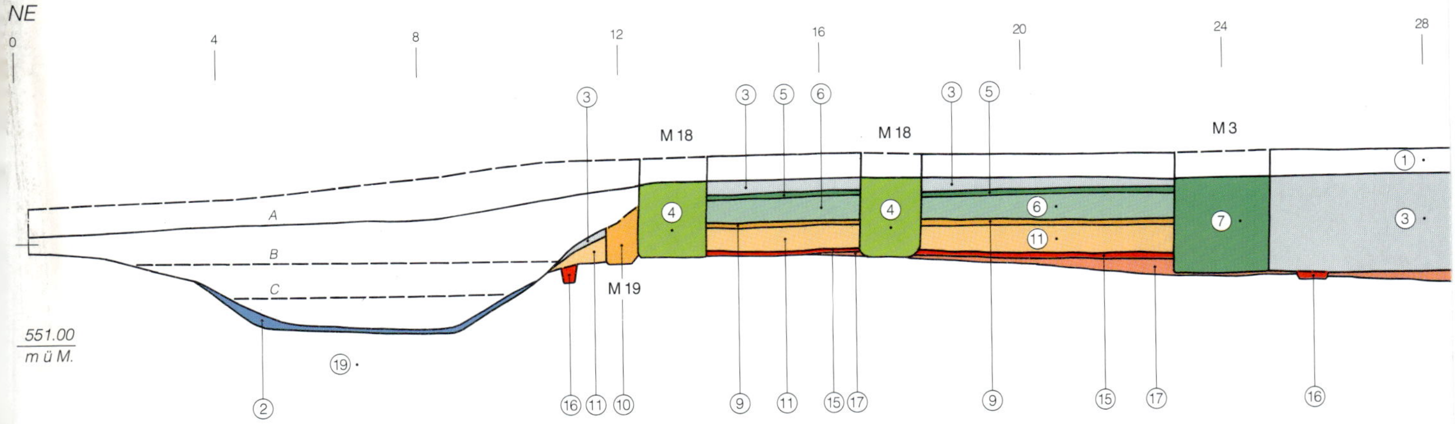

Profil 3 NE

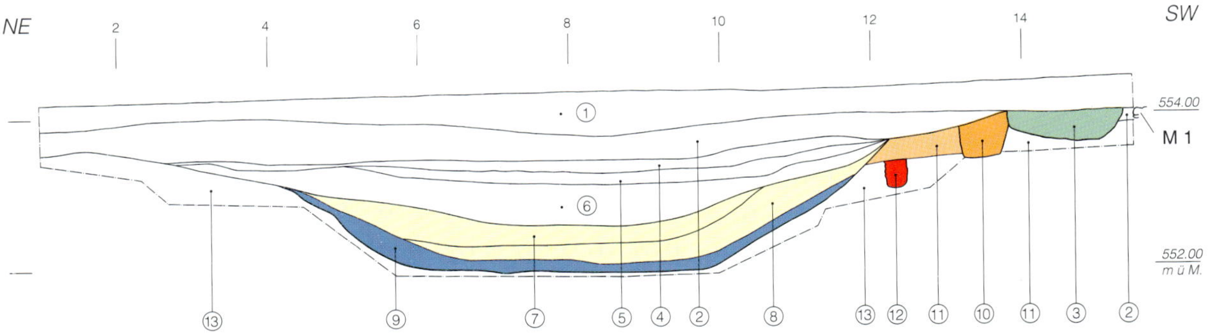

Profil 5

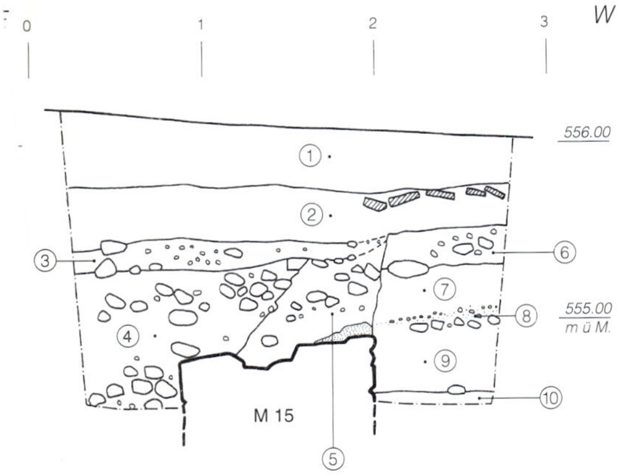

Profil 6

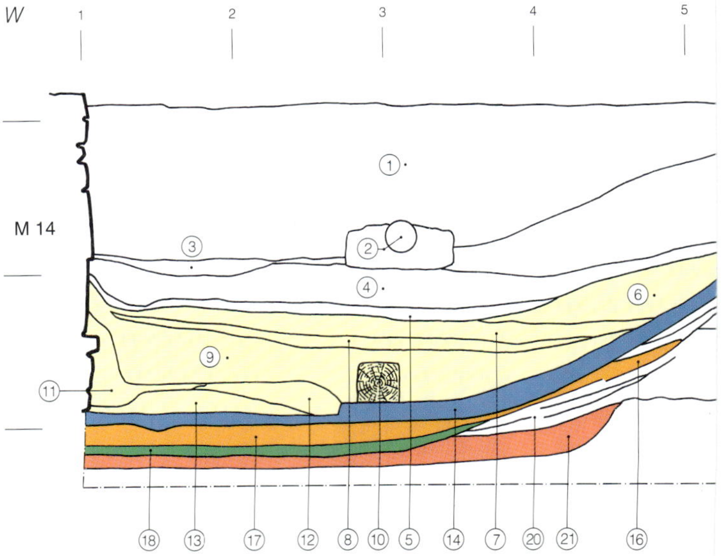

II. Der Grabungsbefund

1. Das Grabungsareal bei Beginn der archäologischen Untersuchungen

Anfang Juli 1970, als das Grabungsunternehmen anlief, bot sich das Alte Schloss und sein nächstes Umfeld in einem wenig einladenden Zustand dar. Das Schlossgebäude wirkte von aussen verwahrlost, auf dem künftigen Grabungsareal wucherte Unkraut, und im westlichen Vorgelände, zwischen dem Torturm des heutigen Schlosses und dem denaturierten Stadtbach, wuchsen ein paar schöne, alte Bäume, die nicht beseitigt werden durften.

Die 1966 gezogenen Schnitte waren sorgfältig zugeschüttet worden und zeichneten sich an den Bodenoberfläche nicht mehr ab.

Anhaltspunkte für das Anlegen der Schnitte und Grabungsflächen boten ausser der Dokumentation von 1966 alte Pläne und Bilder, insbesondere die um 1670 entstandene Ansicht A. Kauws und der im Massstab allerdings nicht genau definierbare Grundriss A. Stürlers von etwa 1740. Dieser war noch vor der Niederlegung der Südostpartie aufgenommen worden und vermittelte deshalb – freilich unsichere – Hinweise, wo die verschwundenen Mauerzüge zu suchen waren.[19]

Ob im Innern des heutigen Schlosses, d.h. unter dem Niveau der Kellerböden, noch archäologische Aufschlüsse steckten, liess sich bei Beginn der Grabungen nicht beantworten.[20]

2. Allgemeines zu den Schichtenverhältnissen

Die flächenhafte Abtragung im Innenhof (Zone J) und die teils schnittweise, teils flächige Untersuchung des ehemaligen Wassergrabens (Zone G) führte zur Feststellung umfangreicher *Störungsbereiche,* die eine Gesamtbeurteilung der Schicht- und Bauabfolgen sehr erschwerten. Leicht zu erkennen und zu verfolgen waren die vielen Leitungsgräben, die in unterschiedliche Tiefe reichten und für die Zufuhr von Wasser und Gas sowie für die Entsorgung bestimmt waren. Manche Leitungen befanden sich bereits ausser Betrieb, so dass sie ohne Bedenken abgebaut werden konnten. Andere mussten belassen werden, was aufwändige Stütz- und Aufhängevorrichtungen notwendig machte und die Beobachtungsfreiheit zwangsläufig einschränkte. Die meisten Leitungsgräben waren nur schmal gezogen worden und wiesen eine verhältnismässig geringe Tiefe auf (bis max. 1 m), so dass die von ihnen verursachten Störungen wenig ins Gewicht fielen.

Der breiteste und tiefste Leitungsgraben, in dem die Hauptkanalisation des Indermühleweges lief, hatte die mutmassliche Südperipherie der mittelalterlichen Anlage gestört. Er lag aber ausserhalb des Grabungsgebietes. Oberflächliche Störungen moderner Zeitstellung rührten von den Fundamentierungen der Gartenzaunsockel und der diversen Kleinbauten her. Sie bedeuteten wegen ihrer geringen Tiefe keine wesentliche Beeinträchtigung des archäologischen Befundes.

Schwerere Eingriffe beruhten auf der Bautätigkeit in der frühen Neuzeit. Die Unterkellerung des heutigen Baukomplexes hatte, wie mehrere Schürfungen ergaben, die Stratigraphie – und selbstverständlich auch die älteren Baustrukturen – bis auf den Horizont des natürlichen Schwemmbodens hinunter zerstört, weshalb im Gebäudeinnern des *Alten Schlosses* keine archäologischen Aufschlüsse mehr erwartet werden konnten.[21]

Sehr verwirrende Schichtenfolgen traten im Innenhof zutage. Hier hatte man in der grossen Abbruchphase des 18. Jahrhunderts das Mauerwerk bis auf die Fundamentunterkante hinunter abgerissen und die so entstandenen Gruben zusammen mit den Kellerräumen mit Erdreich aufgefüllt, das sich in Farbe und Struktur nur wenig von der Umgebung unterschied. Diese Störungen reichten wie die Unterkellerung des noch bestehenden Gebäudekomplexes bis auf den natürlichen Schwemmgrund hinunter.[22]

In den wenigen stratigraphisch ungestörten Partien des Innenhofes (Zone J) schoben sich zwischen die dünnen, braungrauen, z.T. schwärzlichen Siedlungsablagerungen fundarme bis fundleere Zwischenschichten von bis zu 1 m Mächtigkeit, offenbar künstliche Aufschüttungen, mit

19 Genauer Standort des Alten Schlosses: 596.430/199.220.

20 Vgl. unten Anm. 21.

21 Die erst im Rahmen der baulichen Sanierung (vgl. Strübin, Baugeschichte, Abschnitt 2.10) erfolgte Untersuchung der Einfüllungen im Innern des Torturmes unterhalb des Gehniveaus von 1471 erbrachte keine älteren Befunde. Vgl. dazu auch unten Anm. 107.

22 Der Begriff des «gewachsenen Bodens» sollte nur für festen Felsgrund gebraucht werden. Für nacheiszeitliche, vielleicht sogar erst in historischer Zeit, aber ohne menschliche Einwirkung entstandene Ablagerungen eignet sich die Bezeichnung «natürlicher Boden» besser.

Abb. 19: Jochpfeiler M14 der Grabenbrücke in G14. Das Mauerfragment ist umgeben von tief greifenden Störungszonen und späteren, lockeren Aufschüttungen. Ansicht von Südosten.

Abb. 20: Steinsetzung der ältesten Siedlungsperiode in Schnitt J5/J11. Beim Nordpfeil Pfostenloch. Ansicht von Norden.

denen das Gehniveau des Areals wiederholt angehoben worden war.

Im ganzen Bereich des Innenhofes (Zone J) sind keine Gehhorizonte oder Siedlungsablagerungen zum Vorschein gekommen, die in die Zeit nach ca. 1300 hätten datiert werden können. Denn oberhalb der Ablagerungen, die noch ins 13. Jahrhundert zu datieren waren, zogen sich von Zone J aus bis in den Grabenbereich von Zone G hinaus ca. 1 m mächtige Schutt- und Planierschichten, die erst im 18./19. Jahrhundert entstanden waren. Die ganzen Siedlungs- und Bauhorizonte des Spätmittelalters und der frühen Neuzeit (14. bis 17. Jahrhunderts) waren somit der schriftlich und ikonographisch bezeugten Abbruch- und Ausebnungstätigkeit ab ca. 1740 zum Opfer gefallen.[23]

Die ältesten Siedlungsgeschichten lagen auf einer teils siltigen, teils sandigen, von Linsen aus Seekreide durchzogenen Aufschüttung. Demnach schien die ganze Anlage in eine flache Senke hinein gebaut worden zu sein, an der Stelle eines seichten Tümpels mit häufig wechselndem Wasserstand. Er wurde vom aus dem Wangental kommenden, seit der Gründung Berns als Stadtbach genutzten Gewässer (der ältere Name ist verloren) gespeist. Hinweise auf eine inselartige Erhöhung, die sich als natürlicher Standort angeboten hätte, konnten nicht beobachtet werden.

Im Bereich des Wassergrabens (Zone G) kamen ganz anders geartete Schichtenverhältnisse zum Vorschein. Sie liessen sich klar in vier Kategorien unterteilen: In die oberen und unteren Auffüllungen des Grabens, in die künstlichen Dichtungsschichten der Grabensohle und in die teils künstlichen, teils natürlichen Ablagerungen, in die der Graben eingetieft worden war.

Ausserhalb des äusseren Grabenrandes, wo wegen der Parzellengrenzen nur noch schmale Flächen untersucht werden konnten, lag unter humösen Ablagerungen anthropogenen Ursprungs mit mittelalterlichen und neuzeitlich-modernen Einschlüssen der natürliche Untergrund aus Sand und Kies. Eine allfällige mittelalterliche Überbauung in der Umgebung des *Alten Schlosses* könnte sich demnach nur in grösserem Abstand von der grabenbewehrten Anlage erhoben haben.[24]

Für die Gesamtbeurteilung des Befundes ist die Feststellung wichtig, dass eigentliche Müllablagerungen, wie sie bei Höhenburgen in den Hängen ausserhalb des überbauten Areals auftreten, im *Alten Schloss* nicht beobachtet worden sind.[25] Das erklärt die alles in allem doch recht bescheidenen Quantitäten an geborgenen Kleinfunden mittelalterlicher Zeitstellung.

3. Allgemeines zum mittelalterlichen Mauerwerk

Im Verlaufe der Ausgrabungsarbeiten stellte sich heraus, dass im Zuge der spätmittelalterlich-frühneuzeitlichen Umbau- und Abbruchtätigkeit ansehnliche Mauerpartien von älteren Perioden bis auf die Fundamente hinunter weggeräumt worden waren. Von einzelnen Mauerzügen hatte sich gerade noch die unterste Stein- und Mörtellage erhalten, von anderen liess sich der Verlauf nur noch anhand der Fundamentgruben erkennen.[26] Auf der Fläche des heute noch aufrechten Gebäudekomplexes waren ausser am spätmittelalterlichen Torturm (M6 a–d) keine Untersuchungen an älterem Mauerwerk mehr möglich, da

23 Strübin, Baugeschichte, Abschnitte 2.4 bis 2.5.
24 vgl. unten Anm. 191.
25 Beispiele Löwenburg JU, Grimmenstein BE, Alt-Wartburg AG, Schiedberg GR. Vgl. dazu Meyer, Alt-Wartburg, S.16ff.
26 Zur Bedeutung verfüllter Fundamentgruben für die Rekonstruktion von Mauerzügen vgl. Meyer Bellinzona, S.50. – Vor allem Fehring. Einführung 37ff.

Abb. 21: Schnitt J2 mit Fundamentgrube des Rundturmes M3. Ansicht von Nordwesten.

Abb. 22: Fundamente des Torturmes unterhalb der Torschwelle, Mauer M6c in G14. Ansicht von Westen.

die frühneuzeitlichen Bauaktivitäten zum völligen Verschwinden der mittelalterlichen Mauerteile geführt hatten. Dieser Sachverhalt hatte zusammen mit der Begrenzung der Grabungsfläche auf die Schlossparzelle zur Folge, dass konstruktive Reste des Beringes, welche für die Rekonstruktion der Bau- und Siedlungsentwicklung besonders aufschlussreich gewesen wären, nur auf wenigen Quadratmetern, im Bereich der Flächen J9, J17, J3, G1 und G13, freigelegt werden konnten.[27]

Die noch in situ angetroffenen Mauerpartien zeigten im Steinmaterial und in dessen Verarbeitung sowie in der Zusammensetzung des Bindemittels beträchtliche Unterschiede, was die Zuweisung unzusammenhängend isolierter Mauerfragmente an bestimmte Bauphasen erleichterte.

Das verwendete Steinmaterial stammte mehrheitlich aus der Umgebung und bestand aus Findlingen und Kieselbollen. Süsswassertuff und grauer Sandstein fand sich nur an Mauerwerk des Spätmittelalters und der frühen Neuzeit. Backsteine und fragmentierte Dachziegel liessen sich lediglich als Flick- oder Auszwickmaterial an nachmittelalterlichen Mauerpartien beobachten.[28] Mindestens im Fundamentbereich scheinen für die Bauten der frühen Neuzeit Steine von älteren, niedergelegten Mauern in Zweit- oder gar Drittverwendung benützt worden zu sein.

Abb. 23: Auffüllschichten im Innern des Rundturmes, Profilwand SE-NW. Am Fuss des Massstabes oberer Horizont der Aufschüttung von Periode I. Darüber die dunkle Einfüllung beim Bau des Rundturmes im 13. Jahrhundert. Die helleren, sackartig nach unten greifenden Einfüllungen gehören in Periode III b (Abbruch des Rundturmes). Darüber Aufschüttungen des 18. Jahrhunderts. Ansicht von Nordosten.

27 Vgl. unten Abschnitte II.5.1, II.6.2 und II.6.3.
28 Die im späteren Mauerwerk steckenden Ziegelfragmente stammen – soweit überprüfbar – von Biberschwanzziegeln, die nicht vor das Spätmittelalter zu datieren sind. – Eine Abbaustelle von Süsswassertuff ist für das Spätmittelalter im Gemeindegebiet von Bümpliz bezeugt: Schilling, Berner Chronik 2, S. 196 Anm.1.

Abb. 24: Stirnseite des Jochpfeilers M 4 für die Grabenbrücke. Die Mauerkrone reicht noch ca. 12 cm unter das Gehniveau der Brücke. Ansicht von Süden.

Abb. 26: Rundturm M3. Nordöstliche Abbruchstelle. Links des Massstabs Pfostenloch aus Periode I. Ansicht von Südosten.

Allen Mauerzügen war das Fundamentierungsprinzip gemeinsam, denn sämtliche Mauern steckten mit dem Fuss in einer Fundamentgrube von allerdings unterschiedlicher Tiefe, gerechnet ab Bauhorizont. Fundamentsicherungen in Form von trocken verlegten Vorfundamenten oder von vertikalen Pfählungen bzw. horizontalen Rosten aus Holz fehlten gänzlich, ebenso stärker ausgebildete Fundamentabsätze.[29] Kein Fundamentfuss reichte unter das Niveau des zur jeweiligen Bauzeit gültigen Pegelstandes im Wassergraben.

4. Allgemeines zu den Resten von Holzbauten

Die auf dem Grabungsareal zutage getretenen Überreste von Holzbauten liessen sich vom Erhaltungszustand und von der Datierung her zwei Gruppen zuordnen. Aus dem Spätmittelalter stammten die Spuren einer Holzkonstruktion im Wassergraben (G 14), die zu einer Zugbrücke gehört hatten. Da zum Zeitpunkt der Grabung (1970) noch keine Vergleichskurven für eine Dendrodatierung zur Verfügung standen, unterblieben diesbezüglich Probenentnahmen, doch kann dieses Holz zeitlich mit der Errichtung des Torturmes in Verbindung gebracht werden, dessen Gebälk dendrochronologisch mittlerweile auf das Jahr 1471 datiert worden ist.[30]

Die zweite, ältere Gruppe von Holzbauresten war nur noch in Form von humusverfüllten Pfostenlöchern und Balkenlagen fassbar. Deren Umrisse hoben sich deutlich von der helleren, aus Seekreide, Sand oder Lehm bestehenden Umgebung ab und zeigten zum Teil den charakteristischen

Abb. 25: Stützpfeiler des Torturmes, Fundamentbereich in Schnitt J9/G14. Ansicht von Süden.

29 Uferverbauungen längs der Wasserlinie, aber keine Holzfundamentation für das Mauerwerk ist in Mülenen SZ beobachtet worden. Bürgi/Meyer, Mülenen, S.19ff.

30 Strübin, Baugeschichte, Abschnitt 2.1.

Abb. 27: Rundturm M3. Mauerkrone, Aufsicht. Man beachte den Wechsel von Mörtel- und Kiesellagen.

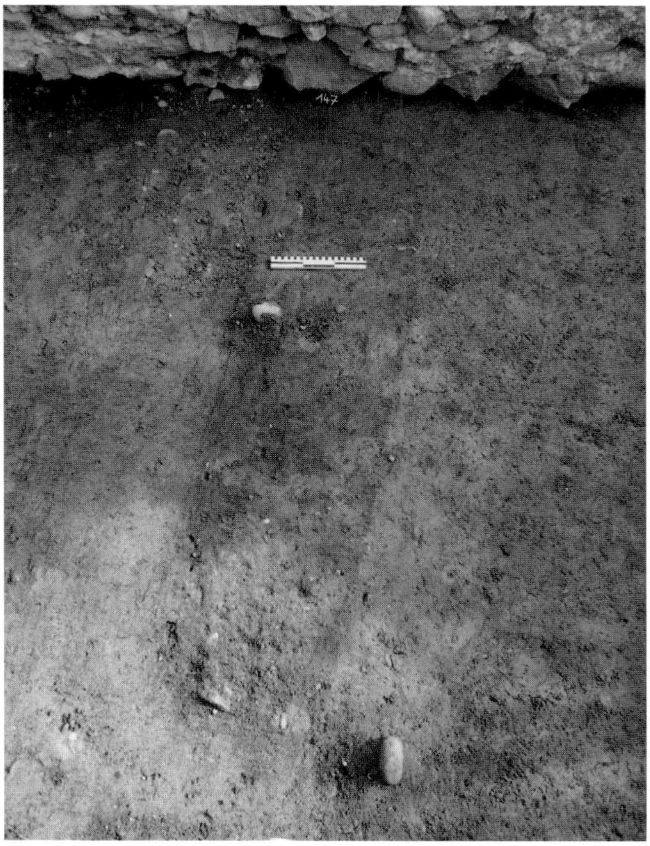

Abb. 28: Im Planum freigelegte Balkengrube aus Periode I. Oben Fundamente des späten Mauerzuges M2. Schnitt J11.

Abb. 29: Im Planum freigelegtes Pfostenloch aus Periode I. Das kreisrunde Loch hebt sich deutlich von der weisslichen Linse aus Seekreide ab, in die es eingetieft ist. Schnitt J12.

Kranz von Keilsteinen. Gemäss der von den Dänen entwickelten Methode wurden die Pfostenlöcher nicht von oben her ausgehöhlt, sondern durch Vertikalschnitte dreidimensional erfasst.[31]

Dabei zeigte sich, dass die stärkeren Pfosten mit horizontal geschnittenem Fuss in ein vorbereitetes Loch gestellt

31 Olaf Olsen, Die geometrischen, dänischen Wikingerburgen, SBKAM 5, 1979, S.81–94, insbes. S. 87.

Abb. 30: Schichtenprofil E-W in Schnitt G14. Links der Ablaufkanal M10 des Abortturmes, rechts Störung durch moderne Abwasserleitung. Unter der hellen Schicht des Dichtungslettens von 1471 ältere Feuchtablagerungen der in den natürlichen Kies abgetieften Grabensohle. Ansicht von Norden.

Abb. 31: Detail des Schichtenprofils NE-SE im Schnitt G5. Unter dem hellen Dichtungsletten von 1471 ältere Feuchtablagerung in der Grabensohle. Ansicht von Südwesten.

worden waren, während kleinere Pfosten mit zugespitztem Ende in den Boden hineingetrieben worden waren.

Bei den humösen Verfüllungen der Pfostenlöcher handelte es sich nicht um verfaulte Holzsubstanz, sondern – den Einschlüssen gemäss – um heterogenes Planierungsmaterial, das nach dem Ausreissen der Pfosten in die Löcher gelangt war.

Glücklicherweise liessen sich viele der festgestellten Pfostenlöcher zu Gebäudegrundrissen oder sonstwie zusammenhängenden Konstruktionen verbinden.[32]

5. Grabenbereich und Zugang (Zone G)

5.1. Der Wassergraben (G1–G18)

Bereits die Sondierung von 1966 hatte Hinweise auf den ehemaligen Wassergraben – in frühneuzeitlichen Schriftquellen als *Weiher* bezeugt[33] – vermitteln können. Die damals gewonnenen Erkenntnisse sind 1970 bestätigt und präzisiert worden.

Dass vor Beginn der archäologischen Untersuchungen vom einstigen Graben nichts mehr zu sehen war, hing nicht nur mit dessen allmählicher Zuschüttung im 17./18. Jahrhundert zusammen, sondern auch mit den Ablagerungen des 19. Jahrhunderts, die das Gelände planiert und um 1–1,5 m über das Niveau des einstigen Grabenrandes erhöht hatten. Auf diese modernen Anschüttungen braucht im folgenden nicht eingegangen zu werden, zumal über die Herkunft des Planiermaterials nichts bekannt ist.

In den Schichtenprofilen, die vom Gebäudekomplex des *Alten Schlosses* aus radial durch den Graben gezogen wurden, zeichneten sich dessen Ränder in einer Tiefe von 1–1,5 m ab. Sie ergaben in groben Zügen das Bild einer 10–12 m breiten, künstlichen Senke mit einer Aussen- und Innenböschung von ca. 35 Grad Gefälle und einer horizontalen Sohle von durchschnittlich 4–5 m Breite. Das Grabenprofil hob sich stratigraphisch deutlich ab, wurde es doch überall durch eine 10–20 cm dicke Schicht hellen, grüngrauen Lettens markiert, der offenbar die Funktion einer Abdichtung zu erfüllen hatte. Diese von der Grabensohle aus an die Innen- und Aussenböschung hochgezogene Dichtungsschicht gab mit ihrer oberen Begrenzung die einstige durchschnittliche Höhe des Wasserstandes an. Das Innere der Grabeneinsenkung war mit zwei unterschiedlich strukturierten Kategorien von Ablagerungen aufgefüllt.

Unten, bis in eine Höhe von 60 cm über der Lettenabdichtung in der Grabensohle, fanden sich bräunliche, siltigtorfige Schichten mit Einschlüssen von Schwemmholz und Wasserschnecken. Es musste sich demnach um Ablagerungen aus der Zeit handeln, als der Graben noch einen Weiher bildete. Über diesen Feuchtsedimenten kamen schräg streichende, der inneren und äusseren Böschung folgende, sehr heterogene, aus Kies, Lehm, humösem Material sowie Bauschutt zusammengesetzte Schichten zum Vorschein, die als Zeugen der allmählichen Zuschüttung des Grabens und dessen Trockenlegung im Laufe der frühen Neuzeit zu deuten waren.[34]

Muldenartige Vertiefungen mit steilen Rändern, sowohl in den unteren Feucht- als auch in den oberen Trockenabla-

32 Pfostenlöcher mit dem «Pfostenschatten» in der Verfüllung: Zimmermann, Pfosten, Ständer und Schwelle, S.26 Abb. 5.

33 Belege für den Weiher setzen erst im 15. Jahrhundert ein. STAB, Bümpliz Nr. 72.

34 Strübin, Baugeschichte, Abschnitt 2.4.

gerungen zeigten an, dass wiederholt versucht worden ist, der allmählichen Verlandung des Weihers durch Ausschaufeln der Sedimente entgegenzuwirken.

Die Grabensohle, markiert durch die Dichtungsschicht, reichte bis in den natürlichen Untergrund aus Schwemmsand und Kies hinunter, doch durchschnitt das Grabenprofil auch anthropogene Ablagerungen, die eine allmähliche Anhebung des Gehniveaus am äusseren und inneren Grabenrand bewirkt hatten. Leider waren diese Schichten sehr grob strukturiert, so dass keine stratigraphisch unterteilbaren Phasen ausgemacht werden konnten. In den Profilwänden des Schnittes G7 kamen tief reichende, zum Teil den natürlichen Untergrund tangierende Störungen zum Vorschein, die sich später als Verfüllungen der ältesten Umfassungskonstruktionen, einer Palisade und einer Ringmauer (M17), deuten liessen.[35]

In Schnitt G14 zeigten die Schichtenanschlüsse an den Torturm von 1471 (vgl. Kap. 6.3) an, dass die helle, grüngraue Lettenabdichtung erst anlässlich dieser spätmittelalterlichen Bauphase eingebracht worden war. An verschiedenen Stellen (u.a. G3, G4) stiessen wir unter dieser Dichtungsschicht von 1471 auf eine ältere aus gelblichem Letten, und auch diese gehörte nicht zur frühesten Grabensohle. Denn in Schnitt G14, in dünnen Resten auch in anderen Schnitten, kam unter dem älteren, gelblichen Dichtungsletten eine mit braunem, siltigem Material gefüllte Grabensohle von etwa 3 m Breite und mit steilen Rändern zum Vorschein, die ohne Dichtung direkt in den natürlichen, sandig-kiesigen Untergrund eingetieft war.

Die Profilschnitte im Graben erbrachten somit für die Entwicklung des Weihers den klaren Nachweis einer Dreiphasigkeit:

1. Graben von 3 m Sohlbreite, ohne Dichtung in den natürlichen Untergrund eingetieft.
2. Ausbau des Grabens durch Verbreiterung und Abdichtung mit gelblichem Letten.
3. Erneuerung der Abdichtung mit hellem, grüngrauem Letten (um 1471).

Da der obere Rand der jüngeren Lettenabdichtung (von der älteren war der Rand nicht erhalten) um ca. 50 cm höher liegt als der älteste Siedlungshorizont in Zone J (vgl. unten Kap. 6.1) muss im Zuge der Veränderungen des Grabenprofils durch das Einbringen von Dichtungsschichten auch der Pegelstand des Weihers angehoben worden sein.

Aus den Profilschnitten ergibt sich, dass zwischen den Umfassungsmauern und der inneren Wasserlinie des Grabens eine schmale Berme von 1–1,5 m Breite lag. Direkt an der Wasserlinie standen demnach nur vorspringende Bauten wie der Torturm (vgl. unten Kap. 6.3) oder der halbrunde Flankierungsturm in der Ostecke des Areals (vgl. unten Kap. 6.2). Mit den Fundamenten in die oberen Auffüllschichten eingetieft, sind einzelne Reste sehr später, jedenfalls untergeordneter Bauten des 18. und 19. Jahrhunderts zum Vorschein gekommen, auf die hier nicht näher einzutreten ist. Auch die ältesten Umfassungskonstruktionen, die Palisade und die erste Ringmauer, hielten von der Wasserlinie einen Abstand von ca. 1 m.[36]

Abb. 32: Schichtenprofil NE-SW durch den Wassergraben in Schnitt G1. Über der hellen Lettenabdichtung in der Grabensohle siltige Feuchtablagerungen, darüber trockene Einfüllungen. Ca. 60 cm unter der Oberfläche neuzeitliche Planierschichten. Ansicht von Nordwesten.

In den Feuchtablagerungen über der Grabensohle kamen nur wenige Kleinfunde zum Vorschein, die keine schlüssigen Datierungshinweise lieferten. Ein paar Keramikfragmente des 13./14. Jahrhunderts lagen in den torfigen Sedimenten zwischen der oberen und der unteren Dichtungsschicht.[37]

Spuren einer gemauerten Begrenzung des äusseren Grabenrandes, fassbar zum Teil als Fundamentgrube (M16), fanden sich in der Westpartie des Wassergrabens. Sie waren allerdings in späte Ablagerungen eingetieft und gehörten offenbar zu den Umbauten von 1471.

5.2. Der Zugangsbereich (G14, G18)

Westlich vor der Aussenfront des Torturmes (M6, vgl. unten Kap. 6.3) kamen in der Grabensohle und am äusseren Grabenrand Konstruktionsreste zum Vorschein, die vom ehemaligen Zugang stammen mussten, lagen sie doch direkt auf einer Achse, die rechtwinklig auf die äussere Toröffnung des Turmes zielte.

35 Da der Graben ursprünglich schmal war und steilere Böschungen aufwies, liess sich von den Grabenprofilen aus der Zeit vor 1471 nur noch die Sohlenpartie fassen. Zu den frühen Umfassungskonstruktionen vgl. unten Abschnitte II.6.2 und II.6.3.

36 Zu den jüngeren Bauten vgl. unten Abschnitt IV.6. – Zu den ältesten Umfassungskonstruktionen vgl. unten Abschnitte II.6.2 und II.6.3.

37 Vergleichbare, aber nicht identische Schichtenverhältnisse in der Niederungsburg Mülenen am Rande des ehemaligen Tuggener Sees. Bürgi/Meyer, Mülenen, S. 36ff.

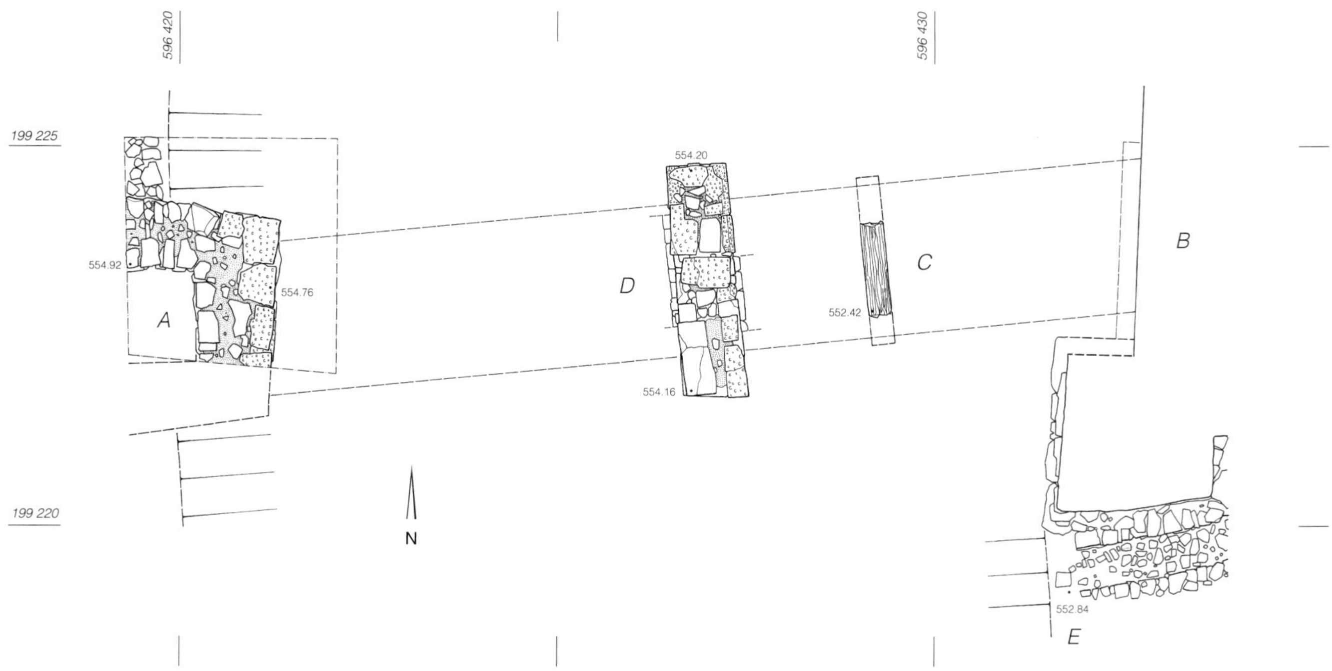

Abb. 33: Befunde im Wassergraben, Zugangsbereich (Sondierflächen G14/G 18). Steingerechte Aufsicht. M 1:100. – A Äusseres Widerlager der Zugangsbrücke, Periode IV. B Toröffnung im Torturm, Periode IV. C Schwellbalken für den Stützpfeiler der Ziehbrücke, Periode IV. D Nachträglich errichteter Brückenpfeiler. E Ablaufkanal, Periode IV.

Am äusseren Grabenrand, wo wegen des Baumbestandes nur eine kleine Sondierfläche geöffnet werden konnte (G18), stiessen wir auf einen Mauerwinkel (M15), der um ca. 1 m in die äussere Grabenböschung hinausragte. Das äussere Mauerhaupt war aus Tuff- und Bollensteinen gefügt. Ein schwach fundamentiertes, einhäuptiges Mäuerchen (M16) zweigte längs des Grabenrandes gegen Norden ab. Oberhalb der erhaltenen Krone von Mauer M15 war die einstige Höhe anhand einer mit Schutt verfüllten Grube noch ablesbar.[38] Eine ca. 20 cm dicke Schicht aus Mergel und Sand, deren Obergrenze mit der Schwellenhöhe des Torturmes (M6 c) korrespondierte, deutete das Niveau des Zugangsweges an.

Offenbar handelt es sich beim Mauerwinkel M15 um die nördliche Hälfte des äusseren Widerlagers für die Brücke über den Wassergraben. Die Länge dieser Brücke betrug zwischen Torturm und Widerlager ca. 11 m, was eine Stützkonstruktion in der Grabensohle erwarten liess.

Eine solche ist tatsächlich zum Vorschein gekommen. In einem Abstand von gut 5 m vom Torturm, also ziemlich genau in der Mitte des Grabens, fand sich ein isolierter Mauerpfeiler von 0,9 m Breite und 3 m Länge. Das Fundament bestand aus unregelmässigen Blöcken mit ausgezwickten Zwischenräumen, das aufgehende Mauerwerk war aus Tuffquadern gefügt. Die Pfeilerhöhe reichte noch bis ca. 25 cm unter die an der Schwellenkonstruktion des Torturmes ablesbare Höhe der sicher aus Holz gebauten Brücke hinauf. Der Fundamentfuss ruhte nur auf der obersten Abdichtungsschicht der Grabensohle auf und war in deren Feuchtablagerungen eingetieft. Der Pfeiler musste demnach deutlich jünger als der Torturm sein. Da mit dessen Errichtung um 1471 (s. Kap. 6.3) auch die obere Dichtungsschicht eingebracht wurde, der Pfeiler jedoch noch den mit Wasser gefüllten Graben voraussetzte, könnte er im 16. Jahrhundert, spätestens um 1600, erbaut worden sein.[39]

Zu diesen Überlegungen passt die Beobachtung, dass der Pfeiler mit seiner Distanz von 5 m vom Torturm als Lager für eine Zugbrücke, deren Spannweite nur etwa 3 m betragen haben kann, ausser Betracht fällt. Ein mächtiger Schwellbalken aus Eichenholz, an der Oberkante mit Spuren von Verzapfungslöchern, genau 3,2 m vor dem Torturm und auf der oberen Dichtungsschicht platziert, ist als Unterlage für einen älteren, um 1471 konstruierten Pfeiler zu deuten, der die Zugbrücke in gesenktem Zustand gestützt hat. Ob der äussere, feste Teil der ursprünglichen Brücke noch von weiteren Pfeilern getragen worden war, liess sich nicht mehr feststellen.[40]

Während also für die Bauphase des Torturmes (um 1471) und die folgende Zeit der Zugang über den Wassergraben zuverlässig hat rekonstruiert werden können, ist es leider nicht gelungen, Hinweise auf ältere Brücken aus früheren Perioden zu entdecken.[41]

38 Nach der Auflassung bzw. Einebnung des Wassergrabens sind die oberen Partien des Widerlagers offenbar abgebrochen worden, analog zur Krone des Pfeilers im Graben.

39 Strübin, Baugeschichte, Abschnitte 2.2 und 2.3.

40 Zwischen dem Stützpfeiler für die Zugbrücke und dem äusseren Grabenrand liegt eine Distanz von ca. 8 m, für einen einfachen Holzsteg eine doch recht grosse Spannweite. Mit Rücksicht auf den Baumbestand konnte die mutmassliche Stelle eines weiteren Holzpfeilers nicht untersucht werden.

41 Ausgehend von der – allerdings nicht zwingenden – Annahme, dass sich in Periode 1 der Zugang parallell bzw. rechtwinklig auf die Achsen der Innenüberbauung orientiert habe, können wir einen anderen Standort vermuten.

Abb. 34: Schwellenbalken im Graben, unmittelbar über der Lettenabdichtung von 1471 platziert. Der Balken diente als Basis für das Widerlager der Zugbrücke. Schnitt G14. Ansicht von Süden.

Abb. 35: Jochpfeiler M14 der Grabenbrücke in Schnitt G14. Ansicht von Osten.

Abb. 36: Äusseres Widerlager M15 für die Grabenbrücke. Rechts stösst mit Fuge die spätere Randmauer des Wassergrabens M16 an. Ansicht von Osten.

5.3. Befunde ausserhalb des Wassergrabens

Lediglich im nördlichen Vorgelände konnte ausserhalb des einstigen Wassergrabens ein 1–2 m breiter Streifen freigelegt und untersucht werden. Über dem natürlichen Sand- und Kieshorizont fanden sich humöse, anthropogene Ablagerungen, die offenbar eine allmähliche Anhebung des Gehniveaus um maximal 1–1,5 m bewirkt hatten.

Der Wassergraben war mit seiner äusseren Böschung in die unteren Pakete dieser Ablagerungen eingetieft. Die oberen Lagen überdeckten die Lehmabdichtung des Wassergrabens und keilten über die äussere Böschung gegen die Grabensohle hin aus.

Die unteren wie die oberen Schichtenpakete sind demnach als Hinweise auf eine langfristige menschliche Nutzung des Vorgeländes zu deuten. Mit den unteren Ablagerungen sollte offenbar das Gehniveau über den Wasserspiegel des Stadtbaches bzw. des Grabens angehoben werden. Die oberen Schichtenpakete entstanden wohl durch Anschüttungen, die auf die Erhaltung des Wassergrabens keine Rücksicht mehr nahmen. Die beobachteten Schichtenfolgen lassen demnach auf eine kontinuierliche, intensive Begehung und Nutzung des nördlichen Vorgeländes seit der Okkupation des Platzes schliessen, doch sind keinerlei Spuren von hölzernen oder steinernen Konstruktionen zum Vorschein gekommen.[42]

In der Südpartie des Wassergrabens (G16), wo der natürliche Sand-/Kiesuntergrund höher lag als auf der Nordseite, fehlten die unteren, zur Anhebung des Gehniveaus abgelagerten Schichtenpakete.

Vom Fundament des Brückenwiderlagers (M 15) aus liess sich längs des äusseren Grabenrandes eine schwache, einhäuptige Mauer (M 16), teils als Fundament, teils als verfüllte Mauergrube, bis in den Bereich von Schnitt G 3 verfolgen. Die geringe Fundamenttiefe datierte die Konstruktion in die Zeit von 1471. Auf der «Schauseite» des Schlosses hatte man, offenbar nachträglich, den äusseren Grabenrand mit einer Stützmauer befestigt.[43]

6. Innenhof (Zone J)

6.1. Befunde im Zentrumsbereich des Areals (J1, J2, J5, J7, J10, J12, J15)

Nach dem Stürlerplan von ca. 1740 waren die Gebäulichkeiten des *Alten Schlosses* um einen unregelmässigen Innenhof gruppiert. Schon 1966 hatte aber ein Suchschnitt einen Mauerrest tangiert, der für den Zentrumsbereich des

42 Vgl. unten Anm. 191.
43 Die sekundäre Errichtung der äusseren Umfassungsmauer ergibt sich aus der Stossfuge zum älteren Widerlager M 15.

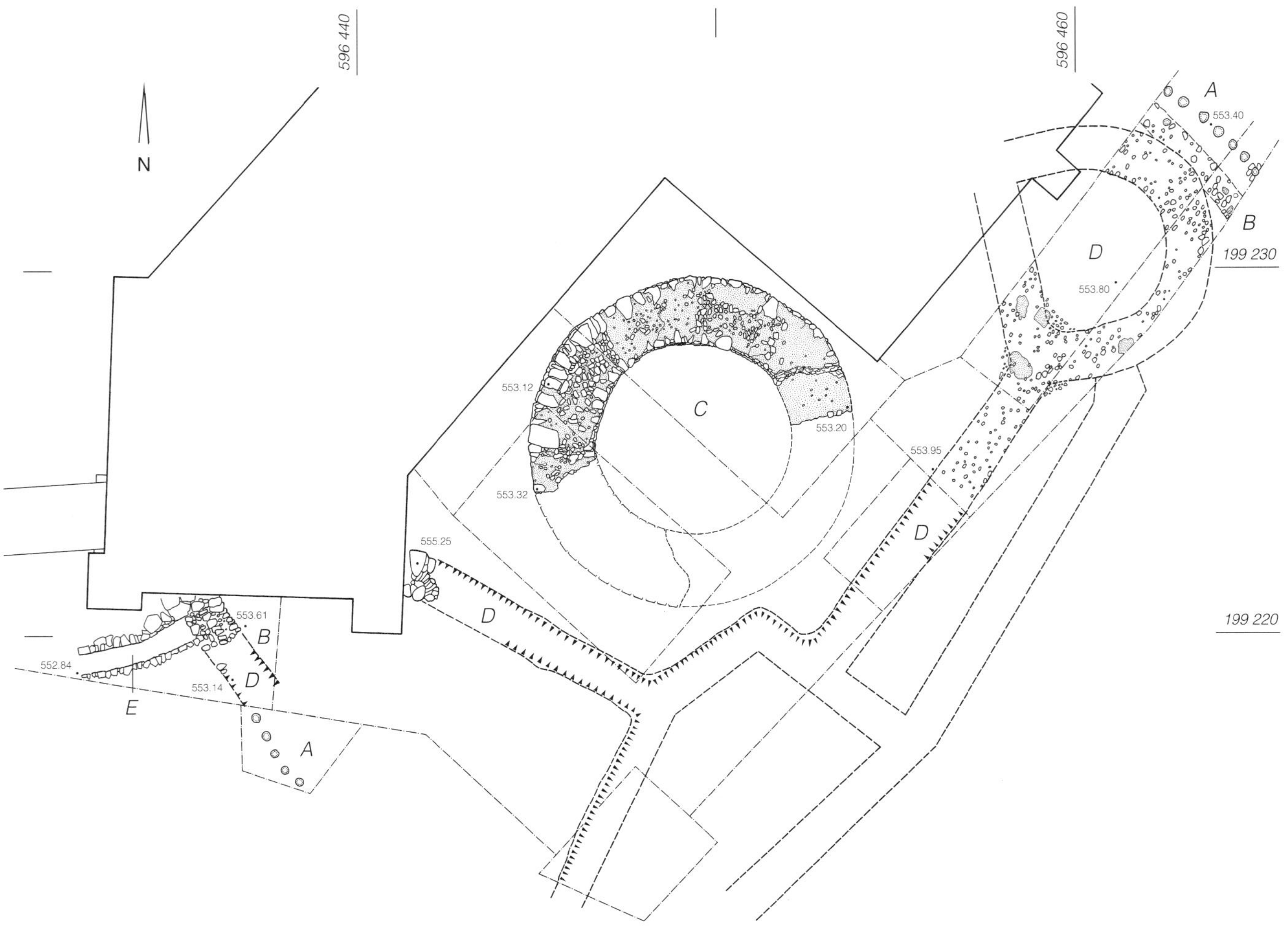

Abb. 37: Grabungszone J. Steingerechte Aufsicht der mittelalterlichen Bauten im Zentrumsbereich (ohne Holzbauten aus Periode I) und der Beringreste aus den Perioden I, II und IIIb. M 1:200. – A Palisade Periode I. B Umfassungsmauer Periode II. C Rundturm Periode IIIa. D Fundamentgruben und Mauerreste Periode IIIb. E Ablaufkanal Periode IV.

Abb. 38: Mauerfragment des Rundturmes M3. Äusserer Mauermantel und südliche Abbruchstelle. Ansicht von Südwesten.

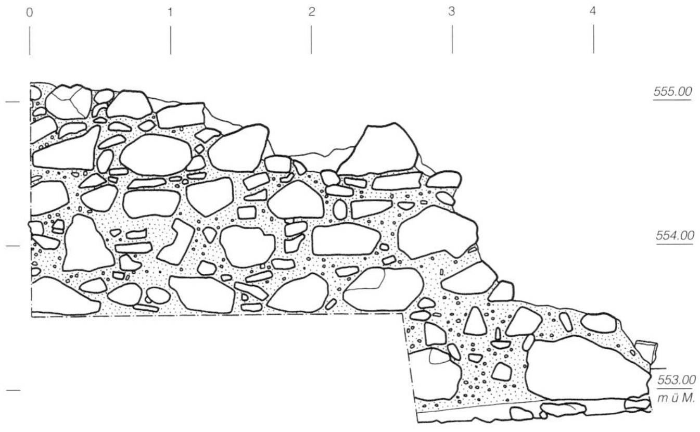

Abb. 39: Äusseres Haupt des Rundturmes M3 (Schnittfläche J2/J10). Steingerechte Ansicht in Abwicklung. M 1:50.

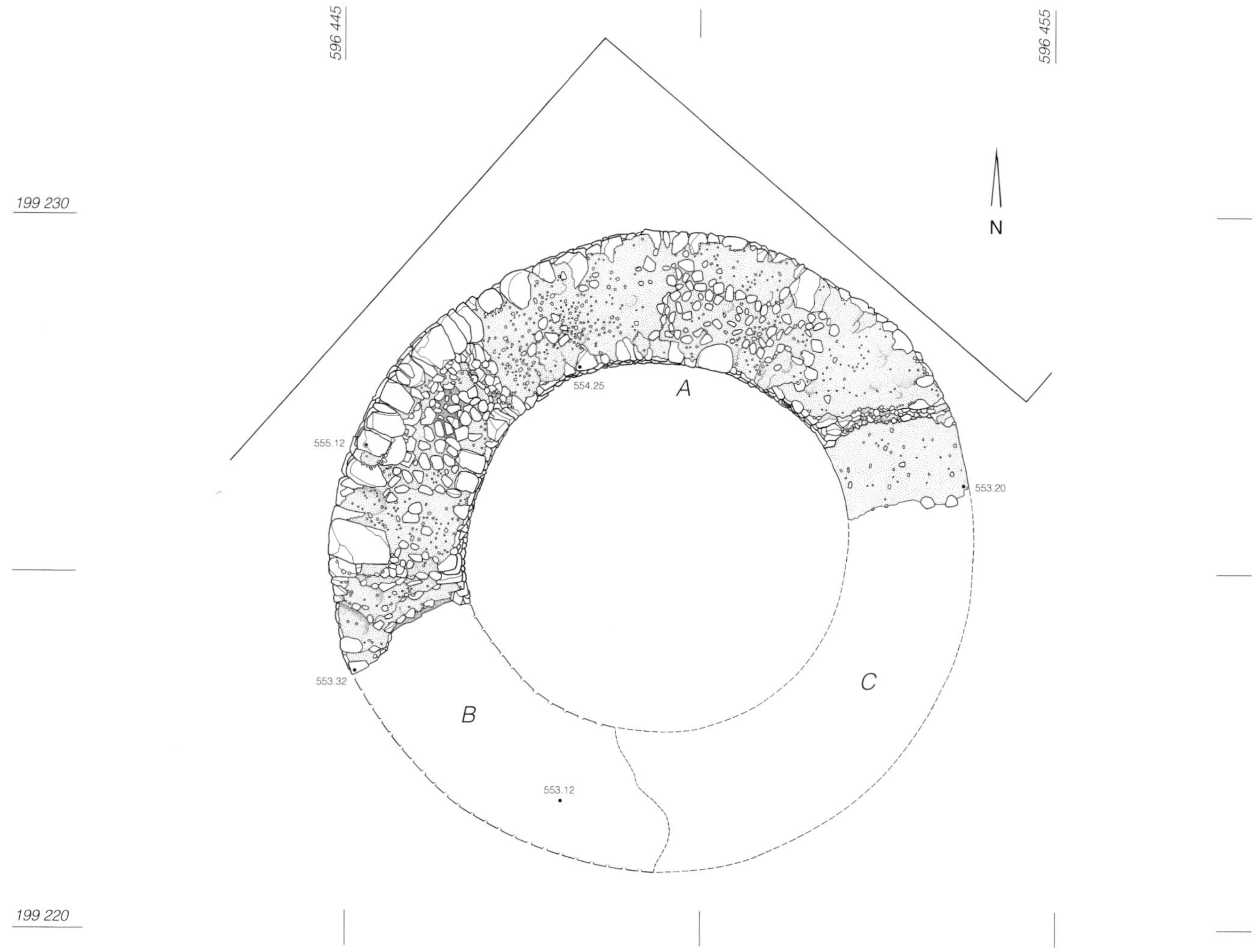

Abb. 40: Zentraler Rundturm aus Periode IIIa. Steingerechte Aufsicht. M 1:100. – A Mauerwerk erhalten. B Fundamentgrube nachgewiesen. C Verlauf nicht mehr feststellbar.

Schlossareals die eine oder andere Überraschung anzukündigen schien.[44]
Die bis 1 m dicken Oberflächenschichten, offenbar Planierschutt des 18./19. Jahrhunderts, bargen allerdings nichts Aufregendes, und die im Grundriss ein T beschreibenden Mauerzüge M2 und M5, deren Krone direkt unter der Oberfläche zum Vorschein kam, mussten allein schon von ihrer Bauweise her (in ihren Mörtel war neuzeitliche Keramik eingeschlossen) aus den späten Bauphasen nach dem Abbruch des Ost- und Südflügels um 1740 stammen.[45]
Unter dem neuzeitlichen Planierschutt traten weitere, sehr heterogene Auffüllschichten zutage, die – wenn auch in wechselnder Häufigkeit – teils frühneuzeitliche, teils mittelalterliche Einschlüsse enthielten und auf Anschüttungen unterschiedlicher Zeitstellung schliessen liessen. Das zunächst etwas verwirrende Bild dieser Auffüllschichten im Planum begann sich zu klären, als sich ein Teil der schutthaltigen Ablagerungen als Verfüllung von Mauer- bzw. Fundamentgruben erwies.

Vor allem – und das war die erste Überraschung, die der Platz bereithielt – schälte sich im Zentrum des Areals das Fundament eines kreisrunden Rundturmes heraus (Mauer M3), von dessen Grundriss noch etwa 70% – teils als Mauerwerk und Fundamentbettung, teils als verfüllte Mauergrube – nachgewiesen werden konnten.

Anscheinend stand der Turm isoliert, jedenfalls liessen sich keine Spuren von Mauerabzweigungen beobachten. Sein Aussendurchmesser betrug 9,3 m, seine Mauerstärke

44 Hofer-Grütter, Altes Schloss, S. 10.
45 Vgl. unten Abschnitt IV.6.

Abb. 41: Rundturm M3. Im Vordergrund mit Pfosten markierte Zone der Fundamentgrube. Ansicht von Süden.

im Fundamentbereich 1,8 bis 2 m. Das erhaltene Mauerwerk war von der Fundamentunterkante an noch maximal 2 m hoch und bestand aus mächtigen, unregelmässig geformten, aber lagerhaft geschichteten Findlingen, Kieseln und Hausteinen. Im Mauerkern wechselten Lagen von Kieseln und Mörtel einander ab. Am inneren Mauerhaupt waren in Abständen von ca. 1 m die Abdrücke von senkrechten, 1–1,2 m hohen Pfosten zu erkennen.

Auf der Nordseite, wo die Turmmauer noch knapp 2 m hoch erhalten war, fand sich im Inneren des Gebäudes vom Fundamentfuss bis 20 cm über die Mauerkrone hinaus eine kompakte, an Ackererde erinnernde Einfüllung. Diese war im Südteil durch eine verfüllte Störung unterbrochen, die so tief hinuntergriff, dass auch die unterste Fundamentbettung beseitigt worden war. Der Abbruch des Turmes muss dennoch zweiphasig erfolgt sein: In einer ersten Phase wurde der Turm bis knapp unter das damalige Gehniveau hinunter abgetragen, und in einer zweiten, späteren Phase – deren Verfüllung enthielt auch Einschlüsse des 14./15. Jahrhunderts – wurde das östliche Fundament völlig ausgerissen und die Grube mit heterogenem Schutt ausgeebnet.
Der Befund im Turminnern erbrachte somit Aufschlüsse über den Bau des Turmes – kreisrund gesetzte Pfosten und Einfüllung von etwa 2 m Höhe – sowie über den Abbruch in zwei Phasen, aber keine schlüssigen Anhaltspunkte über die Bauzeit.[46] Im östlichen Bereich des Turmgrundrisses erstreckten sich die Störungen oberhalb des Niveaus der Fundamente auf einer von West nach Ost streichenden Linie bis an die Grenzen der Grabungsfläche, so dass keine datierenden Schichtenanschlüsse erhalten waren.
Dagegen stiess auf der Nordhälfte des Grundrisses die hier noch bis zu 2 m hohe Turmmauer gegen aussen an eine Schichtenfolge an, die ungestört war und gute Anhaltspunkte zur Bauzeit lieferte. Der unterste Meter des Fundamentes war gegen ein Schichtenpaket gebaut, das zuoberst einen Siedlungshorizont des 12./13. Jahrhunderts aufwies. Darüber fanden sich in Mauernähe Spuren eines mörteligen Bauniveaus. Auf diesen Schichten lag eine ca. 0,8 bis 1 m mächtige, lehmig-humöse Aufschüttung, die gegen das Mauerhaupt des Turmes geschmiegt war.

Deren obere Begrenzung bildete eine 5–10 cm dicke, schwärzlich humöse Siedlungsablagerung mit zahlreichen

46 Zum gut rekonstruierten Bauvorgang des Turmes vgl. unten Abschnitt IV.4.

Keramikeinschlüssen, die geschlossen in die 2. Hälfte des 13. Jahrhunderts gehörten.[47] Eine weitere Aufschüttung darüber war in ihrer ursprünglichen Mächtigkeit nicht mehr erhalten, da die späte Planierungstätigkeit, in deren Verlauf der Oberflächenschutt abgelagert worden war, von ihr nur noch die untersten Lagen von 20–30 cm Dicke übriggelassen hatte. Diese Schichtenfolge erlaubte es, die Bauzeit des Turmes ungefähr in die Mitte des 13. Jahrhunderts anzusetzen. Sie ermöglichte auch die Datierung eines Mauerzuges (M9), der als Fundament unter der Ostecke des um 1471 errichteten Torturmes zum Vorschein kam und dessen Verlauf anhand seiner Fundamentgrube noch auf einer Länge von etwa 7 m verfolgt werden konnte. Der Bauhorizont dieser Mauer lag über der Siedlungsschicht aus der 2. Hälfte des 13. Jahrhunderts, doch war die darüber liegende obere Auffüllung gegen die Mauer abgelagert. Die Errichtung der Mauer dürfte damit in die Zeit knapp vor 1300 anzusetzen sein.

Leider war die genannte Schichtenfolge, in der sich Siedlungsablagerungen und Anschüttungen ablösten, nur auf wenigen Quadratmetern in den Flächen J11, J5, J10, J7 und J1 zu beobachten. Sie bildete somit, allseits umgeben

47 Vgl. unten Fundkatalog, Abschnitt III.5.4 (Gruppe IIIa).

Abb. 42: Mauerzug M2 (19. Jahrhundert) in Schnitt J2. Ansicht von Südwesten.

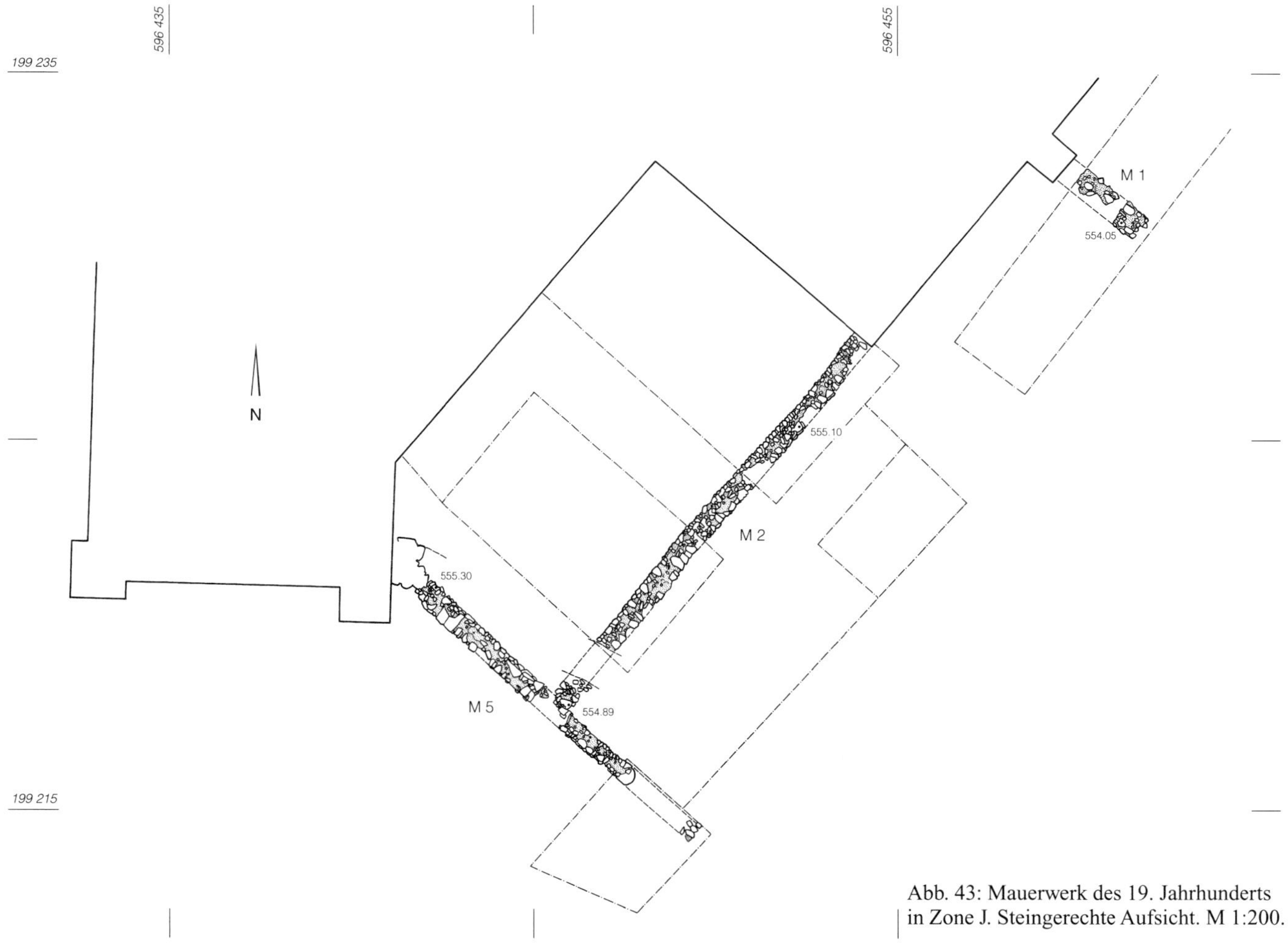

Abb. 43: Mauerwerk des 19. Jahrhunderts in Zone J. Steingerechte Aufsicht. M 1:200.

Abb. 46: Schnittflächen J3 und G1. Aufsicht mit mittelalterlichen Bauresten. M 1:100. – A Pfostenlöcher der Palisade, Periode I. B Fundamentgrube der ersten Umfassungsmauer (Periode II). C Fundamentgrube von halbrundem Flankierungsturm und Ringmauer aus Periode IIIb.

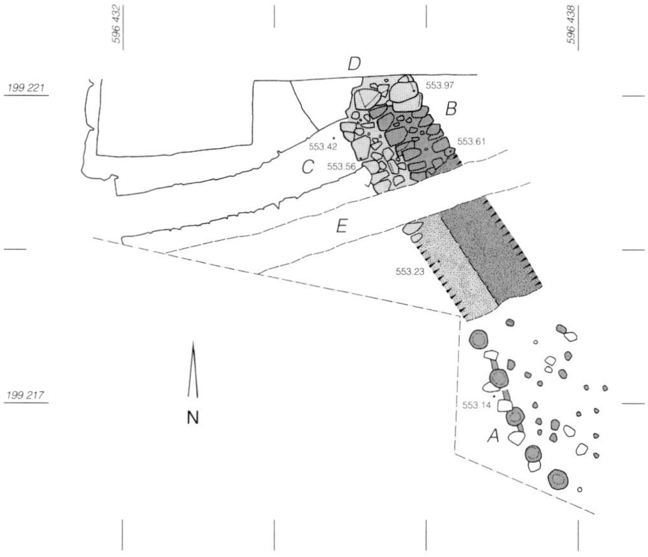

Abb. 47: Schnittflächen J9, J13, J17 mit älteren Bauresten. M 1:100. – A Palisade (Periode I). B Erste Ringmauer M11 Periode II). C Jüngere Ringmauer M8 (Periode IIIb). D Umriss des Torturmes (Periode IV). E Moderne Störung (Abwasserleitung).

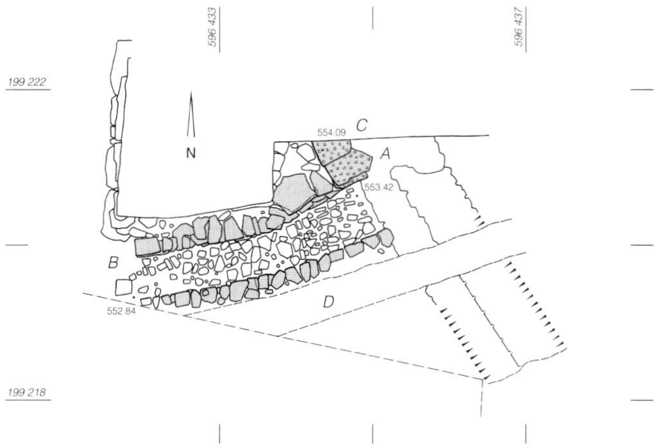

Abb. 48: Schnittflächen J9, J13, J17 mit jüngeren Bauresten. M 1:100. – A Tuffquader des halbrunden Aborttürmes (Periode IV). B Ablaufkanal M10 des Aborttürmes (Periode IV). C Umriss des Torturmes (Periode IV). D Moderne Störung (Abwasserkanal).

von der jüngsten Grabenböschung durchschnitten wurde. Offenbar handelte es sich bei dieser sicher künstlichen Ablagerung um eine Aufschüttung, mit der das natürliche Niveau angehoben werden sollte.

Ca. 40 cm in die natürliche Sand- und Kiesunterlage eingetieft, kamen, knapp 50 cm vom Grabenrand entfernt, Spuren von Pfostenlöchern zum Vorschein, die untereinander Abstand von 20–30 cm hielten und als Rest jener frühen Palisade gedeutet werden konnten, die auf der anderen Seite des Areals, in Schnitt J17, noch besser zu beobachten war.[52]

Jüngeren Datums mussten die anderen Störungen sein, die in das mittlere Schichtenpaket griffen und dieses zum Teil bis in den natürlichen Sand- und Kieshorizont hinein durchstiessen.
Am wenigsten tief reichte die durch M1 verursachte Störung. Teils als Fundamentrest von zwei Steinlagen Höhe, teils als verfüllte Mauergrube war Mauerzug M1 nur gut 10 cm in die mittlere Auffüllung hinein eingetieft. Die Verfüllung enthielt ausschliesslich neuzeitliches Material, die Mauer selbst war aus einem Mörtel mit viel Ziegelbrocken und aus unsorgfältig geschichteten Kieseln gefügt. Sie dürfte erst im Zuge der neuzeitlichen Bautätigkeit des 18./19. Jahrhunderts aufgeführt worden sein.[53]

In einem Abstand von ca. 1,3 m vom inneren Grabenrand zeichnete sich in den Profilwänden der Schnitte G1 und G7 eine weitere Mauergrube ab. Ca. 70 cm breit, war sie beidseits von der mittleren Auffüllung eingeschlossen und reichte 10 cm tief in den natürlichen Sand- und Kiesuntergrund hinein. Ihre Verfüllung enthielt Brocken jenes auffallend gelben Mörtels, der in Schnitt J9 als Bindemittel des Mauerfragmentes M11 a zu beobachten war (vgl. unten Kap. 6.3). Wir haben somit anzunehmen, dass diese Mauergrube in Schnitt G1 als Überrest einer Konstruktion aus der gleichen Bauphase zu deuten ist (M19).

Die übrigen Fundamentgruben, zum Teil schräg geschnitten, waren nachträglich in die mittlere Aufschüttung eingetieft worden und berührten knapp den natürlichen Sand- und Kieshorizont. Sie stammten von einem Gebäude mit ca. 1,5 m dicken Mauern, dessen Grundrissverlauf zunächst allerdings schwer auszumachen war. Erst ein Vergleich mit dem Stürlerplan von ca. 1740 zeigte, dass die in den Profilschnitten und z.T. auch im Planum verfolgbaren Mauergruben von jenem halbrunden Flankierungsturm stammen mussten, der sich an der Ostecke der Anlage erhoben hatte (M18). Der ganze Grundriss liess sich leider nicht freilegen, da er mehrheitlich ausserhalb der Grabungsfläche lag, doch konnten in Schnitt J4 wenigstens auch Teile der abgehenden Beringmauern auf der Ostseite des Areals festgestellt werden.[54]

Die modernen Planierungsmassnahmen des 18./19. Jahrhunderts müssen die oberen Partien der Siedlungshorizonte weggeräumt haben, so dass in den Grabungsflächen J3/G1/G13 nur noch die Fundamentbereiche der mittelalterlichen Überbauungsperioden unterhalb der jeweiligen Gehhorizonte beobachtet werden konnten. Doch ist es, den vielen Störungen zum Trotz, wenigstens gelungen, Teilstücke des Beringes aus drei Phasen – Palisade – ältere Ringmauer – Flankierungsturm und jüngere Ringmauer – nachzuweisen.

6.3 Der Unterbau des Torturmes und die westliche Peripherie (G14, G17, J8, J9, J11, J13, J17)

Dass der Torturm an der südwestlichen Ecke des heutigen Schlossareals der älteste Teil des noch aufrechten Gebäudekomplexes sein musste, stand schon bei Beginn der Grabungen fest. Über das tatsächliche Alter waren die Meinungen allerdings geteilt. Dank den Dendrodaten aus dem Gebälk lässt sich nun der Turm recht genau in die Zeit um 1471 ansetzen, was für die Deutung und Datierung der angrenzenden Schicht- und Gebäudestrukturen einen willkommenen Fixpunkt bedeutet.[55]

Da der Oberbau des Turmes im baugeschichtlichen Teil von Johanna Strübin behandelt wird, ist hier bloss auf die Befunde im Boden, also im Fundamentbereich, näher einzutreten.

Das Mauergeviert des Turmes (M6 a–d, ca. 8,4 auf 8,4 m) ragte mit der westlichen Aussenfront (M6 c) weit in die innere Böschung des Wassergrabens hinaus, weshalb auf

Abb. 49: Mauerwerk im Schnitt J9. Rechts der Ablaufkanal M10 des – weitgehend verschwundenen – Aborttumes. Links anschliessend das Mauerwerk des zweiphasigen Beringes M11/M11a. Starke Störung des Befundes durch eine moderne Abwasserleitung. Senkrechte Aufsicht.

52 Vgl. unten Abschnitt II.6.3. – Ausser in Schnitt J17 zeichneten sich die Spuren dieser Periode auch in den Profilwänden von Schnitt G7 ab.
53 Strübin, Baugeschichte, Abschnitt 2.6–2.8.
54 Vgl. unten Abschnitt 5.5 und Strübin, Baugeschichte, Abschnitt 2.1.
55 Strübin, Baugeschichte, Abschnitt 2.1 mit Hinweis auf die dendrochronologischen Abklärungen von Heinz Egger von 1997.

Abb. 50: Mauerwerk in Schnitt J9. Im Hintergrund Fundament des Torturmes M6b. Tuffquader des halbrunden Aborttturmes M8 (A). Rechts der ältere, zweiphasige Bering M11/M11a (B). Im Vordergrund, diesseits der modernen Abwasserleitung, Fortsetzung des Beringes als Fundamentgrube (C). Ansicht von Südosten.

Abb. 51: Ablaufkanal M10 des Aborttturmes in Schnitt J9. Ansicht von Osten.

dieser Seite die Fundamente viel tiefer hinuntergriffen als in der dem Innenhof zugekehrten Ostfront (M6 a). Die Südwestecke wurde durch einen mächtigen Pfeiler gestützt, dessen Fundamente allerdings 50 cm weniger tief als die Fundamentunterkante der grabenseitigen Turmmauer (M6 c) hinunterreichten. Turm und Pfeiler waren miteinander im Verband, während ein zweiter, kleinerer Pfeiler (M7) an der Südostecke des Turmes gegen diesen mit einer Fuge anstiess und wegen seiner geringen Fundamenttiefe nicht vor dem 18. Jahrhundert errichtet worden sein konnte.[56]

Grabenseitig bestand das Turm- und Pfeilerfundament aus mächtigen, unregelmässig geformten, aber lagerhaft geschichteten Blöcken mit ausgezwickten Zwischenräumen und war direkt gegen die ältere Schichtenfolge der Grabenböschung gebaut. Die jüngste Dichtungsschicht des Wassergrabens zog sich bis zur Höhe jenes Absatzes hinauf, wo das aufgehende Sichtmauerwerk begann. Die Frontmauer des Turmes und der Stützpfeiler mussten demnach direkt von der Wasserlinie aus hochgestiegen sein.

Die Frontseite des Torturmes und der Stützpfeiler waren im aufgehenden Bereich aus Tuffsteinquadern gefügt, während die übrigen Seiten vom Fundament an aus eher unsorgfältigem Hau- und Bollensteinverband bestanden. Für die Gewände der inneren und äusseren Toröffnung wurde der im Bernbiet für formierte Bauteile häufig benützte grünlich-graue, weiche Sandstein verwendet. Von der äusseren Toröffnung war der originale, stark abgenützte Schwellenstein noch erhalten. Davor, ca. 30 cm tiefer, war noch anhand der Maserungsabdrücke im Mörtel die horizontale Aussparung für den Balken zu erkennen, an dem die Zugbrücke befestigt war.

Zwischen der Nordmauer des Turmes (M6 d) und der stumpfwinklig abzweigenden Aussenmauer des jüngeren Schlossbaues (M15) befand sich vom Fundamentbereich an aufwärts eine deutliche Stossfuge. Die zur Bauphase des Torturmes gehörige Umfassungsmauer musste östlich der jüngeren Aussenmauer M15 angesetzt haben, so dass der Baukörper des Turmes ursprünglich für einen Betrachter von aussen wesentlich freier ausgesehen haben dürfte.

Die offene, leider bloss 5 m breite Grabungsfläche zwischen der Südfront des Torturmes (M6 b) und dem Indermühleweg sollte sich trotz der zahlreichen und z.T. tiefgreifenden Störungen als Schlüsselstelle für die Entwicklung der Umfassungskonstruktionen am inneren Rand des Wassergrabens erweisen (J9, J13, J17). Schon 1966 war an diesem Platz eine kleine Fläche geöffnet worden, die zur Entdeckung eines Ablaufkanals geführt hatte. 1970 konnte dieser vollständig freigelegt werden. Über

56 Zu diesem Pfeiler M7 vgl. unten Abschnitt IV.6. – Zur Datierung einer im Pfeiler vermauerten Spolie aus Sandstein vgl. Anm. 105.

Abb. 52: Grabenseitiger Fundamentbereich des Torturmes. Rechts Stützpfeiler. Links über dem Massstab Torschwelle und Aussparung für die Zugbrücke. Ansicht von Westen.

ihm lagen neuzeitliche, heterogene Schutt- und Kieselablagerungen, durchzogen von modernen Störungen.

Der Kanal war knapp 60 cm breit und verlief auf einer Länge von etwa 4 m mit einem Gefälle von 20 Grad in leichter Krümmung vom Mauerfuss des Torturmes um dessen Eckpfeiler herum bis zur Wasserlinie des Grabens. Der Boden des Kanals war mit Bollensteinen gepflästert, die seitlichen Wände oder Wangen aus Hausteinen waren noch knapp 60 cm hoch. Über eine allfällige Abdeckung (Gewölbe oder Platten?) war nichts mehr in Erfahrung zu bringen.

Im westlichen, grabennahen Teil war die gemauerte Kanalkonstruktion in die humösen, peripheren Ablagerungen der inneren Grabenböschung eingetieft, die im Hoch- und Spätmittelalter entstanden waren (vgl. oben Kap. 5.1). Am oberen, d.h. östlichen Ende, wo er ohne scharfe Konturen abbrach, stand die nördliche Wange im Verband mit einem kleinen Mauerfragment, das mit schwacher Krümmung schräg aus der Südfront des Torturmes abzweigte (M8). Torturm und Mauerfragment M8 waren miteinander verzahnt, mussten also zusammen mit dem Kanal gleichzeitig errichtet worden sein. Der sehr stark fragmentierte Befund liess sich nur mit Hilfe der Abbildung von Kauw (um 1670) und des Stürlerplanes enträtseln: Offenbar handelte es sich beim Mauerstück M8 – das Aussenhaupt scheint aus Tuffquadern gefügt gewesen zu sein – um den letzten Rest eines halbrunden, an den Torturm angebauten Turmes. Dessen Primärfunktion ergab sich aus dem Ablaufkanal im Fundamentbereich, der schlüssig auf eine Abtrittanlage hinwies.[57]

Die von diesem halbrunden Aborttturm abzweigende Ringmauer, gemäss dem Bild von Kauw und dem Stürlerplan mit Stützpfeilern verstärkt, war in der gestörten Schichtenfolge nicht mehr nachzuweisen. Dagegen kamen unter den genannten Bauresten, die auf die Umbauphase von 1471 zurückgehen mussten, Spuren älterer Umfassungskonstruktionen zum Vorschein. Das Fundament des Torturmes ruhte auf einem ca. 1,3 m starken Mauerfundament (M11) aus lagerhaft geschichteten Bollensteinen, das sich gegen Südosten als Mauergrube fortsetzte. In

57 Zur Deutung als Abortturm passen ausser dem Ablaufkanal auch die Türöffnungen in der Südwand des Torturmes. Strübin, Baugeschichte, Abschnitt 2.1.

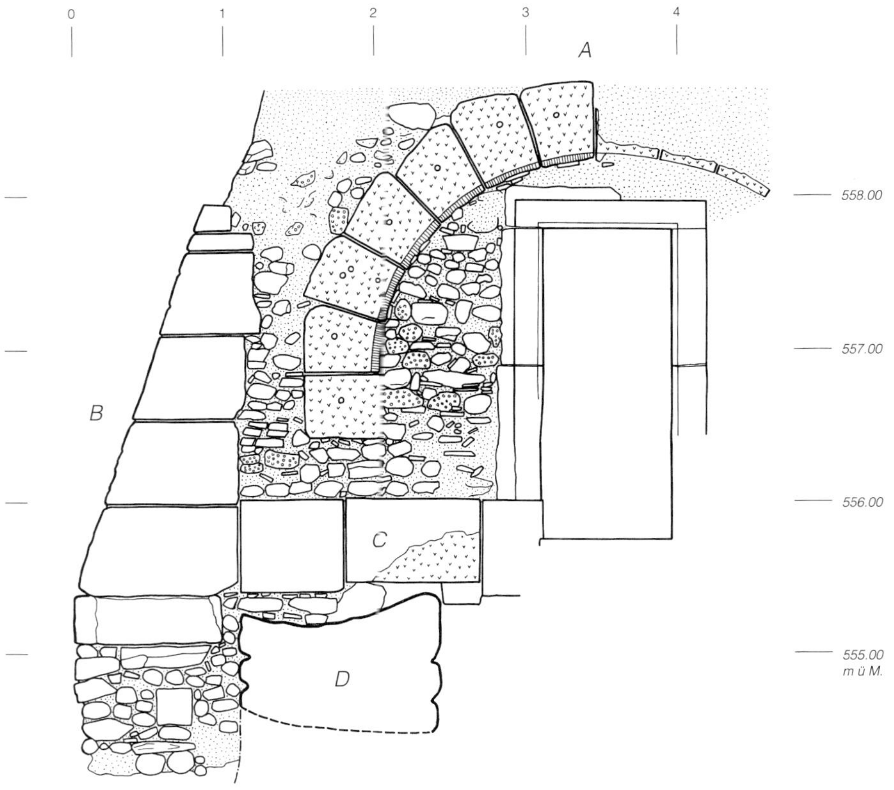

Abb. 53: Hofseite des Torturmes M6a, steingerechte Aufsicht. M 1:50. –
A Gewändesteine des inneren Torbogens von 1471 aus Buntsandstein, mit Zangenlöchern.
B Nachträglich (um 1750?) angefügter Eckpfeiler M7.
C Nachträglich eingefügte Flickpartie.
D Mauerfundament M9 (Periode IIIb).

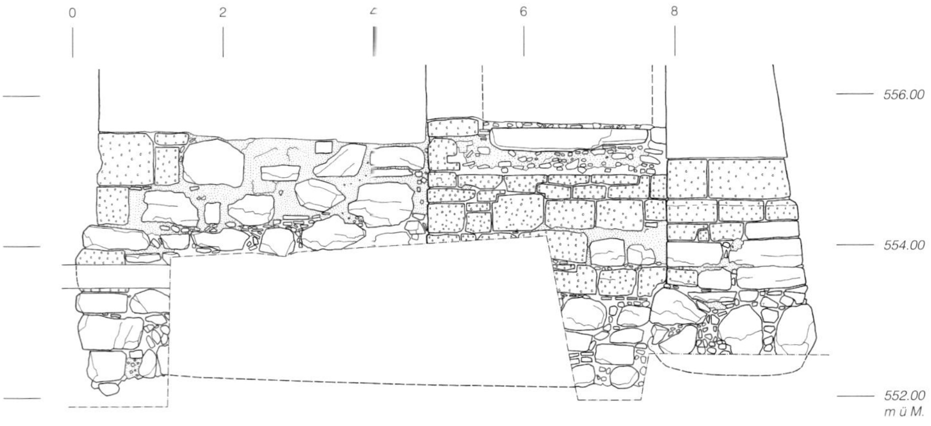

Abb. 54: Grabenseitiger Fundamentbereich des Torturmes und des Stützpfeilers (M6c) aus Periode IV (1471). M 1:100. Das aus Tuffquadern gefügte Sichtmauerwerk ruht auf einem Fundament aus unregelmässigen Findlingen, die möglicherweise als Spolien älterer Bauten vermauert sind. Die Zwischenräume sind stark ausgezwickt und – im Sichtbereich – mit Mörtel verstrichen.

dieses Fundament war ein annähernd parallel verlaufender, 30 cm tiefer, fundamentierter Mauerzug von 70 cm Dicke integriert, offenbar der Rest eines noch älteren Beringes (M11 a). Die beiden Mauern waren ausser durch ihre unterschiedlichen Stärken und Fundamenttiefen vor allem durch die Ungleichheit des Mörtels voneinander zu unterscheiden. Denn die jüngere Mauer M11 hatte einen eher grob gekörnten, fast weissen Mörtel, während die ältere Mauer M11 a durch einen fein gekörnten, auffallend gelben Mörtel gekennzeichnet war.

In der angrenzenden Grabungsfläche J17 waren unter den Fundamentgruben dieser zwei Mauern in einer umgelagerten, humösen, mit Linsen aus weisser Seekreide durchsetzten Auffüllung (vgl. oben Kap. 6.1) noch fünf Pfostenstellungen zu erkennen, die untereinander Abstände von 20–30 cm bildeten und offenbar von einer Palisade stammten. Weitere Pfostenlöcher mit sehr kleinem Durchmesser (6–10 cm) liessen sich in keinen konstruktiven Zusammenhang bringen.

Der Befund in der Grabungsfläche ergab also eine Abfolge von vier Phasen übereinander:

1. Palisade,
2. Bering mit 70 cm starker Mauer,
3. Bering mit 1,3 m starker Mauer und
4. Torturm und Aborttürm mit neuem (nicht mehr nachweisbarem) Bering, um 1471.

Die zeitliche Einordnung der drei älteren Phasen muss im Rahmen der Überlegungen zur Gesamtentwicklung der Anlage erfolgen (vgl. unten Kap. IV).

III. Die vormittelalterlichen und mittelalterlichen Kleinfunde

1. Allgemeines

Wie bereits ausgeführt, ist auf dem Grabungsplatz des *Alten Schlosses* die Ausbeute an Kleinfunden aus der Zeit vor 1470/1471 (Beginn Periode IV)[58] insgesamt bescheiden geblieben. Der Katalog der näher bestimmbaren Objekte umfasst gegen 120 Nummern, was im Vergleich zu den Fundmengen aus längerfristig bewohnten Höhenburgen mit mächtigen Müllablagerungen ausgesprochen dürftig anmutet. (Die Glasfragmente aus der Zeit um 1300, d.h. aus den ersten Jahrzehnten der Periode III, sind im Glaskatalog von Erwin Baumgartner aufgeführt.) Freilich darf nicht übersehen werden, dass der Wassergraben des *Alten Schlosses* nicht nur wiederholt erneuert, sondern auch regelmässig durch Ablassen des Wassers und Ausschwemmen der Ablagerungen auf der Sohle gereinigt worden ist, weshalb sich im Graben nie eine reichhaltige Fundschicht hat bilden können.[59]

Die wiederholten Umbauten, Aufschüttungen und Planierungen, denen in Zone J die Wohnhorizonte aus der Zeit nach ca. 1300 zum Opfer gefallen sind, dürften einen zusätzlichen Schwund des ursprünglich in den Boden gelangten Fundmaterials bewirkt haben.

Ein grosser Teil des gesamten Fundbestandes – aus allen Epochen – ist in umgelagerten Schichten zum Vorschein gekommen, in Aufschüttungen aus zugeführtem Material und aus Abbruch- bzw. Planierschutt. Diese z.T. mehrfache Umschichtung der einzelnen Fundstücke spiegelt sich in deren überdurchschnittlich stark fragmentiertem Zustand sowie – bei der Keramik – in den häufig verrundeten Bruchrändern der Gefässcherben und der Seltenheit von Pass-Scherben.

Abgesehen von den durch die bewegte Baugeschichte bedingten Umlagerungen des Erdreichs, die zur mechanischen Reduktion des Fundmaterials geführt haben, müssen auch von den Bodenverhältnissen her die Erhaltungsbedingungen für verschiedene Substanzkategorien schlecht gewesen sein. In einem besonders schlechten Zustand boten sich die Eisenobjekte dar, die zu einem grossen Teil die Konservierungsmassnahmen nicht überlebten und in ihrer ursprünglichen Form nur noch anhand von Röntgenaufnahmen erfasst werden konnten. Organische Substanzen, die in Feuchtablagerungen oft erhalten bleiben, sind in Bümpliz merkwürdig schlecht vertreten. Leder und Textilien fehlen vollständig, und an Holzgegenständen liegen nur wenige, stark fragmentierte Stücke vor, die den ursprünglich sicher sehr reichen und vielseitigen Bestand in keiner Weise spiegeln.[60]

Die Funde verteilen sich über die einzelnen Flächen und Schichten sehr ungleich. Ausgesprochene Siedlungshorizonte, die zeitlich und baugeschichtlich eindeutig bestimmbar waren und typologisch kompakte Fundkomplexe enthielten, konnten nur auf wenigen Quadratmetern in Grabungszone J festgestellt werden. Keine Siedlungshorizonte haben sich aus den Perioden nach ca. 1265, d.h. nach dem Ende von Periode IIIa[61], erhalten. Im Grabungsbereich (Zone G) bildeten die beiden Dichtungsschichten, die in die Zeit um 1255 bzw. 1470/1471 datiert werden konnten, die wichtigsten stratigraphischen Unterscheidungsmöglichkeiten für die chronologische Zuweisung der – leider eher spärlichen – Fundstücke in der Grabensohle.

Wie in mittelalterlichen Fundkomplexen nicht anders zu erwarten, dominiert im Material von Bümpliz die *Keramik,* die sich grob in drei Funktionskategorien – Küchengeschirr, Talglampen und Ofenkacheln – unterteilen lässt. Von der Technologie und den Formen her gliedert sich die Bümplizer Keramik gut in das bisher bekannte, allgemeine Entwicklungsbild im kleinburgundischen Raum ein, auch wenn nicht für alle Stücke zahlreiche Vergleichsobjekte greifbar sind. Für die grob gemagerte, schwarz bis hellgrau gebrannte Ware des 10. bis 12. Jahrhunderts sind vor allem die analogen Funde vom nahen Grabungsplatz Niederwangen und von der Burg Grenchen heranzuziehen. Die im späten 12. Jahrhundert einsetzende, graue

58 Die Holzproben aus dem Torturm ergaben als Fälldatum das Jahr 1471 (vgl. Strübin). – Für die Um- und Neubauten ist ein mehrjähriger Zeitrahmen anzunehmen, der etwa zwischen 1467 und 1475 anzusetzen ist. In den folgenden Ausführungen soll stets vom dendrochronologisch ermittelten Datum 1471 ausgegangen werden.

59 Relative Fundarmut zeigten auch die Grabensohlen von Mülenen SZ. Vgl. dazu Bürgi/Meyer, Mülenen, S. 51ff.

60 Die vergleichsweise reichhaltigen Bestände an Holz- und Textilfunden aus Mülenen SZ sind durch die Feuchtlage zu erklären, in der sich die meisten fundhaltigen Schichten befanden. Bürgi/Meyer, Mülenen, S. 51ff., 185ff. und 201ff. In Bümpliz dagegen hat die Kanalisierung des Stadtbaches ein so starkes Absinken des Feuchthorizontes bewirkt, dass nur noch in der Grabensohle gute Erhaltungsbedingungen für Holz oder Leder bestanden. – Für das Bernbiet sind besonders wichtig die reichhaltigen Holzfunde aus dem Sodbrunnen der Burg Mülenen bei Reichenbach. Wild, Mülenen, S. 57ff.

61 Zu dieser relativ genauen Datierung, die auf historische Überlegungen beruht, vgl. unten Abschnitt V.2.

Drehscheibenware ist in der ganzen Region gut belegt, doch sind im Spektrum von Bümpliz nicht alle Entwicklungsstufen vertreten. So fehlen vor allem die späten, um die Mitte des 14. Jahrhunderts einsetzenden, schlanken Töpfe mit weit ausladendem Karniesrand.

Die glasierte, meist ziegelrot gebrannte Ware, die im 14. Jahrhundert aufkommt, begleitet von einer zunehmenden Formen- und Funktionsvielfalt, ist in Bümpliz zwar mit Schüsseln, Lampen und Dreifussgefässen belegt, aber in auffallend geringer Menge. Dies trifft auch auf die Ofenkeramik zu, für die zwischen Stücken aus der Mitte des 14. Jahrhunderts (Tellerkacheln) und Fragmenten aus der Zeit um oder nach 1450 keinerlei Nachweise vorliegen.[62]

Das insgesamt doch recht kümmerliche Fundspektrum aus der Epoche zwischen ca. 1300 und 1470/71, das so gar nicht in das allgemeine Bild der Zunahme des Hausrates im Spätmittelalter passt[63], beruht wohl kaum ausschliesslich auf den stratigraphischen Störungen des Grabungsplatzes. Denn wir haben davon auszugehen, dass sich in der 2. Hälfte des 13. Jahrhunderts unter savoyischem Einfluss in Bümpliz – begleitet von den anderweitig beschriebenen Baumaussnahmen – Ansätze zu einem gehobenen, repräsentativen Lebensstil herausbildeten, die aber nach 1300 keine Fortsetzung bzw. Weiterentwicklung erfuhren.

Im Fundspektrum spiegelt sich diese kurze Phase gehobenen Lebensstils etwa in den Trinkgläsern, im Aquamanile aus Bronze und in der Einrichtung einer Kachelofenheizung. Nach 1300 aber scheint sich in Bümpliz wieder das wesentlich anspruchslosere Leben, wie es einem ländlichen Gutshof entsprach, ausgebreitet zu haben.[64]

Von den Funktionskategorien her passt das Fundmaterial von Bümpliz in das Bild eines ländlich-herrschaftlichen Siedlungsplatzes, doch erlaubt die Spärlichkeit des Fundkomplexes insgesamt keine alltags- oder wirtschaftsgeschichtliche Auswertung, die sich auf eine statistisch tragfähige Basis stützen könnte. Immerhin lässt sich doch klar erkennen, dass die Errichtung des Schlosses um 1470/1471, mit der die Siedlungsperiode IV einsetzte, nicht einfach bloss eine weitere Bauphase bedeutete, sondern den Beginn einer neuen Ära. Das sprunghafte Ansteigen von Objekten des gehobenen Lebensstils nach 1470/1471 bildet die Bestätigung des baugeschichtlichen Befundes und der schriftlichen Überlieferung.

2. Vormittelalterliche Funde

2.1. Fundlage

Vormittelalterliche Siedlungsschichten sind auf dem Grabungsareal des *Alten Schlosses* nicht zum Vorschein gekommen. Dagegen liegt eine ganze Anzahl von Einzelfunden vor, die teils prähistorischen, teils römischen Ursprungs sind und aus umgelagerten Schichten stammen. Im Hinblick auf die wiederholt vorgenommenen Aufschüttungen, die den Antransport von Erdreich aus der Umgebung belegen, wird das Auftauchen von mittelalterlichen Fundstücken unter den Bümplizer Kleinfunden verständlich.

Die römischen Objekte – sie bilden die Mehrheit der vormittelalterlichen Stücke – lassen sich leicht aus der Nähe des archäologisch nachgewiesenen Gutshofes erklären, dessen Kernbereich im Raume der Bümplizer Mauritiuskirche lag, über dessen vollständige Ausdehnung jedoch keine Klarheit besteht.[65] Die in den oberen Aufschüttungen zum Vorschein gekommenen Funde aus römischer Zeit dürften im Zuge der Zuführung von Schüttgut aus dem Umfelde des Gutshofes auf den Grabungsplatz gelangt sein. Die Objekte aus dem umgelagerten, schwärzlichen Silt, aus dem die älteste Auffüllung von Periode I besteht, könnten durch den Stadtbach angeschwemmt worden sein, was durch den stark verschliffenen Zustand der betreffenden Keramikfragmente erhärtet wird.[66]

Als problematischer erweist sich das bronzezeitliche Einzelstück Abb. 55:2. Neuerdings ist zwar bei Niederwangen eine bronzezeitliche Siedlung nachgewiesen worden, doch dürfte das Bümplizer Keramikfragment kaum von dem immerhin gut 2 km weit entfernten Platz an seinen Fundort verschleppt worden sein. Der einstweilen isolierte Fund kann als Hinweis auf eine vorläufig unbekannte Station in der engeren Umgebung von Bümpliz gewertet werden.

2.2. Vormittelalterliche Funde, Katalog

Abb. 55: Mittelalterliche Kleinfunde. 1–9: vormittelalterlich. M 1:2.

1 Fragment eines klingenförmigen Abschlages aus hellbraunem *Silex*. L: 28 mm. An den Kanten vereinzelt grobe Gebrauchsretuschen. – Aus Komplex 30 (untere Ablagerungen am inneren Grabenrand). Fnr. G3/5/1. – Zeitstellung: unsicher, vielleicht neolithisch.

2 RS eines *Topfes*. Hellrot gebrannte, handgeformte Ware, reichliche, grobe Magerung. Leicht ausladender, abgestrichener Steilrand mit Fingertupfen. Oberfläche mit Kalksinter. – Aus Komplex 30 (untere Ablagerungen am inneren Grabenrand). – Fnr. G3/5/3. – Datierung: Bronzezeit (Bestimmung durch Dr. Paul Gutzwiller, Basel).

3 WS eines nicht näher bestimmbaren Gefässes aus *Terra Sigillata*. Stark beschädigte Oberfläche, Bruchränder verschliffen. – Aus

62 Zur bernischen Ofenkeramik des 15. Jahrhunderts vgl. Berns grosse Zeit, S. 170ff.

63 Bei gleich gebliebener Siedlungsintensität weist das Fundgut aus Müllablagerungen auf Burgen vom 14. Jahrhundert an eine immer grössere Vielfalt und Quantität auf. Meyer, Burgenbruch, S. 328.

64 Vgl. unten Fundkatalog Abschnitt III.6.2 (Übergangszeit Perioden III/IV).

65 Bacher, Bern-Bümpliz, S.397–414. Nach dem früher aufgedeckten Mauerwerk scheint sich der Gutshof mehrheitlich östlich der nachmaligen Kirche, also ausserhalb des ursprünglichen Dorfkerns, ausgedehnt zu haben.

66 Vgl. unten Fundkatalog, Abb. 55: 3–7.

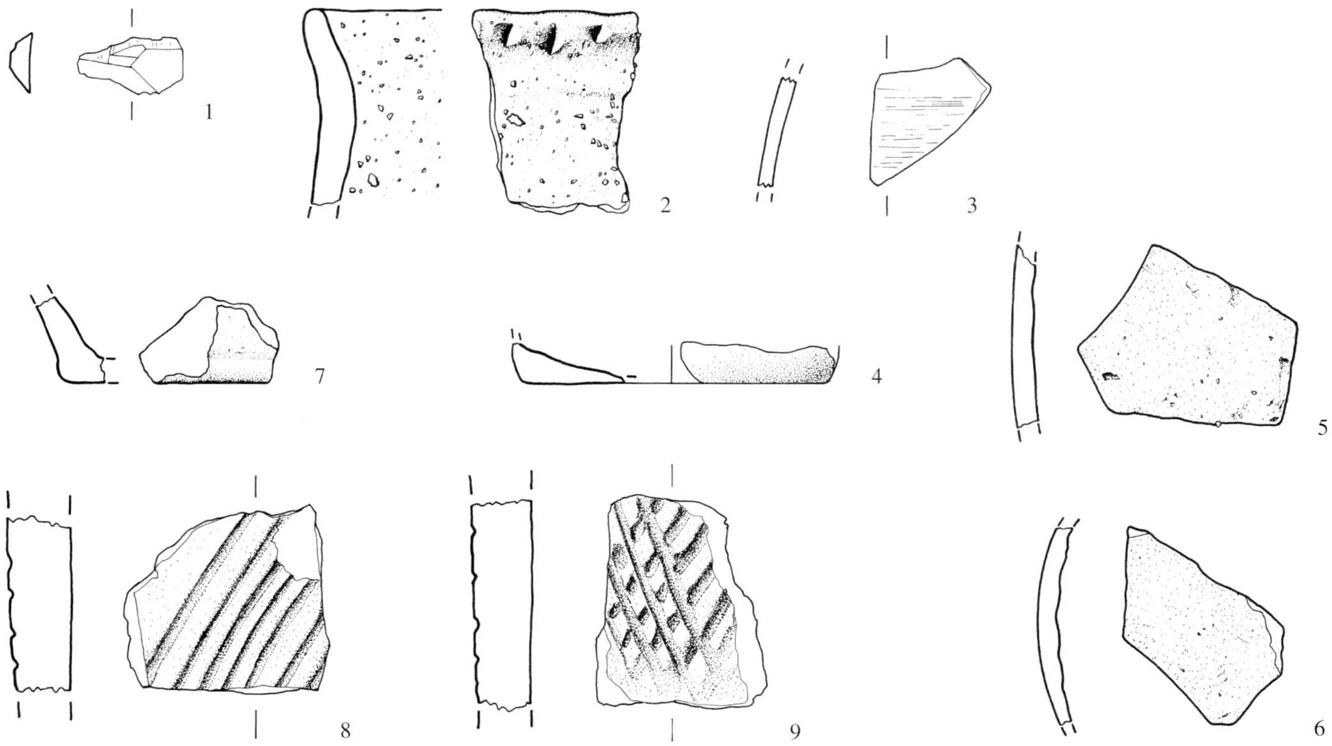

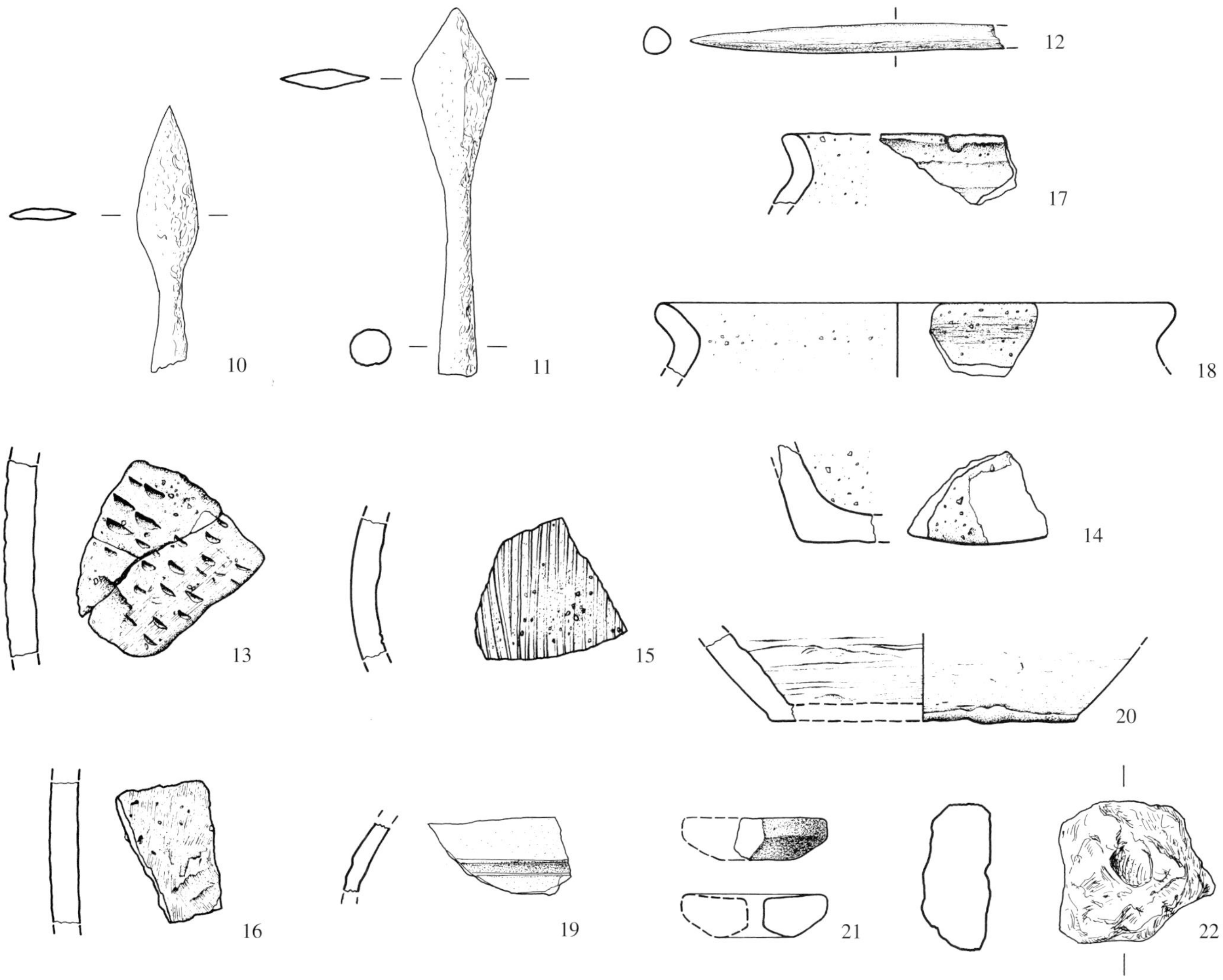

Abb. 55: Legende S. 44, 46.

Komplex 3 (umgelagerte Aufschüttung, 18. Jahrhundert). – Fnr. J12/2/3. – Zeitstellung: römisch.
4 BS eines *Bechers* (?). Ziegelroter Brand, scheibengedrehte Ware, reichlich gemagert. Bruchränder verschliffen. – Aus Komplex 12 (obere Grenzzone von Auffüllung IIIb). – Fnr. J1/4/1. – Zeitstellung: römisch.
5 WS eines Gefässes *(Krug, kleine Amphore?)*. Material und Verarbeitung wie 55/4. Aus Komplex 13 (Wohnhorizont von Periode II). – Fnr. J8/4/1. – Zeitstellung: römisch.
6 WS eines bauchigen *Gefässes*. Material und Verarbeitung wie 55/4. Innenseite mit deutlichen Drehrillen. Aus Komplex 30 (untere Ablagerungen am inneren Grabenrand). – Fnr. G6/4/1. – Zeitstellung: römisch.

Weitere 31 Keramikfragmente, die in Material und Verarbeitung den Stücken 55/4–6 entsprechen, sind in den folgenden Komplexen zum Vorschein gekommen: 9 (Störung 17. Jahrhundert), 20 (Wohnhorizont von Periode I), 13, 14, 30 (Periode II), 23 (umgelagerte Grabeneinfüllung). Es handelt sich um Stücke aus umgelagerten Schichten.

7 BS eines Gefässes (Krug, Becher?) aus *Terra Sigillata*. Oberfläche stark beschädigt, Bruchränder verschliffen. Aus Komplex 14 (Auffüllung IIIa). – Fnr. J10/3/2. – Zeitstellung: römisch.
8 *Tubulusfragment*. Harter, dunkelroter Brand. Auf einer Seite tiefe Parallelrillen. Aus Komplex 20 (Periode I). – Fnr. J9/7/1. – Zeitstellung: römisch.
9 *Tubulusfragment*. Material und Verarbeitung wie 55/8. Parallelrillen gekreuzt. Aus Komplex 20 (Periode I). – Fnr. J9/7/2. – Zeitstellung: römisch.

3. Periode I (10.–12. Jahrhundert)

3.1. Die Fundschichten

Die Kleinfunde, die sich der Siedlungsperiode I zuweisen lassen, entstammen teils dem untersten, gegen oben und unten durch Auffüllschichten abgegrenzten Wohnhorizont in Zone J (Komplex 20), teils umgelagerten Aufschüttungen aus verschiedenen Zeiten. Im Bereich des Wassergrabens (Zone G), wo zwischen der untersten Grabensohle und der älteren Abdichtungsschicht (vgl. II. 5.1.) keine stratigraphische Differenzierung möglich war, vermengten sich die Objekte aus Periode I mit denjenigen aus Periode II. Sie können deshalb nur aufgrund typologischer Merkmale unterschieden werden, was bei der Keramik des 12. Jahrhunderts Schwierigkeiten bereitet.

3.2. Periode I, Katalog

Abb. 55: Mittelalterliche Kleinfunde. 10–22: Periode I. M 1:2.
10 Fragmentiertes *Pfeileisen*. Ursprüngliche Form nur durch Röntgenaufnahme bestimmbar. L: 76 mm. Kurze Tülle, gedrungener Hals, flache Spitze mit lorbeerblattförmigem Umriss. Die Form ist im Frühmittelalter durch Grabbeigaben gut belegt, doch bleibt unsicher, wie lange der Typus in Gebrauch gewesen ist. Aus Komplex 15 (Wohnhorizont Periode IIIa). – Fnr. J5/4/15. – Zeitstellung: Vermutlich 10. Jahrhundert. – Lit: Tschumi (Gräberfeld Bümpliz I, Nr. 71). – Christlein, Runder Berg, Taf. 16, Nrn. 3–5.
11 Fragmentiertes *Pfeileisen*. Kräftige Tülle, langer Hals, flache Spitze mit rautenförmigem Umriss. L:105mm. Stücke mit gleicher Spitze, aber mit Angel anstelle der Tülle, in der Schweiz vereinzelt belegt, werden dem ungarischen Raum zugewiesen. Aus Komplex 26 (Feuchtablagerung unterhalb der unteren Dichtungsschicht, Periode I/II). – Fnr. G4/5/5. – Zeitstellung: 10. Jahrhundert. – Lit: Meyer, Schiedberg, E7.
12 Fragmenierte *Spindel* aus Bein. L: 88 mm. – Aus Komplex 17 (Aufschüttung Periode IIIa). – Fnr. J1/7/1. – Zeitstellung: 10.–12. Jahrhundert. – Lit: Colardelle-Verdel, Paladru, S. 249, Fig. 175.
13 WS eines *Topfes*. Rot gebrannte, handgewülstete Ware, harter Brand, grobe Magerung. Als Dekor horizontale Reihen schräger Kerben. Aus Komplex 20 (Wohnhorizont Periode I). – Fnr. J16/7/1. – Zeitstellung: 10. Jahrhundert. – Lit: Meyer, Grenchen, Dekorgruppe 1.
14 BS eines *Topfes*. Dunkelgrau gebrannte, handgeformte Ware, grobe Magerung. Steil ansteigender Fuss, Ansatz eines Linsenbodens. Die Materialqualität entspricht vergleichbaren Stücken aus Niederwangen und Grenchen. Aus Komplex 20 (Verfüllung der Pfostenlöcher von Periode I). – Fnr. J12/7/3. – Zeitstellung: 10. Jahrhundert. – Lit: Meyer, Grenchen, Profilgruppen 1–5. Vgl. auch unpubliziertes Material ADB, Fundort 042.016.99 (Köniz/Niederwangen, Stegenweg 3–5).
15 WS eines bauchigen *Topfes*. Materialqualität wie 55/14. Flächig angebrachter, scharf profilierter Kammstrichdekor. Aus Komplex 20 (Verfüllung der Pfostenlöcher von Periode I). – Fnr. J12/7/2. – Zeitstellung: 10. Jahrhundert. – Lit: Meyer, Frohburg, A3. – In primitiverer Ausfertigung taucht der nämliche Dekor auf einem Topf aus Kallnach auf. Vgl ADB, Fundplatz 004.004.88 (Kallnach, Gräberfeld, Bergweg).
16 WS eines bauchigen *Topfes*. Materialqualität wie 55/14–15. Aus Komplex 20 (Verfüllung der Pfostenlöcher von Periode I). – Fnr. J12/7/4. – Zeitstellung: 10. Jahrhundert.

Insgesamt liegen weitere 16 Wandfragmente von Keramik der Materialqualität 55/14–16 vor. Sie stammen allesamt aus den Ablagerungen der Periode I und II (Komplexe 13, 20, 26). Da keine Randprofile zum Vorschein gekommen sind, bleibt die Datierungsmöglichkeit vage. Das vorgeschlagene 10. Jahrhundert entspricht einem plausiblen Mittelwert.

17 RS eines *Topfes*. Schwarzer Brand, feine Magerung, geglättete Oberfläche. Kurzer, kantig abgestrichener Trichterrand, Auf der Mündung schräge Fingertupfen. Aus Komplex 26 (Feuchtablagerungen in Grabensohle unterhalb der unteren Dichtungsschicht). – Fnr. G4/6/1. – Zeitstellung: 10./11. Jahrhundert.
18 RS eines *Topfes*. Hellgrauer, weicher Brand, reichliche Magerung, handgeformte Ware. Kurzer, gerundeter Trichterrand. Aus Komplex 18 (Auffüllung II). – Fnr. J8/4/1. – Zeitstellung: 10./11. Jahrhundert. – Lit: Meyer, Grenchen, Profilgruppen 1–2. – Meyer, Frohburg, A13. – Die gleiche Ware mit dem auffallend hellgrauen Brand ist auch in Niederwangen belegt. ADB, Fundplatz 042.016.99 (Köniz/Niederwangen, Stegenweg 3–5).
19 WS eines *Topfes*. Dunkelgraue, scheibengedrehte Ware, feine Magerung. Als Dekor breite, flache Horizontalrille. Aus Komplex 9 (Störung mit umgelagerten Einschlüssen). – Fnr. J2/7/1. – Zeitstellung: 11./12. Jahrhundert. – Lit: Meyer, Grenchen, Dekorgruppe 3. – Meyer, Frohburg, A203 - A205.
20 BS eines *Topfes*. Aussen grauer, innen hellbrauner Brand, feine Magerung, gedrehte Ware. Fuss leicht abgesetzt. Aus Komplex 26 (unterste Ablagerung am inneren Grabenrand, Periode I/II). – Fnr. G5/4/1. – Zeitstellung: 11./12. Jahrhundert.
21 Fragmentierter *Spinnwirtel*. Roter Brand, feine Magerung. Konischer Rand, Oberseite abgeschrägt. Aus Komplex 26 (unterste Ablagerung am inneren Grabenrand, Periode I/II). – Fnr. G5/4/4. – Zeitstellung: 11./12. Jahrhundert. – Lit: Meyer, Frohburg, A294 - 296.
22 Brocken von sog. *Hüttenlehm*. Hart verbacken, schwach brandgerötet. Da es sich um das einzige Stück von der ganzen Grabung handelt, stammt es kaum von einer Wand- oder Bodenkonstruktion, sondern eher von einer Feuerstelle. Aus Komplex 20 (Verfüllung der Pfostenlöcher aus Periode I). – Fnr. J12/7. – Zeitstellung: 10.–12. Jahrhundert.

4. Periode II (12.–13. Jahrhundert)

4.1 Die Fundschichten

Siedlungsperiode II, baulich-topographisch durch einen Bering aus Mörtelmauerwerk und eine Aufschüttung fassbar, hat sich als eindeutig definierbarer Wohnhorizont nur auf wenigen Quadratmetern in den Grabungsflächen J2, J5, J7 J10 und J11 erhalten (Komplexe 11, 13, 14). Die über diesem Wohnhorizont liegende Aufschüttung IIIa, abgelagert um 1255 (vgl. unten Kap. VII.2.) markiert auf dem Siedlungsareal das Ende von Periode II.

Im Grabenbereich sind die Abgrenzungen weniger scharf zu ziehen. In der Grabensohle gehören Reste einer Feuchtablagerung unterhalb der älteren Dichtungsschicht (ca. 1255) zu den Perioden I und II, und am inneren Grabenrand, wo heterogene, aber innerhalb der Periode I bis III nicht trennbare, z.T. umgelagerte Anschüttungen das stratigraphische Bild bestimmen, lassen sich zeitliche Zuweisungen nur auf der recht vagen Basis der Fundlage vornehmen.

Während das Ende der Siedlungsperiode II aufgrund historischer Überlegungen in die Zeit um 1255 angesetzt werden kann, ist der Beginn nur mit archäologischen Kriterien zu bestimmen.[67] Da einzelne keramische Stücke, die von der Fundlage her noch zu Periode I gehören, kaum vor die Mitte des 12. Jahrhunderts anzusetzen sind und die typologisch bestimmbaren Objekte von Periode II bis in die Zeit um 1200 zurückreichen[68], darf von den Kleinfunden her – andere Datierungskriterien stehen nicht zur Verfügung – der Beginn von Periode II in das späte 12. Jahrhundert gesetzt werden.

4.2. Periode II, Katalog

Abb. 56: Mittelalterliche Kleinfunde. 1–16: Periode II. M 1:2.

1 Fragmentiertes *Pfeileisen,* erhalten ist die Tülle. L: 51 mm. Schlanker, langgezogener Hals. Das Fragment passt zu den Typen 56/2 und 56/3 und II/3). – Aus Komplex 13 (Wohnhorizont Periode II). – Fnr. J2/4/5. – Zeitstellung: 12. Jahrhundert.

2 Stark korrodiertes *Pfeileisen.* Bei Konservierung aufgelöst, Form durch Röntgenaufnahme festgehalten. L: 86 mm. Schlanke, langezogene Tülle, kurze lanzettförmige Spitze mit flach rhombischem Querschnitt. Aus Komplex 13 (Wohnhorizont Periode II). – Fnr. J11/4/8. – Zeitstellung: Wohl zwischen 1150 und 1250. – Lit: Meyer, Schiedberg, E15.

3 Stark korrodiertes *Pfeileisen.* Bei Konservierung aufgelöst, Form durch Röntgenaufnahme festgehalten. L: 104 mm. Tülle und Spitze langgezogen. Lanzettförmige Spitze mit flach rhombischem Querschnitt. Aus Komplex 14 (Auffüllung IIIa über Wohnhorizont Periode II). – Zeitstellung: Um 1200. – Fnr. J7/5/1. – Lit: Meyer, Frohburg, G32.

4 Fragmentiertes *Hufeisen.* Schmal auslaufende Ruten, Stollenpartie weggerostet. Pro Rute drei Löcher für Griffnägel. Aus Komplex 26 (unterste Ablagerung am inneren Grabenrand). – Fnr. G4/5/4. – Zeitstellung: Langlebige Form des Hochmittelalters. Von der Fundlage her 12. oder frühes 13. Jahrhundert wahrscheinlich. – Lit: Meyer, Frohburg, G72.

5 Randfragment einer *Holzschale.* Das Stück befand sich bei der Bergung in sehr schlechtem Zustand und zerfiel vor der Konservierung. Dokumentation unmittelbar nach der Bergung. Holzart: Ahorn. Gedrechselt, bauchige Form, einfacher, gerade abgeschnittener Rand. Fuss und allfällige Henkel fehlen. Aus Komplex 26 (Feuchtablagerung in Grabensohle unterhalb der unteren Dichtungsschicht). – Fnr. G7/5/1. – Zeitstellung: um 1200. – Lit: Meyer, Mülenen, H3.

6 RS eines *Topfes.* Gedrehte Ware, hellroter Brand, grauer Kern. Kurzer Hals, auslaufender Rand mit leicht verdickter Lippe. Aus Komplex 30 (untere Ablagerungen am inneren Grabenrand). – Fnr. G6/4/1. – Zeitstellung: um 1200. – Lit: Meyer, Frohburg, A99 - A126.

7 RS eines *Topfes.* Graue, scheibengedrehte Ware. Geschwungen ausladender Rand, kantig schräg abgestrichen. Auf der Schulter flache Horizontalriefeln. – Aus Komplex 11 (Wohnhorizont Periode II). – Fnr. J8/3/4. – Zeitstellung: 13. Jahrhundert, 1. Hälfte. – Lit: Meyer, Frohburg, A155-A157.

8 RS eines *Topfes.* Gleiche Beschaffenheit wie 56/7. Aus Komplex 11 (Wohnhorizont Periode II). – Fnr. J8/3/5. – Zeitstellung: 13. Jahrhundert, 1. Hälfte.

9 RS eines *Topfes.* Graue, gedrehte Ware. Gedrungener Hals, verdickter, gerundeter Rand mit schwach ausgebildeter Leiste. Auf der Schulter horizontale Riefeln. Aus Komplex 11 (Wohnhorizont Periode II). – Fnr. J5/6/1. – Zeitstellung: 13. Jahrhundert, 1. Hälfte. – Lit: Meyer, Alt-Wartburg, B15. Meyer, Frohburg, A158 - 159.

10 RS eines *Topfes.* Graubrauner Brand, scheibengedrehte Ware. Ausladender Rand mit Hängeleiste und Eindellung auf der Mündung. Aus Komplex 12 (offene Grenzzone von Auffüllung IIIb). – Fnr. J3/3/1. – Zeitstellung: 13. Jahrhundert, 1. Hälfte. – Lit: Meyer, Alt-Wartburg, B22.

11 RS eines *Topfes.* Graue, scheibengedrehte Ware. Kurzer Hals, ausladender Rand mit schmaler Hängeleiste. Aus Komplex 13 (Wohnhorizont Periode II). – Fnr. J2/4/1. – Zeitstellung: 13. Jahrhundert, 1. Hälfte. – Lit: Meyer, Alt-Wartburg, B20.

12 RS eines *Topfes.* Gleicher Typus wie 56/11. – Aus Komplex 21 (untere Ablagerungen am inneren Grabenrand). – Fnr. G5/1/2. – Zeitstellung: 13. Jahrhundert,1. Hälfte.

13 WS eines *Topfes,* wohl Schulterfragment. Schwarzgraue, gedrehte Ware. Flache, breite Horizontalrillen. Aus Komplex 11 (Wohnhorizont Periode II). – Fnr. J5/5/1. – Zeitstellung: 12. Jahrhundert, 2. Hälfte. – Lit: Meyer, Alt-Wartburg, B125.

14 WS eines *Topfes,* Schulterfragment. Graue, gedrehte Ware. Horizontale Riefeln unterschiedlicher Breite. Es liegen vom gleichen Topf 2 Bruchstücke vor. Aus Komplex 11 (Wohnhorizont Periode II). – Fnr. J8/3/4a und b.– Zeitstellung: 13. Jahrhundert, 1. Hälfte. – Lit: Meyer, Frohburg, A 219.

15 *Spinnwirtel* aus hellgrau gebranntem Ton. Konische Wandung, gerundete Kanten. Aus Komplex 14 (Aufschüttung für Periode IIIa über Wohnhorizont von Periode II). – Fnr. J7/5/2. – Zeitstellung: 12. Jahrhundert, 2. Hälfte, ev. älter. – Lit: Meyer, Frohburg, A295.

16 *Spinnwirtel* aus rötlichem Buntsandstein, leicht fragmentiert. Konische Wandung. Aus Komplex 12 (obere Grenzzone von Auffüllung IIIb). Das Rohmaterial stammt vermutlich aus dem Schwarzwald. – Fnr. J3/2/1. – Zeitstellung: 12. Jahrhundert oder älter.

5. Periode III (Mitte 13. Jahrhundert–1470)

5.1. Die Fundschichten

Mit Ausnahme einer auf wenige Quadratmeter beschränkten Wohnablagerung, die in Periode IIIa zu verweisen ist (vgl. oben Kap. III.5.3.), sind aus der Zeit nach ca. 1250 keine Siedlungsschichten im engeren Sinn zum Vorschein gekommen. Denn im Innern des Schlossareals (Zone J) haben die Planiermassnahmen des 18./19. Jahrhunderts alle Gehhorizonte oberhalb der um 1265 eingebrachten Aufschüttung III b zerstört. Und im Grabenbereich (Zone G) liessen sich nur wenige fundhaltige Schichten beobachten, die eindeutig der Periode III zuzuordnen waren. Die Feuchtablagerungen zwischen der oberen und unteren Dichtungsschicht (vgl. oben Kap. II.5.1.) gehörte zwar in Periode III, erwies sich aber als ausgesprochen fundarm. Die humösen, wenig differenzierbaren Schichten an der

67 Vgl. unten Abschnitte IV.2 bis IV.4.

68 Vgl. Fundkatalog Nrn. II6–II14.

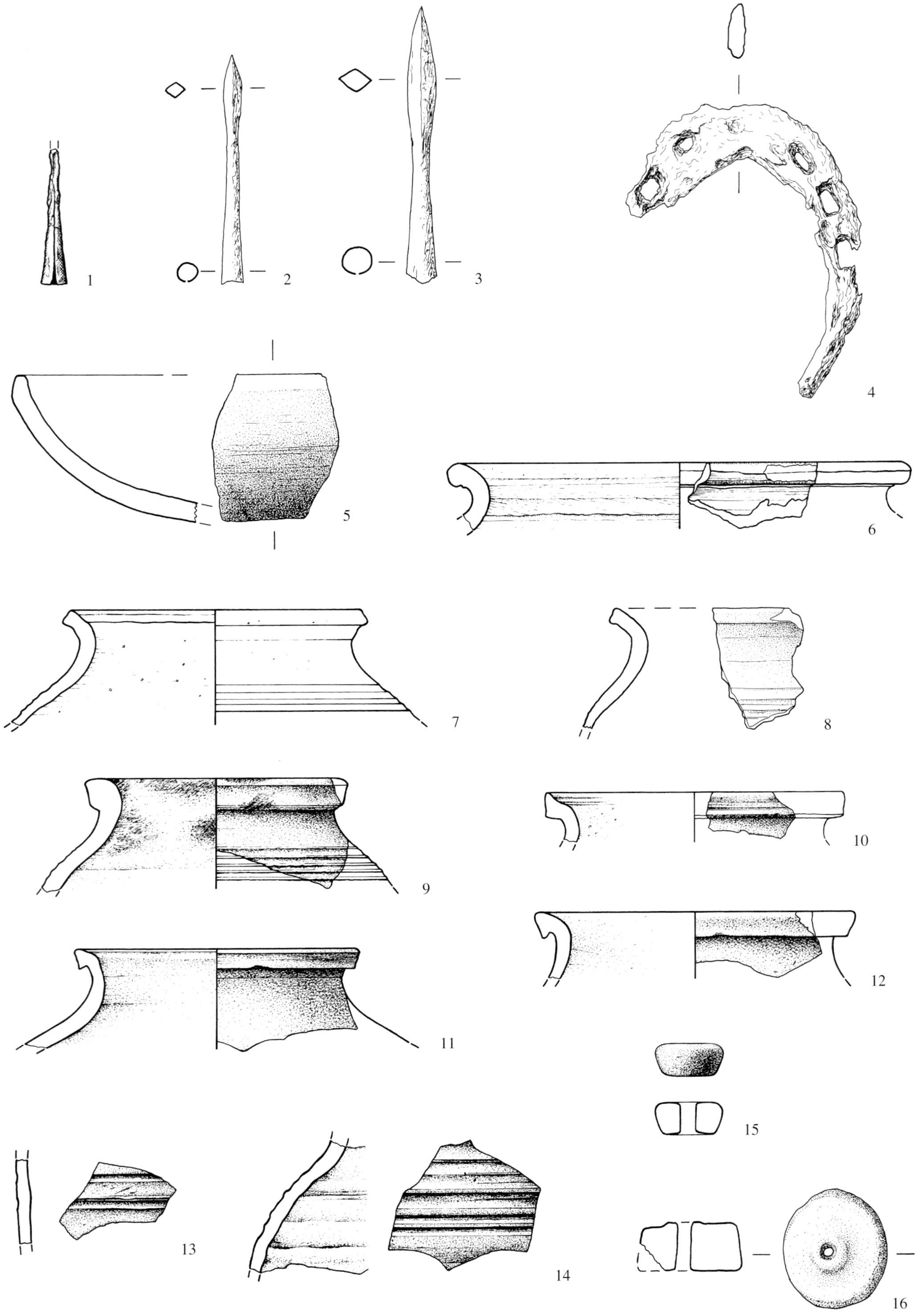

Abb. 56: Legende S. 47.

inneren Grabenböschung konnten zwar, soweit sie von der oberen Dichtungsschicht überlagert waren, in die Zeit vor 1471 datiert werden, eine feinere Schichtenchronologie erwies sich aber als unmöglich.

Die aus Periode III – ca. 1250 bis 1471 – stammenden Kleinfunde sind demnach, abgesehen vom Material aus dem erwähnten Horizont von Periode III a, in gestörten und umgelagerten Schichten zum Vorschein gekommen, was für die Zuweisung der typologisch in die zeitlichen Grenzzonen – um 1250 und 1471 – passenden Objekte einen gewissen Ermessungsspielraum offen lässt (vgl. oben Kap. III.6.)

5.2. Periode III, Katalog

Abb. 57: Mittelalterliche Kleinfunde. 1–27: Periode III. M 1:2.

1 *Armbrustbolzeneisen* mit kurzem Hals und gedrungener Spitze. L: 66 mm – Aus Komplex 4 (Neuzeitliche Aufschüttung mit umgelagertem Material). – Fnr. J13/5/1. – Zeitstellung: 13./14. Jahrhundert. – Lit: Meyer, Alt-Wartburg, C21 - C22.

2 *Armbrustbolzeneisen.* Typenvariante zu 57/1. L: 75 mm. – Aus Komplex 28 (Ablagerung am inneren Grabenrand auf der Höhe der oberen Dichtungsschicht). – Fnr. G5/4/3 – Zeitstellung: 13./14. Jahrhundert.

3 Fragment eines *Messers.* L: 101 mm. – Griffpartie abgebrochen. Klinge mit gerader Schneide und geschwungenem Rücken. Aus Grabung 1966, Schnitt 1 (Einfüllung im Innern des Rundturmes, Periode III). – Zeitstellung: 13. Jahrhundert, evt. älter. – Lit: Meyer, Frohburg, G97.

4 Fragment eines *Messers.* L: 92 mm. – Griffpartie abgebrochen. Klinge mit geschwungener Schneide. Rücken gerade, an der Spitze abgeschwungen. – Aus Komplex 34 (Aufschüttung am äusseren Grabenrand). – Fnr. G10/2/3. – Zeitstellung: 13. Jahrhundert, evtl. älter.

5 Fragmentiertes *Messer.* L: 86 mm. – Schmale Klinge, Rücken und Schneide gerade. Spitze und Griffpartie abgebrochen. Heft aus Buntmetall. – Aus Komplex 22 (Trockenauffüllung im Graben). – Fnr. G7/1/5. – Zeitstellung: 14./15. Jahrhundert. – Lit: Meyer, Mülenen, E55.

6 Fragment einer *Klinge.* L: 84 mm. – Geschwungene Konturen, Schneide stark abgerostet. Möglicherweise Bruchstück einer Sichel. – Aus Komplex 9 (Störung mit umgelagerten Einschlüssen). – Fnr. J11/4/4. – Zeitstellung: unsicher, vermutlich 14./15. Jahrhundert.

7 Fragmentierter *Klöppel* einer Viehschelle. L: 63 mm. – Keulenförmiger Schaft, als Öse umgebogenes Ende. Wohl von Weideglocke für Schmalvieh. – Aus Komplex 32 (Störung des 18. Jahrhunderts mit umgelagerten Einschlüssen). – Fnr. G6/1/1. – Zeitstellung: 14./15. Jahrhundert wahrscheinlich.

8 Gut erhaltenes *Hufeisen.* Umgelegte, abgenützte Stollen. Schmale Ruten mit schwach angedeuteten Wellenkonturen. Pro Rute je 3 Löcher für Griffnägel. Aus Komplex 9 (Störung mit umgelagerten Einschlüssen). – Fnr. J11/4/7. – Zeitstellung: 13. Jahrhundert, wohl 2. Hälfte.

9 Fragment eines *Hufeisens.* Mittelbreite Rute mit ausgeschmiedeten, stark verschliffenen Stollen. Aus Komplex 9 (Störung mit umgelagerten Einschlüssen). – Fnr, J11/4/5. – Zeitstellung: 14. Jahrhundert.

10 Fragment eines *Hufeisens.* Breite Ruten, Nagellöcher in Nut. Umgelagerte Stollen. Aus Komplex 22 (neuzeitliche Trockeneinfüllung im Graben). – Fnr. G18/2/1. – Zeitstellung: 15. Jahrhundert oder jünger.

11 Fragment eines *Hufeisens.* Typenvariante von 57/10. – Aus Komplex 22 (neuzeitliche Trockeneinfüllung im Graben). – Fnr. G7/1/6. – Zeitstellung: 15. Jahrhundert oder jünger.

12 Fragmentierte *Maultrommel.* L: 52 mm. – Lamelle weggerostet. Kreisförmiger Bügel. Bügelrücken schwach gekehlt. Bei Konservierung in unzusammenhängende Einzelteile aufgelöst. – Aus Komplex 29 (Ablagerung am inneren Grabenrand unterhalb der jüngeren Dichtungsschicht). – Fnr. G9/5/1. – Zeitstellung: 14./15. Jahrhundert.

13 Grosser *Zimmermannsnagel.* L: 142 mm. Schaft mit rechteckigem Querschnitt, trapezförmiger, ausgeschmiedeter Kopf mit Schlagspuren. – Aus Grabung 1966. – Zeitstellung: unsicher, ab 13. Jahrhundert möglich.

14 *Zimmermannsnagel,* L: 75 mm. Kleinere, typologisch identische Variante von 57/13. – Aus Grabung 1966. – Zeitstellung: unsicher, ab 13. Jahrhundert möglich.

15 Schaft eines langen *Nagels.* L: 110 mm. Schwach verdickter Kopf. – Aus Komplex 9 (Störung mit umgelagerten Einschlüssen). – Fnr. J11/4/3. – Zeitstellung: 14./15. Jahrhundert möglich.

16 Fuss eines Gefässes aus Bronze. Gewölbte Oberseite mit Riefeln, die an eine stilisierte Tierpfote erinnern. Das Bruchstück ist wohl einem *Aquamanile* zuzuweisen. Aus Komplex 10 (Neuzeitliche Auffüllung mit umgelagerten, älteren Einschlüssen). – Fnr. J5/2/1. – Zeitstellung: 13. Jahrhundert, 2. Hälfte.

17 *Paternosterring* aus Bein. Durchmesser: 17 mm. – Aus Komplex 21 (Ablagerung am inneren Grabenrand unterhalb der oberen Dichtungsschicht). – Fnr. G1/1. – Zeitstellung: unsicher, Periode III (ca. 1250 - 1470) am wahrscheinlichsten. – Lit: Meyer, Alt-Wartburg, E1 - E5.

18 RS eines *Topfes.* Graue, gedrehte Ware. Steiler Hals, nach aussen umgelegter Hals mit abgestrichener Hängeleiste. Aus Komplex 35 (Baggeraushub aus oberer Grabeneinfüllung). – Fnr. S1. – Zeitstellung: Mitte 13. Jahrhundert.

19 RS eines *Topfes.* Graue, gedrehte Ware, rötlich verfärbt. Ausladender Rand mit kantiger Hängeleiste, steiler Hals. – Aus Komplex 12 (Obere Grenzzone von Aufschüttung Periode III b). – Fnr. J10/3/1. – Zeitstellung: 13. Jahrhundert, 2. Hälfte.

20 RS eines *Topfes.* Graue, gedrehte Ware. Grob gemagerter Ton, dünnwandig verarbeitet. – Aus Komplex 35 (Baggeraushub aus oberer Grabeneinfüllung). – Fnr. S2.– Zeitstellung: um 1300.

21 RS eines *Topfes.* Graue, gedrehte Ware. Ausladender Rand, stark unterschnittene, schwach profilierte Hängeleiste. – Aus Komplex 35 (Baggeraushub aus oberer Grabeneinfüllung). – Fnr. S3. – Zeitstellung: 14. Jahrhundert, wohl 1. Hälfte.

22 RS einer *Flasche.* Graue, gedrehte Ware. Verdickter Steilrand, Mündung gegen innen schräg abgestrichen. – Aus Komplex 25 (Feuchtablagerung zwischen oberer und unterer Dichtungsschicht). – Fnr. G4/5/1. – Zeitstellung: 14./15. Jahrhundert.

23 BS eines *Topfes.* Graue, gedrehte Ware. Innenseite mit Drehspuren. Bauchige Wandung, auf der Aussenseite vom Feuer geschwärzte Flächen. 3 zusammenpassende Fragmente. Aus Komplex 12 (Obere Grenzzone von Auffüllung III b). – Fnr. J11/4/1a–c. – Zeitstellung 13. Jahrhundert, 2. Hälfte.

24 BS eines *Topfes.* Graue, gedrehte Ware. Innenseite mit spiraligen Drehspuren. 2 zusammenpassende Fragmente, wovon 1 mit sekundären Rostspuren am Bruchrand. – Aus Grabung 1966 (Schnitt 2B). – Zeitstellung: Vermutlich 13. Jahrhundert, 2. Hälfte, evt. jünger.

25 WS eines *Topfes.* Graue, gedrehte Ware. Auf der Aussenseite kombinierter Dekor aus horizontalen, flachen Riefeln und Rädcheneindrücken aus vertikalen Kerben. – Aus Komplex 27 (Störung am inneren Grabenrand). – Fnr. G5/2/1. – Zeitstellung: 13. Jahrhundert. – Lit: Meyer, Frohburg, A214 - A218.

26 WS eines *Topfes.* Graue, gedrehte Ware. Aussenseite mit schwach ausgebildeten, horizontalen Rillen. – Aus Komplex 8 (Einfüllung in Kellerraum nach Abbruch). – Fnr. 38/2/2. – Zeitstellung: unsicher, 13./14. Jahrhundert wahrscheinlich.

27 WS eines *Topfes,* Schulterpartie. Graue, gedrehte Ware. Aussenseite mit kräftig ausgebildeten Horizontalriefeln. – Aus Komplex 35 (Baggeraushub aus oberer Grabeneinfüllung). – Fnr. S4. – Zeitstellung: 13./14. Jahrhundert.

Abb. 58: Mittelalterliche Kleinfunde. 1–25: Periode III. M 1:2.

1 WS eines kleinen *Topfes,* Schulterpartie. Hellrote gedrehte Ware. Auf der Aussenseite horizontale, scharf profilierte Riefeln. Aus Komplex 25 (Feuchtablagerung in Grabensohle zwischen oberer und unterer Dichtungsschicht). – Fnr. G5/4. – Zeitstellung: 14./15. Jahrhundert.

2 WS eines *Gefässes,* Fehlbrand. Rundung verzogen, grobe Magerung. Schlackenartig verglüht. – Aus Komplex 23 (Feuchtablagerung in Grabensohle zwischen oberer und unterer Dichtungsschicht). – Fnr. G14/2/3. – Zeitstellung: Wohl 14./15. Jahrhundert.

3 WS eines grossen *Vorratsgefässes.* Dickwandige, graue, gedrehte Ware. Geschätzter Durchmesser: 40 cm. Aussenseite mit gerunde-

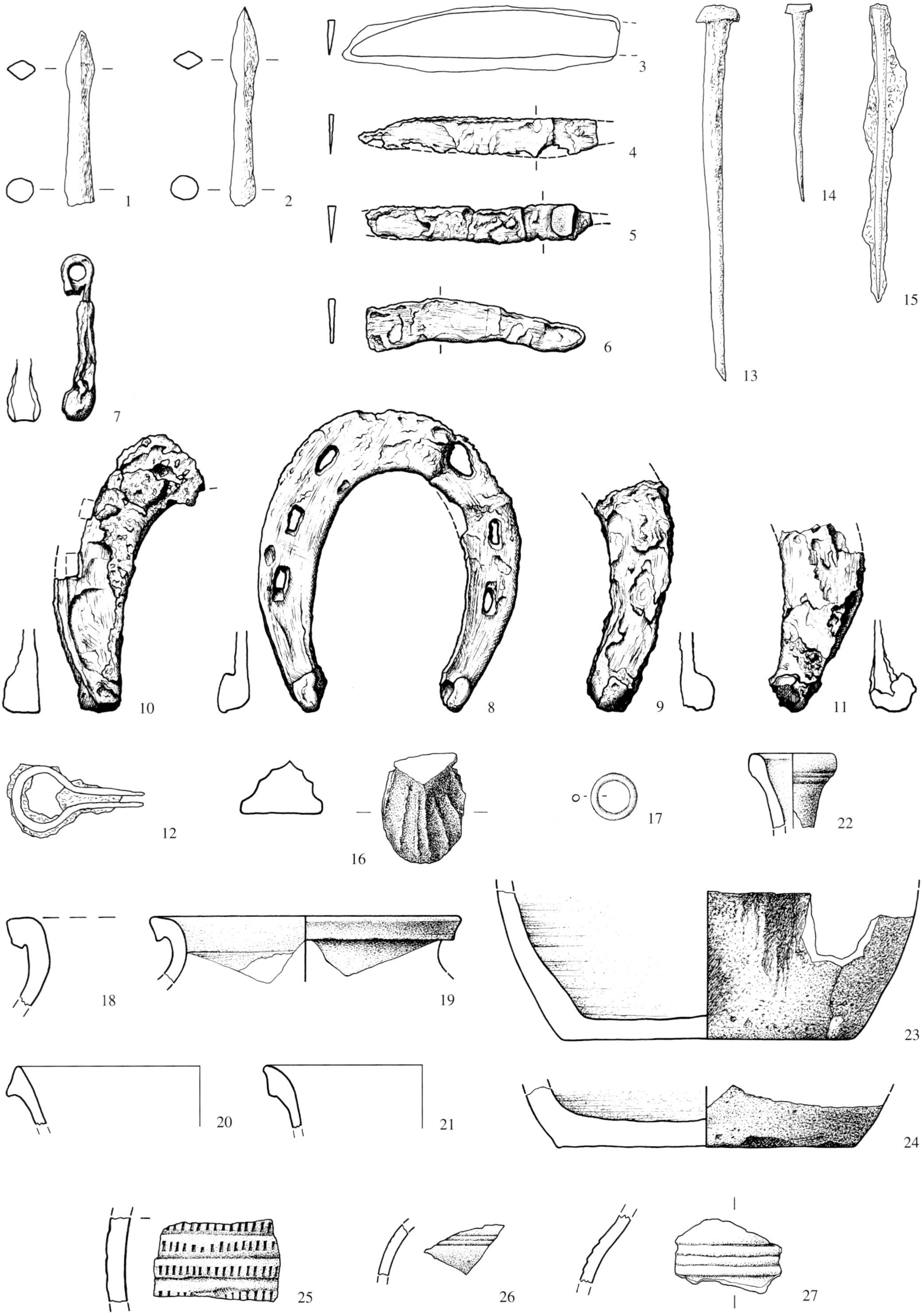

Abb. 57: Legende S. 49.

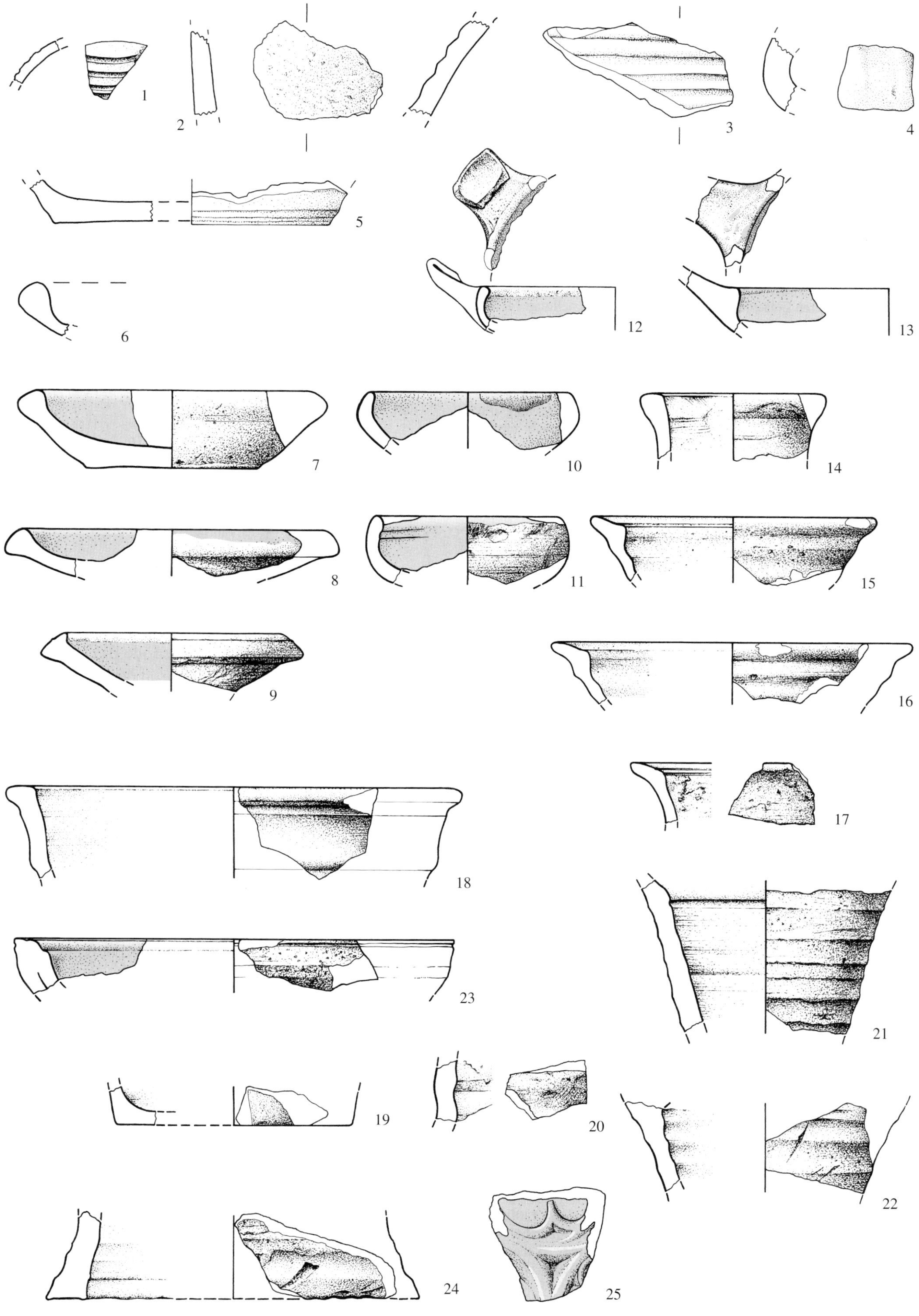

Abb. 58: Legende S. 49, 52.

geometrischer Dekor mit Perlstabmuster. Aus Komplex 17 (Wohnhorizont Periode IIIa). – Fnr. J10/4/5. – Zeitstellung: ca. 1255–1265.
4 RS eines *Topfes*. Graue, gedrehte Ware. Geschwungen ausladender Rand mit leicht unterschnittener, scharf profilierter Hängeleiste. Aus Komplex 17 (Wohnhorizont Periode IIIa). – Fnr. J10/4/1. – Zeitstellung. 1255–1265. – Lit: Meyer, Frohburg, A168 - A177.
5 RS eines *Topfes*. Graue, gedrehte Ware. Geschwungen ausladender Rand mit schmaler Hängeleiste. Aus Komplex 15 (Wohnhorizont, Periode IIa). – Fnr. J5/4/4. – Zeitstellung: 1255–1265. – Lit: Meyer, Frohburg, A163-A167.
6 RS eines *Topfes*. Grauer, bräunlich getönte, gedrehte Ware. Ausladend umgelegter Rand mit schmaler Hängeleiste. Aus Komplex 15 (Wohnhorizont, Periode IIIa). – Fnr. J5/4/3. – Zeitstellung: 1255–1265. – Lit: Meyer, Frohburg, A160.
7 RS eines *Topfes* (4 Bruchstücke). Graue, gedrehte Ware. Ausladender Rand mit profilierter Hängeleiste. Auf dem Schulteransatz Horizontalriefeln. Aus Komplex 15 (Wohnhorizont von Periode IIIa). – Fnr. J5/4/2a-d. – Zeitstellung: 1255–1265. Lit: A178-A183.
8 BS eines *Topfes*. Graue, gedrehte Ware. Inwendig Drehspuren. Bauchige Wandung. Aus Komplex 17 (Wohnhorizont von Periode IIIa). – Fnr. J10/4/3. – Zeitstellung: 1255–1265.
9 BS eines *Topfes*. Graue, gedrehte Ware. Dünner Boden, Fusskante gerundet. Aus Komplex 15 (Wohnhorizont von Periode IIIa). – Fnr. J5/4/11. – Zeitstellung: 1255–1265.
10 BS eines *Topfes*. Form und Verarbeitung wie 59/8. Aus Komplex 14 (Wohnhorizont von Periode IIIa). – Fnr. J5/4/10. – Zeitstellung: 1255–1265.
11 BS eines *Topfes*. Form und Verarbeitung wie 59/8. Aus Komplex 15 (Wohnhorizont von Periode IIIa). – Fnr. J5/4/12. – Zeitstellung: 1255–1265.
12 WS eines *Topfes*, Schulterpartie. Graue, gedrehte Ware. Dekor von scharf profilierten Horizontalriefeln. – Aus Komplex 15 (Wohnhorizont von Periode IIIa). – Fnr. J5/4/1. – Zeitstellung: 1255–1265.
13 WS eines *Topfes*. Riefeldekor wie 59/12. Aus Komplex 15 (Wohnhorizont von Periode IIIa). – Fnr. J5/4/7. – Zeitstellung: 1255–1265.
14 WS eines *Topfes*. Riefeldekor wie 59/12. Aus Komplex 15 (Wohnhorizont von Periode IIIa). – Fnr. J5/4/6. – Zeitstellung: 1255–1265.
15 WS eines *Topfes*. Riefeldekor wie 59/12. Aus Komplex 15 (Wohnhorizont von Periode IIIa). – Fnr. J5/4/8. – Zeitstellung: 1255–1265.
16 WS eines *Topfes*, Schulterpartie. Graue, gedrehte Ware. – Dekor von breiten, flachen Riefeln. – Aus Komplex 17 (Wohnhorizont von Periode IIIa). – Fnr. J10/4/2. – Zeitstellung: 1255–1265.
17 WS einer *Becherkachel*. Ziegelrote, gedrehte Ware. Flache Horizontalriefeln. Aus Komplex 15 (Wohnhorizont von Periode IIIa). – Fnr. J5/4/16. – Zeitstellung: 1255–1265.
18 Randfragment eines *Gefässes aus Speckstein*. Zylindrische Wandung, horizontal geschnittener Rand. Inwendig verschliffene Drehrillen, aussen Dekor von Horizontalriefeln. Herkunft unsicher, vielleicht aus dem Wallis.[70] Aus Komplex 15 (Wohnhorizont von Periode IIIa). – Fnr. J5/4/5. – Zeitstellung: 1255–1265.

6. Übergangsphase von Periode III zu Periode IV

6.1. Die stratigraphische Situation

Wie bereits dargelegt, sind bei den Abbruch- und Umbaumassnahmen des 18. und 19. Jahrhunderts die Gehhorizonte von Periode IV zerstört worden, so dass in den oberen Aufschüttungen und Planierschichten – einschliesslich des Auffüllmaterials im Graben – Einzelfunde aus verschiedenen Epochen, vielleicht auch von fremder Herkunft, zum Vorschein gekommen sind.[71] In diesem sehr heterogen zusammengesetzten, nicht eindeutig stratifizierbaren Fundmaterial liegen auch spätmittelalterliche Stücke vor, die sich typologisch nicht genauer bestimmen lassen und deshalb nur ungenau in die 2. Hälfte des 15. Jahrhunderts datiert werden müssen. Diese Objekte können sowohl aus der Spätphase von Periode III als auch aus dem Beginn der um 1470 einsetzenden Phase IV stammen.

Die im nachstehenden Katalog aufgeführten Objekte gehören zur sozial nicht differenzierbaren Alltagsware. Jene Stücke, die einen Prestigewert repräsentieren oder der gehobenen Wohnkultur entsprechen, sind wohl in die Zeit nach dem Schlossbau anzusetzen und werden deshalb im Fundkatalog von Teil C (Christine Keller) behandelt. Dagegen sollen unter den Objekten aus der Übergangszeit noch ein paar Holzfragmente aufgeführt werden, die in den untersten Partien der Feuchtablagerung oberhalb der oberen Dichtungsschicht zum Vorschein gekommen sind und noch aus der Zeit um 1470/1471 stammen.[72]

6.2. Übergangszeit Perioden III/IV, Katalog

Abb. 60: Mittelalterliche Kleinfunde. 1–8: Übergang Periode III/IV. M 1:2.
1 *Kettenknebel* und *Kettenglied*, wohl von Kette zum Anbinden von Haustieren. Aus Grabung 1966. – Zeitstellung: unsicher, von der Fundlage her wohl 2. Hälfte 15. Jahrhundert. Lit: Meyer, Schiedberg, E70.
2 Bruchstück eines *Schaufelblattes*. L: 21,5 cm. Holzart: Fichte/Lärche. Arbeitskante leicht gerundet. Das Blatt läuft keilförmig aus, vom eisernen Randbeschlag fehlen alle Spuren. – Aus Komplex 24 (Feuchtablagerung oberhalb der oberen Dichtungsschicht). – Fnr. G4/4. – Zeitstellung: um 1470/1471.
3 Fragmentierte *Griffdaube* eines geküferten Holzbehälteres. Holzart: Eiche. Seitenkanten leicht konisch verlaufend, Hinweis auf schwach getrichterte Wandung des Behälters. Viereckig ausgeschnittene Öffnung, wohl für Trag- oder Aufhängevorrichtung. – Aus Komplex 24 (Feuchtablagerung über oberer Dichtungsschicht). – Fnr. – Zeitstellung: um 1470/1471.
4 *Spundzapfen*. L: 71 mm, B: 3,5–4 mm. – Holzart: Eiche. – Obere Fläche gestaucht mit Schlagspuren. – Aus Komplex 24 (Feuchtablagerung oberhalb der oberen Dichtungsschicht). – Fnr. – Zeitstellung: um 1470/ 1471.
5 *Griff* eines Kochgefässes, vermutlich einer Dreifusspfanne. Ziegelrote, hart gebrannte, gedrehte Ware. Der hohle Griff mit ausladendem, gerundetem Ende. Spiralige Riefeln auf der Aussenseite. Griff an das Gefäss angesetzt. Dessen Form und Randprofil nicht mehr bestimmbar. Aussen durch Feuereinwirkung entstandene Schwärzung, inwendig am Rand auslaufende, braune Glasur ohne Engobenunterlage. – Aus Komplex 28 (Ablagerung am inneren Grabenrand auf der Höhe der oberen Dichtungsschicht. – Fnr. G4/3/3. – Zeitstellung: 15. Jahrhundert, wohl 2. Hälfte.
6 BS eines *Kochgefässes*. Braunrote, hart gebrannte Ware. Aussenseite unter Feuereinwirkung geschwärzt. Inwendig Glasur in kräftigem Braun, ohne Engobenunterlage. Handgeformter, angesetzter Fuss mit umgelagerter Lasche. Aus Komplex 1 (neuzeitliche Planierungsschichten mit umgelagertem Material). – Fnr. J1/1/1b. – Zeitstellung: 15. Jahrhundert, 2. Hälfte.
7 WS eines *Topfes* oder *Kruges*. Ziegelrote, gedrehte, hart gebrannte Ware. Inwendig olivbraune Glasur ohne Engobenunterlage, am Rand auslaufend. Geschwungen ausladender Rand mit gerundeter

70 Zum Problem mittelalterlicher Specksteinfunde ausserhalb des Alpenraumes vgl. unten Anm. 248.
71 Die ursprüngliche Höhe dieser Aufschüttung lässt sich aus der Schwellenhöhe des Torturmes aus Periode IV rekonstruieren. Es besteht kein Grund zur Annahme, im Zuge der Umbauten von 1471 sei das Gehniveau tiefer gelegt worden.
72 Die Bestimmung der Holzarten erfolgte in verdankenswerter Weise durch Frau Dr. Angela Schlumbaum, Seminar für Ur- und Frühgeschichte der Universität Basel.

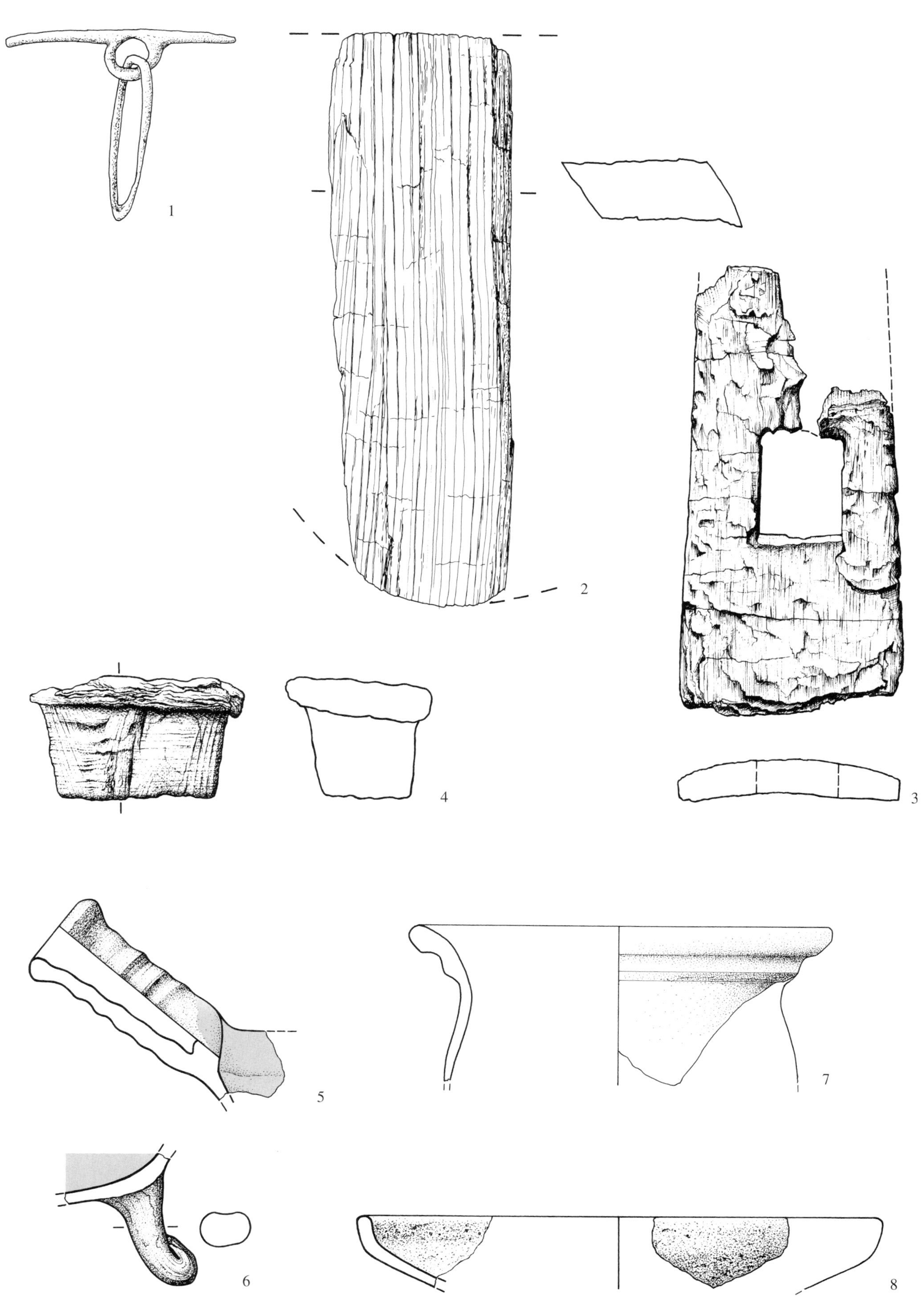

Abb. 60: Legende S. 54, 56.

Lippe und schwach ausgebildeter Rundleiste (wohl Spätform des Karniesrandes). Aus Komplex 35 (Baggeraushub aus der oberen Grabeneinfüllung). – Fnr. S9. – Zeitstellung: 15. Jahrhundert, 2. Hälfte.

8 Zwei RS einer flachen *Schüssel*. Ziegelrote, gedrehte Ware. Inwendig dünne, olivbraune Glasur, ohne Engobenunterlage. Steil gegen oben eingedrehter, gerundeter Rand. – Aus Grabung 1966 (Hof, Schnitt 1). – Zeitstellung: 15. Jahrhundert, 2. Hälfte.

7. Die Tierknochenfunde

Bereits 1980 hat Barbara Lüps-Grundbacher die Tierknochen der Grabung 1970 untersucht und die Ergebnisse publiziert.[73] Das Material hat seither keine weitere Bearbeitung mehr erfahren. Es mag deshalb genügen, hier die im Bericht von B. Lüps-Grundbacher tabellarisch-grafisch zusammengefassten Bestimmungsergebnisse vorzulegen und im Übrigen auf den nach wie vor gültigen Aufsatz zu verweisen.

Die unten im Teil A, Kap. VI.3 enthaltenen Hinweise auf Viehhaltung und Jagd stützen sich ebenfalls auf die Arbeit von B. Lüps-Grundbacher (vgl. S. 82 f.). Artefakte aus Tierknochensubstanz («Bein») sind im Fundkatalog aufgeführt (vgl. Abb. 57).

73 Barbara Grundbacher: Die Tierreste aus dem «Alten Schloss» von Bümpliz (Kanton Bern, Schweiz), in: Jahrbuch des Naturhistorischen Museums der Stadt Bern 7, 1978–1980, S. 223–245 (auch als vorgezogener Sonderdruck mit provisorischer Paginierung 1980).

	Grabungszone J				Grabungszonen G				Total			
	FZ	%	FG	%	FZ	%	FG	%	FZ	%	FG	%
Haustiere												
Rind (Bos taurus)	529	23,1	18797,7	43,9	478	26,3	19282,9	49,7	1007	24,5	38080,6	46,7
Pferd (Equus caballus)	47	2,1	1724,8	4,0	87	4,8	1356,8	3,5	134	3,3	3081,6	3,8
Rind/Pferd	64	2,8	3016,7	7,1	102	5,6	2989,5	7,7	166	4,0	6006,2	7,4
Hausschwein (Sus domesticus)*	225	9,8	3833,5	9,0	187	10,3	3168,2	8,1	412	10,0	7001,7	8,6
Schaf (Ovis aries)	33	1,4	110,0	0,3	10	0,6	180,6	0,5	43	1,0	290,6	0,4
Ziege (Capra hircus)	1	0,04	11,0	0,02	1	0,06	18,8	0,05	2	0,1	29,8	0,04
Schaf/Ziege	190	8,3	2343,3	5,4	163	9,0	1887,6	4,8	353	8,6	4230,9	5,1
Haushund (Canis familiaris)	–	–	–	–	54	3,0	416,0	1,1	54	1,3	416,0	0,5
Katze (Felis catus)	–	–	–	–	2	0,1	5,9	0,02	2	0,1	5,9	0,01
Vögel, inkl. Wildvögel**	20	0,9	5,5	0,1	30	1,7	62,4	0,2	50	1,2	97,9	0,1
Haustiere total	**1109**	**48,4**	**29875,0**	**69,8**	**1114**	**61,4**	**29268,3**	**75,7**	**2223**	**54,1**	**59241,2**	**72,6**
Wildtiere												
Edelhirsch (Cervus elaphus)	2	0,1	18,0	0,04	2	0,1	164,7	0,4	4	0,1	182,7	0,2
Wildschwein (Sus scropha)	3	0,1	–	–	6	0,3	–	–	9	0,2	–	–
Hase (Lepus specialis)	2	0,1	9,0	0,02	1	0,1	2,1	0,01	3	0,1	11,1	0,01
Dachs (Meles meles)	–	–	–	–	2	0,1	27,3	0,07	2	0,1	27,3	0,03
Riesenfledermaus (Myotis myotis)	2	0,1	–	–	–	–	–	–	2	0,1	–	–
Teichmuschel (Anodonta cygnea)	–	–	–	–	1	0,06	1,4	0,01	1	0,02	1,4	0,01
Wildtiere total	**9**	**0,4**	**27,0**	**0,1**	**12**	**0,6**	**195,5**	**0,5**	**21**	**0,6**	**222,5**	**0,3**
Rippen	247	10,8	2322,0	5,4	104	5,7	1531,3	3,9	351	8,5	3853,3	4,7
Wirbel	112	4,9	1838,4	4,3	91	5,0	1346,2	3,5	203	4,9	3184,6	3,9
Unbestimmte	813	35,5	8721,2	20,4	495	27,3	6355,0	16,4	1308	31,9	15076,2	18,5
Total	**2290**	**100,0**	**42783,6**	**100,0**	**1816**	**100,0**	**38796,3**	**100,0**	**4106**	**100,0**	**81577,8**	**100,0**

* inkl. mögl. Vermischung mit Wildschwein

** vorwiegend Haushuhn (Gallus domesticus), ferner Gans (Anser specialis), Auerhuhn (Tetrao urogallus), Krähe (Corvus specialis), Grauspecht (Picus canus), Grosstrappe (Otis tarda)

Abb. 61: Übersichtstabelle der Tierknochenfunde: Fundzahlen (FZ) und Fundgewichte (FG) der Grabungszonen J (=Innenhof) und G (= Graben), getrennt nach Haus- und Wildtieren.

	Bos		Equus		Ovis/Capra		Sus	
	abs.	%	abs.	%	abs.	%	abs.	%
Hornzapfen	42	4,2	–	–	22	5,5	–	–
Schädel (Cranium)	63	6,3	–	–	8	2,0	46	10,9
Oberkiefer Maxilla)	17	1,7	–	–	7	1,8	24	5,7
Unterkiefer (Mandibula)	100	9,9	–	–	35	8,8	33	7,8
Zähne (Dentes)	313	31,1	15	18,5	59	14,8	77	18,3
Brustbein (Sternum)	1	0,1	–	–	–	–	–	–
Wirbel (Atlas)	6	0,6	–	–	2	0,5	1	0,2
Wirbel (Epistropheus)	4	0,4	1	1,2	5	1,3	–	–
Schulterblatt (Scapula)	23	2,3	3	3,7	20	5,0	18	4,3
Oberarmknochen (Humerus)	32	3,2	6	7,4	44	11,1	48	11,4
Speiche (Radius)	38	3,8	7	8,6	48	12,1	20	4,8
Elle (Ulna)	18	1,8	2	2,5	8	2,0	27	6,4
Handwurzel (Carpus)	6	0,6	1	1,2	1	0,3	2	0,5
Mittelhand (Metacarpus)	60	6,0	2	2,5	30	7,5	15	3,6
Becken (Pelvis)	40	4,0	9	11,1	19	4,8	22	5,2
Oberschenkel (Femur)	18	1,8	4	4,9	8	2,0	21	5,0
Kniescheibe (Patella)	2	0,2	–	–	–	–	–	–
Schienbein (Tibia)	30	3,0	3	3,7	31	7,8	31	7,4
Wadenbein (Fibula)	2	0,2	–	–	–	–	3	0,7
Fusswurzel (Tarsus)	54	5,4	8	9,9	5	1,3	12	2,9
Mittelfuss (Metatarsus)	60	6,0	3	3,7	27	6,8	11	2,6
Mittelfuss (Metapodien)	16	1,6	10	12,3	11	2,8	1	0,2
Finger-/Zehenknochen (Phalangen)	62	6,2	7	8,6	8	2,0	9	2,1
Total	**1007**		**81**		**398**		**421**	

Abb. 62: Verteilung der Knochen von Hausrind (Bos taurus), Pferd (Equus caballus), Schaf/Ziege (Ovis aries/Carpa hircus) und Hausschwein (Sus domesticus) auf die einzelnen Skelettregionen.

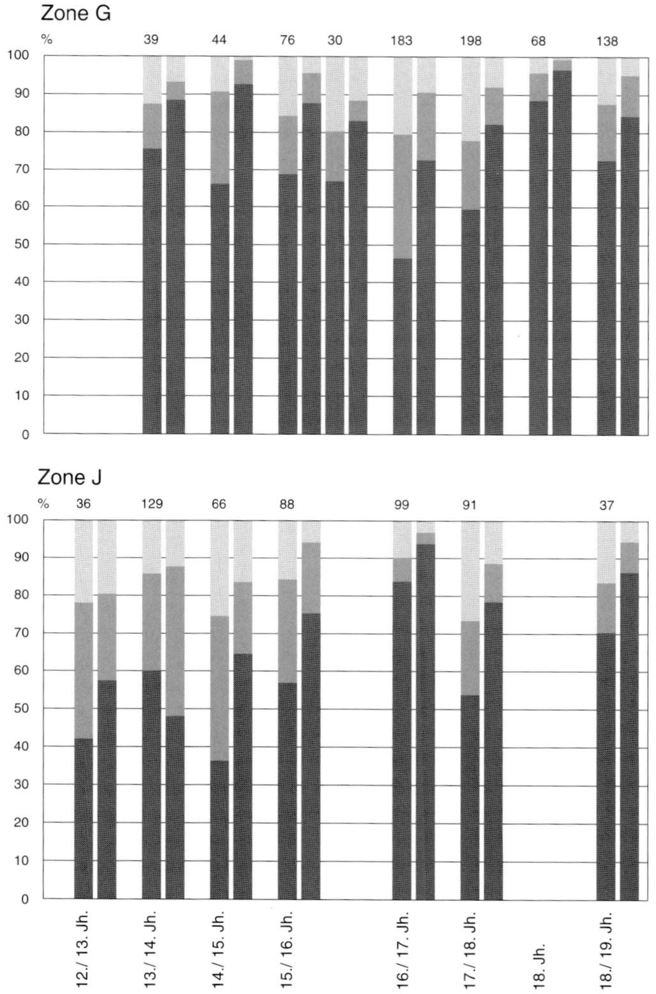

Abb. 63: Prozentanteile von Hausrind (Bos taurus) ▪, Hausschwein (Sus domesticus ▪ und Schaf/Ziege (Ovis aries/Capra hircus) ▪ in den verschiedenen Jahrhunderten (linke Säule = Fundzahl, rechte Säule = Fundgewicht), aufgeteilt nach Zone J und Zone G (Zahl der Säule = Fundzahl).

8. Die Holzfunde aus dem Schlossgraben

Angela Schlumbaum

8.1 Einleitung und Ziel der Holzuntersuchungen

Archäologische Holzfunde sind in der Regel nur bei Feuchtbodenerhaltung, wie sie in Latrinen, Brunnen oder Gräben vorliegt, funktional ansprechbar und typisierbar.[74] Das liegt daran, dass die natürlichen Abbauprozesse unter Sauerstoffabschluss gehemmt werden, sodass die ursprüngliche Form weitgehend erhalten bleibt. Im Gegensatz dazu sind verkohlt erhaltene Artefakte mechanisch sehr fragil und zerbrechen leicht. In den letzten Jahren wurde die Bedeutung der Fundgruppe Holz für die Interpretation des archäologischen Kontextes erkannt und Holzreste wurden nicht nur dokumentiert, sondern auch die Holzart identifiziert und Herstellungstechniken analysiert. Seitdem gibt es wichtige Informationen zu Werkstofftreue und Formenkontinuität von Konstruktions- oder Bauholz oder aus Holz gefertigten Gegenständen. Für das Mittelalter in der Schweiz und den angrenzenden nördlichen Gebieten stammen sie sowohl aus städtischen Räumen wie z.B. die ausserordentlich reichhaltigen und gut erhaltenen Funde von Konstanz und Freiburg[75], oder die von Basel[76], Zürich[77] und Solothurn[78] als auch aus ländli-

74 Zur Problematik der Erhaltung von Holzobjekten: Müller 1996; Scholkmann 1982.
75 Müller 1992; Müller 1996.
76 Berger 1963.
77 Schoch/Schweingruber 1979.
78 Schweingruber 1976, S. 93.

Abb. 64: Detail des Schichtenprofils W-E in Schnitt G14. Links der Fundamentbereich des Jochpfeilers M14 über der Lettenabdichtung von 1471. Eine neue Dichtungsschicht, nach rechts auskeilend, deckt das Mauerwerk ab. Die siltige Feuchtablagerung der Grabensohle reicht mit der Oberkante bis ca. 15 cm unter den Massstab. Sie bildete für Hölzer gute Erhaltungsbedingungen. Ansicht von Süden.

chen Gebieten wie die Burgen Mülenen[79], Hallwil[80], Meilen[81], Malvaglia[82] oder Melchnau[83]. Bei allen Fundorten muss man wohl davon ausgehen, dass in der Regel nur ein Bruchteil der ursprünglich vorhandenen Holzartefakte repräsentiert sind.

Von den insgesamt 22 zur Bearbeitung vorliegenden Holzfunden aus dem Wassergraben des *Alten Schlosses* von Bern-Bümpliz wurde ein Holzartefakt bereits 1975 erwähnt.[84] Alle Funde, bis auf ein Stück aus dem 13. Jh., sind in das 15. Jh. datiert. Die vorliegende Untersuchung hatte zum Ziel, die Holztaxa zu bestimmen. Die Bestimmung der Holzarten erweitert die Erkenntnisse über mittelalterliche Holznutzung.

8.2 Material und Methoden

Die Holzfunde waren ursprünglich feuchterhalten und sind inzwischen in eher schlechtem, stark ausgetrocknetem und abgebautem Zustand. Sie wurden unter Berücksichtigung der Bestimmungskriterien von Schweingruber[85] mit Hilfe eines Leitz Laborlux 12ME bestimmt.

8.3 Ergebnisse und Diskussion

Von den 22 Holzfunden bestehen vier unbearbeitete Astfragmente mit Rinde aus Kirschenholz *(Prunus avium/padus)*. Die restlichen 18 zeigen eindeutige Bearbeitungsspuren. Sie können in die Fundkategorien Gefässe und im weiteren Sinne Brettchen und Schindeln sowie Zapfen, Stöpsel und Nägel eingeordnet werden. Bei diesen bearbeiteten Hölzern wurden vier verschiedene Holztaxa bestimmt, nämlich die Nadelhölzer Weisstanne *(Abies alba)*, Fichte *(Picea abies*[86]*)* und die Laubhölzer Eiche (*Quercus sp.*[87]) und Ahorn *(Acer sp.)*.[88]

Ein gedrechseltes Gefässfragment (vermutlich ein Teller) aus dem 13. Jh. wurde aus Ahorn hergestellt. Hier zeigt sich sehr deutlich eine Materialkontinuität bei Gefässen, die auch an anderen mittelalterlichen Fundstellen, sowohl aus dem ländlichen als auch aus dem städtischen Raum, mehrheitlich aus Ahorn gefertigt wurden. Allerdings wurden gerade für gedrechselte Objekte, seien es Schalen oder Schüsseln, aber auch für Griffe, Löffel usw. auch viele andere Hölzer, darunter Erle, Esche, Rotbuche, verwendet. D.h., dass sich die Materialkontinuität in dieser Fundkategorie auf verschiedene Holzarten erstreckt.[89]

Ein flaches, unvollständiges Stück mit einer fast quadratischen Aussparung und grosser Ähnlichkeit mit einer Griffdaube, ist aus Eichenholz *(Quercus sp.)* gefertigt. Der charakteristische Abdruck der Bindung ist nicht erhalten. Dauben haben auch häufig eher runde Grifflöcher und gerade bei Daubengefässen scheint die Materialtreue besonders stark zu sein. Sie wurden überwiegend aus Nadelholz, z.B. Fichte hergestellt, aber aus Sindelfingen[90] sind auch eichene Daubengefässe überliefert. Ich möchte die Möglichkeit jedoch nicht ausschliessen, dass es sich bei dem Artefakt aus Bümpliz vielleicht auch um ein Möbelfragment handeln könnte, wie es in Mülenen beschrieben wurde.[91]

Ein Spunt oder Zapfverschluss besteht aus Eichenholz *(Quercus sp.)*. Die Holzstruktur ist an einer Seite mechanisch stark gestört, kurze Faserstücke sind durcheinander angepresst, wie es z.B. durch häufiges Draufschlagen passiert sein könnte.

79 Meyer-Hofmann 1970; Schweingruber 1976; Bericht Iseli 1994.
80 Lithberg 1932, zitiert in Scholkmann 1982.
81 Jacomet 1981.
82 Schoch 1985.
83 unpubliziert Schlumbaum & Brombacher.
84 Meyer 1975.
85 Schweingruber 1990.
86 Fichte und Lärche sind holzanantomisch sehr ähnlich. Standörtliche Überlegungen schliessen die Verwendung von Lärche eher aus.
87 Die verschiedenen Eichenarten lassen sich holzanatomisch nicht unterscheiden.
88 Die verschiedenen Ahornarten wurden nicht unterschieden.
89 zum Beispiel: Müller 1996; Scholkmann 1982.
90 Körber-Grohne 1978.
91 siehe Abbildung S. 116 in Scholkmann 1982.

FK Nummer	Datierung	N	Fundtyp	Taxon deutscher Name	lateinischer Name
Funde mit Bearbeitungsspuren					
	13. Jh.	1	Gefässfragment	**Ahorn**	*Acer sp.*
BAS K24	nach 1470	1	Spunt, Zapfverschluss, eckig	**Eiche**	*Quercus sp.*
	15. Jh.	1	Griffdaube, Fragment	**Eiche**	*Quercus sp.*
BAS 4/4, Komplex 24	nach 1470	1	Brettchen, keilförmig	**Fichte**	*Picea abies*
BAS 7/4 Komplex 25	1250–1470	1	Brett	**Weisstanne**	*Abies alba*
	15. Jh.	1	Brett	**Eiche**	*Quercus sp.*
	15. Jh.	1	Vierkant	**Rinde**	*nicht bestimmt*
	15. Jh.	8	Schindel, Fragmente	**Fichte**	*Picea abies*
	15. Jh.	2	Stab zugespitzt, Ast	**Fichte**	*Picea abies*
	15. Jh.	1	Stab, Ast	**Weisstanne**	*Abies alba*
Funde ohne Bearbeitungsspuren					
	15. Jh.	4	Ast mit Rinde	**Kirsche/Traubenkirsche**	*Prunus avium/padus*
Summe		22			
Anzahl Taxa		5			

Abb. 65: Mittelalterliche Holzreste aus Bümpliz Altes Schloss, Schlossgraben

Die drei Objekte vom Typ Brettchen sind je einmal aus Weisstanne *(Abies alba)*, Fichte *(Picea abies)* und Eiche *(Quercus sp.)* hergestellt. Ein Vierkant aus Rinde, dessen Holztaxon nicht bestimmt wurde, gehört vielleicht am ehesten auch in die Kategorie Brettchen. Die ursprüngliche Verwendung dieser vier Objekte lässt sich nicht rekonstruieren. Sie sind klein und deshalb handelt es sich wohl nicht um Bauholz.

Die acht Holzfunde vom Schindeltyp bestehen aus Fichte. Schindeln und auch Bretter werden häufig aus leicht spaltbaren Nadelhölzern Weisstanne und Fichte hergestellt wie auch z.B. Zürich-Münsterhof oder Friedberg-Meilen.[92] Hier handelt es sich möglicherweise um Reste von Bauholz.

Sodann gab es noch drei aus Ästen heraus gearbeitete, an einem Ende zugespitzte Objekte, die aus Fichte und Weisstanne hergestellt wurden. Es könnte sich um Nägel, Stöpsel oder Ähnliches handeln. Diese Hölzer sind u.a. üblicherweise für die Herstellung von Nägeln, Pfählen oder Pflöcken verwendet worden.[93]

Die hölzernen Objekte aus dem Wassergraben des *Alten Schlosses* von Bümpliz dokumentieren die Verbreitung des Werkmaterials Holz im Mittelalter. Das Holzspektrum weist auf eine zielgerichtete Verwendung von Holzarten für bestimmte Funktionsgruppen hin, wie es schon an anderen, auch überregionalen, mittelalterlichen Fundstellen gezeigt werden konnte.[94] Das wird durch einen Vergleich mit der zu erwartenden Waldvegetation unterstützt. Geologisch gehört das Gebiet zur tertiären Molasse. In der näheren und weiteren Umgebung von Bümpliz muss im Mittelalter wohl von einem Bestand mit stark anthropogen beeinflussten Rotbuchenwäldern, vermutlich mit einer Förderung von Eiche, ausgegangen werden.[95] Zu den charakteristischen Bäumen gehören vorwiegend Rotbuche, sowie je nach Lage u.a. Hainbuche, Eiche, Esche, Ahorn, oder Kirsche. In den höheren montanen Lagen wären Weisstannen mit bestandsbildend. Besonders die Fichte ist nur auf Sonderstandorten wie Blockschutthalden oder in höheren Lagen zu erwarten. Ihr Holz muss in jedem Fall transportiert worden sein. Das Fehlen von Rotbuche als häufigem, in der Umgebung vorhandenen Holz, sowie die Verwendung von Nadelhölzern ist auffällig. Dies spricht trotz der geringen Zahl von Holzobjekten für eine auch sonst beobachtete z.T. lang tradierte Werkstofftreue. Andererseits sind doch mit Eiche, Ahorn, Kirsche/Traubenkirsche und Weisstanne regionale Baumtaxa vorhanden. Die meisten der hier besprochenen Objekte sind nur fragmentiert erhalten, die Brettchen auch relativ klein. Man könnte sich vorstellen, dass sie zusammen mit den Kirschen/Traubenkirschenästen als Abfälle im Schlossgraben entsorgt wurden.

92 Jacomet 1981; Schoch u.a. 1979.
93 siehe Zusammenstellung in Albrecht u.a. 1999.
94 siehe Zusammenstellung in Albrecht u.a. 1999.
95 Ammann 1989; Bartlome/Kormann 1994.

9. Tabellarische Übersicht der Fundkomplexe

*Komplexe mit Kleinfunden vor 1471

Komplex	Ablagerungszeit	Beschreibung
Zone J		
1*	18./19. Jahrhundert	Neuzeitliche Planierungsschichten
2	18./19. Jahrhundert	Neuzeitlicher Bauschutt
3*	18. Jahrhundert	Umgelagerte Aufschüttung
4*	18. Jahrhundert	Neuzeitliche Aufschüttung mit umgelagertem Material
5	19. Jahrhundert	Neuzeitliche Störung
6	17./18. Jahrhundert	Mehrfach umgelagerte, in Linsen gegliederte Auffüllung
7	17./18. Jahrhundert	Planierschicht
8*	18. Jahrhundert	Einfüllung in Kellerraum nach Abbruch
9*	17. Jahrhundert	Störung mit umgelagerten Einschlüssen
10*	18. Jahrhundert	Auffüllung mit umgelagerten, älteren Einschlüssen
11*	12./13. Jahrhundert	Wohnhorizont Periode II
12*	13. Jahrhundert/18. Jahrhundert	Obere Grenzzone von Auffüllung IIIb
13*	12./13. Jahrhundert	Wohnhorizont Periode II und Auffüllung IIIa
14*	Um 1250	Auffüllung IIIa
15*	1255–1265	Wohnhorizont Periode IIIa
16*	17./18. Jahrhundert	Umgelagerte Einfüllung mit älteren Einschlüssen
17*	1255–1265	Wohnhorizont Periode IIIa und Aufschüttung IIIa
18*	12. Jahrhundert	Auffüllung II
19*	12. Jahrhundert	Auffüllung II
20	10.–12. Jahrhundert	Wohnhorizont Periode I und Verfüllung der Pfostenlöcher von Periode I
Zone G		
21*	Vor 1470	Heterogene Ablagerung am inneren Grabenrand unterhalb der oberen Dichtungsschicht
22*	Nach 1600	Trockeneinfüllung im Graben
23*	Nach 1600	Umgelagerte Grabeneinfüllung
24	Nach 1470	Feuchtablagerung in Grabensohle oberhalb der oberen Dichtungsschicht
25*	1250–1470	Feuchtablagerung in Grabensohle zwischen oberer und unterer Dichtungsschicht
26*	Vor 1250	Feuchtablagerung in Grabensohle unterhalb der unteren Dichtungsschicht
27*	17./18. Jahrhundert	Störung am inneren Grabenrand mit umgelagerten Einschlüssen
28*	Um 1470	Ablagerung am inneren Grabenrand auf der Höhe der oberen Dichtungsschicht
29*	Vor 1470	Ablagerung am inneren Grabenrand unterhalb der oberen Dichtungsschicht
30*	11./12. Jahrhundert	Untere Ablagerungen am inneren Grabenrand (Randzone der Aufschüttung Periode II)
31*	15. Jahrhundert	Lehmlinie am äusseren Grabenrand
32	18. Jahrhundert	Störung mit umgelagerten Einschlüssen
33	18./19. Jahrhundert	Planierhorizont nach neuzeitlichen Abbrüchen
34	13.–15. Jahrhundert	Aufschüttung am inneren Grabenrand
35	–	Baggeraushub aus oberer Grabeneinfüllung

Abb. 66: Situierung, Datierung und Beschreibung der Fundkomplexe. Vgl. Abb. 6.

IV. Bau- und siedlungsgeschichtliche Ergebnisse

Die Grabungsbefunde von 1966 und 1977, wie sie in Abschnitt II zusammenfassend vorgestellt wurden, ergaben zunächst ein eher verwirrendes Gesamtbild mit Einzelteilen, die nicht so richtig zusammenpassen wollten. Klarheit stellte sich erst ein, als es gelang, die Fundamentgruben, Mauerfragmente, Pfostenlöcher und Anschüttungen phasenmässig zu definieren und die in den Profilschnitten festgehaltenen Stratigraphien miteinander zu verbinden. Die auf solche Weise rekonstruierte Abfolge der Bau- und Siedlungsphasen soll in diesem Abschnitt in chronologischer Anordnung erläutert werden.

1. Das natürliche Baugelände und dessen Okkupation

Bau- oder Siedlungsstrukturen aus früh- oder vorgeschichtlicher Zeit sind auf dem Grabungsareal nicht zum Vorschein gekommen. Die prähistorischen und römischen Einzelstücke, die in umgelagertem Material gefunden wurden, weisen allerdings auf die an sich bekannte, weit zurückreichende Siedlungskontinuität des Raumes Bümpliz hin.[96]

Offenbar wählte man als Standort des neuen Siedlungsplatzes eine flache Senke, in welcher sich ein vom Stadtbach gespeister Tümpel ausdehnte. Dessen Konturen lassen sich nicht mehr mit Sicherheit ermitteln.

Seine tiefste Stelle lag wohl im Bereich der spätmittelalterlichen Toranlage. Gegen Osten, d.h. gegen das Innere der späteren Anlage hin, stieg der aus hellgrauem Schwemmsand, Seekreide, Kies und Lehmlinsen gebildete, natürliche Untergrund sanft an und ragte im Ostbereich des Areals etwa einen halben Meter über die mutmassliche Hochwassermarke des Tümpels hinaus.[97]

Der Platz wurde nun für eine Bebauung in der Weise hergerichtet, dass der Grund des Tümpels grabenartig tiefer gelegt wurde und der Aushub zur Anschüttung im Innern des vorgesehenen Areals Verwendung fand. Diese Anschüttung, heterogen aus humösem Material, aus Lehm, Kies und Linsen aus Seekreide zusammengesetzt, erreichte an der Oberkante das Niveau des natürlichen Untergrundes im Ostbereich des Bauplatzes.

Gleichzeitig wurde, ausgehend vom natürlichen Tümpel, ein Ringgraben in den natürlichen Untergrund eingetieft. Beidseits war er schwach abgeböscht, und er umschloss ein inselartiges Areal von etwa 30 m Durchmesser, mit der Oberfläche gegen 50 cm über der Wasserhöhe des Grabens. Dieses Areal gab den Bauplatz für die erste Besiedlungsphase ab. Wann die Okkupation erfolgte, lässt sich mit archäologischen Mitteln nur sehr ungenau feststellen. Die Kleinfunde aus der ältesten Zeit weisen grob in das 10. Jahrhundert. Inwieweit historische Überlegungen diesen weiten Zeitrahmen einzuengen vermögen, ist später zu erörtern.[98]

2. Die hochmittelalterlichen Holzbauten (Periode Bümpliz I)

Auf dem durch Anschüttungen und das Ziehen eines Ringgrabens gewonnenen Areal von etwa 30 m Durchmesser sind mehrere Holzbauten errichtet worden. Sie gehören zur ältesten Siedlungsphase, die wir als Bümpliz I bezeichnen wollen.

Parallel zur inneren Uferlinie des Wassergrabens, in einem Abstand von 1–1,5 m, wurde eine Palisade errichtet. Die Pfähle wurden in Abständen von 20–30 cm unten zugespitzt in den Boden gerammt, was am ehesten auf eine Flechtwerkkonstruktion schliessen lässt. Da die Palisade nur an drei Stellen über je eine kurze Distanz erfasst werden konnte, lässt sich ihr genauer Verlauf nicht mehr feststellen.[99] Die drei Belege lassen sich zu einem nahezu kreisrunden Oval ergänzen, das konzentrisch zum mutmasslichen innern Grabenrand verlief.

Im Zentrum des Areals konnte anhand von Pfostenlöchern ein kompletter Hausgrundriss nachgewiesen werden. Er bildete ein Rechteck von ca. 14 auf 5 m. Die insgesamt 16 Pfosten – ungerechnet ein Pfosten im Innern auf der Längsachse – waren ca. 80 cm tief mit gerade geschnittener Unterseite in vorbereitete Löcher versenkt. Diese Anordnung und die Spuren horizontaler Balkengruben zwischen den Pfosten weisen auf eine Stabbaukonstruktion mit Schwellenbasis hin. Flechtwerk ist nicht völlig auszu-

96 Vgl. oben Abschnitt I.1 und Fundkatalog, Abschnitt III.2.2.
97 Die Seekreide muss sich vor der Besiedlung des Platzes am Grunde des natürlichen Tümpels abgelagert haben. In der ältesten Aufschüttung trat sie nur in Linsen auf, die stellenweise mit humösen Einschlüssen durchsetzt waren. Dies weist klar auf eine künstliche Umlagerung hin.
98 Vgl. unten Abschnitt V.1.
99 Nachweis in den Sondierflächen G1, G7 und J17.

Abb. 67: Pfostenloch der Palisade aus Periode I. Verrutschte Keilsteine. Dunkle Einfüllung in heller, mit Seekreide durchsetzter Planierschicht aus Periode I, Schnitt 17. Ansicht von Norden.

schliessen, doch fällt wegen des Fehlens von Lehm mit Rutenabdrücken die Fachwerkbauweise wohl ausser Betracht. Die doppelte Pfostenstellung auf der Schmalseite in der N-Ecke des Baues deutet vielleicht den Standort der Türe an.[100]

Weitere Pfostenstellungen und Balkengruben südlich des Hausgrundrisses stammten von zusätzlichen Gebäuden, liessen sich aber konstruktiv nicht miteinander verbinden. Dagegen sind westlich des Hauses, wo auf ca. 20 Quadratmetern noch die zu dieser ersten Besiedlungsphase gehörige Kulturschicht erhalten war, die Spuren zweier weiterer Bauten festgestellt worden. Es muss sich um wesentlich kleinere, einfachere Häuser gehandelt haben, denn die Wandpfosten waren bloss in den Boden gerammt, allerdings enthielt ein Haus eine Feuerstelle und war somit bewohnbar.

Im Innern des von einer Palisade umgebenen Areals erhoben sich also mehrere Holzgebäude ungleicher Grösse, von denen das zentrale Haus wohl als hallenartiger Hauptbau anzusprechen ist. Die beobachteten Holzbaureste gehören zwar in die gleiche Siedlungsperiode Bümpliz I, müssen aber nicht gleichzeitig errichtet bzw. benützt worden sein.

Der Befund erlaubt wohl eine Charakterisierung der Anlage, aber keine komplette Rekonstruktion mit allen Funktionselementen. Für das grosse, lange Gebäude im Zentrum der Anlage ist wohl ein Walmdach anzunehmen, während die beiden kleineren Bauten eher mit Satteldächern ausgestattet waren. Als Bedachungsmaterial dürfte Stroh oder Schilf gedient haben. Unklarheit herrscht über den Standort des Einganges und die Konstruktion der Brücke über den Wassergraben. Am plausibelsten erscheint die Vermutung, der Zugang habe von den mutmasslichen Wirtschaftsbauten im nördlichen Vorgelände aus den Graben radial und achsenparallel zu den Holzbauten in Zone G2/G15 überquert.

Es bleibt eine Ermessensfrage, ob die Anlage als Wehrbau anzusprechen ist. Ein seichter Wassergraben von maximal 1,5 m Tiefe und etwa 5 m Breite und dahinter eine wohl nur brust- oder kopfhohe Flechtwandpalisade bildeten sicher kein unüberwindliches Hindernis, hatten für eine entschlossene Mannschaft aber doch einen gewissen Verteidigungswert. Wehrtechnisch stand die Anlage von Bümpliz I freilich weit hinter den Burgen zurück, die im Aareraum um die Jahrtausendwende angelegt wurden und in den Schriftquellen als *castra* bezeichnet sind.[101] Die Palisade und mehr noch der Graben von Bümpliz I hatten wohl vor allem herrschafts- und machtsymbolischen Charakter und kündigten so sichtbar jene Zentrumsfunktion einer königlichen *curtis* an, die in Urkunden des frühen 11. Jahrhunderts bezeugt ist.[102]

Nach Aussage der Kleinfunde, die dem Siedlungshorizont Bümpliz I zuzuweisen sind, war die Anlage zwischen dem 10. und dem späteren 12. Jahrhundert benützt.

3. Die erste Ringmauer (Periode Bümpliz II)

Soweit in Zone J die Siedlungsschicht von Bümpliz I erhalten war, wurde sie von einer ca. 50 cm mächtigen Aufschüttung überdeckt, die wohl in der 2. Hälfte des 12. Jahrhunderts abgelagert worden war (Aufschüttung II). Da diese Erhöhung des Niveaus um einen halben Meter eine Neugestaltung der Umfassungskonstruktion erforderlich machte, erscheint es plausibel, auch wenn die direkten stratigraphischen Anschlüsse fehlen, die in spärlichen Resten fassbare, erste Ringmauer dieser Phase zuzuweisen. Die Mauer beschrieb, nach den drei Belegstellen (M11a, M17, M19) und dem Grabenverlauf zu schliessen, einen leicht zum Oval verformten Kreis, der nicht genau konzentrisch zur älteren Palisade verlief.[103]

Ihre Fundamente reichten 10 bis 20 cm in die unteren Schichten hinein, das aufgehende Mauerwerk begann aber

100 Zu hochmittelalterlichen Holzbauten vgl. Colardelle/Verdel, Paladru, S.131–147. – Zimmermann, Pfosten, Ständer und Schwelle, s.9–240. – Meyer, Salbüel, s. 90ff. und 131ff.
101 Meyer, Burgenbau und Herrschaftsbildung, S.304 ff.
102 Vgl. unten Abschnitt V.1.
103 Nachweis der Ringmauer in den Sondieroberflächen G1, G7 und J17. Da die zur Ringmauer gehörige Aufschüttung die Verfüllungen der älteren Palisade überlagert, muss diese tatsächlich von einer früheren Periode stammen und kann nicht bloss als Uferverbauung für die Ringmauer gedeutet werden.

erst an der Oberkante der neuen Aufschüttung, die auskeilend über die innere Grabenböschung bis zur Wasserlinie hinunterzog.

Die Ringmauer, aus Bollensteinen lagerhaft geschichtet, mehrheitlich aber nur noch als Fundamentgrube fassbar, hatte eine Dicke von ca. 70 cm, was auf eine eher geringe Höhe schliessen lässt.

Für eine Umgestaltung des Wassergrabens im Zuge der Baumassnahmen von Periode Bümpliz II fehlen die archäologischen Hinweise. Doch muss der Zugang, über dessen Aussehen und Konstruktionsweise die Grabungen allerdings nichts in Erfahrung gebracht haben, baulich verändert worden sein.[104]

In den ungestörten Partien von Zone J befand sich über der Aufschüttung II eine 10 bis 20 cm dicke, humöse Ablagerung mit viel Tierknochen und Kleinfunden aus dem späteren 12. und 13. Jahrhundert (Siedlungshorizont II). Der Platz dürfte demnach intensiv bewohnt worden sein, auch wenn es nicht gelang, innerhalb der Ringmauer auf den wenigen ungestörten Flächen Reste einer Überbauung nachzuweisen. Es ist aber anzunehmen, dass die sicher vorhandenen Gebäude – ob aus Holz oder Stein, bleibt offen – in den Dimensionen und in der Konstruktionsweise noch sehr einfach gehalten waren. Ofenkeramik liegt aus dieser Periode nicht vor.[105]

Die Anlage von Bümpliz II behielt demnach insgesamt den Charakter von Bümpliz I bei, war aber dank der steinernen Umfassungsmauer und des erhöhten Niveaus besser vor Hochwasser geschützt.

4. Ansätze zur Umwandlung der *Curtis* in ein *Castrum* (Perioden Bümpliz III a und III b)

Auf dem ganzen Areal innerhalb des Wassergrabens kamen in Form von Fundamentgruben und Mauerresten Spuren einer Überbauung zum Vorschein, die zeitlich zwischen der Periode Bümpliz II und dem spätmittelalterlichen Neubau von 1471 mit dem noch aufrechten Torturm (Bümpliz IV) liegen mussten, aber – wie noch zu zeigen ist – nicht in einer Etappe entstanden sein konnten.

Als markantester Mauerrest aus dieser Zeit ist der im Zentrum der Anlage nachgewiesene Rundturm zu bezeichnen. Mit seinen knapp 2 m Mauerstärke und seinem Aussendurchmesser von 9,3 m dürfte er für eine Höhe von 10 bis 15 m geplant gewesen sein und damit den für monumentale Haupttürme auf Burgen des 13. Jahrhunderts gängigen Normen entsprochen haben. Seine Datierung ergibt sich aus dem mörteligen Bauhorizont, der unmittelbar auf der Siedlungsschicht von Bümpliz II aufruht.[106]

Der Grabungsbefund lässt die Konstruktionsweise des Fundamentbereichs genau erkennen: Zuerst wurde eine

Abb. 68: Rundturm M3. Mauerfragmente der nördlichen Partie. Ansicht von Osten.

kreisrunde Grube mit dem Durchmesser des projektierten Baues und der Tiefe von 1 m ausgehoben. Dann wurde der Verlauf des Innenmantels mit senkrechten Pfählen abgesteckt und die Mauer, mit dem Aussenhaupt gegen die senkrechte Grubenwand gelehnt, nach und nach hochgezogen, wobei das Innere laufend mit zugeführtem, vielleicht auch aus dem vorangegangenen Aushub stammenden Material eingefüllt wurde. Damit erhielt der Turm eine Fundamenttiefe von 1 m, was aber statisch für ein dermassen mächtiges Gebäude nicht ausreichte, weshalb das Niveau inner- und ausserhalb der Mauer noch einmal um 70–80 cm durch Anschüttungen erhöht wurde, die hori-

104 Zur funktionellen Deutung dieser Ringmauer vgl. unten Abschnitt VI.2. – Zum Standort des Zuganges gelten die gleichen Überlegungen wie bei der Palisade (vgl. oben Abschnitt IV.2).

105 Paul Hofer hat anlässlich eines Besuches auf der Grabung von einer Spolie im jüngeren Stützpfeiler M7, einer fragmentierten Sandsteinplatte, einen Abdruck der Oberflächenbearbeitung genommen und eine Datierung für die Zeit um 1150 postuliert. Sollte diese – nach einer umstrittenen Methode vorgenommene – Zeitbestimmung zutreffen, müsste das Werkstück von einem fremden Bauplatz stammen, denn im Areal des Alten Schlosses ist für die Zeit um 1150 keine Bautätigkeit belegt, mit der das Werkstück in Verbindung gebracht werden könnte.

106 Blondel, L'architecteure militaire, S. 271–321. Taylor, Castle-Building, S.11ff.

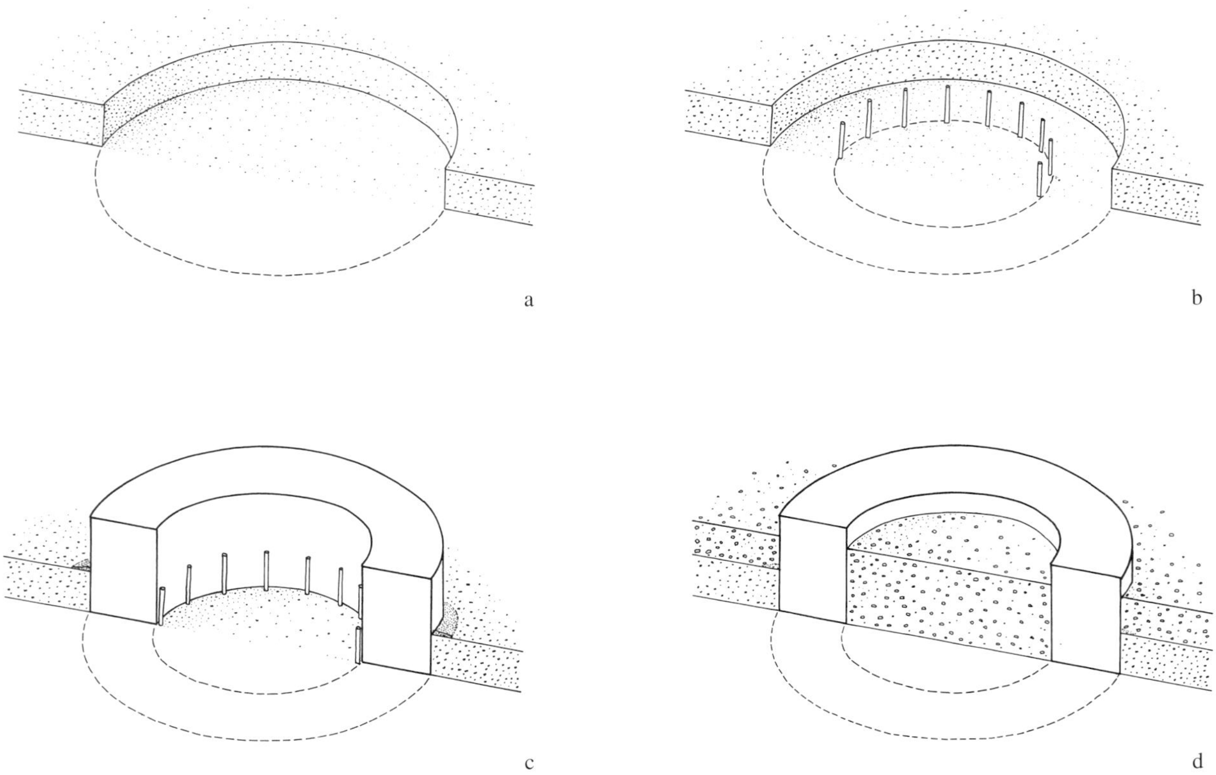

Abb. 69: Zentraler Rundtum (M3) aus Periode 3a. Schematische Darstellung des Bauvorganges im Fundamentbereich:
a Aushub der Baugrube bis hinunter auf den Grundwasserhorizont,
b Abstecken der inneren Mauerflucht,
c Hochziehen der Mauer. Ablagerung eines Bauhorizontes am äusseren Mauerfuss,
d Einbringen einer Auffüllung im Innern des Turmes und Anhebung des Niveaus ausserhalb des Turmes mittels Aufschüttung.

Abb. 70: Südliche Abbruchstelle des Rundturmes M3 in Schnitt J2. Der Mauerfuss ruht in der heterogenen Aufschüttung von Periode I. Ansicht von Süden.

Abb. 71: Mauerfragmente in Schnitt J9. Oberhalb des Massstabes Tuffquader des Abortturmes von 1471 (A). Rechts Bollensteine des ersten Beringes M11a aus Periode II (B). Vor dem Massstab Fundamentsteine des jüngeren Beringes M11 aus Periode III b (C). Ansicht von Südwesten.

zontal bis an die alte Umfassungsmauer von Bümpliz II hinausgezogen wurden (Aufschüttung III).

Man kann sich fragen, warum man es nicht vorgezogen hat, die Fundamente des Turmes tiefer zu legen. Eine mögliche Antwort liegt in der Überlegung, dass man mit der erreichten Tiefe der Baugrube auf das Niveau des Wassergrabens hinuntergestossen war und ein weiteres Ausschachten wegen des heraustretenden Wassers grosse Probleme verursacht hätte.[107] Die statisch doch bedenklich schlechte, wenn auch zeitsparende Fundamentierung des Rundturmes erweckt den Anschein, der Bau sei in Eile errichtet worden.

Mit dem Bau des mächtigen Turmes erhielt die Anlage ein völlig neues Gesicht. Die alte Umfassungsmauer blieb zwar bestehen – vielleicht musste sie wegen der neuen Anschüttung erhöht werden –, im Innern aber erhob sich nun ein monumentaler Bau, der die Anlage optisch dominierte und ihr ein burgartiges Aussehen verlieh. Nach Fertigstellung des Turmes lagerte sich über der neuen Aufschüttung eine Siedlungsschicht mit Fundmaterial aus der 2. Hälfte des 13. Jahrhunderts ab.[108]
Die übrigen Bauten, die in die Epoche von Bümpliz III gehören, sind praktisch nur noch anhand von Fundamentgruben und von Hinweisen aus dem Grundrissplan Stürlers von ca. 1740 zu rekonstruieren. Noch in die Phase von Bümpliz III ist der halbrunde Flankierungsturm in der Ostecke der Anlage zu datieren, der in Fundamentgruben sowie auf den Bilddokumenten des 17. und 18. Jahrhunderts klar fassbar ist. Er war verbunden mit einer neuen Umfassungsmauer, welche die Südostperipherie des Areals begrenzte und offenbar identisch war mit einer Mauer, die auf der Südwestseite die alte Umfassungsmauer von Bümpliz II ersetzte. Ein annähernd parallel verlaufender Mauerzug im Innern des Areals (M 9) könnte zu einem an die neue Ringmauer angelehnten Gebäude gehört haben (Südtrakt).

Was lässt sich somit sicher feststellen? Noch in Periode Bümpliz III erfuhr die Anlage an der Peripherie auf der Ost- und Südseite eine Umgestaltung durch die Errichtung einer neuen, deutlich stärkeren Ringmauer (ca. 1,3 m), die in geradem Verlauf gezogen wurde und an der Ostecke mit einem halbrunden Flankierungsturm bewehrt war.

Fassbar oder wenigstens erschliessbar wird für den Verlauf der Ringmauer ein ungefähres Rechteck, dessen Seitenlänge an der südöstlichen Peripherie etwa 25 m betrug. An die südwestliche Ringmauer scheint sich ein Gebäude von etwa 6 m Breite, aber unbekannter Länge angelehnt zu haben. Alle diese Bauvorgänge waren von einer nochmaligen Erhöhung des Niveaus um mindestens 50 cm begleitet. Obgleich diese Bautätigkeiten deutlich erkennbar sind, werfen sie doch mehrere Fragen auf.

Die erste bezieht sich auf das Verhältnis des zentralen Rundturmes zur Neugestaltung der Randüberbauung.

Abb. 72: Rundturm M3. Innere Mauerschale mit den Abdrücken der Steckpfosten für das innere Mauerhaupt. Ansicht von Osten.

Abb. 73: Schichtenprofil NE-SE in Schnitt J11 mit Fundamentgrube des Mauerzuges M9 (Periode III b). Ansicht von Norden.

Letztere umgab einen Innenhof, in dem für den mächtigen Rundturm im Grunde genommen kein Platz war, anders ausgedrückt, der Rundturm und die Randüberbauung schlossen sich vom Grundrisskonzept her gegenseitig aus. Wir müssen davon ausgehen, dass der zentrale Rundturm nicht lange bestanden hat, sondern einem völlig neuen

107 Da im Innern des Torturmes unterhalb des Gehniveaus von 1471 keine ältere Stratigraphie beobachtet werden konnte, sondern nur Auffüllschutt zutage trat, kann angenommen werden, dass der Torturm nach dem gleichen Prinzip gebaut worden ist wie der Rundturm von Periode IIIa.
108 Vgl. oben Fundkatalog, Abschnitt III.5.4 (Gruppe IIIa).

Abb. 74: Mauerfragment M9 aus Periode III b in Schnitt J11. Ansicht von Nordosten.

Baukonzept weichen musste. Die Bau- und Besiedlungsperiode Bümpliz III ist somit in zwei Phasen zu unterteilen: Zuerst wurde in die Anlage von Bümpliz II der zentrale Rundturm gestellt (Phase IIIa), dann brach man diesen wieder ab und nahm unter abermaliger Erhöhung des Niveaus eine Neugestaltung der Peripherie vor (Periode IIIb).[109] Den Bauvorgang hat man sich am ehesten so vorzustellen, dass der Abbruch erfolgte, während an der Peripherie des Areals die Bauten von Periode Bümpliz III b (Ringmauer und Flankierungsturm M18 sowie Südtrakt) errichtet wurden. Das hatte den arbeitsökonomischen Vorteil, dass das anfallende Steinmaterial aus der Niederlegung laufend neu verbaut werden konnte.

Was von der Bausubstanz aus Periode III b als Fundamentgrube und – lediglich in J9 – als Mauerrest noch nachweisbar ist, ergibt burgenkundlich kein klares Bild, und das ist die zweite Frage, die sich bei der Deutung des Befundes von Bümpliz III stellt. Der Flankierungsturm und die gestreckt gezogenen, annähernd in rechtem Winkel gegeneinander laufenden Ringmauern scheinen einem Grundriss zu entsprechen, der typologisch in die Gruppe der sog. Kastellburgen gehört und in der Westschweiz im «savoyischen Karree» eine spezifische Ausformung erfahren hat (z.B. Champvent, Yverdon, Morges).[110] Dennoch hinkt der Vergleich von Bümpliz III b mit derartigen Anlagen. Denn die Dimensionen des Bauareals innerhalb des Burggrabens reichen bei weitem nicht an die durchschnittlichen Ausmasse der Westschweizer Anlagen heran, und zudem fehlen laut Grabungsbefund sämtliche Hinweise auf weitere Flankierungstürme. Ausserdem fällt auf, dass halbrunde, aus der Mauerflucht vorspringende Flankierungstürme nicht an den Beringecken wie bei Bümpliz, sondern längs gestreckter Mauerzüge (z.B. Chillon) angebracht worden sind.[111]

Schliesslich ist zu beachten, dass die Frage, wie die West- bzw. Nordwestpartie der Periode III b ausgesehen hat, völlig offen bleibt.

All diese Feststellungen führen zur Vermutung, dass die Bauten der Periode III b gar nie fertiggestellt worden sind. Geplant war offenbar eine wohl eher kleine Kastellburg über einem Rechteck von etwa 25 m Breite und unbekannter Länge.

Zur Ausführung sind aber bloss Teile der südöstlichen und südwestlichen, vielleicht auch der nordöstlichen Ringmauer gelangt sowie ein inwendig an diese Mauer gelehntes Gebäude (Südtrakt) und vor allem der halbrunde Flankierungsturm. Es ist durchaus denkbar, dass in der unfertig gebliebenen Westpartie des Areals nach wie vor die alte Ringmauer von Phase II weiterbestanden hat.[112]

In diesem architektonischen Torso, der als Baukomplex nach wie vor als Hof bzw. *curia/curtis* galt, bildete der halbrunde Flankierungsturm das optisch dominierende Element. Die urkundlichen Erwähnungen eines *Turmes* bzw. einer *turris* in den Jahren 1306 und 1424 dürften sich demnach auf diesen halbrunden Bau und nicht auf den damals bereits niedergelegten zentralen Rundturm beziehen.[113]

Die Anlage Bümpliz III b, entstanden in der 2. Hälfte des 13. Jahrhunderts, jedenfalls vor 1306, bot sich demnach als seltsames architektonisches Gebilde dar, bestehend aus unvollendeten Teilen eines eckturmbewehrten Ringmauergeviertes und älteren Elementen im Westbereich, zu dessen Umgestaltung es offenbar nicht mehr gekommen ist. Bauliche Veränderungen dieses heterogenen Komplexes sind im 14. und 15. Jahrhundert anscheinend nicht erfolgt, bis um 1471 der gründliche Umbau von Bümpliz IV in Angriff genommen wurde.

109 Eine vergleichbare Bauabfolge – Niederlegung eines zentralen Rundturmes für den Bau einer Kastellburg – ist für Yverdon festgestellt worden. Rodolphe Kasser, Yverdon. Histoire d'un sol et d'une site avec la cité qu'ils font naître. Yverdon 1975. – Werner Meyer, Burgen der Schweiz 4 (Genf, Waadt, Wallis), Zürich 1981, S. 70f.

110 Zu den savoyischen Kastellgrundrissen vgl. Taylor, Castle-Building, S. 23ff.

111 Zu Chillon vgl. Albert Naef, Château de Chillon 1-2. Lausanne 1929/1930. – Jean-Pierre Chapuisat, Schloss Chillon, Basel 1973 (Schweiz. Kunstführer).

112 Gestützt wird diese Vermutung durch das Mauerfragment M11, das in Periode IIIb gehört, aber die Flucht der älteren Ringmauer aus Periode III aufnimmt und somit schräg zur Orientierung des Geviertes von Periode IIIb verläuft.

113 1306: FRB 4, S. 246, Nr. 216: aream sitam ex adverso turris. – 1424: Schmid, Bümpliz, S. 290.

5. Das spätmittelalterliche Schloss (Periode Bümpliz IV)

1485 wird der Hof Bümpliz *Veste* genannt, und in der Folgezeit sollte sich die Bezeichnung *Schloss* durchsetzen.[114] Die bauliche Qualität, die sich in diesen neuen Begriffen spiegelt, geht auf einen Umbau zurück, der vom archäologischen Befund her in die 2. Hälfte des 15. Jahrhunderts zu datieren ist, was durch die Dendrodaten im noch erhaltenen Torturm (1471) bestätigt und präzisiert wird.

Übernommen wurden von der Anlage Bümpliz III b ausser dem halbrunden Flankierungsturm Teile der Ringmauer, allerdings – wie unten zu zeigen ist – in neuer Funktion.

Als dominanter Bau der Anlage Bümpliz IV entstand in der Westecke des Areals ein annähernd quadratischer, mit der Aussenfront in die Grabenböschung vorspringender Torturm. Die Südecke war mit einem mächtigen Eckpfeiler verstärkt. Auf der seitlichen Südwand war ein halbrunder Turm angebaut – gemäss der Abbildung von Kauw um 1670 mit dekorativem Zinnenabschluss –, der in den oberen Geschossen des Torturmes mit Durchgängen verbunden war. Offenbar handelte es sich um einen *Danziger,* einen Aborturm, denn im untersten Bereich öffnete sich gegen den Wassergraben ein schräger Abflusskanal.[115]

Auf den Bilddokumenten des 17./18. Jahrhunderts ist dieser Abortturm gut zu erkennen, während sich im archäologischen Befund ausser dem Abflusskanal nur wenige Mauersteine erhalten hatten, die auf den Fundamentresten der älteren Ringmauern von Bümpliz II und III b auflagen.

Von diesem Abortturm zweigte der südwestliche Bering ab, der offensichtlich hinter der Flucht der damals abgebrochenen Ringmauer von Phase III b verlief.

Mit der Errichtung des Torturmes erfuhr auch der – jetzt in Phase IV erstmals fassbare Zugang eine Neugestaltung in Form einer frontal auf das Tor gerichteten Brücke mit gemauertem Widerlager am äusseren Grabenrand und einer auf einen Holzpfeiler abgestützten Zugbrücke. Der aus Tuffsteinen gemauerte Pfeiler in der Mitte des Wassergrabens ist erst nachträglich, im Zuge der Umbauten des 16. oder frühen 17. Jahrhunderts erstellt worden.

Auf der Südostseite wurde das Areal gegen den Graben hin erweitert, indem ausgehend vom alten Flankierungsturm in der Ostecke ein neuer, um ca. 3 m nach aussen vorgeschobener Bering mit mehrmals gebrochener Flucht errichtet wurde und die alte Ringmauer nun zur hofseitigen Innenmauer eines an den neuen Bering angelehnten, schmalen Gebäudes wurde.

114 Urkundliche Belege bei Strübin, Baugeschichte, Abschnitt 1.3.
115 Zu den Abortanlagen auf Burgen, insbes. den Aborttürmen, vgl. Burgen in Mitteleuropa 1, S. 301f.

Abb. 75: Torturm des Alten Schlosses, Südfassade. Zustand 1970 während der Ausgrabungen. Ansicht von Süden.

Abb. 76: Ablaufkanal des Abortturmes M10 in Schnitt J9. Links Pfeiler des Torturmes. Über dem Kanal eine moderne Abwasserleitung. Ansicht von Westen.

Abb. 77: Fundament des Stützpfeilers an der Südecke des Torturmes M6. Rechts der Ablaufkanal des Aborttürmes in Schnitt J9. Ansicht von Westen.

Wie die Südpartie des Areals umgestaltet wurde, liess sich vom Grabungsbefund nur noch ansatzweise ermitteln. Offenbar entstand unter Verwendung älterer Mauern von Periode III b ein zweigeteilter Komplex. Dessen hofseitiger Verlauf konnte anhand der Fundamentgruben noch festgestellt werden, während die Aussenseite, ausserhalb der Grabungsfläche gelegen, nur approximativ aufgrund der historischen Bildquellen zu rekonstruieren ist.

Abb. 78: Schichtenprofil in Schnitt G14, rechts Mauer M6c des Torturmes. Deutlich erkennbar die Lettenabdichtung von 1471. Ansicht von Südwesten.

Wie die Nord- und Nordwestpartie der Anlage in der Periode Bümpliz IV gestaltet worden ist, entzieht sich unserer Kenntnis. Es ist aber davon auszugehen, dass eine neue Ringmauer errichtet worden ist, die der Peripherie des Areals folgte und den Torturm mit dem älteren Flankierungsturm verband. Sie verlief hinter der Aussenmauer des nachmaligen, heute noch stehenden Schlossbaues, weshalb sich von ihr keine Spuren mehr erhalten haben.[116]

Die Bautätigkeit der Periode Bümpliz IV ging – gemäss der Schwellenhöhe des Torturmes – vom bestehenden Niveau der Phase III b aus und brachte demnach keine weiteren Aufschüttungen im Innern des Areals.

6. Archäologisch fassbare Reste nachmittelalterlicher Bauphasen

Die bauliche Entwicklung des *Alten Schlosses Bümpliz* seit dem Neubau von 1471 wird im vorliegenden Band umfassend von Johanna Strübin dargestellt. Es genügt deshalb an dieser Stelle, ganz knapp auf die archäologischen Befunde hinzuweisen.[117]

Der auf einem Pfeiler abgestützte Erker an der Nordecke des Schlossbaues (M4) von 1632 ist im Fundament freigelegt worden. Dieses bildete ein vorspringendes Rechteck mit einer Tuffquaderverblendung im Bereich des aufgehenden Mauerwerkes. Zur Bedachung des Erkers gehörten mehrfarbige Ziegel, deren Fragmente in grösserer Zahl zum Vorschein gekommen sind.

Archäologisch nicht näher datierbar waren die jedenfalls späten, im Grundriss T-förmigen, aufeinander laufenden Mauerzüge im Innenhof. Vielleicht sind sie mit den Bautätigkeiten von 1839 in Verbindung zu bringen, als im Alten Schloss eine Heilanstalt für Gemütskranke eingerichtet wurde.

Die Fundamente eines kleinen Baues im nordöstlichen Vorgelände des Wassergrabens (M12) gehören ins 18. oder 19. Jahrhundert, ebenso ein funktionell nicht bestimmbarer Mauerzug im westlichen Grabenabschnitt (M13), der mit den Fundamenten in die oberen Auffüllschichten des Wassergrabens eingetieft ist.

In nachmittelalterliche Zeit ist schliesslich der aus Tuff gemauerte Pfeiler für die Brücke über den Graben zu

116 Die Ausstattung des Torturmes mit Abortanbau, seine prominente Plazierung mit deutlichem Hervortreten aus der Ringmauer weist auf seine Funktion als «Hauptturm» hin, der die übrigen Bauten von 1471 deutlich dominiert haben dürfte. Wir haben in dem Torturm wohl ein – wenn auch eher bescheidenes – spätes Beispiel eines variantenreichen, vor allem in Nordfrankreich und England verbreiteten Bautypus vor uns, der meistens als Gatehouse angesprochen wird.

117 Strübin, Baugeschichte, Abschnitte 2.1 bis 2.10.

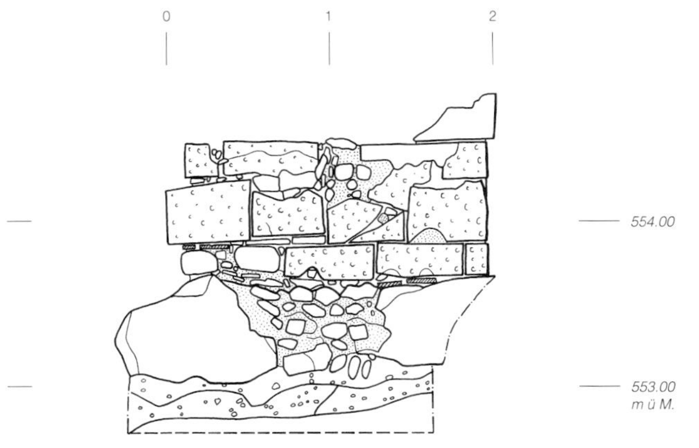

Abb. 79: Fundamentbereich des Eckpfeilers für den Erker an der Nordecke des Barockbaues (M4 in Schnittfläche G2). M 1:50. Sichtmauerwerk aus Tuffquadern in Zweitverwendung.

Abb. 80: Fundamentbereich des Erkerpfeilers M4 in Schnitt G2. Ansicht von Nordosten.

datieren (M14). Er setzte die ursprüngliche Zugbrücke ausser Funktion, muss aber entstanden sein, als der Graben noch mit Wasser gefüllt war, was für die Zeit um 1600 spricht.

Der mit einer Stossfuge an den Torturm angelehnte Stützpfeiler M7 reichte mit den Fundamenten lediglich in die Planierschichten des 18. Jahrhunderts hinunter. Er dürfte irgendwann nach 1740 als Stütze für die durch den Abbruch des Aborttürmes und der südlichen Ringmauer geschwächte Südpartie des Torturmes errichtet worden sein.

Im Zuge der Umbau- und Sanierungsarbeiten von 1979/1980 kam südlich ausserhalb der Grabungsfläche von 1977 ein aus Backstein gemauerter Sodbrunnen zum Vorschein. Da er in die Abbruch- und Planierschichten des 18. Jahrhunderts eingetieft war, musste er ins 19. Jahrhundert datiert werden.

Abb. 81: Stark gestörte Schichtenverhältnisse am inneren Grabenrand in Schnitt G7. Hinten rechts die Aussenmauer des Barockflügels M15, davor im rechten Winkel anstossend die späte Mauer M13. Ansicht von Südwesten.

7. Die Entwicklung des Wassergrabens

Der bei der Okkupation des Bauplatzes im 10. Jahrhundert angelegte Wassergraben (vgl. oben Kap. IV.1.) ist in seinem Verlauf während der folgenden Jahrhunderte nicht mehr verändert worden, doch hat er bezüglich seiner Konstruktion einige Umgestaltungen erfahren, die offenbar mit den Neuerungen der einzelnen Bauphasen zusammenhingen.

Der zu Beginn der Periode Bümpliz I gezogene Ringgraben beschrieb ein dem Kreis angenähertes Oval von etwa 5–7 m Breite und einer durchschnittlichen Wassertiefe von 1–1,5 m. Die künstlich ausgehobene Grabensohle war direkt in den natürlichen, wasserdurchlässigen Untergrund eingetieft. Der Pegelstand muss somit der Wasserhöhe des speisenden Stadtbaches entsprochen haben, sonst wäre der Inhalt des Wassergrabens laufend versickert.

Abb. 82: Im Fundamentbereich von Mauer M2 eingemauerte Fragmente neuzeitlicher Keramik, Schnitt J1.

In der Periode Bümpliz I lag der Siedlungshorizont nur etwa 50 cm über dem mittleren Pegelstand, weshalb bei längeren Regenperioden, Schneeschmelze und heftigen Gewittern der Siedlungsplatz stets Gefahr lief, unter Wasser gesetzt zu werden. Die Erhöhung des Niveaus um 50–70 cm sowie die Ersetzung der wasserdurchlässigen Palisade durch eine Steinmauer in Periode Bümpliz II sollte diesem Übelstand abhelfen. Dass in dieser Zeit am Graben selbst Veränderungen vorgenommen worden wären, wird durch keinerlei Hinweise im Untersuchungsbefund bestätigt.

Dagegen muss in Periode Bümpliz III die Grabenkonstruktion umgestaltet worden sein. Die erneute Erhöhung des Gehniveaus um gut 1 m erlaubte es nun, den Pegelstand des Grabens anzuheben. Dies setzte allerdings voraus, dass am Ausfluss des Grabens (der ausserhalb der Untersuchungszone lag) eine regulierbare Stauvorrichtung erstellt wurde und andererseits die Grabensohle mit der inneren und äusseren Böschung eine wasserundurchlässige Lehmdichtung erhielt.[118] Diese ältere Dichtungsschicht ist an mehreren Stellen nachgewiesen worden. Vermutlich fiel diese Umgestaltung der Grabenkonstruktion noch in die Periode III a, denn diese übernahm bekanntlich die alte Begrenzung des Areals mit dem Bering von Bümpliz II. Phase III b jedoch hätte, falls sie fertiggestellt worden wäre, wegen der weit vorspringenden Eck- oder Flankierungstürme und der möglichen Erweiterung des Areals in westlicher Richtung nicht nur eine Ausweitung des Grabens, sondern vielleicht sogar dessen Verlegung nötig gemacht. Die Belassung des Grabens im Verlauf und in der Konstruktion bildet demnach ein weiteres Kriterium für die vorzeitige Aufgabe der Bautätigkeit in Phase III b.

Das stehende, aufgestaute Gewässer des Grabens von Phase III a hatte naturgemäss die Tendenz, durch die Ablagerung von Abfällen und sonstigem Material vom inneren und äusseren Rand her zu verlanden und sich wegen des eingeleiteten Unrates in eine stinkende Brühe zu verwandeln. Wiederholt hat man deshalb das Wasser im 14. und 15. Jahrhundert abfliessen lassen und die Grabensohle gereinigt bzw. bis auf die Dichtung hinunter ausgehoben.

Eine gründliche Erneuerung erhielt der Wassergraben im Zuge der Bauaktivitäten von Periode Bümpliz IV um 1471. Die alte, wohl schadhaft gewordene Abdichtung wurde vollständig ersetzt, und zwar mit einem zähen, blaugrünen Letten, wie er auch für die Verkleidung von Zisternen Verwendung fand.[119] Auf der Westseite erhielt der äussere Grabenrand nachträglich eine Mauer zur Abgrenzung, die wohl den Verlandungsprozess durch Ablagerungen vom Ufer her verlangsamen sollte.[120]

Bis nach 1600 scheint der Graben als Weiher unterhalten und auf die oben beschriebene Weise wiederholt gereinigt worden zu sein. Dann gab man offenbar den Kampf gegen die Verlandung auf, möglicherweise ist auch die Staueinrichtung am Ausfluss des Weihers preisgegeben worden. 1683 ist nur noch von einem Löuger, einem morastigen Tümpel, die Rede.[121] Die anschliessende Auffüllung der Grabensenke erfolgte offenbar allmählich, wobei zugeführtes Erdreich, Abbruchschutt und Siedlungsmüll unterschiedlicher Herkunft zur Verwendung fanden. Die in diesen Auffüllschichten zutage getretenen Kleinfunde brauchen deshalb nicht unbedingt aus dem *Alten Schloss* zu stammen.

118 Die Anhebung des mittleren Pegelstandes bewirkte, dass der Graben gut doppelt so viel Wasser fasste als während der Perioden I und II.

119 Lehmdichtungen bei Zisternen beobachtet u.a. auf den Burgen Frohburg SO, Löwenburg JU, Alt-Wartburg AG. Scheidegg BL, Schiedberg GR, Sternenberg SO.

120 Zur Zeitstellung vgl. oben Anm. 43.

121 Strübin, Baugeschichte, Abschnitt 4.1.

V. Der historische Rahmen

1. Die Curtis imperii von Bümpliz und das Reichsgut in der Landgrafschaft Aarburgund

Die Ausgrabungen von 1970 dürften hinlänglich gezeigt haben, dass der Standort der 1306 bezeugten *curtis imperii de Bimplitz,* wo zu Beginn des 11. Jahrhunderts König Rudolf III. wiederholt urkundete, mit dem Areal des *Alten Schlosses* identisch ist.[122] Dagegen vermochte der Grabungsbefund mit seinen spärlichen Kleinfunden keine genaueren Angaben zur Entstehung der *Curtis* zu liefern.

Das *Alte Schloss* lag ausserhalb des frühmittelalterlichen, durch ein grosses Gräberfeld aus dem 6./7. Jahrhundert erschliessbaren Dorfes. Dieses befand sich wohl nahe der Kirche, die inmitten des Areals eines römischen Gutshofes errichtet worden ist.[123] Die archäologisch grob ins 10. Jahrhundert zu datierende *Curtis* ist – vermutlich in Planungseinheit mit der Mauritiuskirche – gezielt gegründet worden, offenbar als rechtlicher, organisatorischer und herrschaftlicher Mittelpunkt eines grösseren Güterkomplexes, der sich in königlichem Besitz befand. Über den Ursprung dieses Königsgutes im Raume Bümpliz lassen sich nur Vermutungen anstellen. B. Schmids vorsichtig formulierte These, der Besitz gehe vielleicht auf spätantikes bzw. frühburgundisches Fiskal- oder Latifundiengut zurück, klingt nicht unplausibel, ist aber weder zu beweisen noch zu widerlegen.[124]

Auf wessen Veranlassung könnte aber die *Curtis* errichtet worden sein? König Rudolf III. scheidet wohl aus, wenn man die konstante Auflösung der königlichen Machtstellung während seiner Regierungszeit in Betracht zieht.[125] Auch in der urkundlich fassbaren Tätigkeit seines Vaters Konrad (937–993) finden sich keine Hinweise auf eine gezielte Neuorganisation alten Königsgutes, wie sie die Gründung des Hofes von Bümpliz bedeutet hätte.[126]

Anders sieht es bei Konrads Vater Rudolf II. (912–937) aus, der sich energisch um die Festigung der königlichen Machtstellung gegen innen und aussen bemüht hat und der sich um 920/25 mit Herzog Burchart von Schwaben politisch über die Abgrenzung ihrer beiden Interessensphären verständigt hat.[127] Im Zuge dieser Vorgänge, die in der schriftlichen Überlieferung deutliche Spuren hinterlassen haben[128], könnte es zur Errichtung der *Curtis* – und wohl auch der Mauritiuskirche – von Bümpliz gekommen sein.

Die zweimalige, urkundlich bezeugte Präsenz Rudolfs III. in Bümpliz – 1016 und 1025 – wirft die Frage nach der Bedeutung des Hofes für das burgundische Wanderkönigtum bzw. für das königliche Herrschaftsgefüge auf.[129] Die lückenhaften Nachrichten über die Aufenthaltsorte Rudolfs III. lassen kein kontinuierliches Itinerar erkennen. Mehrheitlich bewegte sich der König im Raume der Waadt, begegnen wir ihm doch wiederholt in Lausanne, Orbe, Payerne, Vevey und vor allem in St. Maurice.[130] Feste Plätze – im Sinne von Reichsburgen – suchte er nur gelegentlich auf. 1013 weilte Rudolf in Murten, in Solothurn ist seine Anwesenheit so wenig bezeugt wie in Laupen oder anderen Festen, die im Laufe des 12. und 13. Jahrhunderts als Reichsburgen fassbar sind.[131] (Ob die Burg

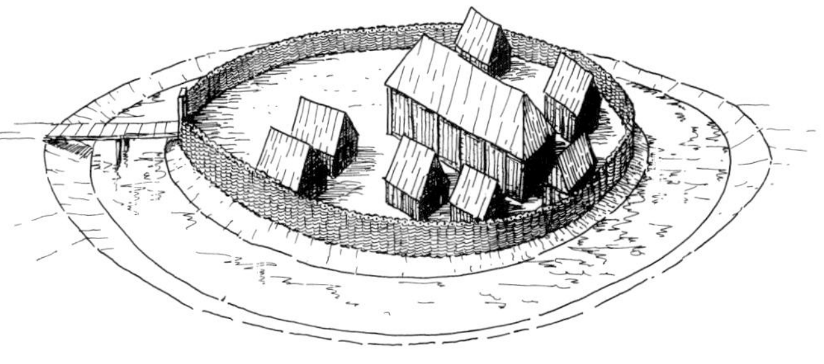

Abb. 83: Altes Schloss, Periode 1, Rekonstruktionsvorschlag, Ansicht von Westen. Gesichert sind ausser dem Verlauf des Grabens die Grundrisse der Häuser im südlichen Bereich. Die Dachformen – Walm für den zentralen Hauptbau, Satteldächer für die kleinen Häuser – bilden die konstruktiv einfachste Lösung. Die Hauswände deuten die Stabbautechnik an. Die Einfassung der Anlage postuliert – gemäss dem Grabungsbefund – eine Flechtpalisade. Hypothetisch bleibt der Standort der Brücke und des Einganges. Über architektonische Details (Türen, Fenster, Wehreinrichtungen hinter der Palisade) sowie die Lage eines allfälligen Ziehbrunnens herrscht Ungewissheit.

122 MGH DD Burg. S. 271, Nr. 110; S. 285, Nr. 116; S. 297, Nr. 123.
123 Zu den beiden Gräberfeldern von Bümpliz vgl. Tschumi, Urgeschichte, S.187ff. – Der von P. Hofer freigelegte Kirchengrundriss kann ins 10. Jahrhundert datiert werden. Sein Versuch, einen älteren Sakralbau nachzuweisen, der kontinuierlich aus der Benützung der römischen Villa hervorgegangen wäre, vermag nicht zu überzeugen. Hofer, Pfarrkirche, S. 8f. – Bacher, Bern-Bümpliz, S. 402f.
124 Schmid, Bümpliz, S. 272.
125 MGH DD Burg. S. 23 ff. – Erkens, Konrad II., S. 165 ff.
126 MGH DD Burg. S. 44ff.
127 Zu Rudolf II. vgl. MGH DD Burg. S. 8ff.
128 MGH DD Burg. S. 8ff. – Aktivitäten im Aareraum und in der Waadt: S. 129f. Nrn. 25 und 26.
129 Vgl. oben Anm. 99. – Schmid, Bümpliz, S. 271ff.
130 Urkundlich bezeugte Aufenthalte Rudolfs III. MGH DD BURG. S. 218–359. – 1016 ist Rudolf ausser in Bümpliz auch in Strassburg und Lausanne nachzuweisen.
131 Rudolf in Murten (actum Murati): MGH DD Burg. S. 261f. Nr. 104) – Zu Solothurn vgl. Erkens, Konrad II., S. 167ff.

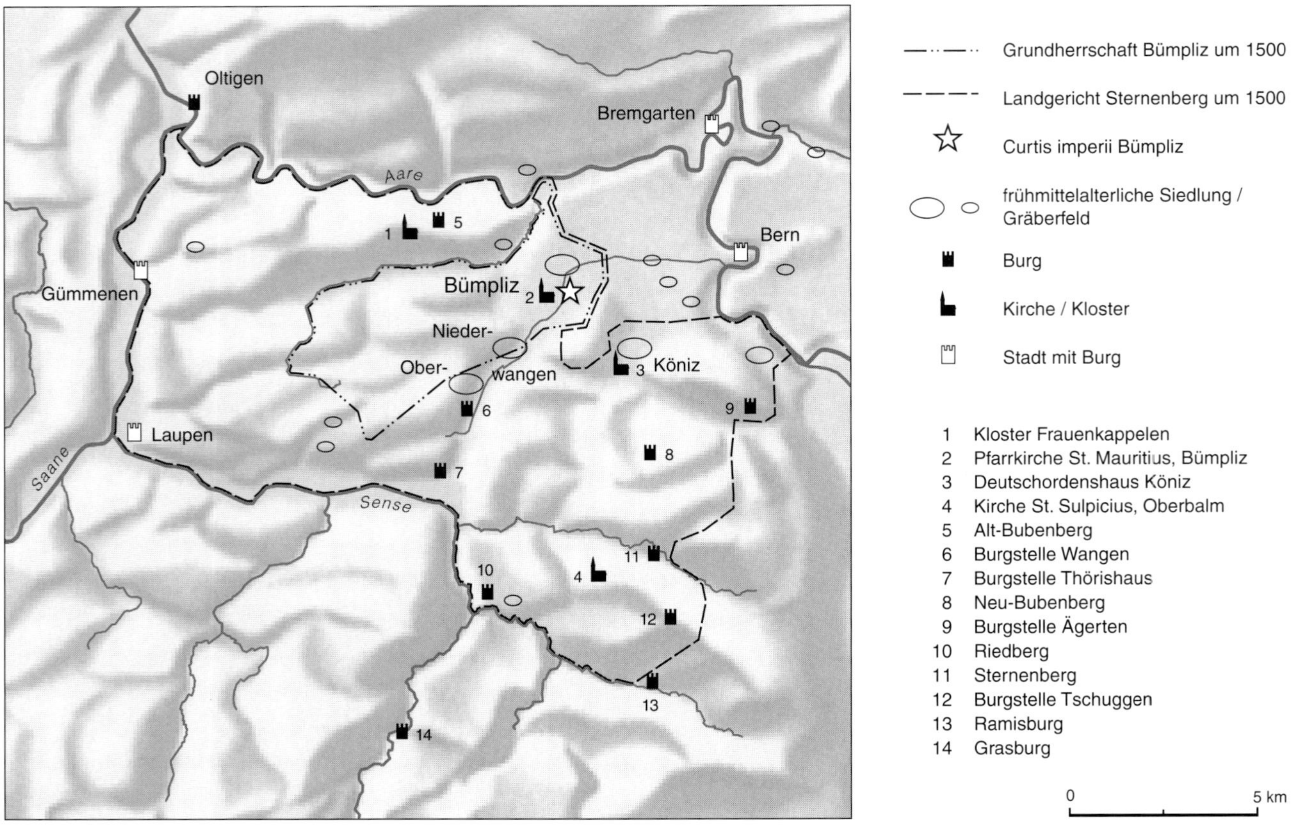

Abb. 84: Schematische Karte der Grundherrschaft Bümpliz und des Landgerichtes Sternenberg im Spätmittelalter. M 1:200'000.

Laupen überhaupt bis in die Zeit des hochburgundischen Königtums zurückreicht, ist übrigens – wie unten auszuführen ist[132] – äusserst fraglich.) Vermutlich hatte Rudolf schon früh die Kontrolle über allfällige Burgen an lokale Machthaber verloren, so dass er, wenn kein Bischofssitz oder Kloster in der Nähe lag, seine *Curtes* aufsuchen musste, die freilich, wie die Grabungsbefunde von Bümpliz zeigen, alles andere als monumentale Pfalzen waren, sondern aus einfachen Holzbauten bestanden. Die relative Wichtigkeit des Hofes von Bümpliz für das burgundische Königtum ergibt sich aus dem Vergleich mit dem nahen Königshof Münsingen. Denn während Bümpliz Reichsgut geblieben ist und in der *curtis* Rudolf III. wiederholt Quartier bezogen hat, ist von diesem König der Hof Münsingen um 1000 an den Pfalzgrafen Kuno abgetreten und damit dem Reichsgut entfremdet worden.[133]

Über den Umfang und die Struktur des zum Hofe Bümpliz gehörigen Königsgutes liegen keine direkten Nachrichten aus dem Hochmittelalter vor. Nach der sorgfältigen Analyse der Quellen über die spätmittelalterliche Grundherrschaft Bümpliz, die wir B. Schmid verdanken, scheint der Kernbereich des Güter- und Rechtsverbandes nördlich durch den Bremgartenwald, westlich durch den Forst zwischen Gümmenen und Neuenegg, südlich durch das Wangental und Könizbergwald, östlich durch die Aare begrenzt gewesen zu sein.[134] Die nördlich des Zusammenflusses von Aare und Saane gelegene Burg Oltigen, Mittelpunkt eines bereits 1006 bezeugten *Comitatus,* erhob sich ausserhalb des Herrschaftsbereiches von Bümpliz.[135]

Jedenfalls bestand die Peripherie des Bümplizer Königsgutes mehrheitlich aus unkultiviertem Waldland, in dem sich ein genauer definierter Grenzverlauf erst allmählich, im Zuge des nur zögerlich voranschreitenden Landesausbaues herausbildete. Es scheint, dass in den bewaldeten Randzonen seit dem Frühmittelalter nach und nach Siedlungsflächen entstanden, die herrschaftlich dem Bümplizer Königsgut entfremdet wurden, auch wenn sie grossenteils den Rechtsstatus der Reichszugehörigkeit beibehielten. Dass dieser Rodungsprozess schon im Frühmittelalter eingesetzt haben muss, zeigen die vielen merowingerzeitlichen Gräber und Siedlungsspuren in der weiteren Umgebung von Bümpliz.

132 Vgl. unten Anm. 139.
133 MGH DD Burg. S. 239f. Nr. 89. – Der ovale Grundriss des heutigen Gebäudekomplexes geht möglicherweise – analog zu Bümpliz und Zug – auf den hochmittelalterlichen Bering der urkundlich bezeugten Curtis zurück.
134 Schmid, Bümpliz, S. 283ff.
135 MGH DD Burg. S. 357 Nr II. – FRB 1, S. 291, Nr. 60. – Die Burg von Oltingen ist erst ab 1166 urkundlich bezeugt. FRB 1, S. 449, Nr. 51. – Zu Oltingen vgl. Stettler, Studien, S. 130, Anm. 18 und 142 Anm. 12.

Der Verlauf dieses Landesausbaues, urkundlich erst im Endergebnis des Spätmittelalters deutlicher fassbar, bleibt über Strecken unklar.[136] Genauere Informationen könnten sich aus der archäologischen Datierung der Burganlagen ergeben, welche an der Peripherie des ursprünglichen, mutmasslichen Königsgutes von Bümpliz errichtet worden sind und die herrschaftliche Zentren des die Forstzonen durchdringenden Landesausbaues gebildet haben.[137]

Besondere Bedeutung kommt in diesem Zusammenhang der Burg Laupen zu, nach der sich im 12. und frühen 13. Jahrhundert eine genealogisch nicht genauer fassbare Grafenfamilie nannte.[138] Der weitläufige Forst, der sich noch heute im Dreieck zwischen Niederwangen, Mäderforst und Neuenegg ausdehnt, dürfte ursprünglich bis an die Saane gereicht haben, so dass auch der Platz Laupen noch zum Reichsgut von Bümpliz gehört haben wird.

Die Behauptung, König Rudolf III. habe auf der Burg Laupen geurkundet, beruht auf einer irrigen Identifizierung des als Ausstellungsort genannten *castellum logis* mit Laupen.[139] Die archäologischen Untersuchungen auf der Burg haben eine Entstehungszeit frühestens um 1100 nachgewiesen.[140] Allerdings ist Laupen als Reichsgut im 13. Jahrhundert sicher bezeugt, desgleichen die Existenz der oben genannten Grafen, von denen sich einzelne Angehörige nicht nach Laupen, sondern nach Sternenberg nannten.[141] Diese Burganlage erhob sich auf einer künstlich erhöhten Kuppe bei Oberscherli. Sie gab im Spätmittelalter einem der vier Berner Landgerichte den Namen, das den Raum Gurten, Wabern, Riedberg, Köniz, Bümpliz und Laupen umfasste. Es dürfte identisch mit dem richterlichen Kompetenzbereich der Grafen von Laupen gewesen sein, und dieser könnte – dies als Arbeitshypothese – dem ursprünglichen Herrschaftsraum des Königshofes Bümpliz entsprochen haben. Dass die Grafen von Laupen in der Umgebung der Burg Sternenberg ausser über gerichtliche Befugnisse auch über herrschaftliche Güter verfügten, ist urkundlich bezeugt, so treten sie etwa als Stifter der Kirche Oberbalm auf.[142]

Im Forst zwischen Neuenegg und Mühleberg durchdrangen sich herrschaftliche Ansprüche von Laupen und Bümpliz, was eine ursprüngliche, erst nachträglich preisgegebene Besitzeinheit vermuten lässt. Ca. 2 km nordöstlich von Neuenegg und 1 km nordwestlich des Weilers *Landstuel* soll sich eine zweite Burg Sternenberg erhoben haben. Im Gelände finden sich freilich keine Spuren, und die Aussagen in der Literatur bleiben diffus. Bis zum schlüssigen Nachweis durch archäologische Befunde bleibt eine Burg Sternenberg im Forst apokryph.[143]

Im Bereich des nachmaligen Landgerichtes Sternenberg sind aber andernorts verschiedene Burganlagen entstanden. Deren Errichtung ging offenbar auf die Initiative von edelfreien und ritterlichen Herren zurück, die sich zusammen mit den Grafen von Laupen-Sternenberg – vielleicht im Konkurrenzverhältnis – am Landesausbau beteiligten. Urkundlich bezeugte Zuwendungen an die beiden geistlichen Herrschaften in der Gegend, an das Kloster Frauenkappelen und das Deutschordenhaus Köniz, vermitteln aufschlussreiche Einblicke in die Güterstruktur dieser Herren. Allerdings sind nicht alle Burganlagen, die sich im Gelände nachweisen lassen, in der schriftlichen Überlieferung fassbar, so dass ihre Belegungszeiten und Inhaber im Dunklen bleiben. Dies trifft etwa auf die Burgstellen von Thörishaus, Ramisburg und Tschuggen[144] zu. Urkundlich nicht direkt bezeugt, aber mit grosser Wahrscheinlichkeit als Sitz der Ritter von Wangen zu identifizieren ist die kleine Turmburg auf dem *Kehrhübeli* bei Oberwangen.[145] Ähnliches gilt für die *Riedburg* nahe dem Zusammenfluss von Sense und Schwarzwasser, auf der ursprünglich – im 13. Jahrhundert – wohl die Herren von Ried gesessen haben. Der Besitz der Herren von Wangen und von Ried scheint bescheiden gewesen zu sein und sich jedenfalls nicht bis in die engere Umgebung von Bümpliz erstreckt zu haben.[146]

Wesentlichen Anteil an der herrschaftlichen Kolonisation der Waldzonen von Bümpliz hatten die beiden miteinander verschwägerten Familien von Egerdon und von Bubenberg, die im 13. Jahrhundert auch zur Führungsschicht

136 Einen schlaglichtartigen Einblick in die Rodungstätigkeit im Schwarzenburger Land gewährt die in Bümpliz ausgestellte Urkunde von 1030 (MGH DD Burg. S. 295f. Nr. 123), ist doch darin von Novalland, das gegen einen Zins verliehen wird, die Rede. – Vgl. dazu auch Stettler, Studien, S. 143f.

137 Zu den Standorten der im vorliegenden Text genannten Burgen vgl. Burgenkarte der Schweiz 1: 200'000, Blätter 1–4, Wabern-Bern 1974–1985.

138 Urkundliche Belege für die Grafen von Laupen: FRB 1, S. 515f. Nr. 127 (Comes Hupaldus et frater eius domnus Oudalricus Lopensis), S. 515f. Nr 127 (Comes uolricus de Sternenberg), – Vgl. auch unten Anm. 141.

139 Heinrich Türler, Das Schloss Laupen, in: Neues Berner Taschenbuch 30, 1924, S. 161–190. – Türler identifiziert S. 162 das urkundlich bezeugte Logis castellum mit Laupen, was von Th. Schieffer mit Recht korrigiert wird: Die Örtlichkeit ist mit La Loye südöstlich von Dôle zu identifizieren. MGH DD Burg. S. 30, 32, 34, ferner S. 268 Nr. 108, S. 294 Nr. 122.

140 Zur archäologischen Datierung von Laupen vgl. Archäologie im Kanton Bern 1, 1990, S. 93–97.

141 Stürler, Landgerichte, S. 47, allerdings mit irrigen Angaben über das Burgenproblem Sternenberg. Dazu unten Anm. 143.

142 FRB 1, S. 515 Nr. 127. Comes Uolricus de Sternenberg. wird fundator hulius ecclesie (sc. Oberbalm) genannt. – Stürler, S. 44f.

143 Die Burgstelle Sternenberg auf länglicher Kuppe südöstlich Scherliau (598.990/191.860) zeichnet sich im Gelände deutlich ab, auch wenn oberflächlich keine Mauerspuren mehr sichtbar sind. – Im Raume Landstuel/Forst, wo im Umfeld 590.600/295.500 die zweite Burgstelle Sternenberg vermutet wird, sind im Gelände nicht die geringsten Hinweise auf einen Burgplatz zu beobachten. Vgl. dazu die unklaren Äusserungen in Burgenfreund 3, 1957 Nr. 1/2, S.4.

144 Standorte: Thörishaus 593.240/193.800. – Ramisburg 598.220/188.420. – Tschuggen 599.230/190.100, Pt. 987.

145 Standort Oberwangen: 593.840/195.870. – Tschumi, Urgeschichte, S. 263. – Zimmermann, Geschossspitzen, S. 153.

146 Standort Riedburg: 594.370/190.440. – Hans Ott, Riedburg BE, in: NSBV 32, 1959, S.5–7. (Die aufgrund einer wohl falsch interpretierten Schriftquelle in die Jahre um 1330 angesetzte Errichtung ist wohl um ein halbes Jahrhundert zu spät datiert.) – Urkundliche Belege zu den Herren von Ried und von Wangen: FRB 3, Nrn. 53, 54, 60, 509; 4, Nrn. 225, 251, 276.

der Stadt Bern gehörten. Ursprünglich wohl edelfreien, später niederadlig-ritterlichen Standes, verfügten die beiden Familien über burggestützte Güterkomplexe, die sich über den Raum von Bümpliz bzw. das Gebiet des nachmaligen Landgerichtes Sternenberg verteilten. Die Burg der Herren von Egerdon erhob sich auf dem Gurten, in der Nähe einer urkundlich bezeugten bäuerlichen Siedlung gleichen Namens. Die Güter der Herren von Egerdon, vornehmlich Allodien und Reichslehen, erstreckten sich bis in den Forst und dessen Rodungszonen.[147]

Etwas komplizierter bietet sich das Problem des Burgenbaues der Herren von Bubenberg dar, indem sich sowohl in urkundlichen Nachrichten als auch im Gelände zwei Burgen fassen lassen, von denen die eine, gelegen bei Frauenkappelen, als Alt-Bubenberg und die andere, südlich oberhalb Schliern, als Neu-Bubenberg bezeichnet wird.[148] Diese Benennungen reichen zwar bis ins Mittelalter zurück, besagen aber nichts über das Alter der beiden Anlagen. Die Burgstelle bei Schliern, gelegen auf einer ausgedehnten Bergkuppe, besteht aus einer Kernburg mit ansehnlichen Mauerresten und einer weitläufigen Vorburg auf einem östlich angrenzenden Plateau. Diese topographische Anordnung entspricht einem älteren Typus als die auf zwei Erhebungen eines schmalen, exponierten Felsgrates errichtete Feste Alt-Bubenberg bei Frauenkappelen.[149] Wahrscheinlich haben sich die Bubenberg – oder unbekannte, allfällige Rechtsvorgänger – zuerst auf dem Berg bei Schliern festgesetzt. Von hier aus betrieben die Burgherren den Ausbau ihres herrschaftlichen Güterkomplexes, wobei die damit verbundene Rodungstätigkeit auch den Raum des Forstes erfasste. An der Gründung der Klosterniederlassung Frauenkappelen dürften die Egerdon und die Bubenberg beteiligt gewesen sein.[150] Zu unbekannter Zeit, vielleicht um 1200, kam es zur Errichtung einer zweiten Bubenberger Feste. Dass diese später den Namen Alt-Bubenberg erhielt, hing mit ihrem frühen Abgang zusammen, der einerseits durch die konkurrenzierende Nähe des Klosters Frauenkappelen und andererseits durch die Einschränkung weiterer Rodungsmöglichkeiten im Forst verursacht worden sein dürfte.[151] Bekanntlich wird in der Berner Handfeste aus der 2. Hälfte des 13. Jahrhunderts eine Rodungstätigkeit im Forst ausdrücklich untersagt.[152] Da sich um die Burg bei Frauenkappelen somit keine ökonomisch tragfähige Grundherrschaft zu entwickeln vermochte, wurde sie von den Besitzern – vielleicht schon bald nach 1300 – wieder preisgegeben, so dass sie im Zustand des baulichen Niedergangs Alt-Bubenberg genannt wurde, während die an sich ältere, aber wohl bis ins 15. Jahrhundert hinein gut unterhaltene Feste bei Schliern die Bezeichnung Neu-Bubenberg erhielt. Diese als Arbeitshypothese geäusserte Abfolge der beiden Bubenberger Burgen bedarf noch – dies sei ausdrücklich betont – der archäologischen Bestätigung.[153]

Trotz Unklarheiten im Einzelnen weisen aber diese Überlegungen zum Burgenbau und zur Rodungstätigkeit sowie Herrschaftsbildung im Raume von Bümpliz darauf hin, dass die im Spätmittelalter fassbare, zum Hofe Bümpliz gehörige Grundherrschaft nur noch den Restbestand eines ursprünglich viel weitläufigeren grossenteils aus Waldungen bestehenden Königsgutes gebildet hat. Dessen einstiger Umfang könnte dem Zuständigkeitsbereich des spätmittelalterlichen Landgerichts Sternenberg entsprochen haben.

Da Laupen und Bümpliz im 12./13. Jahrhundert herrschaftlich nicht vereinigt worden sind, lässt sich vermuten, nicht die Grafen von Laupen hätten über den Königshof verfügt, sondern die Inhaber des aarburgundischen Reichsgutes, also die Herzöge von Zähringen und deren Rechtsnachfolger. Irgendwie gehört auch die Entstehung der Feste Gümmenen in diesen Zusammenhang. Im Unterschied zur Burg Laupen liegen von Gümmenen keine archäologischen Befunde vor, und auch die Schriftquellen setzen erst im späten 13. Jahrhundert ein, so dass Justingers Behauptung, die Burg sei von den Savoyern gegen Rudolf von Habsburg gebaut worden, einstweilen unüberprüfbar im Raume steht. Dass sie – wie Laupen – am Westrande des Forstes auf Reichsgut entstanden ist, steht indessen fest, denn 1288 setzte König Rudolf seinen Vertrauensmann im Üchtland, Ulrich von Maggenberg, erbweise als Reichskastellan über Gümmenen ein. Die Verflechtung der zur Burg Gümmenen gehörenden Güter mit den Herrschaftsrechten des Hofes Bümpliz im Forst ist

147 Standort Burg Egerdon: 601.320/195.610. – Wichtigste urkundliche Belege für Burg und Familie: FRB 2, Nrn. 12, 36, 201 (Eigengut im Forst), 378, 450, 512, 541, 683; 3, Nrn. 8 (Eigengüter und Reichslehen), 25; 44 (Reichslehen), 45, 53, 74 (Neubrüche im Forst), 90 (Reichslehen), 170, 181, 213, 219, 268, 576 (Burg), 610 (Verschwägerung mit den Bubenberg); 4, Nrn. 28, 66, 78, 89, 95, 160, 468 (Burg), 478 (Burg).

148 Standorte: Alt-Bubenberg 593.150/200.810, Pt. 550. – Neu-Bubenberg 598.660/194.430, Pt. 757.

149 Alt-Bubenberg bei Frauenkappelen entspricht in der topographischen Anordnung der Anlage von Grimmenstein BE, die nach Ausweis der Funde (ADB) erst in die Mitte des 13. Jahrhunderts datiert werden kann. Neu-Bubenberg bei Schliern, mit einer Kernanlage vom Mantelmauertypus und einer weitläufigen Vorburg, passt zu einem topographisch variantenreichen, schon früh verbreiteten Grundrissprinzip. Dazu vgl. Hinz, Motte und Donjon. S. 12f. und 135f.

150 FRB 2, Nr. 321; 4, Nrn. 296, 397, 456, 713; 10, Nr. 514.

151 Bei der 1241 genannten Burg Bubenberg, im Besitze des Peter von Bubenberg, handelt es sich wohl um die heutige Anlage Neu-Bubenberg (castrum suum de Buobenberch, FRB 2, Nr. 210), während mit der 1308 bezeugte Anlage (matbletze in dem holtz wider Bubenberg) wegen des Bezuges der Urkunde zu Frauenkappelen Alt-Bubenberg gemeint sein dürfte. FRB 4, Nr. 296.

152 FRB 2, S.3 Nr 3. – Zur Handfeste und ihrer Datierung vgl. Friedrich E. Welti, Das Stadtrecht von Bern. Sammlung Schweiz. Rechtsquellen 2. Abt. Kt. Bern, Bd1, S.3ff: Die Berner Handfeste, Art. 6 und Einleitung S. XXXII.

153 Nachträgliche, durch den Erhaltungszustand bedingte Umkehrung von Alt- und Neu- liegen u.a. auch auf den beiden Burgen Falkenstein bei Balsthal SO und Schauenburg BL vor. – Grundsätzlich ist festzuhalten, dass die Entstehungszeit einer Burg ungeachtet ihres noch sichtbaren Baubestandes und der – meist zufälligen – schriftlichen Erwähnungen erst aufgrund archäologischer Befunde schlüssig bestimmt werden kann – Meyer, Frühe Adelsburgen, S. 571ff.

urkundlich fassbar.[154] Ob auch der Boden, auf dem Bern gegründet worden ist, zum Reichsgut von Bümpliz gehört hat, wie B. Schmid vermutet, bleibt unsicher, denn Bern war bekanntlich nicht in Bümpliz, sondern in Köniz eingepfarrt. Freilich ist in Köniz keine frühe *Curtis* nachgewiesen wie in Bümpliz, auch wenn eine frühmittelalterliche Besiedlung sicher bezeugt ist.[155]

Wir haben oben historische Argumente vorgestellt, die für die Errichtung der *Curtis* von Bümpliz, archäologisch als Periode Bümpliz I fassbar, in der Zeit König Rudolfs II. sprechen. Für den Ausbau der Anlage im späten 12. Jahrhundert (Periode Bümpliz II) lässt sich kein historischer Hintergrund ausmachen. Bei der Errichtung des steinernen Beringes und der Erhöhung des Niveaus handelte es sich um eine bautechnische Massnahme zur Einschränkung des Überschwemmungsrisikos, wie sie von den – unbekannten – Bewohnern ausgegangen sein dürfte, ohne dass ein macht- oder herrschaftspolitisches Ereignis als Auslösefaktor gesucht werden müsste.[156]

2. Bümpliz als savoyischer Stützpunkt im 13. Jahrhundert

Nach dem Aussterben der Herzöge von Zähringen im Jahre 1218 ging das alte, burgundische Königsgut im Aareraum, soweit es von den staufischen Herrschern nicht ans Reich gezogen wurde, an die Grafen von Kyburg über. Damit fiel auch der Hof Bümpliz unter die formale Hoheit der Kyburger, doch bleibt offen, wie sich deren Herrschaft – sie stützte sich vor allem auf die Burgen Laupen und Grasburg – auf das Alltagsleben des Hofes zu Bümpliz ausgewirkt hat.[157]

B. Schmid, dem wir die historische Studie über den Königshof Bümpliz von 1937 verdanken, konnte noch nichts über die archäologisch nachgewiesene Bautätigkeit im Areal des *Alten Schlosses* während der 2. Hälfte des 13. Jahrhunderts wissen. Die Ausgrabungen haben aber einen Klärungsbedarf entstehen lassen, da die festgestellten, auf zwei Phasen verteilten Bauaktivitäten mit den territorial- und machtpolitischen Auseinandersetzungen zwischen Bern und Savoyen einerseits sowie Kyburg und Habsburg andererseits in Beziehung gebracht werden müssen.[158] Diese Feststellung stützt sich auf die burgenkundliche Beobachtung, dass beide Bauperioden des 13. Jahrhunderts, Bümpliz III a und III b, eindeutig die vom Hause Savoyen bevorzugten Bauformen aufweisen, für die sich im kyburgischen und habsburgischen Machtbereich überhaupt keine Parallelen finden lassen.[159] Damit erhebt sich die interessante Frage, welche historischen Situationen oder Konstellationen die Grafen von Savoyen veranlasst haben könnten, Bauleute nach Bümpliz zu beordern und daselbst einen Rundturm bzw. ein turmbewehrtes Karree zu errichten. Bei dieser Frage ist zu berücksichtigen, dass zwischen den beiden Bauphasen der Perioden IIIa und IIIb eine kurze, aber intensive Besiedlungsperiode eingeschoben ist.

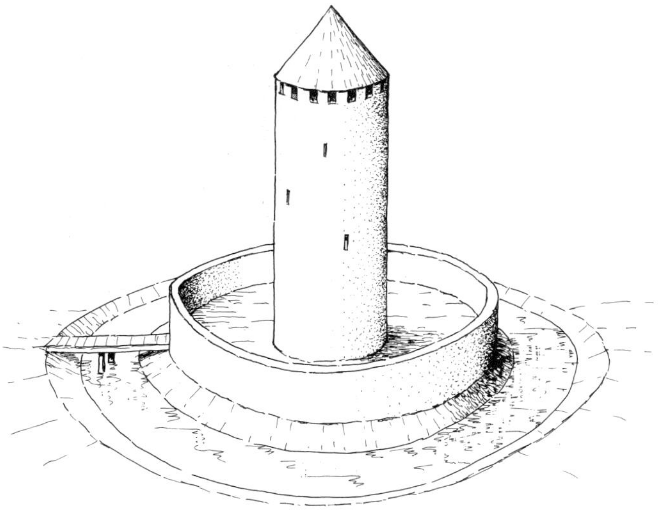

Abb. 85: Altes Schloss, Periode 2 und 3a, Rekonstruktionsvorschlag, Ansicht von Westen. Der runde zentrale Hauptturm (Periode 3a) ist von der Ringmauer aus Periode 2 umgeben. Der Wassergraben ist von Periode 1 ohne grössere Änderungen übernommen worden. Unbeantwortbar bleibt ausser dem Standort der Grabenbrücke und der Toranlage die Frage nach dem oberen Abschluss der Ringmauer (Zinnen, Wehrgang?) sowie nach weiteren Bauten aus den Perioden 2 und 3a. Für die Dachpartie des Turmes kommt ausser der vorgeschlagenen Lösung mit Zinnenkranz, Wehrplatte und Kegeldach auch eine vorkragende Holzkonstruktion in Frage. Wegen der ungesicherten Platzierung sind am Turm die einst jedenfalls vorhandenen Aborterker sowie der Hocheingang mit der Aussentreppe nicht eingezeichnet.

Wegen des Fehlens direkter Schriftquellen und des relativ grossmaschigen Datierungsnetzes, das uns der archäologische Befund bietet, darf man bei der Beantwortung dieser Fragen keine schlüssigen Beweise, sondern bloss plausible Vorschläge erwarten. 1255 suchte Bern, zusammen mit Murten und Hasli von den Kyburgern bedrängt, den Schutz des noch jungen Peter von Savoyen, gestützt auf einen Erlass des Königs Wilhelm von Holland.[160] Diese Situation könnte den Bau des Rundturmes von Bümpliz III a ausgelöst haben. Die *Curtis* von Bümpliz war Reichsgut, weshalb Peter wenn auch nicht unbedingt *de iure,* aber doch politisch im Sinne des Reiches handelte.[161] Die Errichtung eines Rundturmes inmitten der äl-

154 Frühe urkundliche Belege über Gümmenen: FRB 2, S.345 Nr. 321 (1251 apud Guminon ohne Erwähnung einer Burg), FRB 5, S. 7ff. Nr. 6, S. 123ff. Nr 72 (1319 Castrum de Condemina), S. 455 Nr. 414. – Zeerleder , Urkunden 2, S. 343 Nr. 807. – Justinger, Chronik, S. 63f. – Schmid, Bümpliz, S. 282f. und 298f. – Aeschbacher, Burgen 1, S. 74ff. – Vgl. auch unten Abschnitte V.2 und VI.2.

155 Tschumi, Urgeschichte, 259ff. – Feller. Geschichte Berns 1, S. 33f.

156 Zur statusymbolischen Bedeutung der Ringmauer vgl. Burgen in Mitteleuropa 1, S. 228 ff.

157 Büttner, Waadtland und Reich, S. 130 ff. – Wurstemberger, Peter II. 1, S. 435 ff.

158 Überblick bei Feller, Geschichte Berns 1, S. 43ff.

159 Zu den savoyischen Bauformen des 13. Jahrhunderts, Rundturm und Kastellgrundriss, vgl. Taylor, Castle-Building, S. 9ff.

160 Wurstemberger, Peter II 1, S. 433ff. und 4, S. 193f., Nr 391 – Feller, Geschichte Berns 1, S. 43ff. – Hellmann, Savoyen, S. 225ff.

161 Zum insgesamt nicht unumstrittenen Begriff des «Reichsgutes» im burgundischen Aareraum vgl. Stettler, Studien, S. 141ff.

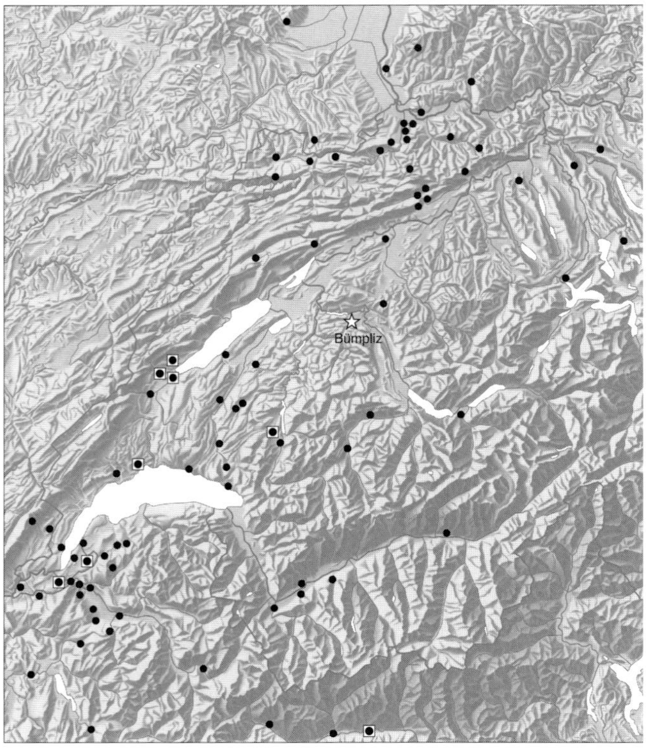

Abb. 86: Typologische Verbreitungskarte. M 1:2'500'000.
Punkte: Runde Haupttürme. Quadrate mit eingeschriebenem Punkt: Kastellburgen mit savoyischem Karree. – Während die Kastellburgen mit savoyischem Karree auf den Einflussbereich des Hauses Savoyen begrenzt bleiben, finden sich runde Haupttürme in weiter Streuung. Im savoyischen Raum ist aber doch eine deutliche Konzentration zu konstatieren, desgleichen in der Nordwestschweiz, wo eine eigene, vom Oberrhein ausstrahlende Rundturmtradition besteht.

teren Anlage bot bautechnisch die einfachste Lösung, um möglichst rasch, bevor die kyburgische Gegenseite reagieren konnte, in unmittelbarer Nähe Berns ein wehrhaftes, savoyisches Machtsymbol hinzustellen. Mit aller Vorsicht sei somit die These geäussert, die Errichtung des Rundturmes von Bümpliz sei im Anschluss an den Beginn von Peters Schirmherrschaft über Bern im Jahre 1255 erfolgt. Nach dem Tode der letzten Grafen von Kyburg in den Jahren 1263/1264 begann die zweite Phase des dynastischen Machtkampfes um die Vorherrschaft im Aareraum, wobei nun als Gegner Peters von Savoyen Graf Rudolf von Habsburg, der das kyburgische Erbe beanspruchte, in Erscheinung trat. Noch 1263 gelang es Peter, sich vom römischen König Richard von Cornwall mit dem Reichsgut des verstorbenen Grafen Hartmann von Kyburg belehnen zu lassen.[162] Dies führte 1265, nachdem auch Hartmann der Ältere von Kyburg als *Ultimus* gestorben war, zum Krieg zwischen Peter und Rudolf, zum sog. *Grafenkrieg,* der bis 1267 dauerte und mit der Stärkung der habsburgischen Stellung im Aareraum endete.[163]

Nach dem Tode Peters von Savoyen im Jahre 1268 erneuerte Bern mit dessen Nachfolger Philipp den Schirmvertrag, allerdings mit der Befristung auf die Erneuerung der Reichsunmittelbarkeit durch ein künftiges Reichsoberhaupt. Diese Situation trat 1273 mit der Wahl Rudolfs von Habsburg zum Römischen König ein, indem dieser 1274 in Basel den Bernern die Reichsfreiheit bestätigte.[164] Damit erlosch die Schirmherrschaft des Hauses Savoyen, dessen territorialpolitische Machtstellung im Aareraum durch den Krieg von 1265/1267 ohnehin in Frage gestellt worden war. Offenbar in diese Ereignisse fiel die Bautätigkeit der Periode Bümpliz III b. Da die geplante Anlage gemäss dem Grabungsbefund nicht zum Abschluss gelangt war, sondern ein unfertiger Torso geblieben ist, liegt es nahe, sie in die Zeit zwischen 1263 und 1267 anzusetzen. Den Auslösefaktor dürfte die Verleihung des Reichsgutes durch König Richard gebildet haben, der Peters Rechtsansprüche auf Bümpliz bestätigte, und der Fertigstellung kam vermutlich der für Peter nachteilige Friedensvertrag von 1267 zuvor, der ihn seiner Machtposition im Aareraum beraubte.[165]

Ob der vorzeitige Abbruch des Bauvorhabens von Bümpliz III b durch eine gewaltsame Intervention erzwungen worden ist, lässt sich vom Grabungsbefund her nicht beurteilen. Auffallenderweise haben die Berner in der Zeit um 1270 die Reichsburg Nydegg in der Stadt niedergelegt.[166] Die Einstellung der Bautätigkeit von Bümpliz, welche die faktische Umwandlung der alten *Curtis* in ein *Castrum* bezweckte, lag durchaus auch im Interesse der Berner, die weder in der Stadt noch in deren unmittelbaren Umgebung eine Burg dulden wollten, auch wenn sich eine solche im Besitz ihres savoyischen Schirmherrn befand.[167]

Grundsätzlich ist nicht auszuschliessen, dass an der Anlage Bümpliz III b, noch etwas später, in den Jahren bis 1274, also bis zum Erlöschen der savoyischen Schirmgewalt, gebaut worden ist, doch passt der Ausgang des Krieges von 1267 besser zum Entscheid, die Bauleute abzuziehen, als das Datum 1274, da zu diesem Zeitpunkt Savoyen über keine reale Machtbasis in Berns Umgebung mehr verfügte.[168] Die Siedlungsschicht zwischen Bümpliz III a und III b dürfte demnach im Jahrzehnt zwischen ca. 1255 und 1265 abgelagert worden sein.

3. Die Junker von Bümpliz

Zwischen der Mitte des 13. und der Mitte des 15. Jahrhunderts ist in Urkunden und Jahrzeitbüchern eine Verwandtschaftsgruppe bezeugt, die sich nach Bümpliz nannte und

162 Hellmann, Savoyen, S. 227 – Wurstemberger, Peter II 4, S. 312f. Nrn. 626–628.
163 Wurstemberger, Peter II. 3, S. 46 ff.
164 Feller, Geschichte Berns 1, S. 55f.
165 Wurstemberger, Peter II. 4, S. 414f. Nr. 739.
166 Vgl. unten Anm. 214.
167 Meyer, Burgenbruch, S. 321ff. – Vgl. auch die Bemerkungen Justingers zur Zerstörung von Bremgarten: ducht die von Bern, daz inen ir vigende ze nach sessen, und zugen uss und zerstorten daz stetli ze grund. Justinger, Chronik, S. 45.
168 Feller, Geschichte Berns 1, S. 55ff.

seit dem Beginn des 14. Jahrhunderts den Junkertitel führte.[169] Obwohl verschiedentlich genealogische Zusammenhänge erwähnt werden – es ist von Söhnen, Brüdern, Vettern etc. die Rede – lässt sich keine sichere Stammtafel rekonstruieren. Immerhin sind Verschwägerungen mit dem Berner Patriziat nachgewiesen. Vom beginnenden 14. Jahrhundert an werden die Angehörigen der Familie als Burger von Bern bezeichnet; Hänsli von Bümpliz, wohl einer der letzten Vertreter des Namens, erscheint noch 1466 im Udelbuch von Bern.[170]

Uns interessiert hier vor allem das Verhältnis der Verwandtschaftsgruppe zum Hofe Bümpliz bzw. zu dessen Gütern und Rechten. Im Umfeld des mutmasslichen einstigen Reichsgutes verfügte die Familie ausser über Erblehen und Mannlehen, die sie u.a. von den Bubenberg innehatten, auch über Eigengüter und Reichslehen, die zum Teil in den peripheren Rodungszonen des Hofgutes, zum Teil in unmittelbarer Nähe der *Curtis* lagen. Direkte Besitzanteile am Hofe Bümpliz sind nicht bezeugt, doch werden gelegentlich bei Handänderungen die Herrschaftsrechte des Hofes ausdrücklich vorbehalten.[171]

Die insgesamt doch recht lückenhafte Quellensituation lässt die rechtliche und soziale Stellung der Verwandtschaftsgruppe von Bümpliz innerhalb des Güterkomplexes der *Curtis* nur sehr unscharf hervortreten. Die von B. Schmid geäusserte Vermutung, es handle sich bei der Familie von Bümpliz ursprünglich um «freie Landleute», vermag wenig zu überzeugen, es sei denn, man möchte in ihnen Abkömmlinge von «Königsfreien» sehen, die in direkter Abhängigkeit von der *Curtis imperii* Reichsgüter bestellt hätten.[172] Nicht unplausibel klingt der Gedanke von K.L. Stettler, die Familie gehe auf jene «Meier» zurück, die als lokale Amtleute auf dem Königshof gesessen und dessen Güter im Namen des Reiches verwaltet hätten.[173] Aus dieser Funktion heraus liessen sich die Eigengüter in den peripheren Rodungszonen des Herrschaftsbereiches erklären.[174] Mit der Tatsache, dass mit dem Einsetzen von Nachrichten über die Güter und Rechte der Familie im Raume von Bümpliz keine direkten Beziehungen zur *Curtis* fassbar werden, steht die Hypothese einer Herleitung der Familie von den einstigen «Hofmeiern» nicht in Widerspruch. Denn es ist anzunehmen, dass nach 1255 mit der Okkupation des Platzes durch die Savoyer und deren Bautätigkeit sowie mit dem späteren Übergang der *Curtis* an die Maggenberger[175] für die einstigen Verwalter kein Platz mehr im veränderten Hofareal war. Durch die politischen Ereignisse und die Befestigungsarbeiten aus der *Curtis* verdrängt – wenn auch nicht aus ihren Eigengütern –, mögen sie sich nach Bern gewandt haben, wo sie – seit 1304 urkundlich bezeugt – als Burger und Junker in den Schutz und Schirm der Stadt aufgenommen wurden.[176]

Schlüssige Beweise für diesen vermuteten Ursprung der Verwandtschaftsgruppe von Bümpliz lassen sich nicht beibringen. Die erhaltenen Quellen aus dem 13. bis 15. Jahrhundert, namentlich die Nachrichten über die Güterverhältnisse der Junker von Bümpliz im Herrschaftsbereich der Curtis, weisen allerdings in keine andere Deutungsrichtung, weshalb die vielleicht etwas gewagt scheinende These, die Familie von Bümpliz sei aus den Hofmeiern des Königshofes hervorgegangen, wenigstens als plausibel bezeichnet werden darf.

4. Die spätmittelalterliche Grundherrschaft

Mit dem Beginn des 14. Jahrhunderts setzen die direkten Schriftquellen über den Hof Bümpliz endlich wieder ein und nehmen zum Teil unmittelbar Bezug auf Vorgänge aus der Zeit kurz vor 1300.

Gemäss einer Urkunde von 1345 hatte der römische König Rudolf von Habsburg den Hof Bümpliz als Reichsgut an die Maggenberger verpfändet.[177] Da das betreffende Originaldokument Rudolfs nicht erhalten ist, lässt sich der mutmassliche Zeitpunkt dieser Verpfändung nur aus der bewegten Ereignisgeschichte heraus bestimmen. Am ehesten kommen die Jahre zwischen 1283 und 1288 in Frage, als Rudolf gegen Savoyen und Bern Krieg führte und Ulrich von Maggenberg, Schultheiss von Freiburg, als entschiedener Parteigänger Habsburgs vom König mit Reichsgut und Reichsämtern im Üchtland ausgestattet wurde.[178] Vom König zum Reichsvogt von Gümmenen ernannt, dürfte Ulrich den Hof Bümpliz seinem ansehnlichen Herrschaftskomplex angegliedert haben, den er im Üchtland dank der Hilfe des habsburgischen Schirmherrn aufzubauen im Begriffe stand.

Offenbar konnten die Maggenberger in der Folgezeit die an den Hof gebundene Reichspfandschaft behaupten. Von Anstrengungen des Reiches, das Pfand zu lösen, ist nichts bekannt, so dass sich dieses in Laufe des 14. Jahrhunderts in eine allodiale Grundherrschaft verwandelte. In einer Urkunde von 1359 werden die Reichspfandrechte noch einmal als Reminiszenz erwähnt, nachdem bereits 1357 der Hof als freies Eigen bezeichnet wird.[179]

169 Schmid, Bümpliz, S. 296ff. – Stettler, Genealogien/Bümpliz, S. 259f.
170 Stettler, Genealogien/Bümpliz, S. 260: Hänsli von Bümpliz, bezeugt zwischen 1448 bis 1466.
171 FRB 10, S. 260 Nr. 514.
172 Schmid, Bümpliz, S. 295ff. – Albrecht von Bümpliz erscheint 1313 als Edelknecht. Der Junkertitel setzt sich in der Familie um die Mitte des 14. Jahrhunderts durch.
173 Stettler, Genealogien/Bümpliz, S. 259. (Einleitung).
174 Herrschaftliche Amtleute (Vögte, Meier etc.) als selbstständige Rodungsunternehmer: Meyer, Rodung, Burg und Herrschaft, S. 69f.
175 Zu den Maggenbergen vgl. unten Anm. 158.
176 FRB 4, S. 193 Nr. 163 (1304: Thuringus de Bumplitz, Alberchtus de Bumplitz, cives Bernenses als Zeugen).
177 FRB 7, S. 80f. Nr. 8.
178 Zu den Herren von Maggenberg vgl. Büchi, Maggenberg, insbes. S. 87ff.
179 FRB 8, S. 195, Nr. 535, S. 311, Nr. 840.

Die Maggenberger waren zunächst daran interessiert, die Hofrechte zu Bümpliz abzurunden und auszubauen, so gelang es ihnen, 1336 die Erbansprüche Heinzmanns von Eptingen, der mit einer Maggenbergerin verheiratet war, auf die Burgen Gümmenen und Obermaggenberg sowie den Hof Bümpliz abzuweisen.[180] Nach dem Laupenkrieg, den sie auf der Verliererseite mitmachten, sahen sie sich aber veranlasst, den wohl allzu nah vor den Toren der siegreichen, gegnerischen Stadt Bern gelegenen Besitz abzustossen. 1345 veräusserten sie *den Hof Bimplitz, mit gericht, mit twing, mit ban, mit zinsen, mit diensten, mit vellen, mit hussen, mit allem recht, mit allen rechtungen, mit allem nutz, mit aller ehaftigi und mit allen dingen so dazu hörent, an achern, an mat an holtz, an velde, an weide, an etzweide, und mit voller herschaft* an das Deutschordenshaus zu Köniz.[181] Dieses trat 1357 den grundherrlichen Güterkomplex tauschweise an das Deutschordenshaus zu Bern ab, welches ihn bereits 1359 an die Berner Burger Jakob und Gerhard von Grasburg sowie Peter von Krauchtal weiterverkaufte.[182] Noch im gleichen Jahr überliess Jacob von Grasburg seinen Anteil an dem *hof ze Binblitz* dem Peter von Krauchtal. Dessen Familie blieb bis ins 15. Jahrhundert hinein im Besitz der Herrschaft.[183] Um 1425 fiel die Herrschaft Bümpliz erbweise an die Erlach, die um 1470 den Gebäudekomplex des Hofes unter Verwendung älterer Teile in ein spätmittelalterliches Schloss (Periode IV) umwandelten.[184]

Die erst in den Schriftquellen des 15. und 16. Jahrhunderts genauer fassbaren Güter und Rechte des Hofes sind von B. Schmid kompetent analysiert worden.[185] Dass sie im Kern aus dem Besitzkomplex des hochburgundischen Königshofes hervorgegangen sind, gilt als unbestritten. Ebenso sicher steht aber auch fest, dass die im 15. und 16. Jahrhundert bezeugten Güter und Rechte der Grundherrschaft nur noch einen Restbestand des ursprünglichen Königsgutes gebildet haben. Schon früh, d.h. vermutlich im 12. Jahrhundert, begann die Eigenentwicklung der Hochgerichtsbarkeit, lag diese doch offenbar in den Händen der Grafen von Laupen und ging schliesslich im Landgericht Sternenberg auf.[186]

Zahlreicher Besitz erscheint im 14. und 15. Jahrhundert innerhalb des Twinges von Bümpliz in den Händen anderer Eigentümer, vor allem der Herren von Bubenberg, von Egerdon und von Wangen sowie der Junker von Bümpliz.[187] Eine Grundherrschaft bildete im Spätmittelalter kein starres Rechts- oder Besitzgefüge, sondern ein mehr oder weniger flexibles Unternehmen, dessen materielle Ressourcen – Güter, Einkünfte und Rechte – um einen festen Kern, meistens eine Burg oder einen Herrenhof, gruppiert waren, sich aber in ihrer Zusammensetzung laufend veränderten.[188] Ein ansehnlicher Teil der im Umfeld von Bümpliz liegenden, aber nicht zum Königshof gehörigen Güter sind im Laufe des Hochmittelalters durch die Rodungstätigkeit der genannten adligen Herren sowie des Klosters Frauenkappelen entstanden.[189]

Der Güterkomplex des Hofes könnte, ökonomisch gesehen, als landwirtschaftliche und gewerbliche Produktionseinheit definiert werden. Spuren dieser wirtschaftlichen Funktionen haben sich in den spätmittelalterlichen Schriftquellen erhalten, die von Naturalabgaben, Nutzflächen und Ökonomiebauten berichten.[190] Da die archäologischen Untersuchungen auf das Areal des Herrschaftszentrums beschränkt bleiben mussten, haben die Grabungsbefunde zur Frage der hoch- und spätmittelalterlichen Wirtschaftsformen wenig Anhaltspunkte liefern können. Die zum Hofbetrieb gehörigen Wirtschaftsbauten sind am ehesten beim bereits 1367 urkundlich genannten *nidern dorff* zu suchen, d.h. im nördlichen Vorgelände des Herrenhofes, wo die Wasserkraft des Stadtbaches genutzt werden konnte.[191]

Im 14. und 15. Jahrhundert galt das Zentrum des grundherrlichen Güterkomplexes nach wie vor als Hof, auch wenn gelegentlich der Turm – gemeint war der halbrunde Flankierungsturm aus Periode Bümpliz III b – als topographischer Bezugspunkt genannt wird.[192] Die Stadt Bern hätte die Errichtung einer wehrhaften Burg in ihrer unmittelbaren Nähe kaum geduldet.[193] Erst am Ende des 15. Jahrhunderts, als der Berner Adel seine Landsitze zu wohnlichen Repräsentationsbauten umgestaltete und die Einzelteile der mittelalterlichen Wehrarchitektur zu Dekorationselementen verkümmerten, konnten es die Erlach wagen, auf dem alten Hofareal ein ihrem Standesbewusstsein und Komfortbedürfnis gemässes Schloss zu errichten. Dass diese Bautätigkeit gemäss den Dendrodaten des Torturmes mitten in den Konflikt des sogenannten Twingherrenstreites fiel, verlieh dem Vorhaben eine provokative Dramatik, über die sich die Schriftquellen allerdings ausschweigen.[194]

180 FRB 6, S. 325f. Nr. 331.
181 Wie Anm. 177.
182 Wie Anm. 179.
183 Schmid, Bümpliz, S. 272 und 301. – FRB 8, S. 312 Nr. 842.
184 Zu den Erlach als Inhaber des Hofes Bümpliz vgl. HBLS 3, S. 59ff. und STAB, Bümpliz Nr. 72. – Schmid, Bümpliz, S. 272 Anm. 5.
185 Schmid, Bümpliz, S. 271–302.
186 Schmid, Bümpliz, S. 286ff. – Stürler, Landgerichte, S. 44 ff.
187 Vgl. oben Abschnitte V.2 und V.3 – Schmid, Bümpliz, S. 295 ff.
188 Bader, Burghofstatt, S. 249 ff.
189 Urkundliche Belege für die Rodungstätigkeit im Forst: FRB 2, Nr. 3; 2, Nr. 201; 3, Nrn. 74, 550; Nrn. 275, 296, 397.
190 Schmid, Bümpliz, S. 286ff.
191 FRB 9, S. 78 Nr. 143 : schupossen ze Binblitz in dem nidern dorff gelegen.
192 Vgl. oben Abschnitt IV.4 und Anm. 113.
193 Vgl. oben Anm. 167.
194 Zu den möglichen Bauherren aus dem Hause Erlach um 1471 und ihrer Verstrickung in den Twingherrenstreit vgl. Strübin, Baugeschichte, Abschnitt 2.1.

VI. Ergebnisse

Die archäologischen und bauanalytischen Befunde, die Kleinfunde – Artefakte und Tierknochen – sowie die Schriftquellen ergeben zusammen ein Bild, für das sich abgesehen von der Burg Zug und von einigen weit entfernten Objekten einstweilen kaum Vergleichsbeispiele beibringen lassen. Wenn wir aber die besondere Stellung von Bümpliz als Königshof bzw. als Reichsgut ausklammern und in der *Curtis* bloss den Mittelpunkt eines herrschaftlich organisierten Güterverbandes sehen, erweist sich Bümpliz gewissermassen als historischer Normalfall, dessen scheinbare Singularität nur auf der vorläufig schlechten Forschungslage beruht.[195]

Früh- und hochmittelalterliche *Curtes,* die baulich – mindestens zeitweise – den Charakter einer Burg angenommen haben, bildeten alles andere als eine Seltenheit. Neben dem Modellfall Bümpliz, bei dem die Herrschaftsrechte und die grundherrlichen Güter stets an den Hof, die *curtis imperii,* gebunden blieben, gab es aber auch den zweiten Modellfall, nämlich den, dass durch den Bau einer Burg, die topographisch deutlich vom Dorf, der bäuerlichen Untertanensiedlung, abgesetzt war, der Bezugsmittelpunkt für die Herrschaftsrechte verlagert wurden und die eigentliche Zentrumsfunktion an die Burg überging.[196] Die Gründe, warum bald dem einen, bald dem andern Modell der Vorzug gegeben wurde, sind in jedem Einzelfall neu zu hinterfragen. Auf das Schicksal der *Curtis* von Bümpliz dürfte die Lage zwischen den Reichsfesten Laupen und Gümmenen sowie der im späten 12. Jahrhundert gegründeten Stadt Bern einen wesentlichen Einfluss ausgeübt haben.[197]

1. Das Herrschaftszentrum

Als Mittelpunkt eines herrschaftlich organisierten Güterkomplexes ist die *Curtis* oder *Curia* von Bümpliz erst vom 14. Jahrhundert an urkundlich fassbar, und nur die ausdrückliche Bezeichnung als Reichsgut erlaubt uns, einen direkten Bogen zu den schriftlichen Belegen des frühen 11. Jahrhunderts zu schlagen, aus denen hervorgeht, dass König Rudolf III. in Bümpliz Urkunden ausgestellt hat.[198]

Der archäologische Befund hat zwar den Nachweis eines bis ins 10. Jahrhundert, vermutlich in die Zeit Rudolfs II. zurückreichenden, herrschaftlichen Gebäudekomplexes an der Stelle des *Alten Schlosses* erbracht, doch bleibt unsicher, wie und wo sich Rudolfs III. Beurkundungen abgespielt haben. Im Dokument von 1016 sind mehrere Zeugen genannt, worunter drei als Grafen bezeichnet werden.[199] In der Schenkungsurkunde von 1025 wird jedoch nur der Kanzler *Hupertus* als Schreiber erwähnt[200], während in der von Abt Burchard von St. Maurice vermutlich 1030 in Bümpliz ausgestellten Urkunde neben dem abermals als Schreiber amtierenden *Hupertus* eine ganze Reihe von Zeugen aufgeführt wird.[201]

Wie lassen sich diese urkundlichen Details mit dem archäologischen Befund in Verbindung bringen? Mindestens aus den Dokumenten von 1016 und 1030 ist ein ansehnlicher Personenaufmarsch zu erschliessen, für den die Platz- und Raumverhältnisse in der *Curtis* wohl zu eng gewesen wären.

Wir dürfen annehmen, dass die rechtsverbindlichen Übertragungsakte ausserhalb der *Curtis* vorgenommen worden sind, auf dem Gerichtsplatz oder vor der Kirche.[202] Das schliesst nicht aus, dass die Urkunden selbst in einem Gebäude der *Curtis* geschrieben worden sein könnten. Bümpliz war nun einmal keine Pfalz mit einem geräumigen Audienzsaal. Die zur *Curtis* gehörigen Güter bildeten aber die Versorgungsbasis für den König und sein Gefolge während der Dauer seiner Aufenthalte. Allerdings weisen die Befunde kaum auf ein längeres Verweilen oder gar eigentliches Hofhalten hin. Dazu war die *Curtis* doch zu be-

195 Am nächsten steht der Anlage von Bümpliz der Befund in der Burg Zug. Dieser wird zur Zeit umfassend ausgewertet und aufgearbeitet. Eine Publikation ist für 2002 in der Reihe SBKAM vorgesehen. – Vgl. auch Fehring, Einführung, S.121f. und Hinz, Motte und Donjon, S. 135ff.

196 Bei Bümpliz scheint der Fall eingetreten zu sein, dass im Rodungsland, das zur Curtis Bümpliz gehörte, seit dem 11. Jahrhundert verschiedene Burgen entstanden sind, vor allem an der Peripherie, und um diese herum sich eigene Herrschaftskomplexe gebildet haben. Vgl. oben Abschnitt V.1.

197 Schmid, Bümpliz, S. 291ff.

198 Schmid, Bümpliz, S. 271f.

199 MGH DD Burg. S. 271 Nr. 110: Bertoldus comes firmavi. Cuono comes et filius eius firmavermunt. Seligerus firmavit. Adalgoz firmavit.

200 MGH DD Burg. S. 285 Nr. 116: Hupertus cancellarius iussu regis scripsit.

201 MGH DD Burg. S. 297 Nr. 123: Signum Purchardi abbatis, qui hanc prestarium fieri et firmare rogavit. Signum Purchardi prepositi. Signum Pondolfi testis. Signum Purchadi prepositi. Signum Pondolfi testis. Signum Rodcelini testis. Signum Wilhelmi testis. Signum Wazonis testis. Signum Dedalrici testis. Signum Turinberti testis. Hupertus cancellarius scripsit.

202 Zu den Gerichtsplätzen im Raume Bümpliz vgl. Schmid, Bümpliz, S. 285ff.

scheiden dimensioniert und eingerichtet. Zudem fehlen in den Fundschichten von Periode Bümpliz I die Wildtierknochen, die als Zeugnisse königlicher Jagdveranstaltungen gedeutet werden könnten.[203]

Der Güterverband, der zum Königshof Bümpliz gehört hat, bleibt in seinen Umrissen und seiner Struktur für das Hochmittelalter verschwommen. Von den archäologischen Befunden dürfen keine klärenden Hinweise erwartet werden.[204]

Das völlige Schweigen der schriftlichen Überlieferung zwischen 1030 und 1306 hüllt die Rolle der *Curtis* von Bümpliz in ein Dunkel, das durch die archäologischen Befunde nur teilweise aufgehellt wird. Die Errichtung eines gemauerten Beringes im 12. Jahrhundert, verbunden mit einer Erhöhung des Niveaus und damit auch mit einer neuen Innenüberbauung, lässt sich aber doch dahingehend interpretieren, dass die Inhaber und Bewohner der *Curtis* deren Funktionstauglichkeit bewahren und verbessern wollten. Herrschaftlicher Wohnkomfort, wie er sich etwa in der Einrichtung einer Kachelofenheizung geäussert hätte, scheint aber nicht vorhanden gewesen zu sein. In der Periode II diente die *Curtis* von Bümpliz wohl nur einem lokalen Verwalter, einem Meier, als Wohnsitz.[205] Erst in der 2. Hälfte des 13. Jahrhunderts, als auf dem Areal monumentale Bauten mit Burgcharakter errichtet wurden (Perioden III a und b), bekam der Wohnkomfort, fassbar etwa in Ofenkeramik und Trinkgläsern, jenen gehobenen Standard, der den Ansprüchen der niederadligen Oberschicht entsprach.[206] Auffallenderweise sank dieser Standard im 14. und 15. Jahrhundert wieder ab, bis dann in Periode IV mit dem Schlossbau von ca. 1471 eine völlig neue Phase begann. Es ist nicht anzunehmen, dass vor der Errichtung der *Veste* um 1471 die Berner Patrizier, die in Bümpliz die Grundherrschaft besassen, in der *Curtis* Wohnsitz genommen haben.

2. Die Wehranlage

Der ab 1485 schriftlich bezeugte Terminus *Veste* impliziert für das Areal des *Alten Schlosses* die Existenz einer ins Mittelalter zurückreichenden Wehranlage mit herrschaftlichem Gepräge. Die Grabungsbefunde haben diese Interpretation grundsätzlich bestätigt, doch liegen die Dinge wesentlich komplizierter und differenzierter, als dass man einfach behaupten könnte, das frühneuzeitliche *Schloss* erhebe sich an der Stelle einer mittelalterlichen *Burg* im Sinne des rechtsverbindlichen Begriffes *castrum.*[207]

Es ist kein Zufall, dass der Terminus *Veste* erst ab 1485 in den Quellen auftaucht, denn zu diesem Zeitpunkt war der Umbau der älteren Anlage, der dem ganzen Komplex ein burgartiges Aussehen verlieh (Bümpliz IV) im wesentlichen abgeschlossen.[208] Vor dieser dendrochronologisch in die Zeit um 1471 zu datierenden Umgestaltung findet sich – wie bereits mehrfach betont – stets der Terminus Hof bzw. *Curtis* oder *Curia.* Leider fehlen für die Zeit um 1260, als sich auf dem Areal der mächtige Rundturm von Periode Bümpliz III a erhob, direkte Nachrichten über die Anlage. Es ist nicht ausgeschlossen, dass die Grafen von Savoyen als damalige Inhaber den Bau als *Burg* betrachteten und urkundlich als *Castrum* angesprochen hätten. Von der archäologischen Wahrnehmung her entstünden wohl keine Bedenken, die freigelegten Mauerreste – Rundturm und ältere Ringmauer – als Burg, genauer als «Niederungsburg» unter Bezugnahme auf die Topographie oder als «Turmburg» im Hinblick auf die äussere Erscheinung, zu bezeichnen.[209]

Ähnliches gilt für die unvollendet gebliebene Anlage von Bümpliz III b, bei der alle fassbaren Reste auf das Projekt hinweisen, eine – freilich etwas klein dimensionierte – Kastellburg mit Flankierungstürmen zur errichten.[210] Das in der schriftlichen Überlieferung greifbare Ergebnis läuft aber nicht auf die Umwandlung einer *Curtis* in ein *Castrum* hinaus, denn 1306 ist ausdrücklich von einer *curtis imperii* die Rede, die allerdings mit einem Turm *(turris)* ausgestattet war.[211]

Dieser Sachverhalt weist auf die auch anderweitig zu beobachtende Schwierigkeit hin, archäologisch-bauliche Befunde und urkundlich-schriftliche Zeugnisse terminologisch miteinander in Einklang zu bringen. Als generelle Tendenz, die auch in Bümpliz zu konstatieren ist, lässt sich feststellen, dass die schriftliche Tradition (Verwendung der Bezeichnung Curtis) zeitlich hinter der baulichen Realität (burgmässige Architektur) oft hinterherhinkt.[212] Im Falle von Bümpliz ist es sogar – ungeachtet der Bautätigkeit des 13. Jahrhunderts – überhaupt nicht zur Anwendung des Begriffes *Burg/Castrum* gekommen, abgesehen von der ganz späten Bezeichnung *Feste/Schloss* für den Neubau von 1471.

In diesen etwas formalistisch anmutenden Feststellungen spiegeln sich jene herrschafts- und machtpolitischen Vorgänge, die sich in der 2. Hälfte des 13. Jahrhunderts im Berner Raum abgespielt haben und in die auch der Königshof Bümpliz einbezogen war.

203 Vgl. unten Anm. 226.
204 Archäologische Spuren von herrschaftlicher Verwaltungstätigkeit und auf Burgen generell sehr selten.
205 Vgl. oben Abschnitt IV.2 und V.3.
206 Vgl. oben Fundkatalog Nrn. 61/16, 62/19–25, 63/17.
207 Zum heiklen Begriff castrum für die Zeit um 1000 vgl. Meyer, Burgenbau und Herrschaftsbildung, S. 309f.
208 Strübin, Baugeschichte, Abschnitt 2.1.
209 Hinz, Motte und Donjon, S. 70f. und Burgen in Mitteleuropa 1, S. 183f.
210 Zum Begriff und zur Ausbreitung der Kastellburg vgl. Burgen in Mitteleuropa 1, S. 185f.
211 FRB 4, S. 246 Nr. 216.
212 Eine gegenüber der baulichen Entwicklung retardierte Verschiebung vom urkundlichen Terminus curtis zum castrum ist für Zug bezeugt. Meyer, frühe Adelsburgen, S. 574. – Zu Zug vgl. auch oben Anm. 195.

Wie oben bereits ausgeführt, bildete der Hof Bümpliz damals einen Teil jenes Reichsgutes, um das sich die mit Bern liierten Grafen von Savoyen und die Grafen von Kyburg bzw. die Habsburger stritten. Ein Bedürfnis, den Hof von Bümpliz in eine Burg umzuwandeln, hatten nur die Savoyer, während für die Habsburger, genauer für die Herren von Maggenberg, die Bümpliz als Reichspfand besassen[213], solche Investitionen kaum ratsam waren: Von einer kleinen Wasserburg aus hätte man die starke Stadt Bern nicht ernsthaft bedrohen können, wohl aber hätten die Berner, die bereits Nydegg zerstört hatten, eine solche Anlage unmittelbar vor ihren Toren bei der erstbesten Gelegenheit dem Erdboden gleichgemacht.[214]

Die Maggenberger begnügten sich offenbar damit, von der mit halbfertigen Burgmauern ausgestatteten *Curtis* aus die Herrschaftsrechte von Bümpliz auszuüben, so dass die Anlage weder in der baulichen Realität zu einer Burg noch in der rechtsverbindlichen Urkundensprache zu einem *Castrum* wurde.

Wie aber verhielt es sich mit der praktischen Wehrhaftigkeit des Hofes? Wie oben schon angedeutet worden ist, besass bereits die erste, im 10. Jahrhundert errichtete Anlage mit ihrem Wassergraben und ihrer Palisade einen gewissen Verteidigungswert, der mit der Erbauung des gemauerten Beringes im 12. Jahrhundert (Periode Bümpliz II) wohl nur unwesentlich verbessert wurde.

Bei der fortifikatorischen Beurteilung mittelalterlicher Wehrbauten, mochte es sich um Burgen, um Stadtbefestigungen, um Landwehren oder um sonstige Verteidigungsanlagen handeln, sollte von modernen Anschauungen, die sich an der taktischen Rolle militärischer Festungen orientieren, grundsätzlich Abstand genommen werden.[215]

Der Wassergraben und die Palisade bzw. seit dem 12. Jahrhundert der gemauerte Bering boten, von gut ausgerüsteten Leuten verteidigt, Schutz vor räuberischen Überfällen und Handstreichen kleinerer Verbände, bildeten aber kein ernsthaftes Hindernis im Falle eines Grossangriffes. Leider haben die Grabungen nur für den zentralen Gebäudekomplex, gewissermassen für das «Herrenhaus», eine Bewehrung feststellen können. Ob auch die im nördlichen Vorgelände zu vermutenden Wirtschaftsanlagen und Gewerbebauten mit einem Schutzgürtel ausgestattet waren, bleibt offen.[216] Wir können aber als Ergebnis unserer Untersuchungen und Überlegungen festhalten, dass die Curtis von Bümpliz von Anfang an eine Anlage mit fortifikatorischem Charakter gewesen ist, die ein gewisses Schutzgefühl gegenüber der alltäglichen Unsicherheit des Mittelalters vermittelte, aber keinesfalls einem Sturmangriff oder gar einer Belagerung hätte standhalten können. In Nidau, 1196 als *castrum Nidowe* erwähnt, erhoben sich nach Ausweis der archäologischen Befunde im späten 12. Jahrhundert nur Holzbauten. Erst im Laufe des 13. Jahrhunderts ist auf dem Areal ein mächtiger Steinturm errichtet worden.[217]

Der um 1255 errichtete Rundturm von Periode Bümpliz III a hatte einen grösseren Verteidigungswert als die Wehreinrichtungen der Vorläuferanlagen. Wenn er nach wenigen Jahren niedergelegt wurde, um einem ganz anders konzipierten Gebäudekomplex Platz zu machen, muss man sich von diesem Neubau offenbar eine noch höhere fortifikatorische Wirkung versprochen haben. Während der zentrale Rundturm der Verteidigung des Platzes diente, hätte eine Kastellburg auch eine Besatzung aufnehmen können, die ausserhalb der Ringmauer kriegerische Aktivitäten zu entfalten vermocht hätte, namentlich in Kooperation mit der nahen, befreundeten Stadt Bern. Wie bereits oben dargelegt, haben die politischen Ereignisse der Zeit um 1267/1270 die Fertigstellung des Bauprojektes verhindert. Allerdings ist noch ein weiterer Aspekt zu bedenken. Wie bereits erwähnt, soll nach dem Chronisten Conrad Justinger die Feste Gümmenen von den Savoyern gegen Rudolf von Habsburg errichtet worden sein. Falls diese Behauptung zutrifft, hätte Savoyen nur 11 km westlich von Bümpliz auf dem rechten Saaneufer über eine Wehranlage verfügt, die einer kleinen – auch fertiggestellten – Niederungsburg bei Bümpliz weit überlegen gewesen wäre und Bümpliz allenfalls noch die Rolle eines Etappenstützpunktes auf der Strecke zwischen Gümmenen und Bern überlassen hätte. Für die Habsburgerpartei, die spätestens um 1273/1274 das Reichsgut im Üchtland unter ihre Kontrolle brachte, dürfte sich dank dem Besitz von Gümmenen der weitere Ausbau von Bümpliz erübrigt haben.[218]

Bis ins 14. Jahrhundert hinein, als die Rechtsansprüche des Reiches an den Hof Bümpliz de facto erloschen und die Stadt Bern in ihrem Machtbereich die landesherrliche Gewalt ausübte, befand sich die *Curtis* von Bümpliz stets in der Hand des Königtums bzw. der jeweiligen Inhaber des Reichsgutes im kleinburgundischen Raum, also zunächst der Könige von Burgund, dann – vermutlich – der gräflichen Machthaber, der Herzöge von Zähringen, der Kyburger, der Savoyer und schliesslich wieder des Königs, der das Reichsgut an die Maggenberger verpfändete.[219] Alle diese Besitzer wären formal legitimiert gewesen, von

213 Schmid, Bümpliz, S. 298. – Vgl. auch oben Anm. 178.

214 Zur «Zerstörung» der Burg Nydegg vgl. Paul Hofer/Hans Jakob Meyer, Die Burg Nydegg, Bern 1991, S. 23f.

215 Joachim Zeune, Burgen – Symbole der Macht, Regensburg 1996, S. 34ff.

216 Zu den Vorburgen vgl. Hinz, Motte und Donjon, S. 45ff.

217 FRB 1, S. 492 Nr. 101: im castro meo Nidowe – Zum archäologischen Befund, der bis ins 13. Jahrhundert nur Holzbauten belegt, vgl. Daniel Gutscher, Die Anfänge von Nidau BE. NSBV 62, 1989, S. 1–7.

218 Vgl. oben Abschnitt 5.4, 6.1 und 6.2, insbes. Anm. 154. – Die Entstehung des Städtchens Gümmenen am Fusse des Burgfelsens dürfte wohl erst in die Zeit nach 1300 anzusetzen sein. Denn 1319 und 1325 ist noch von einer villa inferior von Gümmenen die Rede, also einem unteren Dorf (im Gegensatz zum «oberen Dorf» Mauss), das an der Stelle des nachmaligen Städtchens gesucht werden muss. FRB 5, S. 123 Nr. 72 und S. 445 Nr. 414.

219 Schmid, Bümpliz, S. 282f.

dem ihnen zustehenden Befestigungsregal Gebrauch zu machen, und die *Curtis* in ein *Castrum* umzuwandeln. Wie wir gesehen haben, sind diesbezügliche Versuche nur unter den Savoyern in den Perioden Bümpliz III a und b erfolgt. Die Gründe liegen wohl auf der Hand: Nur die Grafen von Savoyen hatten ein Interesse, im Hinblick auf den Kleinkrieg, der die unmittelbare Umgebung der unter ihrer Schirmherrschaft stehenden Stadt Bern heimsuchte, in Bümpliz über eine feste Burg zu verfügen. Von der Topographie her bot die feuchte Senke der *Curtis* von Bümpliz keinen idealen Standort für den Bau einer Burg. Viel eher luden die Anhöhen und Geländesporne in der Umgebung zur Errichtung von festen Plätzen ein. An der Peripherie des Bümplizer Herrschaftsraumes sind denn auch, wie oben ausgeführt, im Laufe der Zeit verschiedene Burgen entstanden. Beim Entschluss der Zähringer, zur Festigung ihrer landesherrlichen Macht in der bekannten Aareschlaufe östlich von Bümpliz die Burg Nydegg und die Stadt Bern zu gründen, blieb die Frage, ob dieses Gelände zum Reichsgut von Bümpliz oder – was wahrscheinlicher ist – von Köniz gehörte, letztlich unerheblich.[220]

Die *Curtis* von Bümpliz war wichtig als Mittelpunkt eines ansehnlichen Komplexes von altem Reichsgut, aber kein Ort, an dem sich aus herrschaftspolitischen Erwägungen der Bau einer ausgedehnten Burganlage aufdrängte. Bezeichnenderweise sind die Bemühungen der Grafen von Savoyen, den Platz im Hinblick auf eine kurzfristige Konflikt- und Bündnissituation stärker zu befestigen, ohne bleibenden Erfolg geblieben.

3. Lebens- und Wirtschaftsraum

Über das Leben in der *Curtis* bzw. in der *Veste* von Bümpliz liefern die archäologischen Funde und Befunde nur bruchstückhafte Informationen, die überdies mit den Aussagen der Schriftquellen nicht vollumfänglich übereinstimmen. Das Gesamtbild über die Lebens- und Wirtschaftsformen im hoch- und spätmittelalterlichen Hof Bümpliz bleibt lückenhaft und unscharf.

Ein methodisches Problem gilt es vorab zu klären. Es versteht sich von selbst, dass sich in den Wohn- und Repräsentationsbauten des *Alten Schlosses,* wie sie sich aus der Zeit zwischen 1471 und dem späten 17. Jahrhundert erhalten haben, die mittelalterlichen Lebensformen der Vorgängerbauten nicht spiegeln. Dagegen besteht die Möglichkeit, dass in den Quellen des 15. bis 17. Jahrhunderts, die sich auf die grundherrliche Ökonomie und deren Bauten beziehen, Reste und Traditionen hochmittelalterlicher Wirtschaftsstrukturen erhalten haben. Doch ist bei der Interpretation Vorsicht geboten. Der seit dem späten 15. Jahrhundert archivalisch fassbare Komplex von Gütern und Rechten, der zum Schloss Bümpliz gehörte, bildete nur zum Teil den Restbestand eines ursprünglich viel grösseren Wirtschafts- und Herrschaftsverbandes.[221] Gewiss ist davon auszugehen, dass um die Jahrtausendwende das zur Curtis gehörige Reichsgut weitläufiger und umfangreicher gewesen ist als die frühneuzeitliche Grundherrschaft. Diese ist aber in der Zeit zwischen 1000 und 1500 nicht nur geschrumpft. Sie hat auch Umstrukturierungen erfahren, und es sind, wie das Beispiel der erst 1525 an die Herrschaft Bümpliz gelangten Alp Steinmoos im Emmental zeigt, auch Güter hinzugekommen.[222]

Trotz diesen Vorbehalten darf die von B. Schmid sorgfältig rekonstruierte Wirtschaft der frühneuzeitlichen Grundherrschaft in ihren Grobstrukturen auf hochmittelalterliche Verhältnisse zurückgeführt werden.[223] Dies trifft vor allem auf die von Schmid erschlossene Dreiteilung der Güter und Rechte zu, indem sich in Bümpliz einerseits die mit Abgaben belasteten, von den bäuerlichen Untertanen bebauten Ackerfluren, andererseits die vom Hof bzw. vom Schloss aus direkt bewirtschafteten Güter und schliesslich die Nutzungsrechte an den zur Herrschaft gehörigen Wäldern unterscheiden lassen. Abgesehen von den Gerichtsbefugnissen, auf die an dieser Stelle nicht einzutreten ist[224], kamen noch monopolistisch betriebene Gewerbe – Mühle, Säge, Stampfe, Bläue – sowie die Fischrechte hinzu.[225] Von der Erwähnung eines Rehhages schliesst Schmid auf die Existenz eines Wildparkes.[226]

Wie passen die Grabungsbefunde in dieses aus Schriftquellen gewonnene Bild? Manche Aussagen sind archäologisch nicht überprüfbar, da die mutmasslichen, zur *Curtis* gehörigen Wirtschaftsbauten im Bereich des *Niederdorfes* ausserhalb der Grabungszone lagen und wegen der Erhaltungsbedingungen im Boden bestimmte Materialkategorien in den Fundkomplexen fehlen. So bleibt beispielsweise offen, wie intensiv die schriftlich bezeugten Fischereirechte genutzt worden sind und welche Rolle der Fisch für die Ernährung der Hof- und Schlossbewohner gespielt hat, denn es sind weder Schuppen oder Skeletteile von Fischen noch Fischereigeräte zum Vorschein gekommen.[227] Als besonders problematisch erweist sich der Grabungsbefund im Hinblick auf die herrschaftliche Jagd. Die paar Pfeil- und Armbrustbolzeneisen aus dem 10. bis 14. Jahrhundert könnten mit Jagdaktivitäten in Verbindung gebracht werden, doch fehlen im Tierknochenbestand der Perioden I und II sämtliche Belege für

220 Schmid, Bümpliz, S. 286f. und 298 – Die Kirchen u.a. von Bümpliz und Bern sind Köniz unterstellt. FRB 2 S. 146 Nr. 138.
221 Schmid, Bümpliz, S. 291ff.
222 STAB, Bümpliz Nr. 72, Dok. 129.
223 Schmid, Bümpliz, S. 283-300.
224 Schmid, Bümpliz, S. 285ff. – Stürler, Landgerichte, S. 44ff.
225 Schmid, Bümpliz, S. 295ff. – STAB, Bümpliz Nr. 72.
226 Schmid, Bümpliz, S. 287. – Die Interpretation eines Rehhages als Wildgehege ist nicht zwingend. Das Wort könnte auch die Einfriedung eines Landstückes gegen Wildschäden bedeuten. – Vgl. auch unten Anm. 229.
227 Überreste von Fischen kommen bei Grabungen generell selten zum Vorschein. – Fischereirechte ausdrücklich für Bümpliz bezeugt in STAB, Bümpliz Nr. 72, Dok. 117 (1481), 119 (1501) und 125 (1561).

Jagdwild, und auch in den Komplexen der Perioden III und IV sind nur wenige Knochen jagdbarem Wild zuzuweisen (Hirsch, Wildschwein, Hase, Dachs, Auerhuhn, Grosstrappe und Wildgans).[228] Dass die *Curtis* von Bümpliz von den Burgunderkönigen und ihren landesherrlichen Rechtsnachfolgern als Stützpunkt für Jagdpartys benützt worden wäre, kann – wie bereits erwähnt – vom archäologischen Befund her nicht bestätigt werden. Und auch der von Schmid postulierte Wildpark, in dem Rehe gehalten worden wären, findet im Tierknochenbestand von Bümpliz keine Stütze. Der insgesamt nur sehr geringe Prozentanteil von Wildtieren – er beträgt 0,6 % auf den gesamten Tierknochenbestand – lässt vermuten, dass in der *Curtis* von Bümpliz die Jagd keine grosse Rolle gespielt hat, und schon gar nicht für die Ernährung der Hofbewohner.[229]

Bei den vielen Haustierknochen, die zum Vorschein gekommen sind, dominieren das Rind, das Schwein und das Schaf bzw. die Ziege.[230] Die Pferdehaltung ist durch Hufeisen belegt. Einige Detailbeobachtungen sind hier hervorzuheben. Während der Rinderanteil durch die einzelnen Perioden hindurch ständig zunimmt, sinkt er bei den Schweinen und den Schafen bzw. Ziegen vom 15. Jahrhundert an merklich ab. Da es sich bei all diesen Haustierresten um Schlacht-, Küchen- und Speiseabfälle handelt, darf in diesem Befund ein Wandel der Essgewohnheiten vermutet werden, für den es aber keine sichere Erklärung gibt. Der Rückgang des Verzehrens von Schaf- und Ziegenfleisch im 15. Jahrhundert hängt vielleicht mit dem vornehmen, patrizischen Lebensstil zusammen, der nach dem Bau der Veste um 1471 auf Bümpliz Einzug gehalten hat.[231] Dass unter den Schweineknochen viele Bastardformen vorliegen, erklärt sich aus dem im Mittelalter üblichen Weidgang, bei dem die Schweine in die Eichen- und Buchenwälder getrieben wurden, was unweigerlich zu Vermischungen mit den Wildschweinen führen musste.[232] Unter den schriftlich überlieferten Naturalabgaben wird kein Schlachtvieh erwähnt. Die im Hof Bümpliz verzehrten Schweine, Schafe, Ziegen und Rinder sind demnach entweder auf den herrschaftseigenen Gütern gehalten oder auf Viehmärkten angekauft worden. Der Klöppel einer kleinen Viehschelle ist als archäologischer Hinweis auf die Haltung von Schmalvieh zu werten.[233] Im Unterschied zu manchen Burgen, wo die vornehmen Herrschaften das Fleisch von jungen Rindern in bestem Schlachtalter assen, stammen in Bümpliz die Rinderknochen von alten Tieren, deren Fleisch wohl recht zäh gewesen sein dürfte.[234]

Die Spinnwirtel belegen die Präsenz von Frauen in der *Curtis,* galt doch das Spinnen mit Spindel und Kunkel als mittelalterliche Frauenarbeit schlechthin.[235] Welches Rohmaterial verwendet wurde – Wolle oder Flachs – und woher dieses stammte, bleibt unsicher. Die Schafhaltung ist durch die Tierknochen jedenfalls bezeugt.[236] Das dickwandige Keramikfragment eines Fehlbrandes, aus einer Auffüllschicht, könnte von einem bisher unbekannten Töpfereibetrieb des 12. bis 14. Jahrhunderts stammen.

Alles in allem erbringen die archäologischen Befunde ein paar nicht unwesentliche Ergänzungen des aus den Schriftquellen erschliessbaren Bildes über die Wirtschaftsstrukturen. Sie zeigen aber auch an, dass gewisse Interpretationen der schriftlichen Überlieferung doch relativiert und mit Fragezeichen versehen werden müssen.[237] Über die alltäglichen Lebensformen und Lebensbedingungen in der hoch- und spätmittelalterlichen *Curtis* schweigen sich die Archivalien aus. Zu diesen Fragen ergeben sich aus den Beobachtungen der Grabungsbefunde doch ein paar aufschlussreiche, wenn auch durchaus lückenhafte Hinweise.
Von der Topographie des Siedlungsplatzes her ist – mindestens für die Perioden I und II – mit einem stetigen Kampf gegen Überschwemmungen zu rechnen, der sich in der wiederholten Erhöhung des Gehniveaus und in der Regulierung des Weihers, vermutlich in Periode III a, äussert. Es ist deshalb anzunehmen, dass man in Bümpliz auf den Bau von Grubenhäusern, wie sie im Hochmittelalter sowohl in bäuerlichen als auch herrschaftlichen Siedlungsplätzen gebräuchlich waren, hat verzichten müssen.

Die Anlagen von Bümpliz I und Bümpliz II verraten insofern einen herrschaftlich-repräsentativen Charakter, als der Siedlungsplatz klar vom mutmasslichen Überbauungsbereich des frühmittelalterlichen Dorfes abgesetzt ist und das Areal selbst durch einen künstlichen Weiher von der Umgebung abgegrenzt wird.[238] Auch die steinerne Umfassungsmauer von Periode II könnte als herrschaftliches Statussymbol gedeutet werden. Die archäologisch erfassbaren Holzhäuser entsprechen jedoch sowohl in der Konstruktionsweise als auch in den Dimensionen und in der Ausstattung der ländlichen Bauweise des Hochmittelalters, doch findet sich diese auch auf den frühen Kleinburgen. Die Palisade von Periode I unterscheidet sich kaum von den durch Bildquellen bezeugten Dorfettern des Spätmittelalters.[239]

228 Zur Bedeutung der Jagd für die Wirtschaft und Kultur des Adels im Mittelalter vgl. Werner Rösener (Hg.), Jagd und höfische Kultur im Mittelalter, Göttingen 1997 (Veröffentlichungen des Max-Planck-Institutes für Geschichte 135).
229 Zu beachten ist, dass in dem an sich spärlichen Bestand an Wildtieren das Reh überhaupt nicht vertreten ist. S. unten Anm. 230.
230 Vgl. den Bericht über die Tierknochen aus Bümpliz im vorliegenden Band Teil A, S. 56.
231 Strübin, Baugeschichte, Abschnitte 2.1 und 2.1., sowie unten Abschnitt VI.3.
232 Zum Weidgang als Herrschaftsrecht vgl. Schmid, Bümpliz S. 284f. und STAB, Bümpliz Nr. 72, u.a. Nr. 109.
233 Vgl. oben Fundkatalog Nr. III/7.
234 Unterschiedliche Befunde u.a. bei Meyer, Frohburg, S. 163.
235 Meyer, Frohburg, S. 110f. – Walter Janssen, Die Bedeutung der Burg für die Wirtschafts- und Sozialgeschichte des Mittelalters, S. 278 ff. und 302ff. in: Das Handwerk in vor- und frühgeschichtlicher Zeit, hg. von H. Jankuhn, W. Janssen, R. Schmied-Wiegand und H. Tiefenbach, Göttingen 1983, Bd. 2, S. 261ff.
236 Vgl. den Bericht von Barbara Grundbacher-Lüps über die Tierknochen aus Bümpliz im vorliegenden Band.
237 Grubenhäuser u.a. bei Meyer, Salbüel, S. 131ff. und 135.
238 Burgen in Mitteleuropa 1, S. 227ff.
239 Zu den Holzbauten vgl. oben Anm. 100.

Auch im Fundgut finden sich aus den Perioden I und II kaum Hinweise auf eine sozial gehobene Wohnausstattung und Ausrüstung. Der Stilus und die wenigen Pfeileisen vermögen das Fehlen von Objekten des Reitbedarfs, von vergoldetem Schmuck oder sonstigen Repräsentationsobjekten, wie sie von hochmittelalterlichen Burgen her bekannt sind, nicht aufzuwiegen.[240] Insbesondere fällt auch das Fehlen von Ofenkeramik auf, die im nordwestburgundischen Raum vom späten 11. Jahrhundert an auf den Burgen fast regelmässig zum Vorschein kommt.[241] Gewiss ist bei der Beurteilung des Kleinfundbestandes zu berücksichtigen, wie fragmentiert und gestört sich die ganze Stratigraphie von Bümpliz dargeboten hat, weshalb ein Direktvergleich mit dem unglaublich reichhaltigen Fundgut von Charavines und von Burgplätzen mit fundreichen Müllhalden keinesfalls statthaft wäre.[242]

Wir dürfen davon ausgehen, dass sich die Könige von Burgund gelegentlich kurzfristig in der *Curtis* von Bümpliz aufgehalten haben, um Rechtsgeschäfte zu tätigen. Das Gleiche ist von ihren Nachfolgern nicht anzunehmen, die als Inhaber des Reichsgutes im Berner Aareraum die gräfliche Gewalt ausübten. Eine Wohnstätte hochadliger Herren mit landesherrlichen Ambitionen ist die *Curtis* von Bümpliz sicher nie gewesen. Denn beim Hochadel gräflichen oder edelfreien Standes hatte sich um die Jahrtausendwende im nordwestburgundischen Raum längst die Burg als Herrschaftszentrum und Wohnsitz durchgesetzt.[243] Noch einmal sei hier an die Möglichkeit erinnert, dass die Burgplätze von Sternenberg, Alt- und Neu-Bubenberg, Gümmenen und vor allem von Laupen auf Rodungszonen des Bümplizer Reichsgutes errichtet worden sein könnten.

Mit dem Bau des zentralen Rundturmes in Periode III a um 1255 änderten sich die Wohnverhältnisse im Bümpliz schlagartig. Nun gab es in vertikaler Gliederung funktionell differenzierte Räume, die auch mit Kachelöfen ausgestattet waren und deren Bewohner gläsernes Trinkgeschirr – im 13. Jahrhundert noch dem gehobenen Stand vorbehalten – benützten. Als besonderes Repräsentationsstück ist das durch ein Fussfragment belegte Aquamanile aus Bronze zu werten.[244] Mangels Schriftquellen können wir nur vermuten, dass in dieser Phase an der Stelle eines bäuerlichen Hofmeiers ein niederadliger Burgvogt in Bümpliz residiert hat. Ein solcher hätte auch die Umgestaltung zur Kastellburg geleitet. Aus bereits genannten Gründen ist die Fertigstellung dieses Projektes unterblieben, und in der Folgezeit fristete die Anlage wieder ein Dasein als grundherrliche *Curtis,* deren Besitzer, die Maggenberger, die Deutschherren von Köniz, die einander sich ablösenden Berner Patrizier, kaum Wohnsitz in Bümpliz nahmen, sondern die herrschaftlichen Rechte durch einen Ammann verwalten liessen. Dessen Behausung zeigte allerdings mehr Komfort als die früheren Holzbauten der Perioden I und II. Es gab die eine oder andere ofengeheizte Stube, vermutlich im Steinhaus, das sich an der südlichen Peripherie des Areals erhob. Das Küchengeschirr orientierte sich in seiner Vielfalt am Standard der stadtbernischen Verhältnisse.[245] Allerdings waren die Gebäude noch nicht mit Ziegeln gedeckt, und die Fenster wiesen noch keine Verglasung auf. Gut ins Bild ländlichen Alltagslebens passt die Maultrommel, taucht dieses einfache Musikinstrument doch regelmässig in spätmittelalterlichen Fundkomplexen sowohl von Burgen als auch von bäuerlichen Siedlungen auf.[246]

Mit zwei Bruchstücken unterrepräsentiert ist die Funktionskategorie der Holzgefässe. Solche muss es im Mittelalter im Hof von Bümpliz wie in allen Siedlungen in grosser Zahl gegeben haben.[247] Eher unerwartet mutet das Fragment eines Specksteingefässes aus Periode III an. Speckstein – auch Giltstein oder Lavez genannt – tritt ausserhalb des Alpenraumes zwischen Graubünden und Wallis selten als Werkstoff auf. Ausnahmen, z.B. Zürich und die Frohburg, bestätigen die Regel. Vielleicht ist das Stück von Bümpliz mit Beziehungen zwischen dem Berner Raum und dem savoyischen Unterwallis zu erklären.[248]

Die Umgestaltung des Hofes von Bümpliz in ein spätmittelalterliches Schloss um 1471 bedeutete einen entscheidenden Einschnitt im Wohnkomfort und in der herrschaftlich-repräsentativen Nutzung. Von jetzt an bildete der aus alten und neuen Bauelementen zusammengesetzte Komplex der *Veste* einen Mittelpunkt jenes patrizischen Lebens, wie es von der Berner Oberschicht gepflegt wurde.[249] Dass die jeweiligen Inhaber, zunächst die Erlach, einen grossen Teil des Jahres im Schloss verbrachten, darf wohl als gesichert gelten. Aus diesem Grund sind jene Kleinfunde, die zwar unstratifiziert sind, aber typologisch ins ausgehende Mittelalter datiert werden können, namentlich die Ofenkeramik und die Trinkgläser sowie die Butzenscheiben, wohl in die Periode nach dem Umbau von ca. 1471 zu weisen. Da sie aber samt und sonders aus gestörten und umgelagerten Schichten stammen, stellen sie nur noch einen schwachen Abglanz jenes vornehmen Lebensstils dar, der sich seit dem Ende des 15. Jahrhunderts im Schloss von Bümpliz entfaltet hat.

240 Hufeisen sind für das Hochmittelalter auch in bäuerlichen Siedlungen belegt und lassen, sofern sie nur vereinzelt wie in Bümpliz auftreten, keine standesspezifische Deutung zu. Tauber, Herd und Ofen, S. 289ff.

241 Tauber, Herd und Ofen, 289ff.

242 Colardelle-Verdel, Paladru, S. 187ff. – Fehring, Einführung, S. 123ff.

243 Frühe Burganlagen im kleinburgundischen Aareraum, historisch belegt oder archäologisch erfasst: Aarburg, Fenis, Murten, Oltigen, Tüfelsburg. Meyer, Burgenbau und Herrschaftsbildung, S. 305ff.

244 Vgl. oben Fundkatalog Nr. 61/16.

245 Gotische Stadt, S. 15.

246 Meyer/Oesch, Maultrommelfunde, S. 211ff.

247 Gotische Stadt, S. 16.

248 Zur Gewinnung und Verarbeitung von Speckstein im Mittelalter vgl. die Beiträge von Pierangelo Donati und Hans Rudolf Pfeifer in 2000 anni di Pietra Ollare, hg. Dipartimento dell'Ambiente, Bellinzona 1986, S. 71ff. und 147ff.

249 Berns grosse Zeit, S. 131ff.

Teil B:
Die baugeschichtlichen Forschungen zum Alten Schloss

Johanna Strübin Rindisbacher

Abb. 87: Torturm, Westfassade, zwischen 1976 und 1979.

Die Bau- und Besitzergeschichte vom späten 15. bis zum 20. Jahrhundert

I. Die Grundlagen

Der 2. Teil der Monografie zum Alten Schloss Bümpliz hat die baugeschichtliche Analyse der erhaltenen oder ausreichend dokumentierten Gebäude aus dem Spätmittelalter und der Neuzeit zum Gegenstand. Archäologie und Bauforschung ergänzen einander am ältesten erhaltenen Bauensemble, dem spätmittelalterlichen Torturm mit Abortannex, zu einem gesamtheitlichen Ergebnis (vgl. Teil A: Kap. II.6.3., IV.5. sowie hier Kap. II.1.). Bei einigen neuzeitlichen Bauten trug die Bodenforschung Erkenntnisse zu Einzelteilen des aufgehenden Mauerwerks bei, die sonst unklar geblieben wären, so zum Erkerunterbau an der Nordecke (vgl. Teil A: IV.6.). Zu etlichen abgegangenen Bauten des nachmittelalterlichen Schlosses brachte weder die eine noch die andere Forschungsrichtung näheren Aufschluss, weil im Boden zu wenig erhalten und das aufgehende Mauerwerk kaum dokumentiert ist, so bei den neuzeitlichen Mauerzügen im Hofbereich.

Die neuzeitliche Baugeschichte wurde von der Historisch-Antiquarischen Kommission der Stadt Bern Ende 1996 in Auftrag gegeben und anschliessend bearbeitet. Das sind fast zwei Jahrzehnte nach dem Umbau der Jahre 1979 und 1980. Als Arbeitsgrundlagen standen vor allem die erhaltenen Befunde am renovierten Bau und die Bild- und Plandokumente zur Verfügung, die vor und während des Bauvorgangs gemacht wurden.

Die handschriftlichen Notizen von Hermann von Fischer, der den Umbau als Denkmalpfleger des Kantons Bern begleitet hatte, zu seinen baugeschichtlichen Beobachtungen konnten trotz intensiver Suche nicht mehr aufgefunden werden. Immerhin liegen seine kurzgefassten Thesen zu einer Bau- und Ausstattungsgeschichte des Torturmes in Typoskriptform und Rekonstruktionsskizzen vor.[1] Er unterstützte die Arbeit zudem mit seiner Erinnerung und las das Manuskript sorgfältig durch, wofür ich ihm sehr dankbar bin. Paul Loeliger (†) öffnete mir das Ortsarchiv Bümpliz mit seinem reichen Bestand und half mit Auskünften und Fotos vor allem zur neueren Baugeschichte des Schlosses Bümpliz und seiner Umgebung weiter; leider konnte ich ihm die fertige Schrift, die ihn sehr interessiert hätte, nicht mehr überreichen. Wesentlichen Aufschluss brachten die dendrochronologischen Daten von der Dachkonstruktion des Torturmes, die im Jahre 1997 im Rahmen der Bauanalyse erhoben werden konnten; die Kosten übernahm verdankenswerterweise die Historisch-Antiquarische Kommission der Stadt Bern.[2]

Die erhaltenen schriftlichen Akten, darunter die Quellen aus dem Herrschaftsurbar, aber auch solche aus anderen Beständen, tragen einige Aussagen zu den Schlossanlagen bei und geben vielerlei Auskünfte über die jeweiligen Bauherren und Bauherrinnen bzw. Besitzer und Besitzerinnen. Sie sind im dritten Kapitel (III.1., III.2.) zusammengefasst; dazu wird eine Auswahl von zehn Quellentexten wiedergegeben (III.3.).

Besondere Bedeutung haben die erhaltenen historischen Bild- und Plandokumente in der baugeschichtliche Argumentation. Die elf wichtigsten Bildquellen werden unten vorgestellt (I.3.) Der Übersichtlichkeit halber wird zu Beginn jedes Kapitels der Baugeschichte der jeweilige Katalog der Befunde und Dokumente aufgelistet, worauf die folgenden Überlegungen gründen.

1. Die Fotografien

Von Hermann von Fischer, der die Abklärungen seit den 60er Jahren und den Umbau von 1979/1980 begleitet hat, stammt eine ausführliche Fotodokumentation der Vorumbau- und verschiedener Umbauzustände.[3] Die eigentliche Bauuntersuchung und zahlreiche Fotos entstanden in den Jahren 1970 und 1971 als Grundlage für ein denkmalpflegerisches Konzept. Nach einem Brandfall am 19. November 1976 wurden zahlreiche Fotos von den freigelegten Dachkonstruktionen gemacht.

Aufschlussreich ist die Fotosammlung von Architekt Marco Ryter, damals Mitarbeiter des Architekturbüros Rausser & Clemençon, der den Abbruch- und Umbauvorgang durch vorzügliche Aufnahmen dokumentiert hat bzw. dokumentieren liess.[4] Für die Überlassung des Materials sowohl für die Analysearbeit als auch für die Bebilderung des vorliegenden Textes sei ihm an dieser Stelle gedankt. Ein weiterer Dank gilt meinem Mann, Matthias Rindisbacher, der die Befunde am aktuellen Bau und die historischen Pläne im Staatsarchiv fotografiert hat und mir vor allem bei bautechnischen Fragestellungen weiterhalf.

1 von Fischer 1971.
2 Egger 1997, DSB.
3 rund 200 Fotos. Die im folgenden mit HvF und Nummer bezeichneten Bilder verweisen darauf, DSB.
4 Bundesordner mit Fotografien und Zeitungsauschnitten, DSB.

2. Die Aufnahmepläne

1971 stellte das Architekturbüro Rausser & Clemençon Aufnahmepläne der ganzen Anlage im Massstab 1:100 her.[5] Nach dem Brand nahm die Zimmereigenossenschaft Bern im Jahre 1977 den Dachstuhl des Turmes im Massstab 1:20 und denjenigen des Nordwestflügels im Massstab 1:10 auf.[6] Von 1978 bis 1980 datieren die Projekt- und Ausführungspläne. 1980 erarbeitete Ueli Bellwald von den Erkerspolien Werkstück-Aufnahmen mit Profilplänen im Massstab 1:1 und den Rekonstruktionsplan im Massstab 1:20.[7] Das Profil des Kranzgesimses am Torturm konnte ich im Jahre 1997 von einem Hebekran der städtischen Feuerwehr aus dokumentieren.[8]

3. Die Bildquellen I-XI

Die alten Ansichten und historischen Pläne bilden neben den Fotografien und Architekturplänen die wichtigste Arbeitsgrundlage zur Etappierung der baulichen Veränderungen in der Neuzeit. Die elf wichtigsten Bildquellen (I–XI) werden deshalb als Vorspann zur Baugeschichte vorgestellt. Die entsprechenden Abbildungslegenden sind mit Verweis auf die folgenden Beschreibungen kurz gehalten.

I. Thomas Schöpf, Stadtarzt, von Breisach, †1577 Bern. Karte des bernischen Staatsgebietes, 1577/1578. Radierung auf 9 Blättern, je 46x65 cm, Ausschnitt (Abb. 88). Massstab variierend zwischen ca. 1:85'000 und 1:125'000.[9]
Die Karte des bernischen Staatsgebietes von Thomas Schoepf gibt das Schloss Bümpliz nur schematisch, aber immerhin mit den prägenden baulichen Elementen wieder. Das vereinfachende Signet besteht aus einem Turmhaus mit hohem Walmdach, darauf zwei Firststangen, und einer durch Zinnenkrone charakterisierten Ringmauer mit zwei runden Ecktürmen. Links davon die Richtstätte, rechts davon der Stadtbach und die Kirche.

II. Joseph Plepp, Maler, Architekt, Kartenverfasser, Bern 1595–1642 Bern und Valentin Friderich, Militäringenieur und Geschützgiesser, von Dettelbach in Franken, †1640/1641 Bern. Vermessungsgrundlage und Kartenentwurf der Stadt Bern und deren weiterer Umgebung mit Befestigungsprojekt, um 1620–1623. Bleistift, Feder, Aquarell auf zusammengesetztem Papier, 120x140 cm, Ausschnitt (Abb. 89). Massstab ca. 1:7000.[10]
Joseph Plepp charakterisiert das Schloss Bümpliz sehr ähnlich wie Schloss Holligen bei Bern.[11] Er schildert beide Male einen Turm mit auskragender Attika, hohem Walmdach mit Firststangen und Eckerkern, die den Dachrand überschneiden. Kein einziger Befund verweist jedoch auf eine Existenz von Eckerkern am Turm des Schlosses Bümpliz. Hingegen sassen drei Lukarnen mit Firststangen auf dem Dach des Torturms. Auch die Auskragung gehört zu Plepps Kartensignet für spätgotische Wohntürme und nicht zum Baubestand der beiden Schlösser.

Diebold Schilling hat auch schon in seiner Spiezer Chronik, die Rudolf von Erlach im Jahre 1485 in Auftrag gegeben hatte, die Stadt- und Schlosstürme seiner Illustrationen mit auskragenden Zinnenkränzen versehen.[12] Ein auskragendes oberstes Turmgeschoss hatte in Bern jedoch einzig der spätmittelalterliche Zeitglockenturm; er erhielt ihn bei einem seit 1467 im Gange befindlichen Umbau.[13]

Plepp zog offensichtlich ein prägnantes Signet der getreuen Detailschilderung vor. Den romantischen Charakter der spätmittelalterlichen Schlösser hat er damit aber genau getroffen.
Die Ringmauern sind auf Plepps Karte ebenfalls mit einem Signet

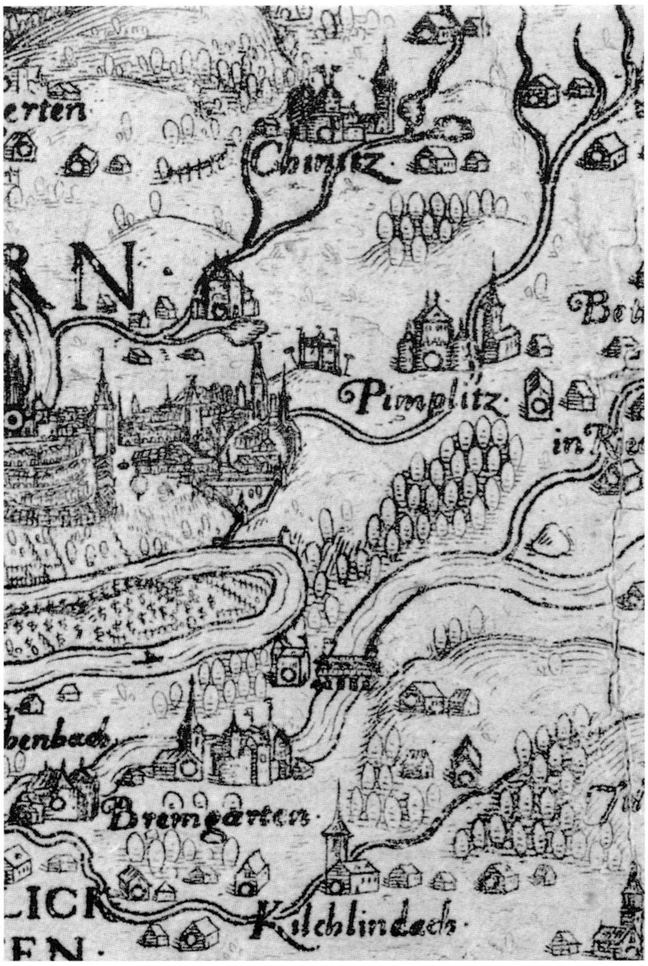

Abb. 88: Thomas Schoepf, Karte des bernischen Staatsgebietes, 1577/1578, siehe Bildquelle I.

widergegeben, einem Mauergeviert mit Ecktürmchen. Beim Schloss Bümpliz wird nicht klar, ob der Turm mitten im Hof steht oder an die Ringmauer gelehnt ist. Das Tor führt nicht, wie belegt, durch den Turm, sondern zwischen zwei Ecktürmen in den Schlosshof. Ausserdem zeichnete Plepp keinen Wassergraben, obwohl dieser bis zum Ende des 17. Jahrhunderts nachweisbar existiert hatte (Teil A: IV.7).

Oberhalb des Schlosses sind zwei Häuser mit Walmdächern und Firststangen als herrschaftliche Bauten charakterisiert. Die unterhalb des Schlosses entlang des Stadtbaches aufgereihten Landwirtschafts- und Gewerbebauten sind durch einen langgestreckten niederen Bau mit Wasserrad, wahrscheinlich der Sägerei, beschlossen.

5 Planarchiv Architekturbüro Clemençon und Ernst, vormals Rausser und Clemençon.
6 Planarchiv DKB.
7 Planarchiv intermonument restauro Bellwald, ehemals Atelier für Architektur und Restaurierungen Margrit und Ueli Bellwald-Schwab, Bern.
8 Brouillon, DSB.
9 STAB AA I Nr. 55. Lit: Grosjean 1960 Nr. 22; Karl Wälchli, Das bernische Staatsgebiet auf historischen Karten, in: Berne à la carte, Kostbarkeiten aus der Karten- und Plansammlung des Staatsarchivs, Begleitheft zur Ausstellung, Bern 1995, S. 6.
10 STAB AA VII 14a. Lit: Ausstellungskatalog Bern 1995, Bd. 1, Kat. Nr. 227; Strübin 1995 Cartographica Helvetica S. 5–8.
11 Schweizer 1987, S. 94, und Furrer 1997.
12 Zu Rudolf von Erlach siehe III.1., III.2., III.3., Schriftquelle 2.
13 Bellwald 1983, S. 29.

III. Albrecht Kauw, Maler, Strassburg 1616–1681 Bern. Ansicht des Alten Schlosses Bümplitz, überschrieben: «Bimplitz» um 1670. Feder, Aquarell auf Papier, 15,1 x 21 cm (Abb. 1), signiert u. l.: «A. Kauw figrav.»[14]
Aus dem ersten Band des Ämter-, Regiments- und Geschlechterbuchs des Victor von Erlach.[15]

Das Schloss ist von Südwesten gesehen, mit dem herrschaftlich ausgestatteten Lehen- oder Pächterhaus im Vordergrund und dem sogenannten kleinen Schlössli, zuletzt Tscharnerhaus genannt, dahinter.[16] Über den Vordergrund zieht sich eine eingezäunte Wiese, worauf einige Hühner Futter suchen. Dahinter, in der mittleren Bildzone, erhebt sich das Schloss als höchstes in der Gruppe der herrschaftlichen Bauten, umgeben von den Kronen eines Baumgartens. Zum adeligen Landleben im 17. Jahrhundert gehörte u.a. der Gartenbau und die Obstbaumzucht.[17] Garten und Baumgarten sind schon im Kaufvertrag Franz Ludwig d.J. von 1629/1634 erwähnt.[18] In den Kaufbriefen der zweiten Jahrhunderthälfte wird dann in Baum- und Krautgärten unterschieden.

Die pittoreske Silhouette des Schlosses ist von den Dächern der Türme und des Erkers geprägt, ein ganzer Wald von Firststangen mit Knäufen und Wimpeln ragt zum Himmel. Was auch auf dem Originalaquarell nur mit der Lupe zu sehen ist: Am rechten Dachrand des Aborttumes sitzt ein Wasserspeier.

Das Erdgeschoss des Südwestflügels rechterhand ist mit Kellerschlitzen versehen. Zwei Kamine weisen auf eine Wohnung im Obergeschoss mit mindestens zwei beheizten Wohnräumen oder, wahrscheinlicher, einer Küche mit Herd und Stube mit Ofen hin.

Der Nordwestflügel wäre vom gewählten Standort aus versteckt hinter dem Torturm. Doch wahrscheinlich wollte der Auftraggeber des Aquarells, Victor von Erlach, den von seinem Vater errichteten Erker abgebildet haben. Der Flügel ist verkürzt gezeichnet, das Erdgeschoss verschwindet, wie dasjenige des Torturmes, hinter Obstbäumen und Nebenbauten. Offensichtlich machte die Lage und die Perspektive Albrecht Kauw Probleme: die Erkerhaube ist mehrmals vorgezeichnet, die Spuren sind auf dem Original neben und über dem ausgeführten Erkerhelm zu sehen. Die bläuliche Glockenhaube hat eine Firststange mit Knauf und Wimpel.

Die Gebäudeflucht auf der Südwestseite ist – im Gegensatz zu Torturm und Nordwestflügel – mit abbröckelndem Verputz und schadhaften Mauerstellen charakterisiert. Es handelt es sich um spätmittelalterliche Wohngebäude, die beim frühbarocken Umbau vermutlich nicht renoviert wurden. Sie wurden 1742 abgebochen.

IV. Pierre Willomet d. Ä., Mathematiker, Ingenieur, Topograph, Payerne 1658–1730 Payerne.
«Grundt-Riss der Herrschaft Pimplitz, mit ihren anstössen nach dem March-Brieff von Anno 1508», 1688. Feder, Aquarell, Papier auf Leinwand aufgezogen, 72 x 150 cm. Ausschnitt (Abb. 118). Signiert und datiert «Verzeichnet durch Pierre Willomet von Päterlingen jm Jahr 1688». Massstab ca. 1:5'000.[19]

Der Plan gibt die Situation, welche Kauw malerisch festgehalten hat, im Grundriss wieder. Die dunkel umrandeten Gebiete bezeichnen das Schlossgut. Das Pächterhaus liegt vom Betrachter aus gesehen diesseits der Strasse und des Stadtbaches. Die weite, eingezäunte Wiese dürfte das linsenförmige Landstück diesseits des Stadtbaches und der Strasse sein. Jenseits davon, vor der Südwestfassade des Schlosses, schliesst ein ausgedehnter Baumgarten an. Östlich des Schlosses, ausserhalb des Herrschaftsgutes, liegt das kleine Schlössli. Der Annex an dessen Schmalseite dürfte einen Treppenturm bezeichnen.[20] Nördlich, am Stadtbach, schliesst die Gruppe der Gewerbebauten mit Mühle, Sägerei, Reibe und Stampfe an. Der Plan zeigt die Gruppe der Herrschaftsbauten in ihrer grössten Ausdehnung, fünf Jahre nach der Veräusserung des kleinen Schlösslis mit den Gewerbebauten.[21]

Das Alte Schloss ist mit zentralem Hof und Ringmauer, letztere mit drei akzentuierten Ecken gegeben: An der Südwestecke der spätmittelalterliche Torturm, an der Ostecke der hochmittelalterliche Flankierungsturm, 1683 als Käfigturm[22] bezeichnet, und an der Nordecke der Erkerunterbau.

Abb. 89: Joseph Plepp, Schloss Bümpliz um 1620, siehe Bildquelle II.

Der Nordostflügel ist zum Hof hin mit einer Stützenreihe begrenzt. Diese dürfte eine offene Remise bezeichnen. Auf der Ringmauer-Aussenseite ist ein Annex gezeichnet, der als Toilettenturm identifiziert werden kann. Er ist wegen eines Falzes im Papier nur schlecht zu erkennen.

In der kleineren zeitgenössischen Replik des Planes ist der Nordostflügel gar nicht eingetragen, nur die Ringmauer mit dem aussenliegenden Toilettenturm.[23]

14 BHM Inv. Nr. 26'080. Lit: Ausstellungskatalog Bern 1995 Bd. 1, S. 86–112; Braun-Bucher 1995, S. 30.
15 zu Victor von Erlach siehe III.2.
16 dazu siehe III.1. und Bildquelle X.
17 Herzog 1995, S. 242–253
18 III.3., Quellentext 4.
19 STAB AA IV Bern 21,1. Lit: Ausstellungskatalog Bern 1995, Bd. 1, Kat. Nr. 226; SKL 1905–1917.
20 siehe auch Bildquellen VII und X.
21 III.1.
22 Teil A: Kap. II.6.2. und IV.4.
23 STAB AA IV Bern 21,2 (Format 55,5 x 85,5 cm).

V. Albrecht Stürler, Architekt, Bern 1705–1748 Bern. Projekt zum Neuen Schloss Bümpliz mit Umgebung und Aufnahmeplan des Alten Schlosses, um 1740. Bleistift, Feder, Aquarell auf Papierbogen mit Büttenrand, 60 x 45 cm, Ausschnitt (Abb. 133).[24]

Sorgfältiger, farbig ausgeführter Plan. Das Projekt für das Neue Schloss wurde nicht ausgeführt. Der Gebäudegrundriss und auch die Lage wurden geändert. Das ausgeführte Neue Schloss steht weiter südlich.

Der Gebäudekompex ist kurz vor dem Teilabbruch des Alten Schlosses aufgenommen. Dessen Grundriss ist verzogen. Diesseits der Strasse ist das Pächterhaus in seinem Hof- und Gartenbereich und, separat, ein grosser Garten mit Eckpavillons verzeichnet. Jenseits der Strasse, dicht am Bach, steht das Stöckli, ebenfalls mit Garten. Es muss in der Zeitspanne seit der Entstehung des Willomet'schen Plans (IV) erbaut worden sein.

Auch im Stürler'schen Plan, wie im Willomet'schen, ist der Nordostflügel des Alten Schlosses gegen den Hof gepunktet, also nicht gemauert, sondern ein Holzverschlag und wohl eingeschossig. Wie im älteren Plan ist in der Nordecke der Erkerunterbau eingezeichnet. Der Graben ist nur noch auf der südöstlichen Seite des Ringmauergevierts eingetragen. Offenbar war er um 1740 auf den anderen drei Seiten schon trockengelegt und eingeebnet.

VI. Johann Ludwig Nöthiger, Kupferstecher, Bern 1719–1782 Bern. Altes und Neues Schloss Bümpliz, um 1744. Text in Schriftband unten: «Bumplitz. Appartient à Monseigneur Tschiffeli Senateur de la République de Berne Seigneur de Bumplitz». Signiert u.l. und r.: CG et PMB Nöhtiger excud: Berne. Radierung, 13,3 x 20 cm (Abb. 134).[25]

Die Radierungen Nöthigers geben den baulichen Zustand nicht sehr exakt und ohne Einzelheiten wieder. Nöthiger radierte die Gebäudegruppe von Altem und Neuem Schloss wenige Jahre nach der Aufnahme von Stürlers Situationsplan (V). Der Südwestflügel des Alten Schlosses ist inzwischen abgebrochen worden. Das Alte Schloss ist von Südosten, mit seiner intimen Hoffassade, abgebildet. Es liegt etwas abgerückt in der Gruppe der Landwirtschafts- und Mühlebauten, ist aber immer noch bildwürdig: es nimmt mit seiner eindrücklichen Silhouette gut die Hälfte der Radierung ein. Die Geschlossenheit der Gesamtanlage ist verloren. Sichtbar ist die Hoffassade des Torturmes mit Aufzugsgiebel und Bogentor. Am Nordwestflügel ist eine Laube entstanden. Der um 1742 neugebaute Nordostflügel hat die Form eines Stöcklis mit abgewalmtem Dach. Es wird in den Grundbuchakten des 19. Jahrhunderts als Flügelgebäude, das nacheinander als Schlacht-, Brenn- und Backhaus genutzt wurde, bezeichnet. An seiner Nordostseite ragt ein hohes Kamin auf, was auf eine gewerbliche Nutzung hinweist.

Das Stöckli am Stadtbach ist in der von Albrecht Stürler festgehaltenen Lage gegeben. Das Bauernhaus mit Scheune hingegen ist seit dessen Planaufnahme neu erbaut worden. Es dürfte sich um die nachmalige Blunierscheune handeln.

Auf einem anderen Blatt, dem «Prospect des Schlosses Bümplitz – Vue du Chateau de Bümplitz», signiert und datiert «J. L. Nöthiger Bern 1744», ist das alte Schloss angeschnitten am rechten Bildrand, nur der Turm ist sichtbar. Er ist angeschrieben: «alte Schloss» und hat, wie auf der oben beschiebenen Radierung Nöthigers, einen Aufzugsgiebel und zwei Fenster an der Ostfassade. Die grosse Öffnung an der Südfassade muss die noch nicht zugemauerte Türe im Saalgeschoss sein. Das Vordach des südlichen Schildes ist beschnitten, der Schild hat im Firstbereich eine andere Deckung als im Randbereich. Beides sind Spuren des Abbruchs von Abortturm und Südwestflügel. Auf den Firstenden sitzt je eine Firststange mit Knauf und Wimpel.

VII. Gabriel von Wagner, Ingenieur, *Bern 1879[26]. Karte der Kirchgemeinde Bümpliz in zwei Blättern. Blatt 1 mit Bümpliz. Sign. und dat: «Gabr. v. Wagner, aufgenommen im Sommer 1818, berechnet und gezeichnet im Winter 1819».
Rote und schwarze Tusche und Aquarell auf Papier, auf Leinwand aufgezogen, 65 x 86,5 cm. Ausschnitt (Abb. 90). Massstab ca. 1:9'000.[27]

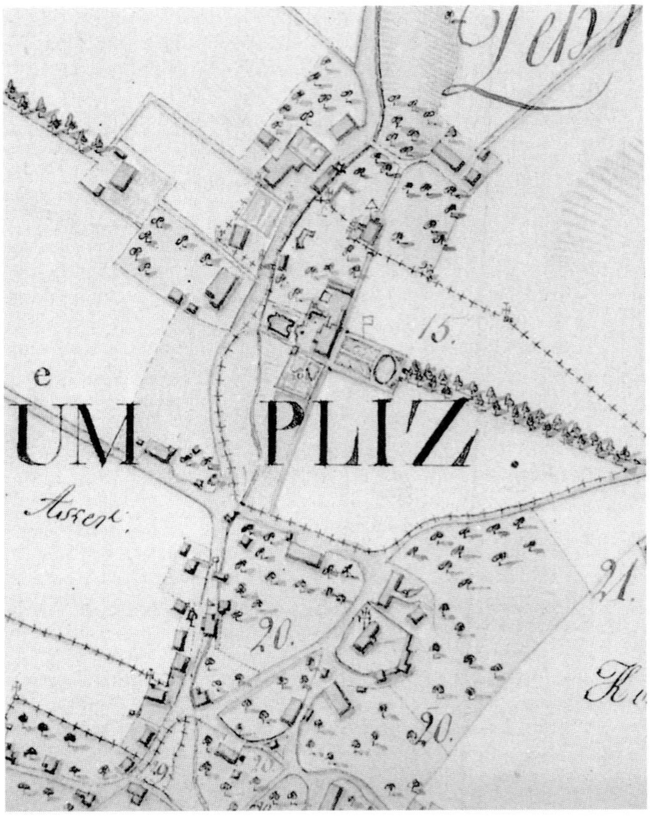

Abb. 90: Gabriel von Wagner, Plan der Kirchgemeinde Bümpliz von 1818/1819, siehe Bildquelle VII.

Prachtvolle farbige Kartenzeichnung mit minutiös aquarellierten Bäumen, Gärten, Weihern u.a.m. Der Schlossbezirk, von einer Signatur mit Kreuzen umrissen, ist mit Altem und Neuem Schloss, Parkanlage und Allee, Scheune, Stöckli und – auf der anderen Strassenseite – Pächterhaus mit Garten gegeben. Das Alte Schloss ist zu klein und zu weit nördlich eingetragen. Auf dem Kartenbrouillon[28] fehlt es ganz. Das kleine Schlösschen ist ausserhalb des Schlossbezirks angesiedelt. Es hat ausser dem Treppenturm an der Nordfassade auch einen Annex an der Westfassade. Weiter ist jenseits von Stadtbach und Strasse der nachmalige Fellerstock mit Allee eingezeichnet.

VIII. Karl Ludwig Stettler, Hauptmann, Historiker und Schriftsteller, Bern 1773–1858 Bern, Historische Topographie des Kantons Bern, Bd. 1, Vorrede 1839 unterzeichnet, S. 91: Kirchgemeinde Bümpliz.
Das Alte Schloss in einer Ansicht von Norden am linken Bildrand, oberhalb eine Umzeichnung des Aquarells von Kauw, darunter eine Ansicht des Neuen Schlosses, Spaltenbreite 4,2 cm, Feder laviert, datiert 1854 (Abb. 144).[29]

Das Alte Schloss ist im Zustand nach dem Umbau zur Heilanstalt für Gemütskranke (1839) festgehalten. Das Erdgeschoss, zu Patientenzimmern ausgebaut, ist befenstert. Das Tor des Turmes ist

24 BBB PW 159 Nr. 72. Lit: «währschafft, nutzlich und schön», Bernische Architekturzeichnungen des 18. Jahrhunderts, Katalog der Ausstellung im Bernischen Historischen Museum, Bern 1994, S. 391 (Kurzbiographie); SKL 1905–1917.
25 BBB. Lit: SKL 1905–1917.
26 von Rodt 1950.
27 STAB AA IV 94,1.
28 STAB AAIV 95.
29 BBB Mss.hist.helv.XIV 60. Lit: HBLS 1921–1934.

Abb. 91: Situationsplan des Alten Schlosses mit Umgebung 1919, siehe Bildquelle X.

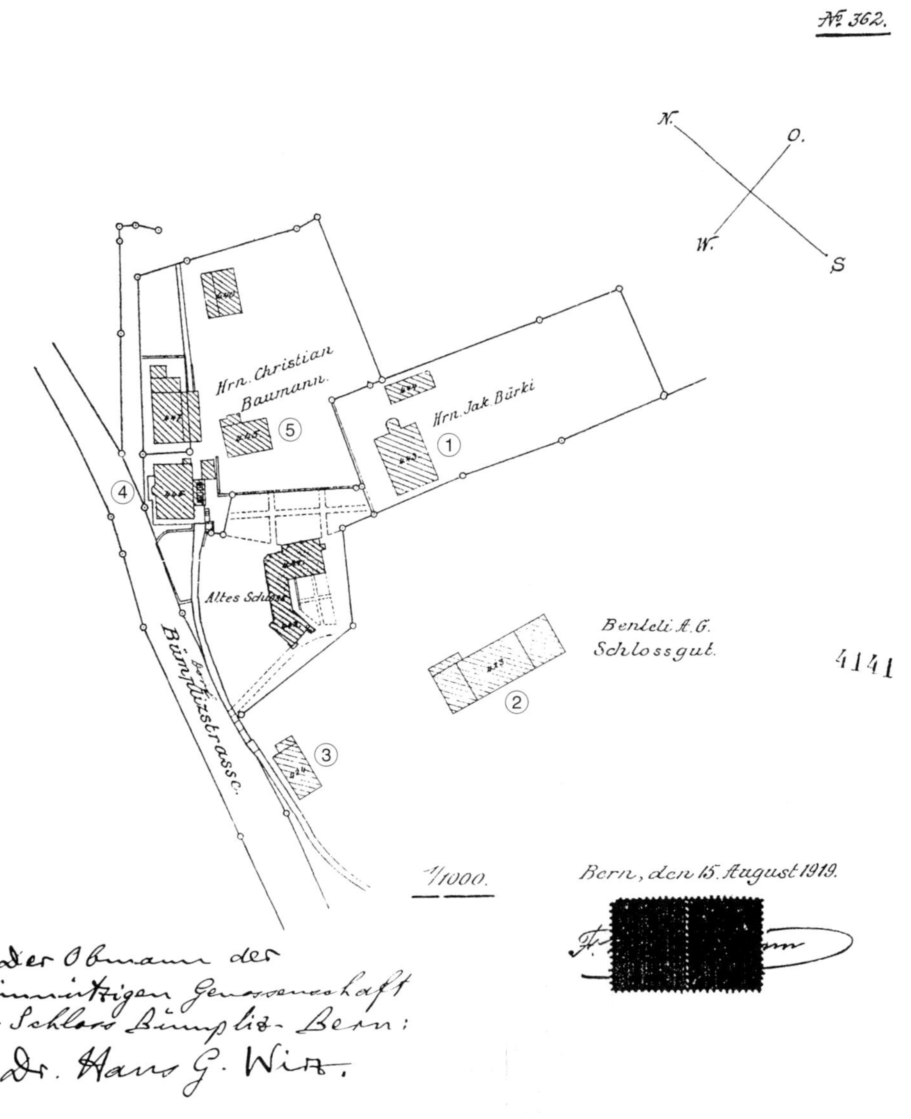

zugemauert und durch ein Fenster ersetzt. Ein Klebdach schützt die Fenster des ersten Turm-Obergeschosses. Die kleine Lukarne auf dem Dach des Nordwestflügels dient wohl zur Beleuchtung des Treppenhauses auf Dachstockebene. Das Kamin am Nordende des Nordwestflügels gehört wohl zu einem nicht überlieferten Ofen im ehemaligen Erkerssaal, das hohe Kamin neben dem Turm zum dokumentierten Kaminhut im Treppenhaus.

IX. Wilhelm Enz, Architekt, Altes Schloss Bümpliz, Grundrisse Erdgeschoss und 1. Obergeschoss 1:50, Nov. 1918, Blaupause (Abb. 151).[30]
Die Nummern geben die Nutzungen des Gemeindehauses (1919–1954) wieder: 1: Backstube, 2,3: Kleinkinderschule, 4: Gemeindestube (alkoholfreie Wirtschaft) mit verglaster Laube, 5: Bibliothek und Gesellschaftszimmer, 6: öffentlicher Lesesaal, 7: Schwesternwohnung, ab 1925 Fremdenzimmer.

Die Grundrisse der Hauptgeschosse zeigen das Alte Schloss nach dem Umbau zum Wohn- und Mietshaus. Das Erdgeschoss hat drei Wohnungen, eine zu zwei und zwei zu drei Zimmern. Alle werden ohne Vorraum, direkt in ein Zimmer betreten. Die Küchen sind von den ehemaligen Sälen abgetrennt, nur der Küchenanbau im Nordosten ist neu wie auch die Toilettenanlage.

Im Obergeschoss sind nur zwei Küchen eingezeichnet. Hier lagen zwei grössere Wohnungen. Die Zuteilung der zwei Säle im Nordwestflügel wurde vermutlich flexibel gehandhabt. Das Turmobergeschoss enthält eine weitere Wohnung zu zwei Zimmern.

Die Trennwände im Turm wurden in beiden Obergeschossen neu eingeführt, und mit ihnen jeweils der Boden erhöht. Noch eingetragen ist die Treppe von 1839, der Kaminhut im Treppenhaus und zwei Felderdecken im ersten Obergeschoss. Diejenige im Nordwesttrakt ist bezeichnet mit: «Eichene Decke lichte Höhe 3,0 m».

X. Situationsplan des Alten Schlosses Bümpliz mit Umgebung, Massstab 1:1000, Beilage zum Baugesuch der Gemeinnützigen Genossenschschaft Altes Schloss Bümplitz des Jahres 1919, Microfiche (Abb. 91)[31]. Legende: 1: kleines Schlössli, zuletzt Tscharnerhaus genannt, 2. Pächterhaus, zuletzt Blunierscheune genannt[32], 3. Stöckli, 4. Mühle, 5 Mühlestock.[33]

Der Plan zeigt das Alte Schloss im Jahre der Eingemeindung von Bümpliz in die Stadt Bern inmitten der Nachbargebäude. Nebst den Parzellen ist die Strasse und der Stadtbach ausgeschieden. Die Parzelle des Alten Schlosses ist mit dem privaten Zugang, der nicht mehr durch den Torturm hindurch, sondern an dessen Südfassaden entlang führt, und zwei geometrisch angelegten Gärten eingetragen. Ein kleiner Garten liegt im Schlosshof und hat einen Kreuzweg, dessen eine Achse auf die Haustüre an der Hofseite des Nordwesttraktes ausgerichtet ist. Ein grosser Garten liegt vor der Nordostfassade des Schlosses; er hat eine langgezogene Form und ist durch einen Mittelweg und zwei Querwege gegliedert.

30 DKB, Planarchiv 38-3-0-13879 und 13880.
31 Bauinspektorat der Stadt Bern.
32 seit 1954 nicht mehr bewirtschaftet, 1981 ausgebrannt, in der Folge abgebrochen.
33 Mühle und Mühlestock wurden nach 1970 abgebrochen.

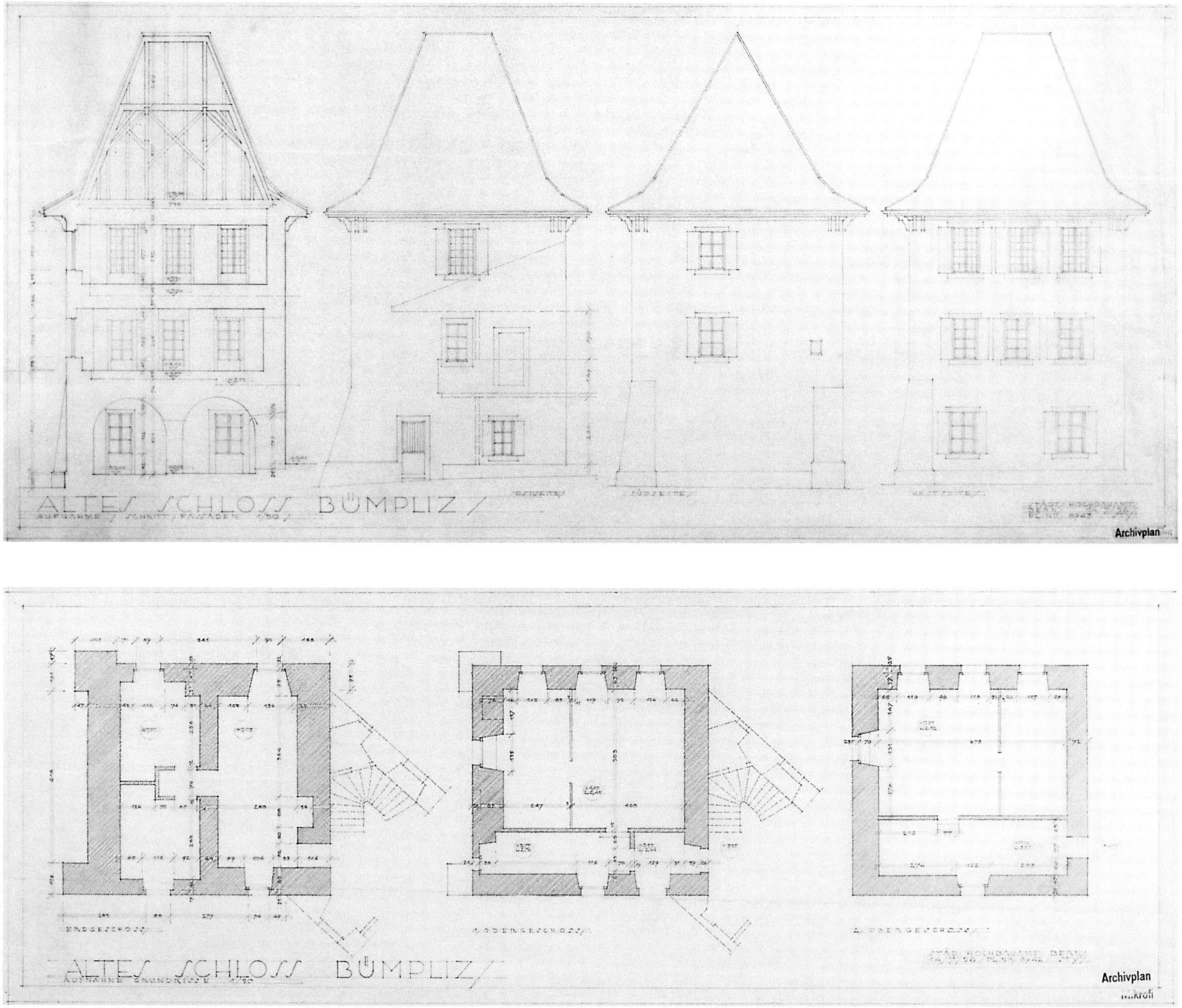

Abb. 92: Altes Schloss Bümpliz, Torturm, Aufnahmepläne 1954, siehe Bildquelle XI. a) Schnitt, Ost-, Süd- und Westfassade, b) Grundrisse.

Am Alten Schloss ist der Küchenanbau am Nordosttrakt und die vorstehende Ringmauer an dessen Südostfassade, weiter die beiden Pfeiler an der Südfassade des Turmes erkennbar.

XI. Aufnahmepläne Altes Schloss Bümpliz, Torturm, Grundrisse Erdgeschoss, Obergeschoss und 2. Obergeschoss, Schnitt, Ost-, Süd- und Westfassade, Massstab 1:50, 1956, Bleistift auf Transparent (Abb. 92 a und 92 b).[34]

Die Pläne sind nach der Übernahme des Alten Schlosses durch die Stadt Bern im Jahre 1954 entstanden. Sie geben im wesentlichen den in den Bauphasen von 1839 und 1890/1900 hergestellten Bauzustand des Torturms wieder. Von Kücheneinrichtungen und Öfen wird abstrahiert. Die Torbogen sind vermauert und durch ein Fenster bzw. eine Türe ersetzt. Die Laube reicht bis über die Mitte der Ostfassade. Die Obergeschossräume sind mit Zwischenwänden unterteilt und die Zimmerhöhe mit heraufgesetzten Böden und heruntergehängten Decken verringert. Die Untersicht des mit einem flachen Aufschiebling konstruierten Vordachs (Abb. 104) ist verschalt und mit einem hölzernen Gesims versehen; an den Fassadenecken sind Konsolenpaare angefügt. Hinzuzufügen wäre, dass Fassaden und Holzwerk in Gelb- und Brauntönen gestrichen waren und die Fassaden eine gemalte Architekturgliederung aufwiesen.

II. Die Bauphasen von 1471 bis 1998

1. Das spätmittelalterliche Schloss

Erhaltene Teile der Anlage:
Torturm (vgl. oben Teil A: II.6.3. und IV.5.). Formierte Elemente des aufgehenden Mauerwerks am Torturm: Dachstuhl (Abb. 105, 106, 104), Kranzgesims (Abb. 98, 99), Torbogen im Erdgeschoss, Ostfassade (Abb. 100), Türgewände im ersten Obergeschoss, Nordfassade (Abb. 101).

Bildquellen:
I, II, III.

Datierung:
Der einzige erhaltene Hochbau der spätmittelalterlichen Anlage ist der Torturm in der Westecke des Ringmauergevierts (Abb. 1, 88, 89, 107). Die dendrochronologischen Analysen an sieben Balken des Dachstuhls ergeben ein exakt übereinstimmendes Ergebnis für sechs Proben: sie weisen auf ein Fälldatum im Herbst/Winter 1469/1470 hin.[35] Ein Balken hat eine leicht abweichende Ausprägung der Kurve und dürfte im Jahre 1470 gefällt worden sein; die Stämme, woraus die untersuchten Balken geschaffen wurden, sind in zwei Wäldern der Umgebung geschlagen worden. Der Dachstuhl könnte demnach frühestens 1471 versetzt worden sein; normalerweise wurden die Balken nicht lange gelagert.

Bauherrschaft:
In Frage kommen als Bauherren vier Herrschaftsherren des Geschlechts von Erlach[36]:

1. Ulrich (†1472), Junker, Herr zu Reichenbach, Mitherr zu Bümpliz und Jegenstorf, Ratsherr 1440, Schultheiss zu Thun 1455,
2. sein Bruder Petermann (†1472), Junker, Herr zu Balm, Mitherr zu Bümpliz, Vogt auf der Grasburg 1442, Schultheiss zu Burgdorf 1451 und Ratsherr 1460–1467,
3. dessen Sohn Rudolf (1448–1507), Ritter, Herr zu Bümpliz, Jegenstorf, Balm und Schlosswil, 1471 der erste bernische Landvogt zu Erlach, 1477 Ratsherr und ab 1479 bis zu seinem Tod viermal Schultheiss,
4. dessen Bruder Hans Rudolf (1449–1480), Herr von Jegenstorf, Mitherr zu Bümpliz, Ratsherr 1471, als Kriegsrat 1475 in Murten.

Die Brüder Ulrich und Petermann (Kap. III, Quellentext 1) wären, wenn sie den spätmittelalterlichen Schlossausbau getätigt hätten, während des Bauvorgangs gestorben. Petermann, von dem verschiedene Betreibungen und Verpfändungen bekannt sind, konnte seinen Söhnen Rudolf und Hans Rudolf zwei Häuser an der Kirchgasse hinterlassen.[37]

Rudolf (Quellentext 2), der von mehreren Autoren ohne nähere Begründung als Bauherr angenommen wird, war zur Zeit der Projektierung und des Material-Rüstens noch nicht Herrschaftsherr. Der spätere Auftraggeber der Spiezer Chronik von Diebold Schilling (1485) hat die Mitherrschaft zusammen mit seinem Bruder Hans Rudolf erst nach dem Tod seines Vaters im Jahre 1472 erlangt. Auch von ihm sind Verpfändungen bekannt, die auf zeitweilige Geldknappheit hinweisen.[38]

Sein Bruder Hans Rudolf war Mitangeklagter im bernischen Twingherrenstreit und musste die Stadt Bern zusammen mit anderen Verurteilten Ende 1470 verlassen. Die Twingherren zogen aber schon am Dreikönigstag des Jahres 1471 wieder ein.

1.1. Die Gesamtanlage

Der Torturm im Westeck dominierte die um einen Hof angelegte und mit einer Ringmauer versehene Gebäudegruppe. Er war an den Südwestflügel (Abb. 167) angebunden und bildete damit eine Nutzungseinheit. Dieser Wohnflügel war nach Kauw zweigeschossig (Bildquelle III, Abb. 1). Wirtschafts- und Lagerräume müssen im Erdgeschoss, das nur durch Schlitze belüftet und beleuchtet war, die Repräsentations- und Wohnräume, vermutlich auch die Küche, im Obergeschoss gesucht werden. Auch die Haupterschliessung muss in diesem Trakt angesiedelt gewesen sein. Er wurde um 1742 abgerissen.

34 ArchHBA Nr. 543; Tochterpausen DSB.
35 Egger 1997.
36 Die Daten sind aus Erlach 1989, Stammtafeln, von Rodt 1950 und HBLS 1921–1934 entnommen.
37 Nrn. 53, 55. Erlach 1989, S. 69. Zur ständigen Geldknappheit der bernischen Herrschaftsherren im 15. Jahrhundert siehe de Capitani 1982, S. 12, 13 und Schmid 1995, S. 200, 201.
38 Erlach 1989, S. 83

Abb. 93: Der Strebepfeiler an der Südwestecke des Torturmes, 1997.

Abb. 94: Torturm, Tordurchgang gegen Osten, 1997.

Zur Gestalt des Flankierungsturms mit hohem Spitzhelm im Osteck des Mauergevierts geben Kauws Aquarell und der Stürler'sche Plan Hinweise. Er bestand bis 1742. Die Grundrisse der daran anstossenden südöstlichen und nordöstlichen Flügel der Anlage sind in den Plänen von Willomet und Stürler dokumentiert und teilweise im Boden nachgewiesen (Bildquellen IV, V. vgl. Teil A: II.6.2., IV.4., IV.5.).

1.2. Der Torturm

Der Torturm ist auf einem quadratischen Grundriss von ca. 8,4 m Seitenlänge aufgebaut und bis zum Dachansatz gut 10 m hoch (Abb. 92). Darüber sitzt der mit zwei (1979/1980 rekonstruierten) Firststangen bekrönte Helm, der mit rund 7 m Höhe etwa zwei Fünftel der Gesamthöhe des Bauwerks ausmacht. Das verputzte Mauerwerk des Turms besteht auf drei Seiten aus Bruchsteinen, Kieseln und Sandsteinbrocken und ist auf Bodenhöhe rund einen Meter dick. Nur die Westfassade war ursprünglich aus Tuffquadern aufgemauert. Sein Mauerwerk ist heute durch verschiedene Fenster- und Toreinbauten stark gestört. Schon Kauw gab die Fassade verputzt und bemalt wieder, nur die verzahnten Eckverbände aus Quadern waren sichtbar. Der mächtige Strebepfeiler an der Südwestecke gehört zum ursprünglichen Mauerverband; die Sandsteinverkleidung wurde nachträglich angebracht (Abb. 93).

Die spätmittelalterliche Befensterung des Turmes ist nicht erhalten und nicht dokumentiert, dürfte aber aus gotischen Kuppel- oder Kreuzstockfenstern mit Sandsteingewänden bestanden haben, deren Lage zurzeit nicht eruiert werden kann. Einzig die kleinen Fenster, die im 1. und 2. Obergeschoss am Westrand der Südfassade liegen und einst Überblick über den südlichen Ringmauerabschnitt gewährten, könnten auf spätmittelalterliche Öffnungen zurückgehen (Abb. 102, 103). Kauw gibt an dieser Stelle kleine Kuppelfenster wieder.

Der Turm war vor dem jüngsten Umbau nicht unterkellert. Das Erdgeschoss weist zwei parallele Tonnengewölbe aus Backsteinen von je knapp 3 m Spannweite und gut 6 bzw. 7 m Länge auf, im Südgewölbe liegt der Tordurchgang (Abb. 94, 95). Das Nordgewölbe dürfte Vorratsraum oder vielleicht auch Herrschaftsarchiv gewesen sein. Darüber liegen zwei Wohngeschosse (Abb. 96). Die Stube im ersten Obergeschoss hat eine Aussentüre auf der Nordseite, die zur Bauzeit über eine Aussentreppe erreichbar war. Die reichsten der erhaltenen früh- und hochbarocken Ausstattungselemente des Schlosskomplexes fanden sich in dieser Stube. Es könnte sich um die Gerichtsstube gehandelt haben. Dafür spricht der direkte Aussenzugang.

Das zweite Obergeschoss weist die Masse eines repräsentativen spätmittelalterlichen Saales auf: er umfasste die ganze Geschossfläche von etwa 6,70 m im Quadrat und eine Raumhöhe von gut 3,50 m bis unterkant der heute sichtbaren Bundbalken. Als Erschliessung kommt ein Treppen- Laubensystem an der Nordwand in Zusammenhang mit dem Hocheinstieg in Frage.

1.3. Der Tordurchgang

Der breite Torbogen zum Hof geht auf die Bauzeit um 1471 zurück; das älteste Bilddokument dazu datiert allerdings erst aus dem mittleren 18. Jahrhundert (Abb. 100, 134). Das Tor ist etwas «im Boden versunken» und scheint deshalb niedriger, als es ursprünglich war. Auf den Seitengewänden aus Tuff- und Sandsteinquadern ist mit 12 Keilsteinen ein Rundbogen aufgesetzt. Die Keilsteine aus weichem, grünlichem Sandstein mit schräg scharrierter Oberfläche sind ca. 74 cm tief, 50 cm stark und haben eine 8 cm breite Fase. Die Zangenlöcher gehören zum ursprünglichen Bestand, die Spitzhackenlöcher sind erst bei der Vermauerung um 1839 geschlagen worden. Auf der Innenseite ist ein stichbogiger Torflügel-Anschlag grob ausgehauen (Abb. 94).

Die mittelalterliche Toröffnung zur Grabenbrücke lässt sich lokalisieren. Das südliche Gewände setzte die Aussenmauer des Torgewölbes fort. Das nördliche war eingezogen; das Tor war schmäler als der überwölbte Durchgang (siehe Abb. 92, 95).

Eine vermauerte Ausgucköffnung in Südrichtung neben dem Eingang gehört zum Originalbestand (Abb. 97). Sie weist eine Stichbogennische im Inneren auf und ist noch etwas weiter zum Graben hin angeordnet als die schmalen Südfenster der Obergeschosse, was vielleicht mit der nach oben abnehmenden Mauerstärke des anstossenden Aborturms erklärt werden kann.

1.4. Der Hocheinstieg

Das Türgewände in der Nordmauer des ersten Turmobergeschosses gehört zum spätmittelalterlichen Baubestand und hat die repräsentative Gestaltung einer Aussentüre (Abb. 101). Die Türe liegt ganz am Ostrand des Saales. Die Öffnung ist im Licht 1,04 m breit und 1,95 m hoch, dürfte aber, dem tiefen Fasenanlauf (jetzt auf 17 cm ab Boden) nach zu schliessen, eher noch höher gewesen sein. Die Aussenseite des Türgewändes ist aus grossen, mit der Mauer verzahnten und abgefasten Sandsteinquadern aufgebaut und hat einen starken Sturz. Eine kräftige Schrägscharrierung mit unterschiedlichen Richtungen und Randschlag ist erhalten. Die Fase ist 7,5 cm breit. Das linke, östliche Gewände ist nachträglich bis auf 15 cm Breite zurückgearbeitet worden. Der Sandstein ist grünlich, speckig und nachgedunkelt, was auf einen alten Ölfarbantrich zurückzuführen ist, der 1980 entfernt wurde. Das Gewände weist zahlreiche Flickstellen und Spitzhackenlöcher auf.

Die Türe ist nicht abgewittert, war also dem Wetter kaum ausgesetzt. Den spätmittelalterlichen Zugang kann man sich über eine hölzerne, gedeckte Aussentreppe mit Podest vor der Türe vorstellen. Diese hat wahrscheinlich unmittelbar nördlich des Torbogens begonnen und um die Nordostecke des Turmes geführt. Mit einer mittelalterlichen Blocktreppe, bei welchen eine Stufenhöhe von bis zu 25 cm häufig war, ist die Geschosshöhe ohne weiteres zu überwinden. Die Treppenstufen dürften in der Mauer verankert und von Pfosten gestützt worden sein. Vermutlich führten sie über zwei Geschosse.

Abb. 95: Torturm, Torgewölbe gegen Westen, 1971.

1.5. Das erste Obergeschoss: Die Turmstube[39]

Auf der Innenseite ist das Türgewände des Eingangs mit einem Stichbogen überwölbt. Hier weisen die verzahnten Quader Farbspuren auf, schwarze und blaugraue Randstriche, mindestens zwei verschiedene Fassungen. Da die Türe an die östliche Aussenmauer anstösst, sind die Quader des östlichen Gewändes darin integriert.

In der Nord- und Südwand ist je eine Stichbogennische eingelassen. Ihre Funktion ist nicht eindeutig. Sie sind mit ca. 1,70 m Scheitelhöhe zu niedrig für Fenster- oder Türöffnungen, was der Vergleich mit der Türe an der Nordwand verdeutlicht.

39 Die hier eingeführten Raumbezeichnungen beziehen sich auf die historischen Nutzungen und unterscheiden sich von den aktuellen.

a) Keller

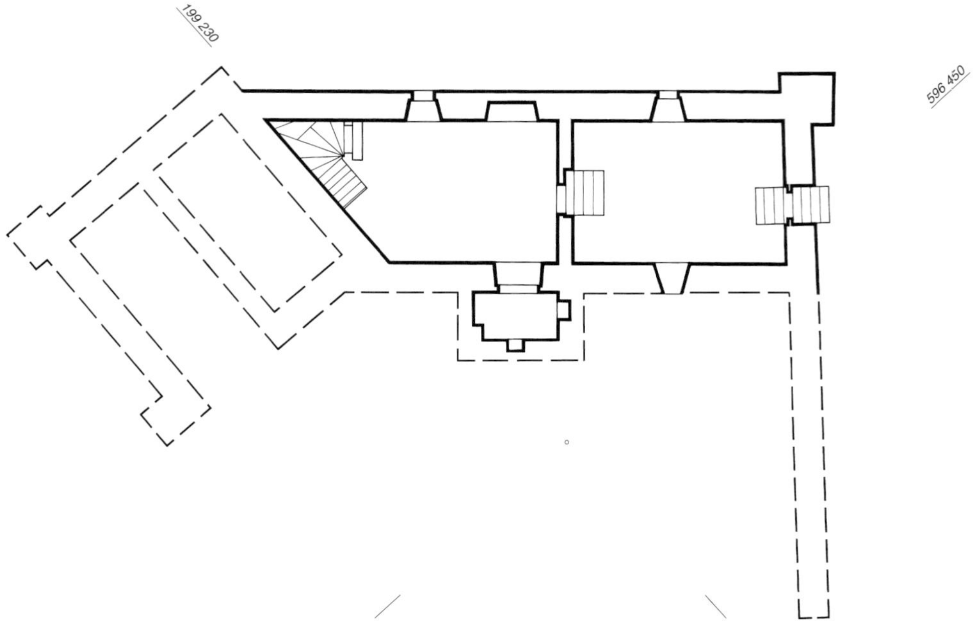

b) Erdgeschoss

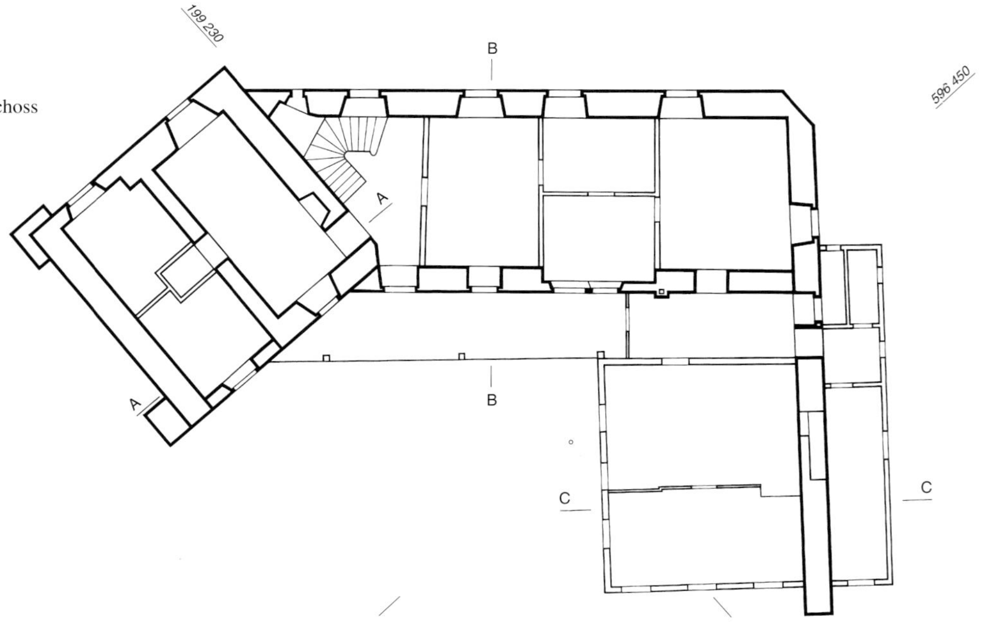

c) 1.Obergeschoss

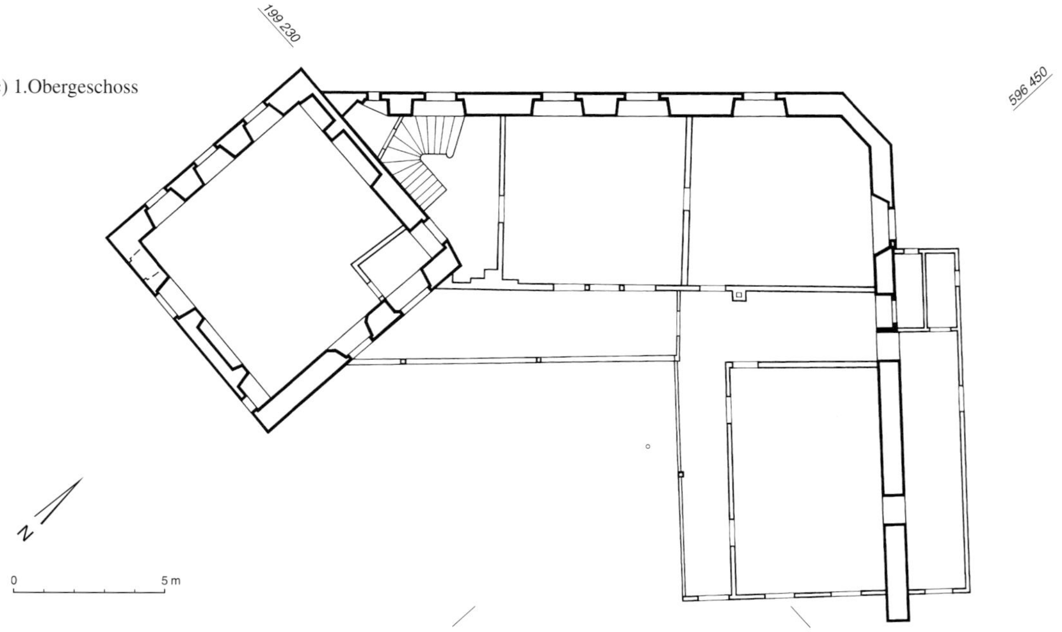

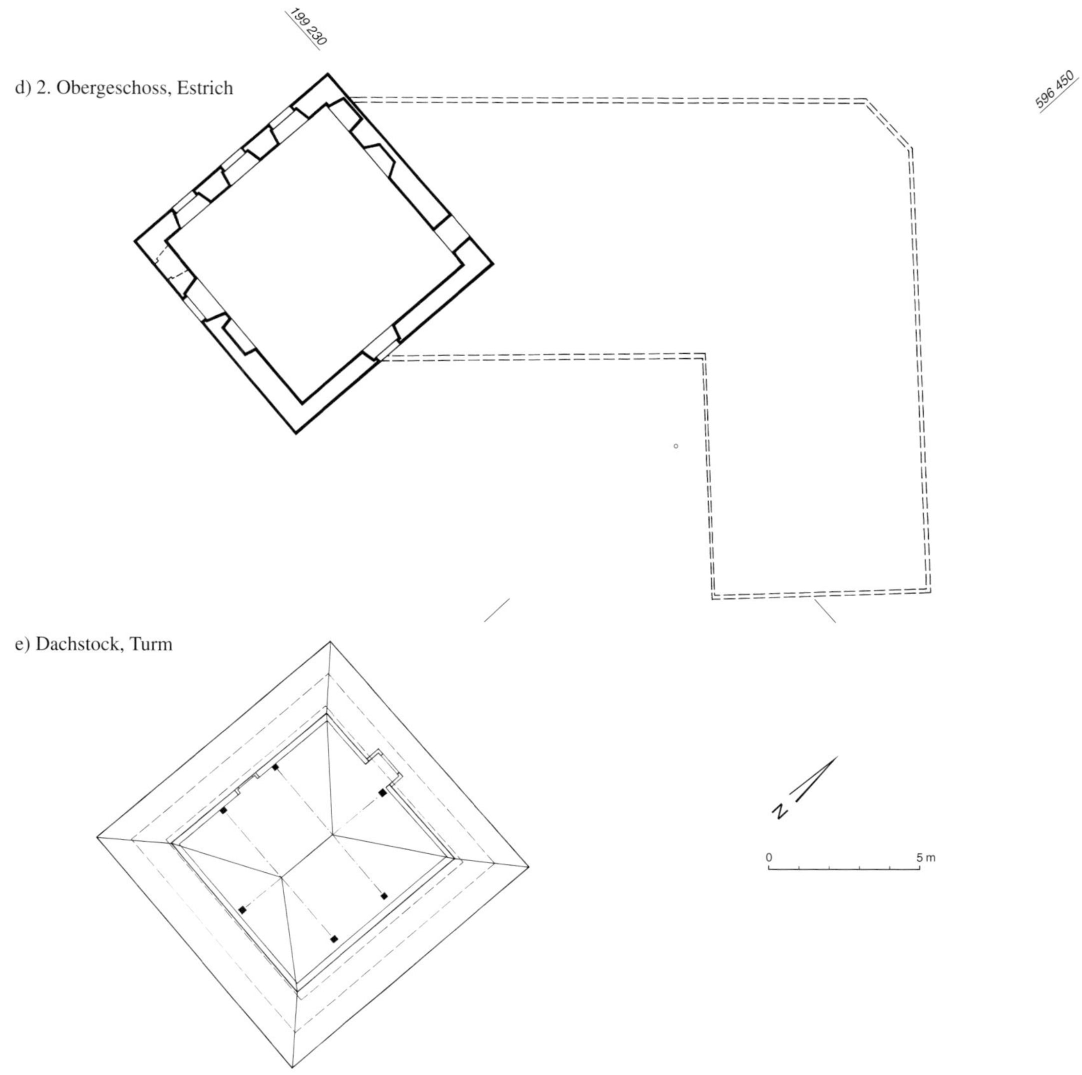

Hingegen muss die heute geschlossene Verbindungstüre am Ostrand der Südfassade von Anfang an bestanden haben, da sie die Verbindung zum Wohntrakt im Südwestflügel sicherstellte (Abb. 102, 103).

Über den Fenstern der Westfassade war ein hölzernes Schutzdächlein angebracht (Abb. 1, 144).

1.6. Das Kranzgesims

Das spätgotische Kranzgesims ist aus grünlichgrauem weichem Sandstein gearbeitet, und 43–52 cm stark (Abb. 98, 99).[40] Es ist 26 cm hoch, hat eine grosszügige längsscharrierte Kehle und eine 10 cm breite querscharrierte Stirn. Sein Fuss ist bündig mit der Fassade versetzt. Das Gesims ist an Nord-, West- und Südseite erhalten. Das Gesims der Westseite besteht aus 5 Stücken und einem kleinen Zwischen- oder Flickteil, die nicht vermessen werden konnten. Die Südseite hat nur an ihrem westlichen Drittel drei Gesimsteile. Das mittlere Stück ist 1,80 m lang, das Eckstück 52 cm und entspricht der Stärke des Endstücks von der Westfassade. Das restliche Stück ist 75 cm lang; es ist grob und mit Abstand angefügt, weist Spitzhackenspuren auf und ist weiss übertüncht. Hier stiess der von Kauw dokumentierte Abortturm an.[41]

Das Kranzgesims des 1469 erhöhten Bergfrieds von Schloss Worb hat ein vergleichbares Kranzgesims mit grosszügigem Kehlprofil. Der Turm von Schloss Worb wurde von einem in den Twingherrenstreit verwickelten Bauherren aufgerichtet, Niklaus von Diesbach.[42] Dieser hatte seit 1456 den halben Teil der Herrschaft inne und wurde mit dem Zukauf der zweiten Hälfte im Jahre 1469 alleiniger Herrschaftsherr. Der Kleiderprozess von 1470 im Rathaus Bern gereichte zu einer Selbstdarstellung der Familien «von Adel». Dazu zählte sich auch die Familie von Erlach. Das Alte Schloss Bümpliz ist jedoch entschieden kleiner und in der Gesamtanlage und den einzelnen Teilen bescheidener als das Schloss Worb.

40 HvF 34, 36.
41 HvF 102.
42 Kunstführer Bd. 3 1982, S. 317–318. Eine rezente geschichtliche Studie ordnet die baulichen Veränderungen Wilhem von Diesbach zu, der 1475 bis 1517 Herrschaftsherr zu Worb war; siehe: Worb, Schlossherrschaft und Gewerbe seit dem 14. Jahrhundert, Denkmalpflege des Kantons Bern, Bern 1997, Typoskript. S. 10.

Abb. 97: Torturm, Ausgucköffnung im Tordurchgang, Südwand, 24.7.79.

Abb. 98: Torturm, Südfassade, Nordwestecke, Kranzgesims, 1997.

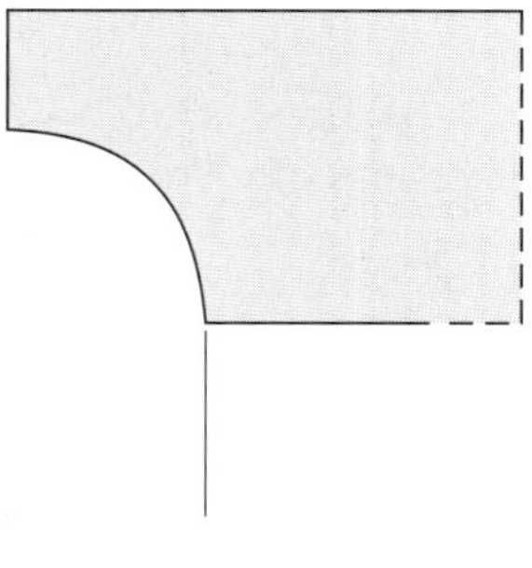

Abb. 99: Torturm, Südfassade, Kranzgesims, Profil. Aufnahme 1997.

Abb. 100: Torturm, hofseitiger Torbogen, 1997.

Abb. 101: Torturm, 1. Obergeschoss, Nordfassade, Türgewände, 1997.

1.7. Der Dachstuhl

Der Dachstuhl wurde beim Brand im November 1976 angesengt, im Jahre 1977 vermessen und aufgezeichnet, zerlegt und wieder aufgebaut. Hauptsächlich die Sparren und die stark zerstörten Teile des Nordschildes mussten ersetzt werden (Abb. 105, 106). Ausgangslage des Wiederaufbaus war die barocke Form des Dachstuhls mit – gegenüber dem spätgotischen – wahrscheinlich etwas flacheren Dachrand (Abb. 104, 107). Der spätmittelalterliche Dachabschluss ist nicht dokumentiert. Kauw zeichnete ein steiles Vordach. Die vergleichbaren Türme von Worb und Holligen haben heute einen auf dem Kranzgesims aufgesetzten Dachrand ohne Vordach.

Die spätmittelalterliche Dachkonstruktion des Torturmes ist zweistöckig, mit einem unteren liegenden und einem oberen stehenden Stuhl (Abb. 104). Der untere Teil hat je zwei Bundstreben auf der West- und Ostseite und je eine Bundstrebe auf der Nord- und Südseite. Die Innenseite der Bundstreben ist auf Sicht geschaffen und jeweils auf Kopfhöhe (ca. 1,70 m) verjüngt und mit einer Kehle verziert. Die Streben bilden einen ungeteilten Dachraum, der heute vermietet und «Söller» genannt wird.

Die Gräte sind nicht ganz perfekt konstruiert, sondern die Verbindungen nicht ganz durchdacht, weshalb Schäden aufgetreten sind: Das Kopfholz an der südöstlichen Gratstrebe ist der allzugrossen Spannung wegen zerbrochen.[43]

Abb. 102: Torturm, Südfassade, um 1970.

Abb. 103: Torturm, Südfassade, mit erneuerten Fenstern, den Resten von Gewänden zweier Geschosstüren und wieder geöffneter Türöffnung. 13. März 1980.

1.8. Die Lukarnen

Der Dachstuhl weist ursprüngliche Konstruktionsspuren von zwei Lukarnen auf. Beide sind desaxiert, weil die Bundbalken und Sparren symmetrisch beidseits eines Mittelbalkens angeordnet sind. Auf dem Westschild des Walmdaches sass eine Lukarne ganz am östlichen Dachgrat. Die Ausblattungen für die Lukarnenpfetten sind an der südlichen Bundstrebe und an der Gratstrebe erhalten (Abb. 106). Die Lukarne auf der Ostseite des Daches sass ungefähr, aber nicht genau in der Mitte des Schildes. Ausblattungen für die Lukarnenpfetten sind an der nördlichen Bundstrebe und am Sparren südlich der Mittelachse erhalten. Kauw gibt die Form und Anordnung der originalen Lukarnen präzise und in Übereinstimmung mit den Befunden wieder.

Die Nordseite ist so sehr brandversehrt, dass keine Befunde mehr möglich sind. Hier müssen der Rauchabzug und eine weitere Lukarne gesessen haben.

Die Lukarnen mit Firststangen, Knäufen und Wimpeln gehören zu einem spätmittelalterlichen Turmtypus. In der Stadt Bern hatten Heiliggeist- und Nydeggkirchturm Spitzhelme mit Lukarnen, die ihrerseits spitze Helme hatten und seit der 2. Hälfte des 16. Jahrhunderts dokumentiert sind. Im 17. Jahrhundert wurde der Käfigturm mit einer geschweiften Haube mit spitzbehelmten Lukarnen erbaut. Das Schloss Worb und das Schloss Holligen, letzteres um 1500 erbaut, haben Eckerker mit Spitzhelmen. Diese aufwändigere Dachzier dürfte noch mehr dem spätgotischen Ideal entsprochen haben als die Lukarnen. Anregung dazu könnte der spätmittelalterliche Umbau des Zeitglockenturms geliefert haben (1467–1482).[44]

1.9. Der Aborttturm

Albrecht Kauw malte in den 1670er Jahren einen wehrhaften Halbrundturm mit Scharten, Zinnenkranz und niedrigem Helm, Firststange und Wasserspeier, der mit Efeu oder wilden Reben überwachsen ist und dessen Mauerwerk gelblich gefärbt ist – er scheint nach Werner Meyer mit Tuffquadern verkleidet gewesen zu sein (vgl. Teil A: II.6.3.). Er ist an die Südseite des Torturms angelehnt; die Aussparung des Kranzgesimses bezeichnet seine Lage. Im Boden ist er als Abortturm ergraben worden.

In der Südfassade des Torturms konnten im Erd- und im Saalgeschoss vermauerte Verbindungstüren gefunden werden (Abb. 103). Sie sind bescheiden gestaltet und nicht

43 Beurteilung durch Zimmermeister E. Salzmann, DKB, im Frühsommer 1997.

44 Bellwald 1983.

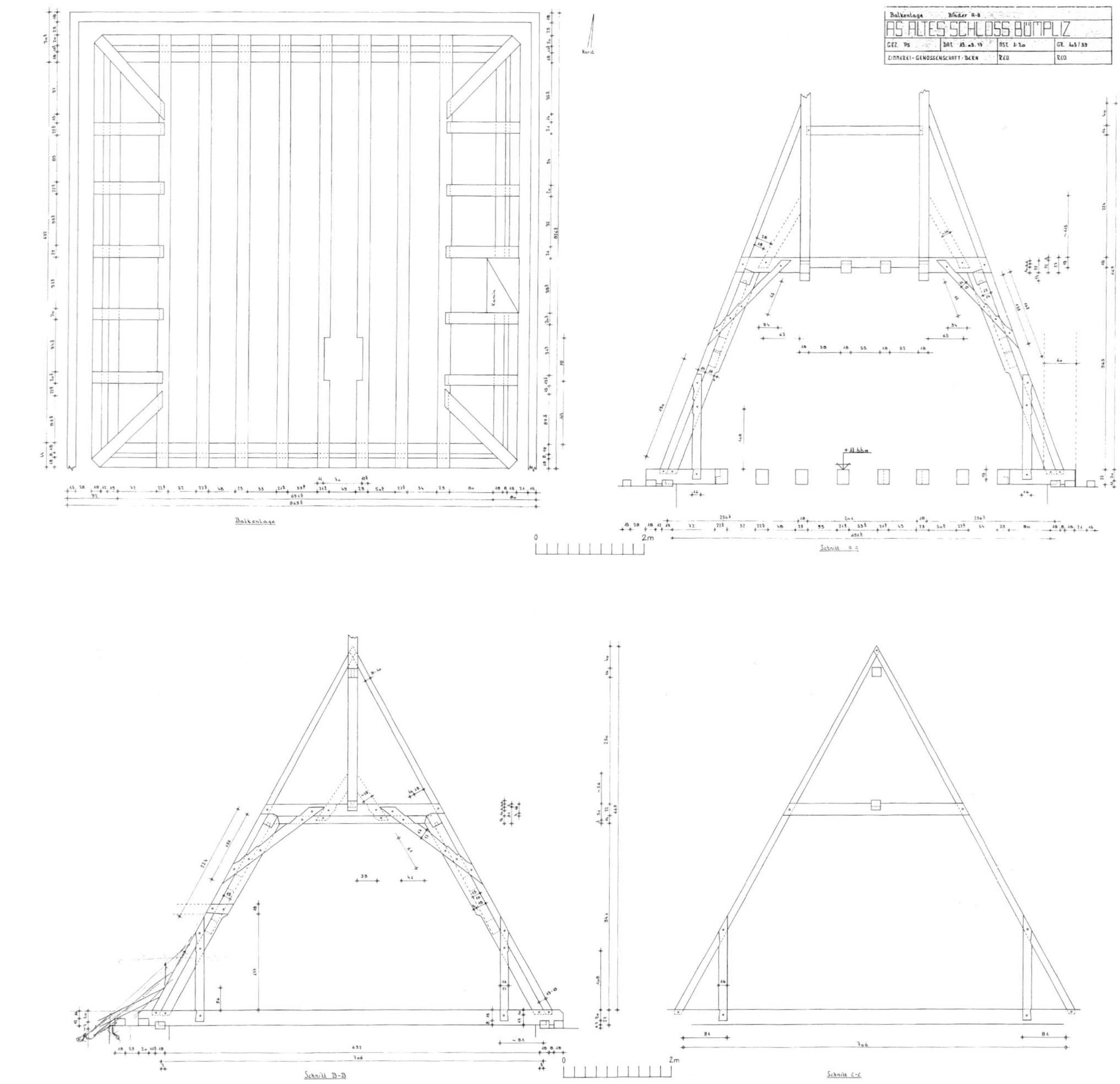

Abb. 104: Torturm, Dachstuhl, oben: Grundriss der Balkenlage, Ansicht Stichbalken und Binderkonstruktion, unten: Ansicht Bundbalken und Binderkonstruktion, Bundbalken und Sparrenkonstruktion, 1977. Der Aufschiebling gehört zur Dachgestaltung des 19. Jahrhunderts. Gepunktet: Rekonstruktionsversuche zum spätgotischen Aufschiebling.

Abb. 105: Torturm, Dachstuhl nach dem Brand im November 1976, Westschild. Am Bundsparren in der Bildmitte und am Gratsparren rechts im Bild sind Ausblattungen für eine Lukarne erhalten.

Abb. 106: Torturm, Dachstuhl nach dem Brand 1976, Westschild. Die Aufschieblinge sind mit Eisenklammern befestigt und mit einem Balken, der auf dem Kranzgesims aufliegt, verzahnt.

Abb. 107: Das Alte Schloss Bümpliz nach Fertigstellung der Bauarbeiten 1980, Aufsicht von Südosten auf Torturm, Hof und Neubau.

exakt übereinander angeordnet; sie könnten ohne weiteres zum jeweiligen Abort geführt haben.
Im Dachstuhl des Torturmes ist jedoch ein repräsentativer Zugang abzulesen. An der Südseite des Dachstuhles ist ein grosses rechteckiges Zapfenloch für einen Sturzbalken an der Ostseite der Bundstrebe erhalten. Die dazugehörende Türe lag unmittelbar östlich der Mittelachse. Das Loch liegt auf etwa 2 m Höhe ab oberkant Bundbalken; der Eingang hatte bequeme Masse, vergleichbar mit dem repräsentiven Eingang im ersten Obergeschoss der Nordfassade. Die Türe stammt aus der Konstruktionszeit des Dachstuhles; sie hat die Verbindung zum Halbrundturm, den Kauw porträtiert hat, hergestellt. Letzterer muss zumindest auf dieser Ebene eine Treppe enthalten und den Saal erschlossen haben.
Im Halbrundturm waren zwei Nutzungen kombiniert: Er enthielt Aborte in den Wohngeschossen und zumindest im oberen Teil eine Treppe, die den Dachstock des Torturmes erschloss.

1.10. Zusammenfassung

Der spätmittelalterliche Torturm und die turmbewehrte Ringmauer bestimmen die Schlosssignete auf den erhaltenen Kartenbildern aus dem 16. und 17. Jahrhundert. Der Torturm ist mit seinem konstruktiven Gerüst und mit prägenden Merkmalen des Aufbaus erhalten bzw. wiederhergestellt. Er hatte zur Bauzeit vor allem repräsentative Aufgaben. Er enthielt den Tordurchgang, eine repräsentative Stube, den Festsaal. Die eigentliche Wohnung mit Küche ist im ehemaligen Südwestflügel zu suchen. Die Erschliessungswege sind uneinheitlich. Nachweisbar ist einzig der Hocheinstieg zur Turmstube im ersten Obergeschoss an der Nordfassade und der Zugang zum Dachraum über den Halbrundturm im Süden. Das von Albrecht Kauw porträtierte Walmdach entspricht der ursprünglichen Dachkonstruktion von 1471 mitsamt den Lukarnen, einem Verbindungsgrat zum Annexturm und dem Kamin.

1.11. Umfeld und Einordnung

Die Erlach gehörten zur neuen politischen Führungsschicht, die sich nach der Mitte des 15. Jahrhunderts in Bern etablierte.[45] Diese städtische Oberschicht zeichnete sich durch ihren Anspruch auf adelige Geburt und Le-

45 Schmid 1995, S. 89–111; de Capitani 1982, S. 34.

bensführung aus. Dazu gehörte der Grundbesitz mit Herrschaftsrechten, aber auch der Staatsdienst. Im Twingherrenstreit lassen sich die acht damals der Führungsschicht angehörenden Familien deshalb klar fassen, weil einige ihrer Angehörigen gegen die Kleidermandate verstiessen und deshalb im Jahre 1470 verurteilt wurden. Zu ihnen zählte ein Sohn Petermanns, Hans Rudolf. Als Standeskennzeichen diente diesen Familien neben einer aufwendigen Tracht auch ein entsprechender Baustil. Repräsentative Wehrhaftigkeit nach dem Muster der mittelalterlichen Ritterburg gehörte dazu.[46]

Der spätmittelalterliche Schlossausbau von Bümpliz wurde just zur Zeit des Twingherrenstreites von einem Erlach getätigt. Der Torturm dokumentiert die spätmittelalterliche Neuerrichtung der Grundherrschaft nach feudalem Muster auf architektonischer Ebene (Quellentexte 1, 2). Die Fenster des Festsaales im obersten Turmgeschoss gewährten einen weiten Ausblick über das ererbte und erhandelte Herrschaftsgebiet.

Die Kennzeichnung der Standeszugehörigkeit und Darstellung der politischen Macht mit baulichen Mitteln ist einerseits die Triebfeder dieses Torbaus, aber gleichzeitig durfte das Ganze nicht zuviel kosten, ist vergleichsweise klein und z.B. inbezug auf die Erschliessungslösung ohne einheitliches Konzept gebaut. Auch von der zu jener Zeit prosperierenden Bildhauerkunst in der Stadt Bern, die sich u.a. im Schloss Worb niedergeschlagen hat, findet sich im Torturm von Bümpliz nichts.

2. Der Umbau im 16. Jahrhundert

Erhaltene Teile der Anlage und formierte Elemente des aufgehenden Mauerwerks am Torturm:
Wappentafel (Abb. 111), Türgewände im Erdgeschoss (Abb. 108–110), Gewändefragment im Saalgeschoss (vgl. Teil A: II.5.2., IV.6.).

Datierung:
Ein im Bernischen Historischen Museum aufbewahrter Wappenstein mit den Namen des Bauherren Burckhart von Erlach (1533–1577) und seiner Gattin Barbara von Hallwyl, dazu einer unvollendeten Jahrzahl, die mit 15 beginnt, weisen auf einen Bau zwischen 1564 (Jahr der Heirat) und 1577 (Todesjahr) hin. Das Profil des Türgewändes im Erdgeschoss lässt auf dieselbe Entstehungszeit schliessen. Burckhart dürfte in dieser Zeit einen Umbau getätigt haben.

Bauherrschaft:
Burckhart, der Enkel Rudolf von Erlachs, war Offizier in Frankreich und verlor sein Bürgerrecht deswegen, erlangte es aber später wieder. Zusammen mit ihm erscheint im Herrschaftsurbar jeweils sein Bruder Rudolf (1530–1577) als Herrschaftsherr. Dieser stand im Dienste des Papstes Paul VI. Beide Brüder und auch Burckharts Frau Barbara starben 1577 an der Pest. Rudolf und Burckhart waren Mitherren der Herrschaft Bümpliz, scheinen das Schloss bewohnt und die Herrschaft wohl auch im Namen ihrer vier älteren Brüder verwaltet zu haben. Die sechs Söhne Diebolds hatten die Herrschaft 1561, nach dessen Tod, untereinander aufgeteilt. In der Schatzung der Herrschaftsgüter werden auch «das Schloss mit aller Behausung, wie das der Wyer begrifft», also das ganze durch den Wassergraben ausgeschiedene Schlossareal, ferner die Mühle, die Sägerei, die Stampfe und ein Backhaus erwähnt (vgl. unten Kap. III und Schriftquelle 3).

Abb. 108: Torturm, Erdgeschoss, Türgewände im südlichen Gewölbe, 1997.

2.1. Das Türgewände im Erdgeschoss des Torturmes

Der Erdgeschoss-Ausgang führt von der Mitte des südlichen Torgewölbes durch die Südwand. Seine gestaltete Aussenseite liegt im Gewölbedurchgang. Es muss sich deshalb um einen Eingang in einen heute abgebrochenen Bauteil handeln. Die Türe ist im Licht heute 1 m breit und 1,62 m hoch, dürfte aber etwas versunken, d.h. ursprünglich höher gelegen sein. Das Gewände ist aus grossen Quadern aus hellgrauem Sandstein, die mit der Mauer verzahnt sind, gearbeitet und hat einen geraden Sturz. Dieser weist Spitzhackenlöcher auf, welche in Zusammenhang mit dem Umbau zu einem Patientenzimmer um 1839 geschlagen worden sind. Das Gewände hat eine Hohlkehle von 7 cm Breite zwischen zwei Platten von je 2 cm Breite (Abb. 109). Die Quader sind grosszügig schräg scharriert (Abb. 110).

Dasselbe Kehlprofil kommt (mit grösseren Massen) an der Türe im Erdgeschoss des Nydeggkirchturmes in Bern vor und wird in die zweite Hälfte des 16. Jahrhunderts datiert.[47]

46 Meyer 1985, S. 146.
47 Kunstdenkmäler Bern V, S. 261, Abb. 293.

Abb. 109: Torturm, Erdgeschoss, Türgewände im südlichen Gewölbe, Gewändeprofil, 1997.

2.2. Das Gewändefragment im Saalgeschoss

An der Südseite des Torturmes, etwas östlich der Fassadenmitte, kam auf Saalhöhe ein Fragment eines sandsteinernen Türgewändes zum Vorschein, das dieselbe Profilierung mit am Rande abgeplatteter Hohlkehle aufweist. Das Fragment steht nicht lotrecht über der Türe im Erdgeschoss. Die profilierte Seite geht nach aussen (Abb. 103). Die Reste des sandsteinernen Türgewändes im zweiten Obergeschoss geben die Lage der Saaltüre an, die unmittelbar östlich der Wandmitte und unterhalb des spätmittelalterlichen Zuganges zum Turmdach liegt.

2.3. Die Wappentafel

Inventarstück Nr. 707 im Bernischen Historischen Museum ist eine Relieftafel mit den Allianzwappen von Erlach – von Hallwyl. Es handelt sich um eine hochrechteckige Sandsteinplatte von 73 x 60 cm, ca. 13 cm stark. Eine Schrifttafel mit Majuskel-Inschrift bildet den Sockel der Tafel:

«I[UNKER].BVRCKHART.VON.ERLACH.VND.
I.[UNGFRAU].BARBARA.VON.HALLWILL.15»

Das obenliegende Bildfeld ist mit den Reliefs der Allianzwappen, einem bekröndenden Spangenhelm und ausladender Helmdecke gestaltet. Das Relief ist von ausgezeichneter bildhauerischer Qualität.

Abb. 110: Torturm, Erdgeschoss, Türnische an der Südfassade, geflächter Gewändequader, 1997.

Abb. 111: Wappentafel Burckhart von Erlachs und Barbara von Hallwyls aus dem Alten Schloss Bümpliz, zwischen 1564 und 1577, heute BHM.

Die Jahrzahl ist unvollendet. Vielleicht wurde mit dem Versetzen und Datieren der Tafel zugewartet bis der Bau fertig war, worauf ein nicht nachvollziehbares Ereignis die Vollendung der Inschrift verhinderte. Der Zustand des Reliefs ist auf der reproduzierten alten Fotografie sehr viel besser als der derzeitige. Das Stück war, nach dem harten, zementhaltigen Mörtel am Rand zu schliessen, am Museum versetzt, vermutlich dem Wetter ausgesetzt, und ist heute entsprechend abgewittert.

Der Wappenstein war gemäss Museumsinventaren 1894 schon im Museum. Die Karteikarte sagt aus, dass er vom Alten Schloss Bümpliz stammt und zwar: «In Vertiefung, die oben im Rundbogen abschliesst (Zwickel).» Im bestehenden Rundbogen gibt es oben keine Vertiefung. Wahrscheinlich ist die ohnehin prominentere Stelle am Scheitel des 1839 zugemauerten Torbogens der Aussenfassade angesprochen. Der Wappenstein dürfte beim Umbau zur Heilanstalt herausgelöst und ins Antiquarium der Stadtbibliothek und von dort ins Bernische Historische Museum gekommen sein.

2.4. Zusammenfassung

Vom Umbau des 16. Jahrhunderts sind nur zwei einzelne, repräsentative Steinmetzarbeiten und ein Fragment erhalten. Die zwei gleich profilierten und wahrscheinlich gleichzeitig eingesetzten Türgewände weisen darauf hin, dass der Eingriff an einem Schwachpunkt der spätmittelalterlichen Anlage, der Erschliessung, angesetzt hat. Vielleicht erhielt der Saal zuoberst im Torturm eine prächtige Ausstattung mit Wandmalereien und Kamin und wurde in diesem Zusammenhang direkter erschlossen. Der Zugang erfolgte neu über den Aborttturm. Zur vermuteten Neukonzeption der Erschliessungsanlagen passt ein Mauerpfeiler im Graben vor dem Tordurchgang, den Werner Meyer ergraben hat und den er ins 16. Jahrhundert datiert. Er weist darauf hin, dass die alte Zugbrücke damals durch eine feste Brücke ersetzt worden ist (vgl. Teil A: II.5.2., IV.6).
Die grossen nachgotischen Kuppelfenster, die Kauw an der Westfassade des Torturmes angibt, sind möglicherweise erst zu dieser Zeit eingefügt worden. Annehmen darf man auch Umbauten im Südwestflügel.

2.5. Umfeld und Einordnung

Die Qualität der erhaltenen Steinmetzarbeiten ist sehr gut beim Türgewände und hervorragend beim Wappenstein. Offensichtlich durfte der Umbau des 16. Jahrhunderts einiges kosten und offenbar war die Bauherrschaft auch im Besitz der nötigen visuellen Kultur. Burckhart von Erlach, der Bauherr, dürfte von seinen Einsätzen im Dienste des französischen Königs eine gewisse Weltläufigkeit und Kenntnisse der damals hochentwickelten französischen Schlossbaukunst heimgebracht haben.

Im dritten Viertel des 16. Jahrhundert begann sich in der Stadt Bern, wie in anderen reformierten eidgenössischen Orten, die Baukultur wieder zu erholen, nachdem die prosperierende spätmittelalterliche Tradition mit der Reformation einen Einbruch erlitten hatte. Dabei spielten Südwalser Steinmetzen eine beträchtliche Rolle. In Bern waren zu dieser Zeit u. a. die obrigkeitlichen Werkmeister Südwalser, zur kritischen Zeit Uli Jordan (1563–1588).[48] Ihm wird u.a. die Erneuerung des schon zum Vergleich herangezogenen Nydeggkirchturms in den Jahren 1569–1571 zugeschrieben.[49]

3. Das frühbarocke Schloss

3.1. Der Nordwestflügel

Erhaltene bzw. nach Befund rekonstruierte Teile der Anlage:
Die Ringmauer bzw. Aussenmauer des Nordwest- und des Nordostflügels und der (rekonstruierte) Erker (vgl. Teil A: II.6.3., IV.6.).

Formierte Elemente des aufgehenden Mauerwerks:
Der rekonstruierte zweigeschossige Erker mit Jahrzahl und Wappenrelief auf dem Sturz (Abb. 128, 130), Kuppelfenstergewände im Obergeschoss, Aussenmauer Nordwestflügel (Abb. 30, 31), Kellerlochgewände im Erdgeschoss, Aussenmauer Nordwestflügel.

Bildquellen:
III, IV.

Datierung:
1632, die Jahrzahl am Sturz des Erkerfensters, ist das Jahr der zweiten Verheiratung Franz Ludwigs von Erlach d. J. (1596–1650) mit Esther von Wattenwyl. Der Erker wurde zusammen mit dem Nordwestflügel erbaut. Die Jahrzahl bezeichnet die Bauvollendung. 1629, ein Jahr nach dem verheerenden Pestzug, der auch den vormaligen Herrschaftsherren Rudolf von Erlach (1600–1628) dahingerafft hatte, ging Franz Ludwig den Kauf der zweiten Herrschaftshälfte an. Darauf wird die Planung und Bereitstellung des Baumaterials gefolgt sein.

Der Bauherr:
Franz Ludwig von Erlach d. J. bezeichnete sich 1630 als Mitherr zu Bümpliz, nachdem er offenbar die eine Hälfte der Herrschaft von seinem Vater als Erbe zu dessen Lebzeiten vorausbezogen hatte (Abb. 112). 1629–1634 ist die Urkunde über den Zukauf der zweiten Hälfte der Herrschaft datiert, wodurch er zum alleinigen Herrschaftsherr zu Bümpliz wurde (Kap. III und Quellentext 4). Franz

48 Ronco 1997, S. 180–181.
49 siehe oben, Das Türgewände im Erdgeschoss des Torturmes und Kunstdenkmäler Bern V, S. 241.

Ludwig war der älteste Sohn des gleichnamigen Vaters, des bedeutendsten bernischen Staatsmannes und Schultheissen seiner Zeit. Dieser besass die Schlösser Spiez, Oberhofen und die Schadau, die er seinerseits mit grossem Aufwand aus- bzw. neubaute.
Franz Ludwig d. J. war für eine politische Karriere bestimmt.[50] 33-jährig wurde er Grossrat, 39-jährig Gubernator in Aigle. 49-jährig verlor er seine Ämter wegen Ehebruchs, damit endete seine Beamtenkarriere. Er starb 54-jährig. Er verband sich 1625 in erster Ehe mit Elisabeth Chambrier und in dritter 1642 mit Magdalena Stürler. 13 Kinder aus allen drei Ehen sind bekannt, vier Söhne starben bevor sie 20-jährig waren.[51]
Hans Ludwig (1635–1673), starb 38-jährig kinderlos, Franz Ludwig (*1632) wurde ausser Landes verwiesen und veräusserte seine Herrschaftshälfte 1676.[52] Victor (1648–1730), der eine Ämterlaufbahn angetreten hatte, half seinem Neffen Burckart Nägeli 1677 beim Verkauf von dessen Herrschaftshälfte (Kap. III.3., Quellentext 7). Damit hatte die von Erlach'sche Herrschaft in Bümpliz ein Ende. Victor war der Auftraggeber der Aquarellveduten Albrecht Kauws für sein Ämter-, Regiments- und Geschlechterbuch, worunter sich auch die Ansicht des Schlosses Bümpliz befindet (Bildquelle III).[53]

Abb. 112: Porträt Franz Ludwig von Erlach d. J. (1596–1650), Öl auf Holz, 28 x 22cm, oben links die Initialen F. L. V. E., das Lebensalter 46 und das Entstehungsjahr des Porträts 1642, rechts oben das Wappen von Erlach. Kopie um 1700, vielleicht von Johannes Dünz. Pendant zum Porträt der dritten Ehefrau, Magdalena Stürler. Privatbesitz.

3.2. Die Ringmauer

Die aus Kieseln und Bruchsteinen errichtete Aussenmauer des Nordwest- und auch des Nordostflügels bildet einen Winkel von etwas mehr als 90 Grad mit schnurgeraden Schenkeln. Sie ist auf Bodenhöhe meterstark und hat auf der Innenseite auf Geschosshöhe einen kräftigen Rücksprung (Abb. 113c). Die Mauer dürfte in einem Zug entstanden sein und die ältere Ringmauer ersetzt haben, welche vermutlich abgewinkelt verlief wie die ergrabenen Mauerfundamente des 13. bis 15. Jahrhunderts an der Südwest- und Südostseite. Das spätmittelalterliche Anlagekonzept, welches die Gebäude an die Ringmauer lehnte und einen zentralen Hof freiliess, wurde weiterhin befolgt. Die neue nördliche Ringmauer verband den Torturm mit dem Flankierungsturm und war gleichzeitig Aussenmauer des neuen Gebäudekomplexes.
Die Projektierung der neuen Gebäude war wohl einer der Gründe für den Abbruch der alten Ringmauer. Offenbar war es dem Bauherrn wichtig, seine Vorstellung von schnurgeraden Gebäudefluchten mit regelmässiger Raum- und Fassadeneinteilung verwirklichen zu können. In der geometrischen Gebäudeanlage wird Formwillen greifbar.

3.3. Der Ringmaueranstoss am Torturm

Die frühbarocke Mauer stösst spitzwinklig an die Nordfassade des Torturms an. Das Nordfenster von dessen erstem Obergeschosses mit einem barocken Sandsteingewände der Zeit um 1700–1720 liegt genau unter dem Maueranstoss (Abb. 137). Folglich müsste die Mauer bis weit ins 18. Jahrhundert hinein nur wenig mehr als eingeschossig gewesen sein, was aber unwahrscheinlich ist, da auch in diesem Bereich im Obergeschoss ein nachgotisches Fenstergewände[54] sitzt, oder sie war schon im frühen 17. Jahrhundert zweigeschossig und der 1979 dokumentierte Stichbogen im kritischen Bereich vor dem Turmstuben-Nordfenster gehörte zu einer Licht- und Ausblicköffnung (Abb. 115).[55] Ich halte das Letztere für richtig, obwohl mir noch nie eine derartige Lösung begegnet ist. Beim Ausbruch für die Toiletten im Jahre 1919 wurde der Stichbogen von innen fotografiert (Abb. 156).
Es könnte sich dabei um einen alten Toilettenstandort handeln. In diesem Fall wäre die Stichbogenöffnung 1632 als Ausgang zum Toilettenerker gebaut worden. Schon 1688 ist aber ein Toilettenerker an der Nordostfassade belegt (Abb. 118, Bildquelle IV).

50 Braun-Bucher 1995, S. 30.
51 Erlach 1989, Stammtafel C1.
52 Erlach 1989, S. 222–223; Maync 1979, S. 34.
53 Ausstellungskatalog Bern 1995 Bd. 1, Nr. 24 und S. 86ff.
54 1979 dokumentiert und überputzt, siehe HvF 123, 131.
55 HvF 65 und 79.

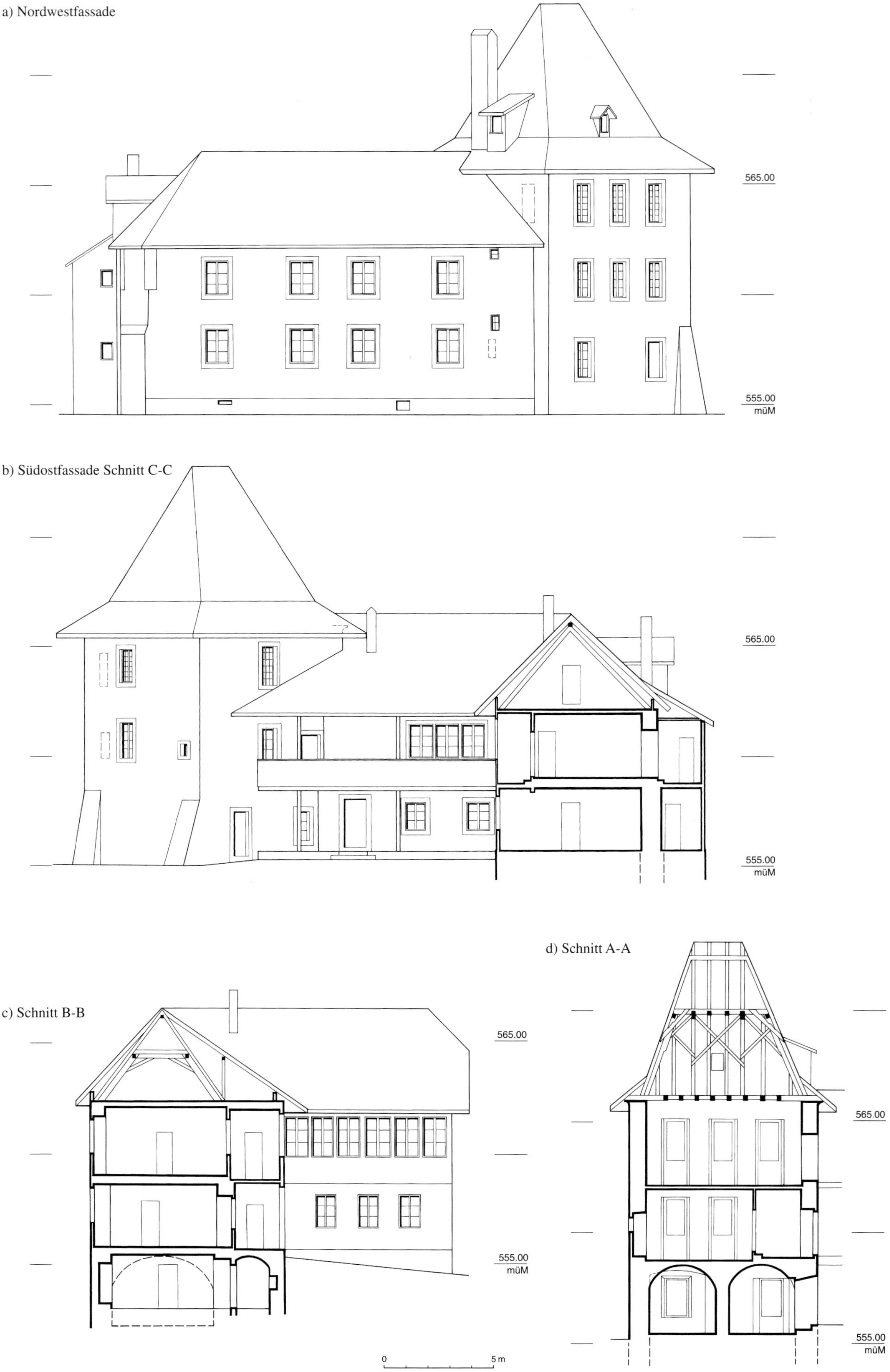

Abb. 113: Altes Schloss Bümpliz, Planaufnahme 1971. a. Nordwestfassade, b. Hoffassade mit Schnitt durch den Nordostflügel, c. Hoffassade mit Schnitt durch den Nordwestlügel, d. Schnitt durch den Torturm.

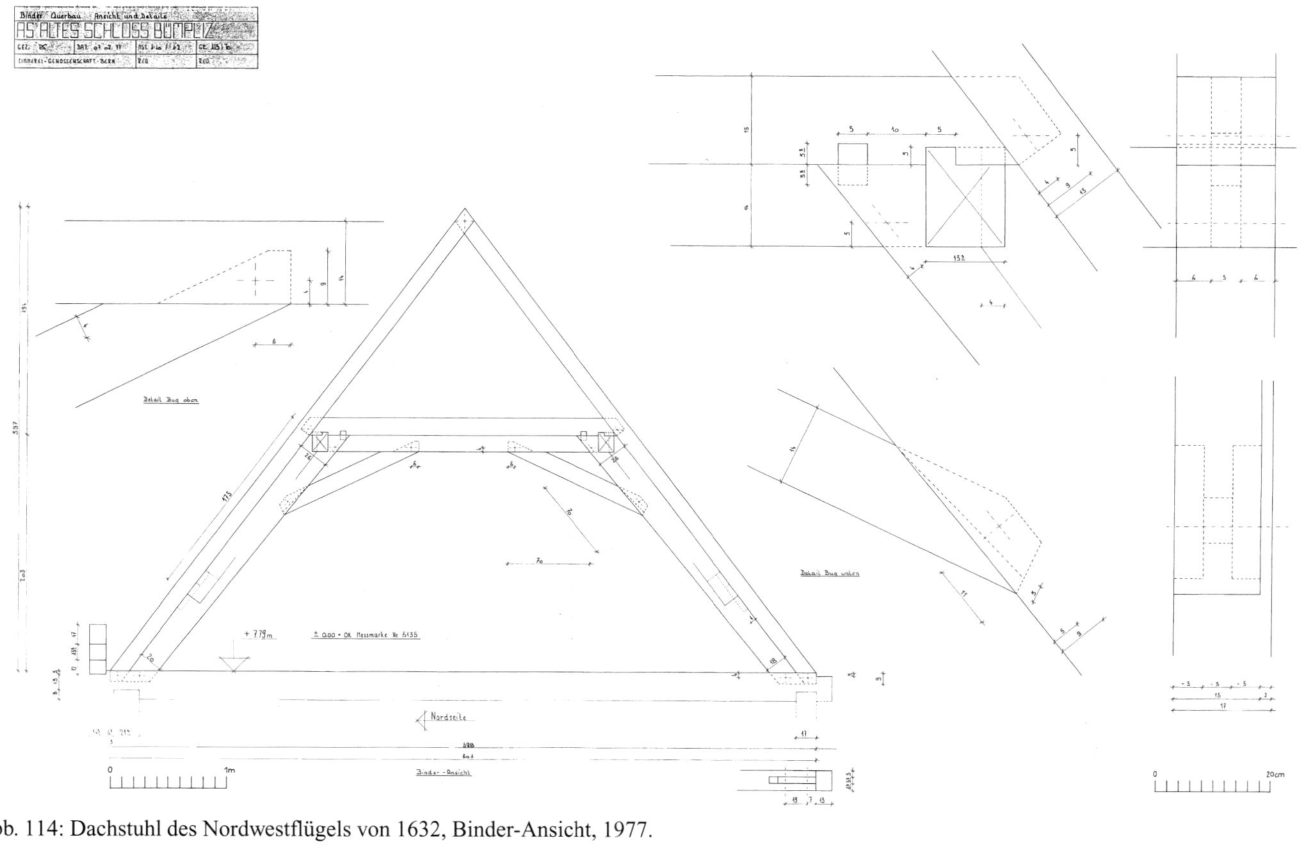

Abb. 114: Dachstuhl des Nordwestflügels von 1632, Binder-Ansicht, 1977.

3.4. Das konstruktive Gerüst des Nordwestflügels

Die Hoffassade des Nordwestflügels war beim Abbruch 1979 ein Geschoss hoch gemauert, das Obergeschoss in Riegwerk aufgeführt. Das war vor dem spätbarocken Umbau anders: Die Ansatzstelle der Obergeschoss-Hofmauer an der Nordostecke des Torturmes ist auf den Plänen von 1918 (Abb. 151) und 1971 ein massiger Mauerteil, der ohne den Maueransatz nicht erklärbar wäre. Daraus schliesse ich, dass im 17. Jahrhundert Aussen- und Hofmauer über zwei Geschosse gemauert waren.
Der zum Bau um 1632 gehörende Dachstuhl wurde nach dem Brand im Jahre 1976 dokumentiert und dann abgebrochen (Abb. 114, 160). Die Firsthöhe lag auf rund 4 m ab oberkant Bundbalken. Die Balkenstärken und die konstruktiven Verbindungen lassen eine Entstehung im 17. Jahrhundert ohne weiteres zu.[56] Der ursprüngliche Dachstuhl rechnete nicht mit einer hofseitigen Laube.
Wir kennen die ursprünglichen Dachabschlüsse an den Schmalseiten des Nordwestflügels nicht. Das 1979 abgebrochene, winkelförmig über beide Flügel gezogene und an den Torturm anschliessende Dach stammte von der Renovation im Jahre 1839. Doch dürfte das Dach schon 1632 in irgendeiner Form an den Turm herangeführt worden sein (Abb. 115).

Abb. 115: Nordwestflügel, Aussenmauer, Maueranstoss an den Torturm, am unteren Bildrand Kellerschlitz von 1632, in der Mitte vermauerte Stichbogenöffnung von 1632, oben, an der Nordmauer des Torturms, ein unterer Dachabdruck von 1632 bzw. 1700–1720 und ein oberer von 1839. 24. Juli 1979.

56 Beurteilung durch Zimmermeister E. Salzmann DKB.

Abb. 116: Nordwestflügel, Aussenfassade, Obergeschoss, nachgotisches Kuppelfenster von 1632, 1980 ergänzt.

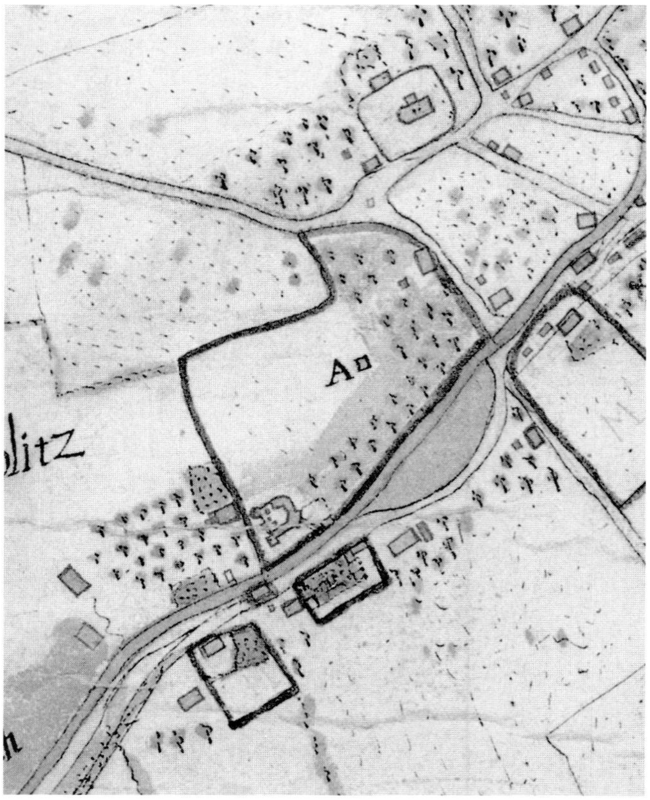

Abb. 118: Pierre Willomet, «Grundt-Riss, der Herrrschaft Pimlitz.», 1688, siehe Bildquelle IV.

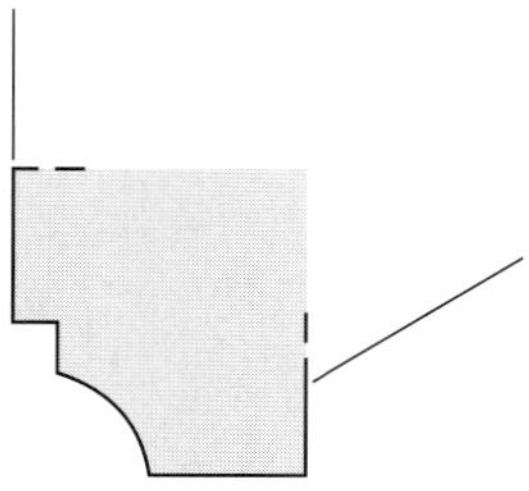

Abb. 117: Nordwestflügel, Nordostfassade, Fenster von 1632, Profil des Gewändes vom 1. Obergeschoss, Aufnahmeplan 1980. M 1:10.

3.5. Der Gebäudequerschnitt

Der zweigeschossige Gebäudeflügel war einen Raum breit, das sind im Erdgeschoss rund 5, im Obergeschoss knapp 5,5 m im Lichten (Abb. 27c). Der Bau war – wie der ganze Schlosskomplex – bis ins 19. Jahrhundert nicht unterkellert, die Lagerräume lagen im 17. Jahrhundert noch zu ebener Erde. Das Erdgeschoss des Nordwestflügels war durch die Belichtungs- und Belüftungsschlitze als Keller- und Wirtschaftsbereich gekennzeichnet (Abb. 28). Die Voraussetzung zu erdgeschossigen Wohnräumen brachte erst die Entleerung und schrittweise Auffüllung des Wassergrabens seit dem 17. Jahrhundert (vgl. Teil A: II.5.1., IV.7.).

Das Obergeschoss war als schnurgerade Folge von drei Räumen angelegt, wobei der Südraum einen dreieckigen, die beiden Säle einen quadratnahen Grundriss hatten. Die letzteren waren auf zwei bzw. drei Seiten befenstert und hatten eine Zimmerhöhe von 3 m. Nächst der nordöstlichen Schmalseite des Traktes, auf der Aussenseite der Ringmauer, hat vielleicht schon zur Bauzeit 1632, sicher aber 1688 (Bildquelle IV) ein Toilettenerker gehangen. Er war wohl über einen Wehrgang oder eine eigens dafür errichtete Laube erreichbar. Eine sehr vergleichbare Situation ist im Schloss Worb, am Südtrakt des 17. Jahrhunderts, erhalten (siehe dazu unten, Nordostflügel).

3.6. Die nachgotischen Fenstergewände

Das Obergeschoss des Nordwestflügels hatte 5 Kuppelfenster, die auf den Graben gingen, vier davon gegen Nordwesten und eines gegen Nordosten (Abb. 116). Die beiden mittleren Fenster der Nordwestfassade bildeten ein Paar für die Beleuchtung des mittleren Saales, die beiden äusseren waren etwas abgerückt und dienten zur Beleuchtung beider Eckräume. Alle Gewände wurden 1839 verändert, indem Mittelstab und Bank entfernt und neue, enger gestellte Seitengewände eingepasst wurden. Die alten Seitengewände blieben erhalten und konnten bei der neusten Renovation hervorgeholt werden, die Stürze wurden beschnitten.[57]

Die nachgotischen Fenster sind aus einem hellgrauen Sandstein, aus ca. 20 cm starken Werkstücken gefügt und

57 HvF 132.

Abb. 119: Torturm, Turmstube im ersten Obergeschoss, Dekorationsmalereien an der Nordwand und an der Riegtrennwand zum Gang, 1971.

haben ringsum einen kräftigen Ladenfalz und an den Gewänden, und zweifellos ehemals auch an den beschnittenen Stürzen und den verlorenen Mittelstäben eine breite Hohlkehle mit Anlauf (Abb. 117).[58] Vier Fenster wurden 1980 mit epoxidharzgebundenem Sandstein ergänzt und rekonstruiert, das südlichste wurde zugemauert und vollständig überputzt.

Die Kuppelfenster sind innen von grosszügigen Stichbogennischen begleitet. 1997 wurden 2,46 m bis zum Bogenansatz, 1,60 m in der Breite und 47 cm Laibungstiefe gemessen. Im Mittelsaal wurden an den Nischenrändern Reste grauer, von schwarzen Linien begleiteter Randbänder gefunden.

3.7. Die Gewände der Kellerschlitze

An der Aussenfassade des Erdgeschosses sind schmale, mit Sandsteingewänden eingefasste Licht- und Lüftungsöffnungen von Kellern, Ställen oder Gewerberäumen dokumentiert. Die fotografierten Gewände sassen am Süd- und am Nordende der Aussenfassade und nahmen nicht auf die Lage der Kuppelfenster des Wohngeschosses bezug.[59] Es ist anzunehmen, dass sie eine Reihe bildeten;

58 HvF 124–134.
59 HvF 90, 119.

Abb. 120: Torturm, 1. und 2. Obergeschoss, Rekonstruktionsskizzen zu den Wandabwicklungen von Hermann von Fischer, 1971. Dazu sind einzig zwei Detailkorrekturen anzubringen:
1. Obergeschoss, Süd- und Nordwand, Zustand um 1640: keine Kuppelfenster (um diese Zeit waren Süd- und Nordfassade vorgebaut, ausgenommen die westlichste Partie mit schmalem Fenster); 2. Obergeschoss, Nordwand, Zustand um 1700: das Cheminée war in der mittleren Wandnische, dort wo die Rekonstruktionsskizze den Schrank angibt.

diejenigen der Fassadenmitte wurden bei der Neubefensterung um 1839 zerstört. Die Fensterschlitze waren mitsamt den sorgfältig gestalteten Gewänden vermutlich einen knappen Meter hoch. Bänke und Stürze waren gegengleich gearbeitet und in der Mitte u-förmig ausgenommen. Das entspricht einer sehr einfachen Form von an Scharten inspirierten Gewänden, die von bernischen Staatsbauten zur Zeit des Schanzenbaus (1622–1642) bekannt sind. Hauptbeispiel ist das Schloss Büren an der Aare.[60] Zuletzt wurden sie beim Käfigturm von Joseph Plepp angewendet (1638–1643). Die Schartengewände am Alten Schloss Bümpliz wurden 1980 abgeschlagen und überputzt.

3.8. Herrschaftliche Zimmertrakte des bernischen 17. Jahrhunderts

Der 1977 dokumentierte Dachstuhl des Nordwestflügels überspannte nur die Zimmerbreite (Abb. 113, 114). Der einfache Gebäudequerschnitt, die beidseitige Befensterung und die ursprüngliche Dachkonstruktion stimmen weitgehend mit demjenigen des Schlösslis Rüfenacht, um die Mitte des 17. Jahrhunderts erbaut, überein.[61] Allerdings ist der Dachstuhl etwas weniger steil, und zudem kennen wir die Dachabschlüsse auf den Schmalseiten nicht mit Sicherheit. Die Stockwerkserschliessung ist im Schlössli Rüfenacht mit Treppen und Lauben an der Giebelseite bewerkstelligt.

Aus verschiedenen bernischen Schlossanlagen sind derartige schmale zweigeschossige Flügelbauten aus der ersten Hälfte des 17. Jahrhunderts bekannt, manchmal als Anbauten konzipiert, aus Rieg oder Mauerwerk erbaut, in einem Turm endend oder mit einem Erker akzentuiert.[62]

60 vor allem am Treppenturm. Siehe: Das Bürgerhaus Bern Bd. 1, Tafeln 38–42.

61 Das Bürgerhaus Bern Bd. 2, Tafeln 95, 96 und Kunstführer Bd. 3 1982, S. 318.

62 Schloss Schadau 1638, Schloss Worb 1643, Schlössli Rüfenacht um 1650, Schloss Kiesen 1668 u.a.m. Die beste Quelle dazu bilden die Aquarelle von Albrecht Kauw aus dem Ämter-, Regiments- und Geschlechterbuch des Victor von Erlach, BHM. Die Erfassung des regionalen frühbarocken Bautyps beruht vorderhand vorallem auf der Vergleichbarkeit der Grundrissanlage und der äusseren Erscheinung.

3.9. Die Erschliessung

Mit dem Bau des Nordwest- und des Nordostflügels hatte der Schlossgrundriss seine grösste Ausdehnung erreicht. Der Torturm wurde zur Gelenkstelle zwischen dem alten und dem neuen Teil der Schlossanlage. In diesem Zusammenhang wurde auf der Ebene des ersten Obergeschosses ein Gang entlang der Ostwand eingeführt. Die zum Südwestflügel führende Türe muss zu diesem Zeitpunkt geöffnet worden sein. Die Öffnung ist noch sichtbar am Ostrand der Südfassade. Sie hat einen Stichbogen und ein mit Begleitlinien ausgefasstes Putzgewände und ist schräg durch die Mauer geführt.[63]
Der Raumteil auf dreieckigem Grundriss zwischen Torturm und Nordwestflügel, wo ehemals der Hocheinstieg zur Turmstube lag, muss Zugangs- und Erschliessungszone geblieben sein. Es ist unwahrscheinlich, dass die Treppe verlegt worden ist, da damit gleichzeitig auch der neue Gebäudeteil erschlossen werden konnte.

Für die Stube im ersten Obergeschoss des spätmittelalterlichen Torturmes darf immer noch ein direkter Zugang angenommen werden. Zu ergänzen ist eine Verbindung vom Eingang des Torturms zu demjenigen des Nordwestflügels auf Wohnniveau. Ob die Treppe schon bis zum Dachstock des Torturmes hochgezogen wurde, ist ungewiss. Eine Treppe zum Dachstock des Nordwestflügels ist jedoch anzunehmen, und eine Erschliessung des Turmsaales von der Nordseite, der ja auf gleichem Niveau lag, hätte sich angeboten. Die Treppe, vermutlich eine Holzkonstruktion, war mit dem Kuppelfenster beleuchtet, das 1979/1980 überputzt wurde.
Die erdgeschossigen Wirtschafts- und Lagerräume waren nach wie vor direkt vom Hof erschlossen.

3.10. Die Ausstattung um 1632

Ausstattungsfragmente im Nordwestflügel:
Die Lage der Fensternischen inbezug auf das Zimmerformat unterlag einer geometrischen Ordnung, die in den Obergeschoss-Grundrissen von 1918 (Abb. 151) und auch 1971 noch augenfällig ist. Im Eckraum haben die zwei Nischen fast denselben Abstand zur Ecke mit Erker, im Mittelraum lässt sich eine Symmetrieachse durch die Mitte der Aussenwand legen. An der Hoffassade sind die Öfen zu suchen, spätestens 1688 im Eckzimmer auch ein Ausgang zum Toilettenerker, im Mittelzimmer mindestens ein Fenster. Die Verbindungstüren dürften eine Enfilade gebildet haben.
Es wurden Ausfassungen der oberen Partien der Fensternischen in grau und schwarz gefunden. Die Stubenwände könnten im unteren Bereich vertäfert gewesen sein. In dem in manchem vergleichbaren Schlössli Rüfenacht hat das Eckzimmer im Erdgeschoss ein prachtvolles Renaissancetäfer. Es sind anderseits auch frühbarocke Säle ohne Täfer bekannt, bei denen die Wände rings um die Fenster- und Türrahmen mit Dekorationsmotiven bemalt sind.
Auch am Äusseren sind Reste von Grisaille-Dekorationsmalereien gefunden worden.[64] Die dokumentierten Malereiresten reichen nicht aus, um sich ein Bild von den Fassadenbemalungen zu machen und sie zeitlich einzuordnen. Sie dürften in verschiedenen Phasen im 17. und frühen 18. Jahrhundert entstanden sein.
Wir kennen aus dem frühen 17. Jahrhundert mehrere prominente Bemalungen von Fassaden bernischer Staatsbauten, so den Zeitglockenturm und das Landvogteischloss Büren a. A., beide farbig und mit figürlichen Konzepten; der Untertorturm erhielt wohl schon früher eine Dekorationsmalerei mit aufgemalter Eckquaderung und Wehrbauelementen, vermutlich eine Grisaille.[65]

Die Turmstube:
Die Wandmalerei der Stube im ersten Turmobergeschoss rechnet mit der Riegtrennwand zum Gang und dürfte in Zusammenhang damit eingeführt worden sein (Abb. 119).[66] Die Neuausstattung umfasste ein nicht erhaltenes Täfer und einen darüber angebrachten Wandfries (Abb. 120), dazu eine leicht heruntergehängte, vermutlich ebenfalls bemalte Balkendecke mit eingeschobenen Brettern. Die mehrfarbige Dekorationsmalerei ist nur in der Turmstube nachgewiesen. Der Torturm war innerhalb des frühbarocken Schlossausbaus immer noch ein prestigeträchtiger Bau und die Turmstube ein besonders repräsentativer Raum. Vermutlich ist der Ausstattungsaufwand und auch die Abtrennung der Durchgangsachse der besonderen Funktion der Turmstube zuzuschreiben. Die andere bekannte Verbindungsachse dieser Bauphase im Nordwestflügel wurde mit einer Enfilade durch die Raumfolge geführt.

Die Dekorationsmalerei:
In der Turmstube konnten zwei mehrfarbige Wandmalereifragmente abgelöst werden. Es handelt sich um virtuos und locker hingeworfene Ornamentmalereien in schwarz und gelb, rot und blau, aufgetragen auf den trockenen gekalkten Verputz (Abb. 125).
Das eine, ein 65 cm breiter Fries an der Nordwand, der mit einem ¾-hohen Täfer rechnet, ist wieder ungefähr am gleichen Ort angebracht. Erhalten ist ein 2 m langes abgeschlossenes Friesstück.
Es ist ein mit einem roten Band und einem schwarzen Filet gerahmtes Feld mit Rollen an den Ecken und von Ranken und Arabeskenwerk gerahmter Mitte, diese jedoch eine Fehlstelle. Beidseits davon hängen zwei Fruchtbüschel an Bändern mit losen Enden, davon die einen gekräuselt, die anderen glatt herabhängend.
Das andere, ein 75 cm breites Fragment, stammt von der Untersicht der Stichbogennische an der Nordwand.[67] Es ist

63 HvF 83.
64 HvF 65, 79, 85.
65 Felsenburg 2002, in Vorb.
66 HvF 48, 49, 50, 51.
67 HvF 46.

Abb. 121: Torturm, Saal im zweiten Obergeschoss, Nordwand mit Rauchkanal eines offenen Kamins in der Mitte, rechts davon Hutabdruck, links Schrank(?)-Gewände und schräger Rauchkanal des Cheminées um 1700–1720, rechts Stichbogen-Türöffnung um 1632 oder 1700–1720. 6. Juli 1979.

Abb. 122: Nordwestflügel, Auslage der geborgenen Erkerkonsolen, 29. Januar 1980.

Abb. 123: Nordwestflügel, Erkerrekonstruktion: Erkerbodenplatte beim Wiederaufbau, 29. Juli 1980.

Abb. 124: Nordwestflügel, das Erkertürgewände in situ, 2. Januar 1980.

im wesentlichen eine Rosette in Blättern und Blumen, wovon eine blau gestreift. Sie ist heute im Treppenhaus angebracht.

Ein drittes Fragment, ein Roll- und Arabeskenwerk, mit herabhängendem Fruchtbüschel, war in einer Riegausfachung der Trennwand zwischen Turmstube und neu eingeführtem Gang angebracht. Die Wandmalerei fasste einen Balkenanstoss ein, der zur heruntergehängten Decke gehörte (Abb. 119).

Ausstattungsteile im Saal des Torturms:

Die Ausstattung des Turmsaales umfasste einen offenen Kamin an der Nordwand, östlich der Mitte, belegt durch den Kaminzug und den Abdruck eines Kaminhutes an der Mauer (Abb. 120, 121). Der über das Walmdach aufragende Schornstein ist bei Kauw abgebildet. Die Reste des sandsteinernen Türgewändes aus dem 16. Jahrhundert liegen genau gegenüber dem Kamin an der Südwand. West- und Ostseite hatten je zwei Kuppelfenster, diejenigen der Westfassade hat Kauw abgebildet, von den Fenstern der Ostseite wurde beim Umbau 1979/1980 die Schulter einer Stichbogennische entdeckt.[68] Das schmale Fenster am Westrand der Südwand wurde 1979/1980 in der auf die Renovation von 1839 zurückgehenden Form rekonstruiert.

Der Saal hatte eine grosszügige Täferdecke von drei mal fünf Feldern, wovon drei fotografiert werden konnten.[69] Stabprofilbänder trennten die Felder. Erstere sind aus einem Holzband und einer beidseitig zurückgesetzten Platte mit Kehlprofil aufgebaut, auf deren Mitte ein schmaler Rundstab sitzt. Felderdecken mit Stabprofilbändern sind in herrschaftlichen bernischen Wohnungen des frühen 17. Jahrhunderts verbreitet.

68 HvF 41.
69 HvF 42, 47.

3.11. Der frühbarocke Erker

Der Erker an der Nordecke des Nordwestflügels hat einen im Fundament ergrabenen Unterbau, der im Verband steht mit dem Mauerwerk des Nordwestflügels. Nach Aussage des beauftragten Restaurators, Ueli Bellwald, stand auch das Quaderwerk des Erkers im Verband mit dem anschliessenden Bruchsteinmauerwerk. Der Erker ist gleichzeitig mit dem Nordwestflügel erbaut, jedoch wohl von einem anderen Meister geplant und ausgeführt worden als jener. Konstruktions- und Detailformen des Nordwestflügels entsprechen einem landläufigen herrschaftlichen Bautypus. Der Erker und seine besonderen Gewände und Detailformen gehören zu einem besonderen Stil- und Ausführungsniveau, das zur Bauzeit an obrigkeitlichen Gebäuden der Hauptstadt nachgewiesen ist.

Abb. 125: Torturm, Turmstube im ersten Obergeschoss, Malereifragmente der Nordwand. Fries über Täfer und Bogenuntersicht der Stichbogennische, 1997.

Die Rekonstruktion von 1980:

Der Fenstersturz mit den Allianzwappen von Erlach und von Wattenwyl war im Zustand vor 1979 sichtbar im abgeflachten Teil der Nordecke des Nordwestflügels verbaut.[70] Das Türgewände zum Erker war noch intakt und am alten Ort (Abb. 132). Restaurator Ueli Bellwald barg aus dem Mauerteil weitere Erkerspolien (Abb. 122) und befasste sich sogleich mit der Planung der Erkerrekonstruktion. Sein Vorschlag überzeugte und konnte dank eines Beitrages der Kantonalen Denkmalpflege beschlossen und 1980 von ihm realisiert werden.

Geborgen wurden drei von vier Konsolen, davon zwei mit der aufgerissenen Begrenzungslinie und den Spuren der Vermauerung (Abb. 122). Die Konsolenlöcher im Mauerwerk waren nach Auskunft des Restaurators sichtbar. Die Bodenplatte konnte fast ganz geborgen werden (Abb. 123), die Stellen, wo sie auf den Konsolen auflag, war darauf abgezeichnet. Teile des Fensterbankgesimses waren erhalten und auch das Loch, wo das Gesims in das Mauerwerk lief, war laut Auskunft sichtbar. Dokumentiert sind diese Befunde nicht. Ein ganzes Fenstergewände mit Bank, Gewänden, Sturz und Verdachung konnte zusammengesetzt bzw. ergänzt werden (Abb. 126, 128), es fehlte nur der Mittelstab. Die Spolien waren kaum abgewittert. Die oberen Fenster wurden nach dem unteren neu geschaffen.

Die sorgfältig bearbeiteten Brüstungsquader zwischen Bodenplatte und Fensterbankgesims wiesen an ihrem oberen Rand eine tiefe Rinne auf, in die ehemals ein Eisenband eingelegt war. Dieses hielt den Erker zusammen und band ihn an die Ringmauerecke zurück. Bei den Wiederherstellungssarbeiten 1980 wurde das Quadermauerwerk aus statischen Gründen nicht wieder eingesetzt, sondern durch Backsteinmauerwerk ersetzt. Nur die sichtbaren Teile wurden wiederverwendet bzw. in Sandstein rekonstruiert.

Die Haubenschweifung wurde aufgrund der Krümmung der im Grabenbereich gefundenen Ziegel rekonstruiert und auch die verschiedenen Glasurfarben von alten Ziegeln übernommen (Abb. 127, 129). Auf das Rautenmuster

70 HvF 5, 7.

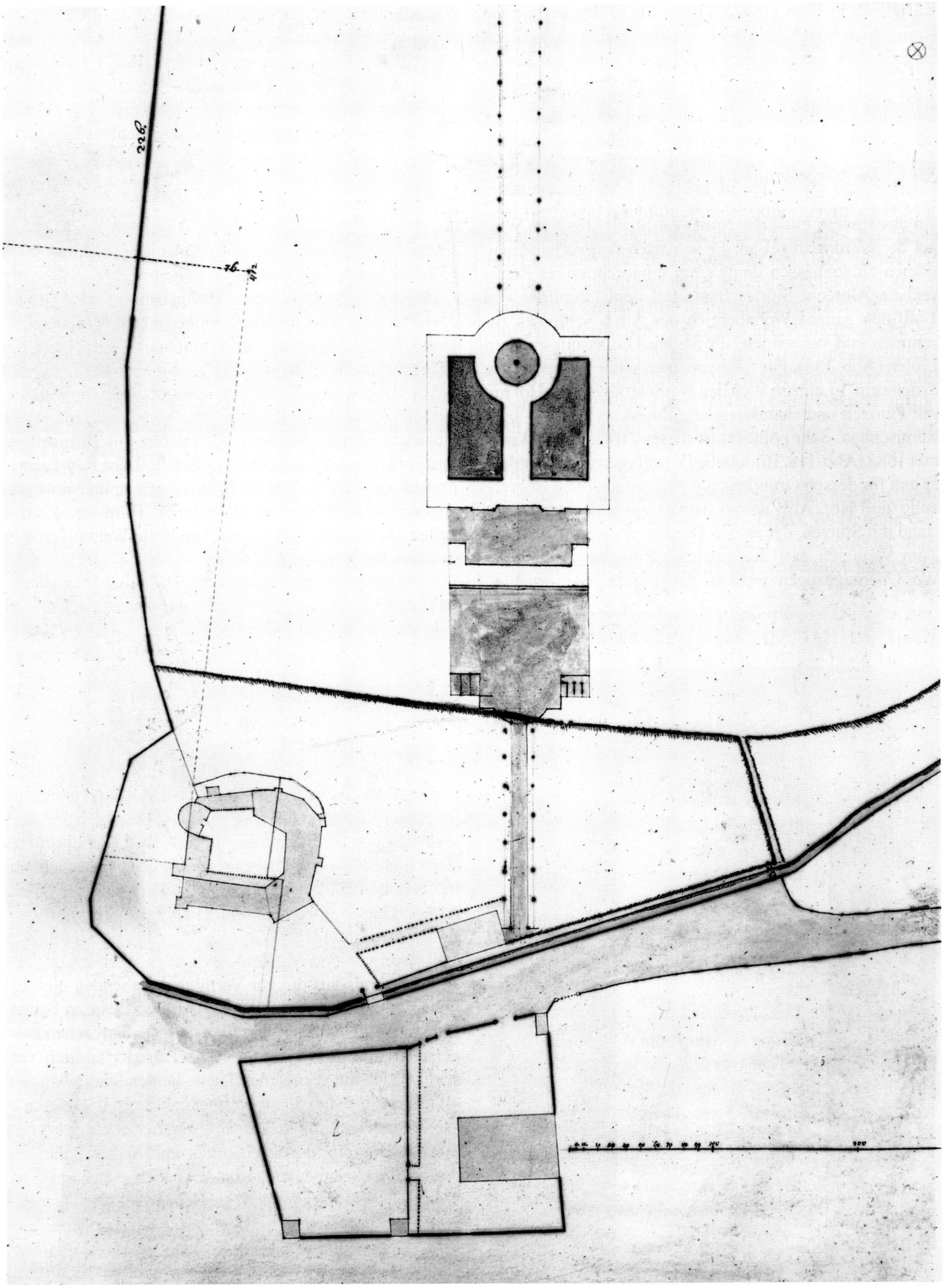

Abb. 133: Albrecht Stürler, Projekt zum neuen Schloss Bümpliz und Aufnahmeplan des Alten Schlosses, um 1740, siehe Bildquelle V.

Es scheint, dass der Herrschaftsherr des Schlosses Bümpliz bei der Etablierung des neuen herrschaftlichen Bautypus eine Vorreiterrolle gespielt hatte. Die anderen bekannten Beispiele entstanden später.
Vorbildlich dürfte der französische Schlossbau der Renaissance und die darüber bekannten Publikationen gewirkt haben, die reich illustrierten Werke mit französischen Schlossbauten von Jaques Androuet Ducerceau. Sie waren in der bernischen Stadtbibliothek just seit 1632 präsent, als die Bongarsische Bibliothek von Joseph Plepp von Basel nach Bern gebracht wurde. Auch die vorwiegend in literarischer Form präsente deutsche Baukultur des frühen Barock, besonders mit den Publikationen von Joseph Furttenbach, könnte Anregungen gegeben haben. In Bern waren sie jedenfalls in der persönlichen Bibliothekt Joseph Plepps präsent.[76] Hier wie dort ist das wehrhafte Schloss mit Mauer und Graben, Turm und Tor, Kennzeichen adeligen Standes, hier wie dort umschliessen schnurgerade Flügel innenliegende Höfe.

Abb. 134: Johann Ludwig Nöthiger, Altes und Neues Schloss Bümpliz, Radierung um 1744, siehe Bildquelle VI.

Neue Trakte wie der Nordwestflügel des Schlosses Bümpliz, welche nicht in die Höhe streben, sondern sich in der Waagrechten ausdehnen und gerade Raumfolgen bilden, wurden bei verschiedenen bernischen Schlössern im Laufe des 17. Jahrhunderts als neue standesgemässe Wohnungen erbaut. Der Erker jedoch hat keine Parallelen als anspruchsvolles und kostspieliges Bauwerk, es sei denn im obrigkeitlichen Baubereich.

4. Der spätbarocke Umbau

Erhaltene Teile der Anlage und formierte Elemente:
Fenstergewände Torturm, Nordfassade (Abb. 137), Laubentürgewände Torturm, Ostfassade (Abb. 135).

Bildquellen:
V, VI.

Datierung:
Der Zustand um 1700–1720 ist datiert durch die Decke und das Täfer der Turmstube mit Wulstprofilen, und ebenso durch die Decke im Mittelzimmer des Nordwestflügels. Diese sind dokumentiert auf verschiedenen Fotos (Abb. 139, 141, 155) und auf dem Grundriss von 1918 (Abb. 151). Nicht auszuschliessen ist dabei, dass der Umbauvorgang schon im späten 17. Jahrhundert einsetzte und schrittweise vorangetrieben wurde.

Bauherrschaft:
Franz Ludwig von Erlach III (*1632), Mitherr zu Bümpliz, verkaufte seinen Anteil an der Herrschaft Bümpliz 1676 an den ehemaligen Schultheissen zu Büren, Jakob Tillier (1630–1685, Kap. III und Schriftquelle 6). Tillier tauschte 1677 auch die zweite Herrschaftshälfte von Burkhart Nägeli bzw. seinem Vormund, Victor von Erlach, dazu ein und vereinigte damit alle Güter und Rechte in seiner Hand (Schriftquelle 7).
Jakob hinterliess den Besitz 1685 seinem Bruder Niklaus Tillier (1643–1708). Dieser, Landvogt zu Avenches 1678 und des Kleinen Rats 1696, vererbte die Herrschaft seiner Tochter Anna Katharina, die damit ihren Gatten Johannes Jenner zum Herrschaftsherren machte (1708–1738). Johannes Jenner (1664–1738) war Seckelschreiber (1704), Vogt zu Wangen (1710) und Unterseen (1732–1738).
Die spätbarocke Umbauphase ist aus formalen Gründen in die ersten beiden Jahrzehnte des 18. Jahrhunderts anzusetzen. Welche von den drei Herrschaftsherren, Jakob oder Niklaus Tillier oder Johannes Jenner, den barocken Ausbau tätigten, ist nicht mehr auszumachen.
Die Herrschaftsherren des späten 17. und frühen 18. Jahrhunderts, die Tillier und Jenner, hatten nicht denselben gesellschaftlichen Anspruch und auch nicht dieselbe politische Machtfülle wie die Erlach im 17. Jahrhundert. Aber es sind alte burgerliche Familien, die an der Regierung teilhatten und regelmässig auch Kleinräte stellten. Die Tillier, mit einem erblichem Adelstitel seit dem 16. Jahrhundert ausgestattet, hatten auch einen Schultheissen. Jenner hingegen heissen mehrere bernische Staatsarchitekten. In der fraglichen Zeit arbeitete Samuel als Werkmeister Steinwerks (1681–1688) und Münsterwerks (1688–1703), und Abraham als Werkmeister Steinwerks (1711–1716).[77]

4.1. Gesamtanlage

Albrecht Stürler gibt um 1740 nur noch am östlichen Ringmauerteil einen Grabenbereich an (Abb. 133). Die Grabenaufschüttung war damals im Gang. Der an den Torturm angelehnte Aborttum ist abgebrochen.
Im Laufe des 17. Jahrhunderts war die Gruppe der herrschaftlichen Gebäude ausserhalb des Schlossgrabens

76 Strübin 1995 Ausstellungskatalog, S. 162.
77 Kellerhals, Strübin 1990, Tabelle S. 116.

Abb. 135: Torturm Ostfassade, erstes Obergeschoss, barockes Laubentürgewände, 1997.

Abb. 136: Torturm Nordmauer, zweites Obergeschoss. Türnische, Rekonstruktion nach Versetzung 1980, 1997.

angewachsen. Dazu gehörte neben den Gewerbe- und Landwirtschaftsbauten auch das sogenannte kleine Schlösschen und die Wirtschaft (III.3., Quellentexte 9, 10, 11). Von den in Bümpliz bestehenden Gastbetrieben kommt der Sternen als ehemalige herrschaftliche Wirtschaft in Frage. Die Gruppe mit Wirtshaus, Saalbau und Wohnstock steht vom Schloss entfernt im Dorfkern, Bümplizstrasse 119–121. Die jüngste Renovation des Wirtshauses hat Bauteile zutage gefördert, die eine entsprechende Baugeschichte und Bauherrschaft vermuten lassen.[78] Weiter besteht heute noch der von Victor von Erlach erbaute Fellerstock.

4.2. Die Erschliessung

Im Dreiecksbereich zwischen Torturm und Nordwestflügel muss um 1700–1720 ein einheitliches Treppenhaus über drei Geschosse eingeführt worden sein, wenn das nicht schon vorher, im Zusammenhang mit dem Neubau des Nordwestflügels, geschehen war. An der Nordfassade des Turmes war bei der Renovation ein tiefer liegender Dachansatz abzulesen, der das Nordfenster des Turmsaales freiliess. Es handelt sich um den barocken Dachansatz (Abb. 115). Die Horizontalerschliessung im ersten Obergeschoss des Nordwestflügels wurde neu über eine hofseitige, aus Holz gebaute Laube geführt. Das östliche Vordach war über die Laube gezogen worden (Abb. 134). Die Laube bediente die Zimmer des Nordwestflügels und die Toilette am Nordostrand des Schlosskompexes. Sie führte zum Gang an der Ostwand des Wohnturmes, wozu die Türe mit barockem Gewände in die Ostfassade des Torturmes eingebrochen worden war. Das war der kürzeste Weg zwischen den Wohnräumen des Nordwesttraktes und denjenigen des Südwestflügels. Die Treppe im Zwickel zwischen Torturm und Nordwestflügel führte deshalb nicht direkt auf die Laube. Die Waagrechte wurde wichtiger als die Senkrechte in der Organisation der Wohnräume, und mit dem Abbruch des Aborttturmes fiel auch im äusseren Bild ein vertikaler Akzent weg.

4.3. Der Laubenbau

Mit dem Laubenbau wurde die Hoffassade des Nordwestflügels im Obergeschoss neu in Rieg aufgeführt. Der

78 Emanuel Fivian, Bericht über die Renovation des Sternen in Bümpliz, in: Denkmalpflege in der Stadt Bern 1989–1992, Berner Zeitschrift für Geschichte und Heimatkunde 1993, Heft 1, 2, S. 53–55.

Grund dafür dürfte in ihrer Konstruktion gelegen haben: Die Laube war auf Stichbalken, die in der Hoffassade verankert waren, und nicht, wie dann diejenige aus dem 19. Jahrhundert, auf Laubenpfosten gestützt. Die barocke Laube war schmäler als die jüngere, die 1979 abgebrochen worden war. Nöthiger bildete die barocke Hofsituation ab; das Laubenvordach ragte nur bis knapp in die Mitte der Torturm-Ostfassade und war mittels eines Aufschieblings konstruiert. Der Abdruck an der Torturm-Ostfassade ist dokumentiert.[79] Auf einem 1979 erhaltenen Putzfeld war auch eine schwarze Begleitlinie erhalten, die den Dachansatz über der Laube bezeichnet. Sie verlief waagrecht, wir haben es also mit einer verbretterten Dachuntersicht, mundartlich «Vogeldiele», zu tun. Es ist nicht gewiss, ob die Ausfassung der Zeit um 1700–1720 nur den Laubenbereich oder die ganzen Fassaden umfasst hat.

Die Laubentüre:
Die Laube wird bis heute über eine 1700–1720 neu eingebrochene Türe an der Ostfassade des Torturmes bedient (Abb. 135). Die Türöffnung ist 1,94 m hoch und 98 cm breit. Das geohrte Türgewände ist aus bläulichem hartem Sandstein geschaffen und besteht aus drei beeindruckend grossen Werkstücken: den beiden Seiten, je 1,92 m lang, 25 cm tief und 22 cm stark, und dem 1,54 m langen Sturz. Das Gewände hat einen kräftigen Ladenfalz von 4 auf 4 cm und ist im weiteren ohne Profil. Die Oberfläche ist fein querscharriert. Die dazugehörende gemauerte und verputzte Türnische im Inneren hat 2,20 m Schulterhöhe und einen Stichbogen.

4.4. Die Fenstergewände am Torturm

Das bis 1971 erhaltene barocke Täfer in der Turmstube rechnete mit drei Fenstern an der Westfassade. Beim spätbarocken Umbau wurden die Kuppelfenster am ganzen Turm ersetzt durch hochrechteckige Fenster. Deren Gewände hatten Ohren wie das aus der Bauphase erhaltene Türgewände an der Ostfassade. An den vermauerten kleineren Fenstern an der Nordfassade sind sie erhalten (Abb. 137). Sie sind aus demselben harten bläulichen Sandstein wie das Gewände der Laubentüre, fein querscharriert, der Bank ist möglicherweise zurückgearbeitet und steht nur leicht vor. Die Fenstergewände der Westfassade wurden in der 2. Hälfte des 19. Jahrhunderts entweder überarbeitet oder ganz oder teilweise ausgewechselt. 1979/1980 wurden sie in den Formen des 19. Jahrhunderts ersetzt. Die Fensternischen des Saalgeschosses haben schwere eichene Stürze (Abb. 138), die ursprünglich nicht sichtbar waren, diejenigen der Turmstube gemauerte Stichbogen.

4.5. Die Ausstattung

Die Turmstube:
Die barocke Felderdecke der Turmstube hatte 2 x 4 rechteckige Felder von etwa 1,25 x 2 m (Abb. 139, 151). Die

Abb. 137: Torturm Nordfassade, erstes und zweites Obergeschoss, vermauerte barocke Fenstergewände, 1997.

Wandtäfer waren in schmale Panneaux mit hochrechteckigem Feld im oberen und annähernd quadratischem Feld im unteren Teil gegliedert (Abb. 120, 141).[80] Das Täfer wurde mitsamt Decke 1979 entfernt. Die aktuelle, etwa gleichzeitig entstandene Decke stammt aus dem bernischen Zunfthaus zu Schuhmachern.[81]
In der Stichbogennische der Südwand wurde eine Dekorationsbemalung gefunden, die mit einem niederen Ofenteil rechnet (Abb. 120, 139). Am Boden zwischen Riegtrennwand und Südwand war der Abdruck der Bodenplatte eines Turmofens erhalten.[82] Die Einfeuerstelle dürfte im Gang gelegen haben.

79 HvF 85.
80 HvF 17, 20, 24.
81 Sie war der Kant. Denkmalpflege anlässlich eines früheren Umbaus übergeben worden, worauf sie in Teilen in Bümpliz wiederverwendet wurde.
82 HvF 23, 25.

Abb. 138: Torturm, Saal im zweiten Obergeschoss, Westwand, Fensternische mit eichenem Sturz, 1997.

Der Mittelsaal im Nordwestflügel:

Auf dem Obergeschoss-Grundriss von 1918 ist die Felderdecke des Mittelsaales im Nordwestflügel als «Eichene Decke, Lichte Höhe 3 m» bezeichnet (Abb. 151, Nr. 6). Sie hat 3 x 3 rechteckige Felder und ein von einem ähnlich kräftigen Profilstab begleitetes Band wie die Täfer der Turmstube; sie muss um dieselbe Zeit angebracht worden sein (Abb. 155). Die Eichendecke dürfte von einem spätbarocken Täfer begleitet gewesen sein, das dann 1839, mit dem Ausbruch der hochrechteckigen Fensteröffnungen, nicht angepasst, sondern ersetzt wurde.

Der Querschnitt des verwendeten Profilstabs ist nicht dokumentiert. Da er in der Stadt Bern um 1700–1720 häufig auftritt, kann auf bekannte Beispiele zurückgegriffen werden. Die recht breiten Profilstäbe haben am Rand jeweils eine feine Platte und einen feinen Wulst und in der Mitte einen breiten, flachen Wulst.

Der Turmsaal:

Um 1700–1720 verschwand der Aborttum, welcher die Erschliessung des Dachstockes des Torturms gewährleistet hatte. Spätestens in dieser spätbarocken Bauphase musste der Turmsaal von Norden her erschlossen worden sein, der Dachstock intern. Eine schmale Türe mit Stichbogen führt in den vom Saal abgetrennten Gang (Abb. 121). Sie ist bei der Renovation 1979/1980 um einen halben Meter gegen Osten versetzt worden (Abb. 136). Die Randfassung in Grau und Schwarz auf der Treppenhausseite wurde wieder angebracht. Die Mauerstärke beträgt hier noch 72 cm. Im neu abgetrennten Gang wurden eine Leiter zum Dachstock und eine Aufstiegsluke eingeführt.

Der um den abgetrennten Gang verkleinerte Saal war verputzt und hatte eine Ausfassung mit breiten gelben Randbändern, die von schwarzen Linien begleitet waren (Abb. 140, 142). Diese rechneten mit den spätbarocken Fenstern an der Westwand, dem kleineren Süd- und dem Nordfenster und der Kaminnische an der Nordwand (Abb. 121).

Die Fenster haben stattliche Masse. Sie messen mit Rahmen 1,90 m in der Höhe und 1,08 m in der Breite, das kleinere Südfenster ist 1,60 m hoch und 80 cm breit. Die spätbarocken Fenster mit feiner Sprossenteilung (12 Felder pro Fensterflügel) waren bis 1979/80 erhalten.

In der Nische an der Nordwand sass im 18. Jahrhundert ein Cheminée. Weil im Osten ein Gang abgetrennt war, rückte die Feuerstelle, die vorzugsweise etwa in der Mitte einer Wand liegt, nach Westen. Der Rauchabzug wurde schräg in den alten Kaminzug geleitet (Abb. 121). Eine 1971 unter dem im 19. Jahrhundert heraufgesetzten Boden gefundene Cheminée-Einfassung mit qualitätvollem, reichem Reliefschmuck stammt aus der ersten Hälfte des 18. Jahrhunderts (Abb. 142, 143). In der Nische an der Südwand wurde der Abdruck eines gestuften Ofens dokumentiert (Abb. 140).

Bei den Untersuchungsarbeiten im Jahre 1971 kamen im Gang, Südende, drei Felder der frühbarocken Decke mit Stabprofilen zum Vorschein. Im Saal war sie entfernt, gewiss in Zusammenhang mit der Abtrennung des Ganges um 1700–1720 und einer damals neu eingeführten heruntergehängten Decke. Darauf weisen nur noch die Begleitlinien an den Wänden hin.

4.6. *Die Gärten*

Gärten gehörten unbedingt zur bernischen Schlossanlage um 1700. Stürler zeichnete 1740 einen Garten mit Eckpavillons westlich der Strasse (Abb. 133); er trug keine Binnengliederung ein. Derartige Gärten sind aus dem späten 17. Jahrhundert von den Kauw'schen Schlossansichten, z.B. Toffen, Utzigen und anderen, bekannt.[83] Sie sind von Mauern umgeben und mit Eckpavillons ausgestattet. Zu ergänzen wäre eine geometrische Anlage der Gartenbeete und Wege. Der Garten dürfte mit Gemüse und Blumen an-

83 Ausstellungskatalog Bern 1995 Bd. 1, Kat.Nrn. 92, 93, 95, 97.

Abb. 139: Torturm, Turmstube im ersten Obergeschoss während des Umbaus, Felderdecke mit Wulstprofilen um 1700–1720, links an der Südwand Ofennische, 1971. Täfer und Decke wurden 1979 entfernt.

Abb. 141: Torturm, Turmstube im ersten Obergeschoss, Feldertäfer (links) um 1700– 1720; die Wulstprofile der unteren kleinen Täferfelder wurden bei der Heraufsetzung des Bodens um 1890–1900 entfernt; rechts die Nordwand mit Dekorationsmalereien von 1632; 1971.

Abb. 140: Torturm, Saal im zweiten Obergeschoss, Süd- und Westwand, Ausstattungsreste um 1700–1720: Randfassung, welche die Lage der leicht heruntergehängten Decke angibt, links Nische an der Stelle der Türe aus dem 16. Jahrhundert mit Abdruck eines gestuften Ofens, entlang den Fensternischen (rechts) breite gelbe, von schwarzen Linien begleitete Bänder, 1971.

Abb. 142: Torturm, Saal im zweiten Obergeschoss, West- und Nordwand, Ausstattungsreste des spätbarocken Umbaus um 1700–1720: Randfassung unter den Deckenbalken, Bänder an den Fensternischen (links), davor spätbarocker Cheminée-Sturz, rechts oben für den Rauchabzug ausgenommener Bundbalken, 1971.

gepflanzt gewesen sein. Überwachsene Laubengänge sind mit gepunkteten Linien eingezeichnet. Der Gartenplan zum (unausgeführten) Projekt des Neuen Schlosses ist von ganz anderer Art: Mit Kiesflächen, Buchs-Parterres, Wasserbecken und einer gross angelegten Allee entspricht er den weit in die Landschaft ausgreifenden, mit Perspektivfluchten auf das Schloss bezogenen französischen Gartenanlagen (Abb. 90).

4.7. Zusammenfassung

Der spätbarocke Umbau führte ein rationales Erschliessungssystem ein und trug damit wesentlich zum gehobenen Wohnkomfort bei, der den bernisch-patrizischen Campagnen des frühen 18. Jahrhunderts allgemein eignete. Dazu gehörten weite Treppenhäuser und Treppen mit geraden Läufen und bequemen Trittverhältnissen; dazu

Abb. 150: Torturm, Erdgeschoss, Nordgewölbe gegen Osten, Ausstattung von 1839 mit Feldertäfer und Kachelofen, 1971.

(was nicht heisst, dass es an anderen Orten keine derartigen Öfen hatte. Die Fotografien wurden unter einem anderen Blickwinkel als demjenigen der historischen Baudokumentation gemacht.)

Ob das Bad für verschiedene Anwendungen, das Tribolet anbot, im Alten oder im Neuen Schloss lag, ist nicht mehr zu eruieren.

6.7. Umgebung und Gartenanlagen

Die Umgebung spielte im Heilungsprozess der Gemütskranken eine wichtige Rolle. So hebt Tribolet denn in seinem Bericht über die neugegründete private Irrenanstalt in Bümpliz an erster Stelle die bevorzugte Lage und die liebliche Umgebung hervor (III.3., Quellentext 8). Weiter scheint ihm das Wasser, die laufenden Brunnen, wesentlich. Ausfahrten und Spaziergänge gehörten zum Tagesprogramm der Kranken. «Für die Bewegung im Freyen derjenigen, welchen man nicht unbedingt trauen kann, ist durch einen mit Mauern umgebenen geräumigen verschlossenen Garten gesorgt, und durch die notwendigen Wärter und Wärterinnen.» Es handelt sich um den ummauerten Garten beim Neuen Schloss, den schon Nötiger abbildete (Abb. 134).

6.8. Zusammenfassung

Professor Tribolet tätigte einen umfassenden Umbau. Es scheint, dass das Schloss auch einen tüchtigen Schub Unterhalt nötig hatte. Der Bauherr unterkellerte den Mittelteil und baute das Erdgeschoss aus, um mehr Patientenzimmer zu erhalten. Er verbreiterte die Laube, erweiterte das Laubensystem mit einer Achse entlang dem Nordostflügel und deckte Nordwest- und Nordostflügel neu. Tribolet war der letzte Bauherr, der beide Schlösser transformierte.
Der Anstaltsumbau der Gründerzeit gab dem Alten Schloss das einheitliche, biedermeierlich nüchterne Ansehen, das bis zum Umbau von 1979/1980 prägend war. Dabei kann man mit einem weissen Kalkanstrich und grauen Holzfassungen rechnen. Besondere Beachtung und Pflege erhielt die Umgebung.

6.9. Umfeld und Einordnung

Die rationale Anstaltsarchitektur entsprach dem Geist der wirtschaftlichen Unternehmung, deren bauliche Basis die beiden Schlösser bildeten. Die Holzkonstruktionen der Lauben und auch der Ründe gehörten zur bäuerlichen und gewerblichen Baukultur der Zeit, nicht zur herrschaftlichen. Die Ausstattung war zweckmässig, schlicht und von einer spröden Eleganz.

7. Die Knaben-Erziehungsanstalt

Datierung:
1848 verlegten die Brüder Benedikt und Jakob Allemann, beide Erzieher, ihr vor 24 Jahren gegründetes Knaben-Erziehungsinstitut von Kirchlindach (Nüchtern) in das Schloss Bümpliz. 1849 erwarb Jakob Allemann das Alte und das Neue Schloss mit Nebengebäuden, Gärten und Umschwung. Der letzte Institutsleiter, Jakob Enz-Allemann, der die Schlösser 1876 für Fr. 100'000.– erworben hatte, machte 1882, mitten in der grossen Depression, Konkurs und musste die Schlösser unter ihrem Wert verkaufen.[92]

Bauherrschaft:
Jakob Allemann war Erzieher, ein Schüler von Pestalozzi. Er führte die Anstalt zusammen mit seinem jüngeren Bruder, Benedikt Allemann (1808–1883) ebenfalls Pädagoge, Absolvent des Seminars Hofwil.[93] Das Institut hatte einen guten Ruf, besonders bei Westschweizern, Franzosen und Italienern. In Bümpliz wurde es mit dem scherzhaften Übernamen «Löffelschlyffi» bedacht.

7.1. Der gelbe Fassadenanstrich

Als einzige dokumentierte bauliche Massnahme stammt der gelbe Fassadenanstrich des Alten und des Neuen

92 Loeliger 1983 Typoskript, S. 6.
93 HBLS 1921–1934.

Schlosses aus der Zeit der Knabenerziehungsanstalt. Er dürfte um 1860 entstanden sein und hat die Schlösser bis zur Renovation im späten 20. Jahrhundert geprägt. Die Annahme beruht erstens auf der Tatsache, dass beide Schlösser gelb angestrichen waren. Es muss sich deshalb um eine Überholung aus der Zeit handeln, da noch beide Schlösser in einer Hand waren. Sie wird gestützt durch die Beobachtung, dass der Gelbanstrich am Neuen Schloss Bümpliz nicht direkt auf der harten, auch für Flicke verwendeten Mörtelschicht liegt, sondern auf einem weissen Kalkanstrich.[94] Dieser dürfte zur Tribolet'schen Renovation gehören.

7.2. Umgebung

Die körperliche Betätigung im Freien gehörte wesentlich zum Erziehungskonzept. Es wird eine Badegelegenheit, wohl im Weiher, angeboten.[95]

7.3. Zusammenfassung

Bauliche Änderungen aus der Zeit der Knaben-Erziehungsanstalt sind nicht auszumachen. Diese hatte am Ende des 19. Jahrhunderts ausgedient, ihr war die wirtschaftliche Grundlage durch andere Schulangebote und die Depression entzogen worden. Das Schloss dürfte zudem, mit verschiedenen nötigen Anpassungen und vermutlich liegengebliebenen Unterhaltsarbeiten, zu einem wirtschaftlichen Problem geworden sein. Vermutlich wurde aus diesem Grunde die Besitzung von der neuen Besitzerin aufgeteilt.

8. Das Mietshaus des späten 19. Jahrhunderts

Formierte Elemente des aufgehenden Mauerwerks:
Torturm, Südfenster, Dachuntersicht und Konsolen (Abb. 92, 153), Nordostflügel, Laubeneinwandung und Laubenverglasung (Abb. 149).

Bildquellen:
IX, X, XI.

Datierung:
Nachdem Jakob Enz, der letzte Institutsleiter, 1882 den Konkurs anmelden musste, kaufte Niklaus Läuffer von Zauggenried, Wirt in Baden, im Jahre 1883 das Alte und Neue Schloss.[96]

Die Frau oder Witwe des Konkursiten, Emilie Enz-Allemann, kaufte 1884 die Schlösser zurück. Sie verkaufte das Neue Schloss 1889 an Fürsprecher Paul Friedrich Hofer, der es 1903 an Herrn Benteli, Druckereibesitzer, veräusserte. Von diesem Zeitpunkt an sind die beiden Schlösser getrennte Liegenschaften und in verschiedenen Händen, bis sie 1954 und 1977 an die Stadt kamen.

1897 erbten Hermann und Anna Enz das Alte Schloss von ihrer Mutter. Das Grundbuch konstatiert eine beträchtliche Wertsteigerung des «Wohnhauses mit Flügelgebäude» auf fast das Doppelte des Wertes von 1884 bis 1897.[97] Frau Enz dürfte einen Umbau durchgeführt haben bevor 1897 ihr Erbe an ihre Kinder ging.

Bauherrschaft:
Anna Enz wird in den Akten des frühen 20. Jahrhunderts als Privatière bezeichnet, während Hermann Chemiker in der Alkoholverwaltung in Bern war und eine Familie hatte. Emilie Enz-Allemann hatte ihrem Sohn eine gute Ausbildung und der Tochter eine Pension für ihren Lebensunterhalt mitgeben können. Sie scheint eine gut situierte, unternehmerisch denkende Person gewesen zu sein. Sie steckte Geld in den Kauf der Schlösser, teilte die Liegenschaft, verkaufte den Grossteil des Landes und das Neue Schloss und baute das Alte Schloss zu einem Wohn- und Mietshaus um, das vermutlich ihr Grundeinkommen sicherte. Wahrscheinlich lebte Emilie Enz bis zu ihrem Tode im Alten Schloss.

8.1. Gesamtanlage und Nutzung

Die Raumeinteilung aus Institutszeiten wurde belassen, mit Zwischenwänden unterteilt und mit Küchen ergänzt. Die Grundrisse von Erd- und Obergeschoss von 1918 (Abb. 151) zeigen drei kleine Wohnungen im Erdgeschoss und zwei grössere im ersten Obergeschoss. Hier lagen die guten Wohnungen. Die Erdgeschoss-Wohnungen dagegen waren klein, z.T. nicht unterkellert und eher dunkel.
In der Wohn- und Mietshauszeit scheint der alte Garten nördlich des Schlosses sorgfältig gepflegt und derjenige im Hof neu angelegt worden zu sein (Abb. 91).

8.2. Der Nordostflügel

Die hofseitige Erdgeschosslaube wurde eingewandet, verschindelt und befenstert, der Laubenraum zum Erdgeschoss geschlagen (Abb. 149). Die Verschindelung, die Fenstereinfassungen, Fensterflügel und Fensterläden sind fotografisch dokumentiert, sie entsprechen der eher bescheidenen Mietshausarchitektur des Fin-de-siècle. Als Zeichen eines etwas anspruchsvolleren Wohnungsstandarts kann die Laubenverglasung im Obergeschoss gewertet werden (Abb. 152).
Der in Riegwerk aufgeführte Küchen- und Toilettenanbau an der Nordwestseite geht ebenfalls auf den Mietshaus-

94 Strübin 1984.
95 Erziehungsanstalt für Knaben im Schloss Bümpliz, bei Bern. Prospekt o. J., SLB (VBE 7124).
96 Grundbuch Bümpliz 30/193.
97 1884: Fr. 10'700.– , 1897: Fr. 20'000.–, während der Preis des Turmes von Fr. 7'700.– auf Fr. 9'400.– steigt.

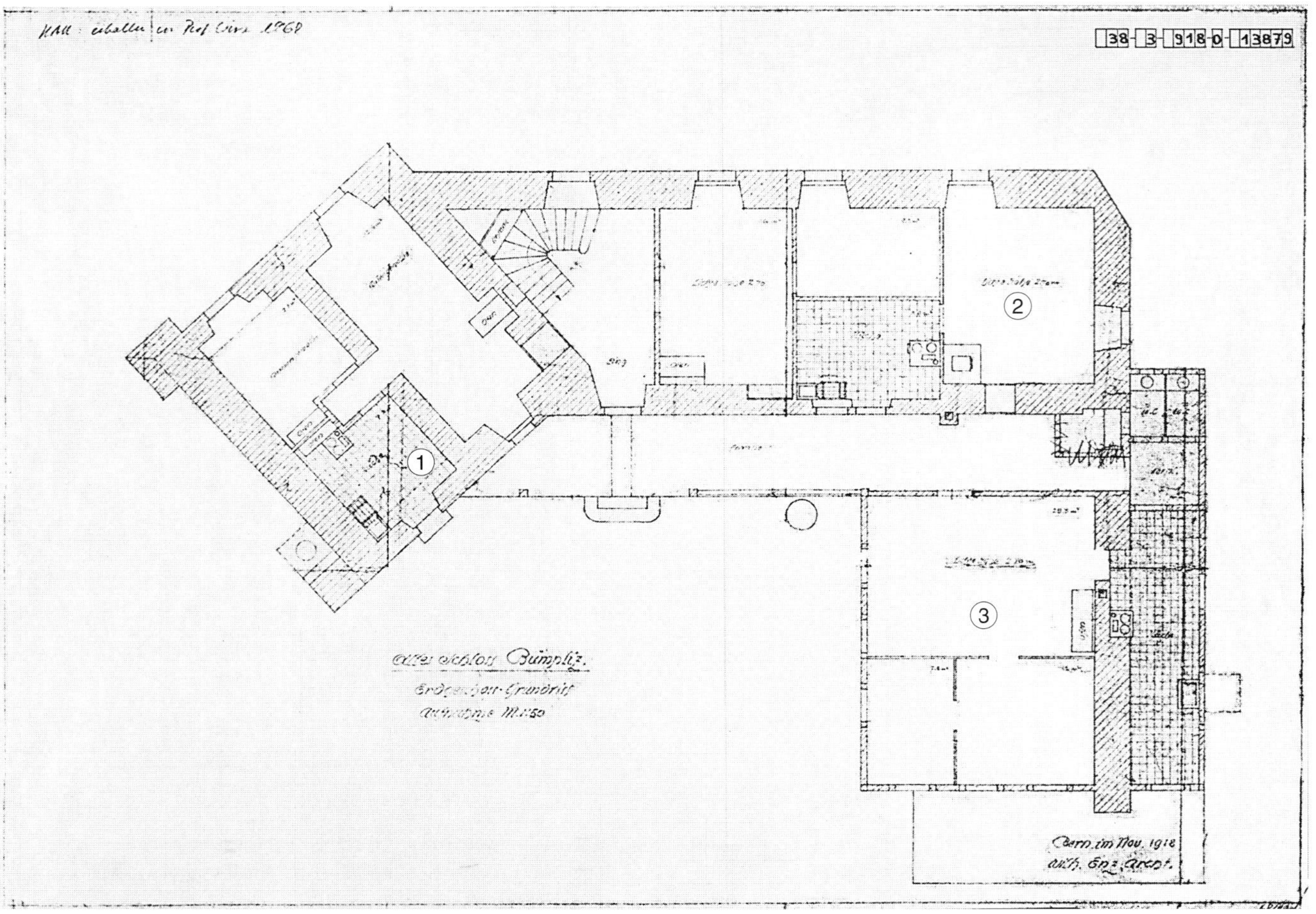

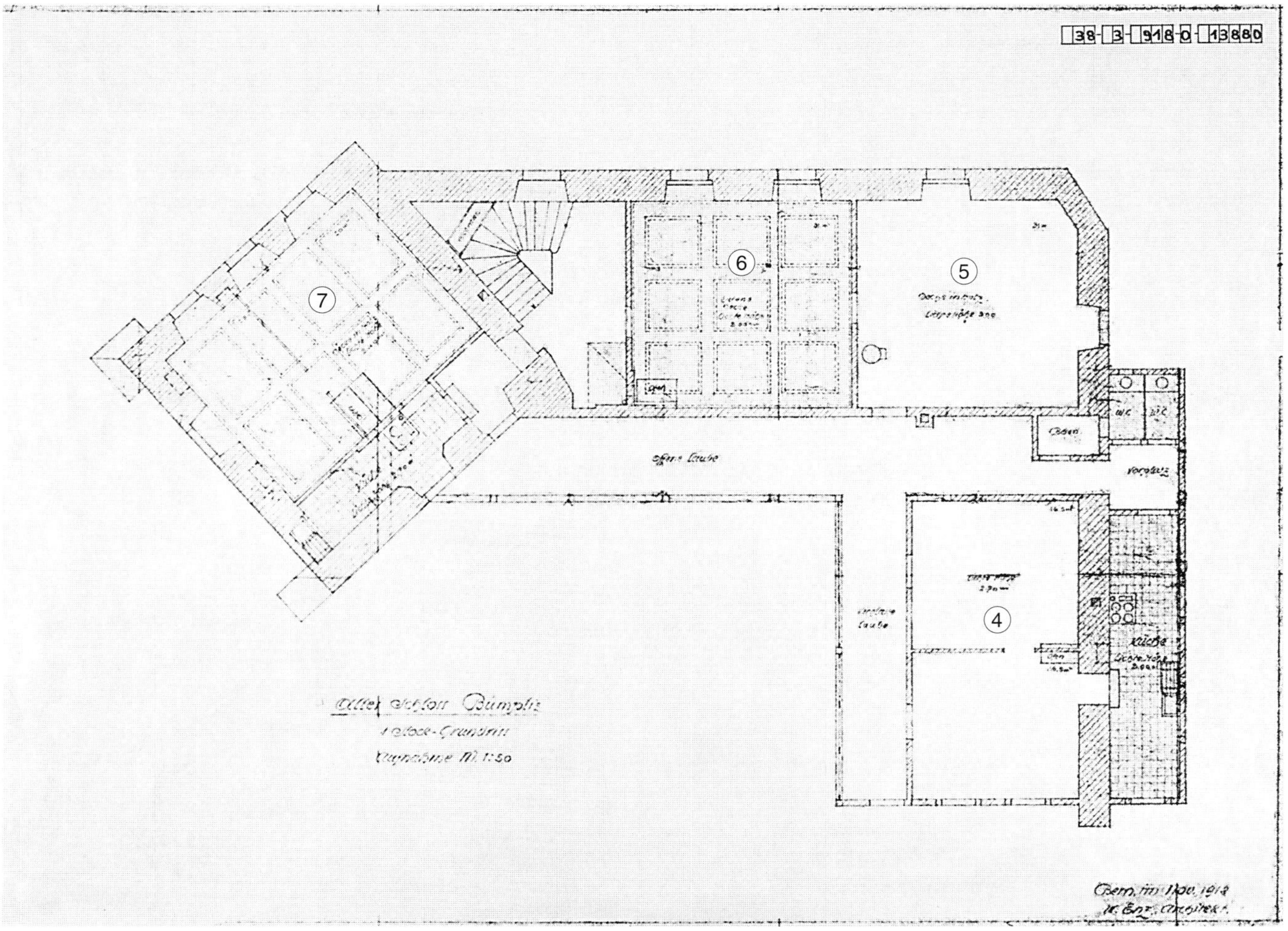

Abb. 151: Grundrisse Erd- und Obergeschoss von Architekt Wilhelm Enz, 1919, Bildquelle IX.

Umbau zurück. Das Dach wurde in diesem Bereich angehoben und die Traufe verlängert.

8.3. Der Turm

Die Turmsüdfassade erhielt neue Fenster. Sie wurden nötig mit der Unterteilung der alten Räume. Gleichzeitig mit der Verkleinerung der Zimmer wurden die Böden erhöht (Abb. 87, 92). Es war das erste Mal seit dem Abbruch des Südwestflügels im 18. Jahrhundert, dass die Südfassade des Turmes für die Verbesserung des Wohnwertes genutzt wurde. Die Fenster hatten kräftige Gewände und vorspringende Bänke. In diesem Zusammenhang dürften auch die Fenstergewände der Westfassade ausgewechselt worden sein. Sie weisen die gleiche Detaillierung auf.
Die Klebdächer über den Fenstern des ersten Obergeschosses, die Stettler noch an West- und Südfassade dokumentiert (Abb. 144), wurden abgebrochen. Deswegen, und auch wegen der Fensterausbrüche, musste der Verputz ergänzt und geflickt und die Fassaden neu gestrichen werden.
Im Zuge dieser Renovation wurde der Dachvorsprung des Turmes neu gestaltet mit einem hölzernen Gesims und einer profilierten Dachuntersicht; paarweise angeordnete Konsolen akzentuierten die Ecken. Diese korrespondierten mit einer illusionistischen Fassadenbemalung. Sie umfasste Ecklisenen, vielleicht Gesimse. Auf einer Foto des frühen 20. Jahrhunderts ist ein gemaltes zweites Fenster an der Südfassade erkennbar, das die Symmetrie zum gebauten Fenster herstellte (Abb. 153). Damals dürfte der gelbe Anstrich erneuert worden sein. Gelb wurden auch die flächigen Holzteile. Die hölzernen Gliederungsteile erhielten einen braunen Anstrich.

8.4. Zusammenfassung

Auch zum Mietshaus liess sich das alte Schloss Bümpliz mit nicht allzu grossem Aufwand umfunktionieren. Dabei wurden verschiedene Ausstattungsteile geopfert, dokumentiert sind die Folgenden: Bei der Heraufsetzung der Böden im Torturm wurden die unteren Partien der barocken Täfer im ersten Obergeschoss ihrer Profile beraubt. Die Einfassung des offenen Kamins im zweiten Obergeschoss wurde herausgerissen und als Unterlage für den erhöhten Boden eingesetzt.

8.5. Umfeld und Einordnung

Ende des 19. Jahrhunderts erfuhr das Alte Schloss eine neue Wertschätzung als Wohnhaus und Mietojekt mit pittoresker Gesamtform und einer veritablen Baugeschichte. Der Turm, der Favorit unter den anspruchsvollen Bauformen des späten historistischen Villenbaus, wurde mit einer verschalten Dachuntersicht mit Konsolenpaaren und einer gemalten Fassadengliederung versehen. In der nördlichen

Abb. 152: Gemeindehaus, Nordostflügel, Obergeschoss, Laubenraum mit Decke, Boden, Frontfenster und Brüstung von 1839, Verglasung aus dem späten 19. Jahrhundert, für das alkoholfreie Restaurant möbliert und mit elektrischem Licht versehen, um 1925.

Abb. 153: Gemeindehaus, Südfassade des Torturmes mit den Fenstergewänden des späten 19. Jahrhunderts und Resten einer illusionistischen Fassadenbemalung (zweites Fenster Südfassade, vermutlich Ecklisenen). Das eiserne Tor und Wirtshausschild stammt vom Wirtshaus Röseligarten im Dörfli der Landesausstellung in Bern. Dahinter das Kleine Schlössli bzw. Tscharnerhaus.

Abb. 154: Gemeindehaus, Nordwestflügel, Obergeschoss, Bibliothek und Gesellschaftszimmer (siehe Grundriss Abb. 151, 5); Täfer der Fensterwand 1839, für des Gemeindehaus möbliert und mit elektrischem Licht versehen, um 1925.

Obergeschoss-Wohnung konnten in bescheidenem Rahmen auch Ansprüche eines gehobenen historistischen Wohnstandarts verwirklicht werden, nämlich mit der verglasten Veranda.

9. Die alkoholfreie Gemeindestube

Datierung:
Hermann Enz, Chemiker, und seine Schwester Anna Enz, Privatière, verkauften das Alte Schloss im Jahre 1919 für Fr. 45'000.– an die Gemeinnützige Genossenschaft Altes Schloss Bümpliz. 1919 ist das Jahr der Eingemeindung von Bümpliz in die Stadtgemeinde Bern. Im gleichen Jahr reichte Hans Georg Wirz, der Obmann der Genossenschaft, ein von Architekt Karl Indermühle unterzeichnetes Baugesuch ein.[98] Die Umbauarbeiten wurden sofort an die Hand genommen. Der damals hergestellte Bauzustand wurde erst 1979/1980 verändert.

Bauherrschaft:
Die Gemeinnützige Genossenschaft Altes Schloss Bümpliz wurde iniziiert durch Hans Georg Wirz (1886–1972). Er war Historiker, Bibliothekar der Eidgenössischen Militärbibliothek (1912–1921) und Hauptmann im Generalstab während des Ersten Weltkrieges, Mitbegründer der Schweizerischen Stiftung für Gemeindestuben und Gemeindehäuser (1920), Mitinitiant der Umwandlung der während des Ersten Weltkrieges aufgebauten Soldatenbibliothek in die Schweizerische Volksbibliothek und 1920–1957 deren Oberbibliothekar, Mitherausgeber einer Schweizerischen Kriegsgeschichte (1915–1929) und Dozent für schweizerische und allgemeine Kriegsgeschichte an der Universität Bern (1924).[99] Weiter gehörte Albert Benteli, Druckereibesitzer und Hausherr im Neuen Schloss, zum Vorstand. Dieser bestand aus einer rührigen Gruppe von sozial engagierten Intellektuellen und Unternehmern mit breitgefächerten kulturellen Interessen und denkmalpflegerischem Engagement. Sie erkannten die

98 Städtisches Bauinspektorat. Zu Karl Indermühle siehe Architektenlexikon der Schweiz, 19. und 20. Jahrhundert, hrg. v. Isabelle Rucki und Dorothee Huber, Basel, Boston, Berlin 1998, S. 287, 288.

99 H. W. Ruoff, Nachruf H. G. Wirz in der Neuen Zürcher Zeitung Nr. 139 vom 20. September 1972.

Abb. 155: Gemeindehaus, Nordwestflügel, Obergeschoss, Lesesaal (Abb. 151, 6); eichene Decke um 1700–1720, Türe des späten 18. Jahrhunderts mit älteren Beschlägen, für das Gemeindehaus möbliert und mit elektrischem Licht versehen, um 1925.

kulturgeschichtliche Bedeutung des Alten Schlosses und erklärten es zum Baudenkmal, das es zu erhalten galt. Ihr Ziel war es, das historische Gebäude der Spekulation zu entziehen und darin ein Gemeindehaus für gemeinnützige Zwecke zu eröffnen.[100]

9.1. Nutzung

Die Genossenschaft richtete während der Nachkriegsdepression ihre Angebote an die vielen Arbeitslosen, denen sie eine gute und billige Verpflegung, Aufenthaltsräume und Programme zur sinnvollen Freizeitgestaltung anbot. Ein alkoholfreies Restaurant und eine Kleinkinderschule wurden eingerichtet. Im Lesesaal lagen Zeitschriften und Zeitungen auf. Im Bibliotheks- und Gesellschaftszimmer fanden Lesungen, Konzerte und weitere kulturelle Veranstaltungen statt. Die Bibliothek wurde von den Wanderbüchereien der Schweizerischen Volksbibliothek versorgt; 1937 war sie Sitz der Arbeiterbibliothek Bümpliz.[101] In den Gemeinschaftsräumen fanden Ausstellungen zeitgenössischer bernischer Künstler statt.

Der Baueingabeplan bezeichnet den Mittelsaal im ersten Obergeschoss des Nordwestflügels als Lesesaal (Abb. 149, 155). In einem Zeitungsartikel von 1922 beschreibt der Obmann das weitere realisierte Raumprogramm: im Eckraum neben dem Lesesaal lag das Bibliotheks- und Gesellschaftszimmer (Abb. 154), im Obergeschoss des Nordostflügels die alkoholfreie Wirtschaft, die neben der Küche zwei Zimmer und die verglaste Laube umfasste (Abb. 152).[102] Die Kleinkinderschule wurde im Erdgeschoss des Nordosttraktes eingerichtet. Sie umfasste schon nach wenigen Jahren zwei Klassen, eine mit 60 und eine mit 40 Kindern.[103]

1924 wurden vier Wohnungen vermietet. Zwei Schwestern, welche die Kleinkinderschule in den ersten Betriebs-

100 Statuten der Gemeinnützigen Genossenschaft Altes Schloss Bümpliz-Bern 1919, Gemeinnützige Genossenschaft Altes Schloss Bümpliz, Akten 1919–1954, OAB C31.

101 Renate Beck, Emil Erne, Geschichte der Arbeiterbibliothek Bümpliz, Bümpliz 1985, Sonderdruck des Mittelungsblattes des Arbeiterkartells Bümpliz/Bethlehem, 2. Jahrgang, Nr. 3, November 1985.

102 Berner Woche vom 4. März 1922, Nr. 9, S. 116.

103 Gemeinnützige Genossenschaft Altes Schloss Bümpliz, Protokollbuch 1919–1925, 12. Dezember 1924, OAB C 30.

jahren (bis 1925) führten, wohnten im Turm.[104] Nachdem Kindergärtnerinnen die Schwestern abgelöst hatten, vermietete die Genossenschaft die Turmwohnung als Passantenzimmer. In der Wirtschaftenkontrolle der Einwohnergemeinde Bümpliz ist für 1925 ein Beherbergungsrecht für zwei Zimmer vermerkt.[105]

9.2. Umbaugegenstand

Im Tätigkeitsbericht der Gemeinnützigen Genossenschaft Altes Schloss Bümpliz von 1927 berichtet der Obmann über die Bauarbeiten (Kap. III.3., Schriftquelle 10). Vordringlich waren sanitäre Einrichtungen wie eine Gas- und eine Wasserleitung und eine Abwasseranlage. Auch das elektrische Licht wurde eingeführt[106] und im Turmerdgeschoss eine Backstube eingebaut (Abb. 151).
Im Baugesuch sind zwei Toiletten im Treppenhaus-Winkel und der Neubau des Toilettenanbaues an der Nordostseite in Massivbauweise deklariert, weiter einige Änderungen im Innern des Hauses, vorwiegend in Holz ausgeführt, wie eine Garderobe und ein neues dreiteiliges Fenster auf der Hofseite des Lesesaales. Im Nordostflügel, Erdgeschoss, wurden für die Kleinkinderschule die Zwischenwände entfernt und 1923 das Eckzimmer des Nordwestflügels unter dem Bibliothekszimmer für die zweite Klasse dazugeschlagen.
Ein gelber Innenanstrich aus dieser Bauphase ist für das Erdgeschoss des Nordwestflügels fotografisch dokumentiert. Vom Gasthaus Röseligarten im Dörfli der Landesausstellung konnten das Wirtshausschild und ein eisernes Tor übernommen werden (Abb. 153). Der Hof wurde eingezäunt.

9.3. Das Ende der Gemeinnützigen Genossenschaft Altes Schloss Bümpliz

In einem Gesuch der Genossenschaft um Unterstützung durch den Seva-Lotteriefonds vom 13. März 1953[107] werden folgende Angebote erwähnt: Kindergarten, Schulhort, Gemeindestube, alkoholfreie Wirtschaft, diese besonders von der auswärtigen Schuljugend besucht, Wohnungen, an kinderreiche Familien billig vermietet, Freizeitwerkstätte im Parterre, bernische Volksbücherei. Der Genossenschaftsbetrieb konnte sich mit verschiedenen Zuschüssen selbst tragen, aber es reichte nicht für dringend nötige bauliche Reparaturen wie die Aussenrenovation, die Sanierung der Restaurantküche und der Vorratskammer. Die sanitären Anlagen waren unzureichend, das Inventar fiel buchstäblich auseinander. Seit 1937 lagen mehrere Projektstudien für die Erneuerung und Neunutzung des Schlossgebäudes vor, u.a. von Architekt Kormann und von Stadtbaumeister Albert Gnägi.
1955 beschloss die Gemeinnützige Genossenschaft Altes Schloss Bümpliz ihre Auflösung. Die Besitzer der Anteilscheine wurden aufgefordert, auf ihre Anteile zu verzichten. Der Überschuss nach Vollzug der Liquidation wurde dem Gemeinnützigen Frauenverein Bümpliz zugesprochen, der die Angebote im Gemeindehaus weiterbetrieb.

9.4. Die bauliche Umgebung

Um die Jahrhundertmitte war die bauliche Umgebung des Alten Schlosses Bümpliz noch weitgehend intakt. Südlich davon stand das kleine Schlössli, damals Tscharnerhaus genannt (Abb. 91, 157, Bildquelle X). Östlich schloss die Gruppe der Mühlebauten an (Abb. 159, 161). Zwischen Altem und Neuem Schloss stand das zum Schlossgut gehörende Bauernhaus, zuletzt Bluniersscheune genannt (Abb. 158), und zwischen diesem und dem Stöckli die Chemiefabrik Benteli, ein modernes Produktionsgebäude. Kurz nach 1950 wurde als erstes das kleine Schlössli abgebrochen. Ihm folgten bis Ende der 80er Jahre alle anderen bis auf das Stöckli.

Abb. 156: Torturm Nordfassade, Anstoss der Aussenmauer des Nordwestflügels, Ansicht von innen beim Ausbruch der Toilettennischen im Jahre 1919. Stichbogenkonstruktion.

104 Loeliger 1983 Altes Schloss Bümpliz, S. 17.
105 StAB B.7.1.
106 Gemeinnützige Genossenschaft Altes Schloss Bümpliz, Protokollbuch 1919–1925, 12. Dezember 1924, OAB C 30.
107 Gemeinnützige Genossenschaft Altes Schloss Bümpliz, Akten 1919–1954, OAB C31.

Abb. 157: Das Kleine Schlössli, zuletzt Tscharnerhaus genannt.

Abb. 159: Stadtbach, Mühle, Mühlestock, 1971.

Abb. 158: Das Pächterhaus aus dem 18. Jahrhundert, zuletzt Blunierscheune genannt, 1970er Jahre.

Abb. 160: Hofansicht nach dem Brand im November 1976.

9.5. Zusammenfassung

Wir verdanken die Erhaltung des Alten Schlosses Bümpliz in der ersten Jahrhunderthälfte den Gründern und Wortführeren der Gemeinnützigen Genossenschaft Altes Schloss Bümpliz, die im frühen 20. Jahrhundert die Erhaltung des historischen Gebäudes zu ihrem Ziel machten – ein frühes Beispiel von Denkmalpflege auf privater Basis. Dass das Haus auch als Gemeindestube mit alkoholfreier Wirtschaft, kulturellem Angebot und Kleinkinderschule diente, erstaunt nach all den Nutzungen, die das Gebäude im Laufe der Jahrhunderte versah, nicht mehr.

9.6. Umfeld und Einordnung

Der Umbau durch Architekt Karl Indermühle (1877–1933) ist einerseits aus Rücksicht auf das Genossenschafts-Budget, andererseits aber auch aus Respekt vor dem historischen Baubestand auf Erhaltung angelegt. Dort, wo man dennoch in die Substanz eingegriff, wurde dokumentiert: Im spitzen Winkel zwischen dem Torturm und der Aussenfassade des Nordwestflügels wurden Toilettennischen ausgebochen. Den Ausbruch der vor allem aus Kieselsteinen errichteten Mauerpartie fotografierte Obmann Hans Georg Wirz. 1973 kam die Abbildung aus seinem Nachlass an die in der Zwischenzeit entstandene Kantonale Denkmalpflege (Abb. 156).

10. Das aktuelle, 1980 realisierte Begegnungszentrum mit Restaurant

10.1. Die Vorgeschichte

1954 bot die Gemeinnützige Genossenschaft das Alte Schloss der Stadt zum Kauf an.[108] Der Kaufpreis betrug

108 Stadtratsprotokoll vom 26. November 1954.

Fr. 79'800.– und entsprach dem amtlichen Wert. Die Stadtratsvorlage passierte ohne Opposition. Die Genossenschaft knüpfte die Auflage an den Verkauf, die Stadt müsse das Schloss weiterhin der Öffentlichkeit zur Verfügung stellen.
Obwohl dringend nötige Unterhalts- und Reparaturarbeiten den Verkauf unumgänglich gemacht hatten, verstrich bis zur Renovation ein weiteres Vierteljahrhundert. Der Anstoss zum Umbau kam schliesslich von seiten der Archäologie. 1971 nahm Architekt Edwin Rausser die Planungsarbeiten auf. 1972 wurde nach einer statischen Untersuchung eine Sicherung mit Stahlseilen eingeführt und das Gebäude abgesperrt. Am 19. November 1976 brannte der Dachstock (Abb. 160). Das Schloss erhielt ein Notdach. Am 23. April 1978 bewilligte das Stimmvolk den Baukredit. 1979 und 1980 erfolgte der Umbau. Präsident der Baukommission war Kurt Weiss. Am 24. Oktober 1980 konnte die Baudirektorin Ruth Geiser-Im Obersteg das Begegnungszentrum einweihen.

10.2. Der Frauenverein und der Schlossverein

Der Gemeinnützige Frauenverein Bümpliz beabsichtigte, eine alkoholfreie Wirtschaft in der Turmstube mit historischem Mobiliar und eine Gartenwirtschaft zu führen und vielfältige Aktivitäten zugunsten der Bedürftigen und Alleinstehenden zu entfalten.[109] Die Frauen, vertreten durch die Wortführerin Adelheid Lüthy, legten 1956 ein erstes wohlüberdachtes und in Rücksprache mit der Stiftung für Schweizerische Gemeindehäuser und Gemeindestuben abgesprochenes Betriebskonzept und Raumprogramm vor. Sie wurden mit diesem wie auch mit verschiedenen weiteren Vorschlägen abgewiesen und vertröstet. Der Gemeinderat begründete seine erste Ablehnung mit dem Argument der Programmüberlastung. Mehrere Behörden und Institutionen hatten Raumansprüche geltend gemacht, die sich nicht unter einen Hut bringen liessen. Das Nutzungskonzept wurde in den folgenden Jahren von den verschiedensten Seiten überholt und musste ständig angepasst werden. Die Freizeitwerkstätten wurden 1962 in der Freizeitanlage der Überbauung Tscharnergut untergebracht, ebenfalls das Tagesheim. Der Kindergarten wurde schliesslich im alten Dorfschulhaus realisiert. Neue Verzögerungen erwuchsen 1963 aus den Übernahmeverhandlungen der Gemeinde betreffend das Neue Schloss, die sich aber vorerst zerschlugen, und 1964 wegen fehlenden baupolizeilichen Voraussetzungen. Unterdessen zerfiel das Gebäude zusehends. Dennoch führte der Frauenverein bis 1970 einen kleinen Wirtschaftsbetrieb, wo vor allem italienische Arbeiter und die Kinder des Tageshortes assen. In den 70er Jahren wurde schliesslich auch am Kernstück des Nutzungskonzeptes der Frauen, der alkoholfreien Wirtschaft, gerüttelt. Der Gesellschaft der Konjunkturzeit war das Angebot des Gemeinnützigen Frauenvereins fremd geworden. Weiter wurde – ein anderes Zeichen der Zeit – die Notwendigkeit von Parkplätzen diskutiert.

Als neue Trägerorganisation formierte sich im Jahre 1976 der Schlossverein, der das Schloss noch heute betreibt, und der sich aus Einzelpersonen und Vertretern der verschiedenen interessierten und involvierten Vereine und Institute zusammensetzt. Dazu gehörten der Gemeinnützige Frauenverein Bümpliz, das Konservatorium für Musik in Bern, allgemeine Musikschule, Filiale Bümpliz, die Vereinigten Leiste von Bümpliz, die Bernische Vereinigung für Gemeinschaftszentren, die Kirchgemeinden von Bümpliz, das Arbeiterkartell Bümpliz, der Mieterverein Schwabgut u.a.m. Der Schlossverein konnte in Zusammenarbeit mit den städtischen Behörden 1976 ein definitives Nutzungskonzept vorlegen.

10.3. Die Rolle der Archäologie

1965 schaltete sich der initiative Sekundarlehrer und Lokalhistoriker Hans Sarbach ein. Er regte bei der Historisch-Antiquarischen Kommission (HAK) eine Grabung und eine Abklärung der Schutzwürdigkeit des Alten Schlosses an. Damit nahm die Geschichte eine neue Wendung.
Hermann von Fischer schrieb im Tätigkeitsbericht der Denkmalpflege des Kantons Bern für 1969[110]: «Die Historisch-Antiquarische Kommission der Stadt Bern befasste sich mit dem alten Schloss Bümpliz. Im Sommer 1966 veranlasste sie durch das Bernische Historische Museum eine archäologische Sondierung… Die Kommission beschloss 1967, dem Gemeinderat eine systematische Grabung im Schlosshof und eine Untersuchung des Baubestandes unter vorheriger Aussiedlung der heutigen Bewohner und Benützer zu empfehlen. Hierauf sei durch den Stadtbaumeister in Verbindung mit dem Kantonalen Denkmalpfleger ein Restaurierungsprojekt auszuarbeiten.»
Die Sondierung wurde 1966 durch Hans Grütter, dem nachmaligen bernischen Kantonsarchäologen (1970–1998), damals am Bernischen Historischen Museum, durchgeführt.[111]

10.4. Die Beurteilung durch Paul Hofer

Als Entscheidungsgrundlage verfassten die HAK-Mitglieder Paul Hofer und Hans Grütter ein Gutachten[112], worin die Ergebnisse der Sondierungen und die Rahmenbedingungen und Aussichten einer Renovation dargelegt werden. Hofer verlangte schon damals eine Erhaltung des Torturmes als wichtigstem erhaltenem Bauteil, obwohl er

109 Gemeinnütziger Frauenverein Bümpliz, Schloss-Ausschuss, Akten 1950–1974, OAB C6. In diesem Dossier auch die Belege für die folgende Geschichte des Raumprogramms.
110 Denkmalpflege im Kanton Bern 1964–1967, 2. Teil, Profane Bauwerke, in: Berner Zeitschrift für Geschichte und Heimatkunde 31, 1969, 4, S. 162.
111 Teil A, Kap. I.2; ADB, Bern, Stadtkreis VI, Altes Schloss, 1966, Tagebuch vom 6. 6.–30. 8. 66.
112 Hofer, Grütter 1969/1970.

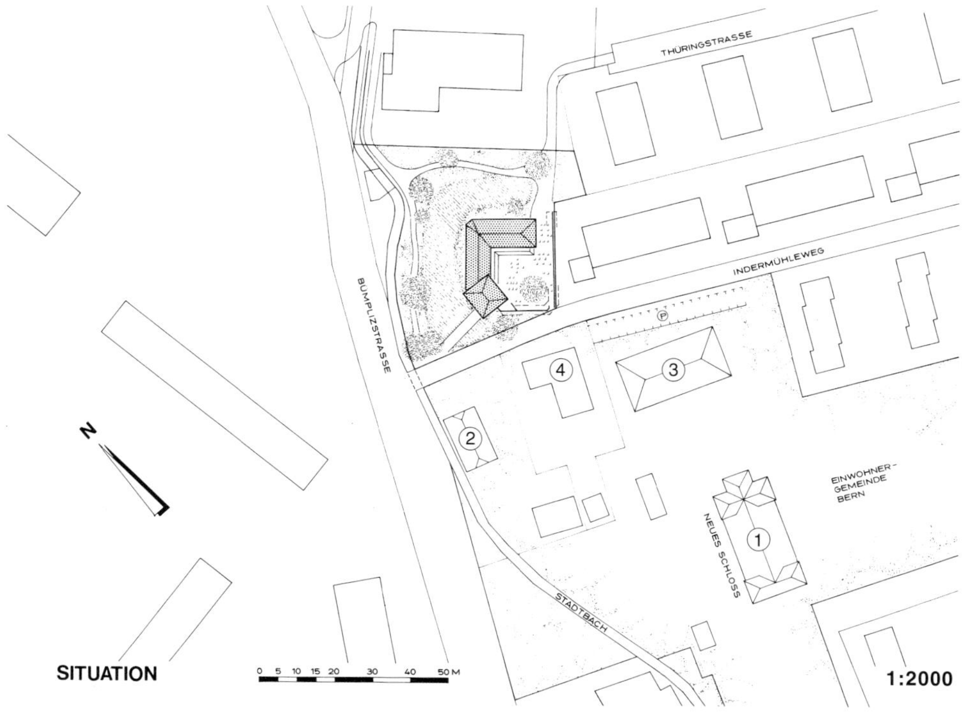

Abb. 161: Situationsplan mit dem Alten und Neuen Schloss Bümpliz 1978. Auf dem Areal des Neuen Schlosses (1) sind neben dem Stöckli (2) noch die inzwischen abgebrochene Blunierscheune (3) und die Chemiefabrik Benteli (4) eingetragen. Der Indermühleweg führte noch bis zur Bümplizstrasse, die Umgebungsgestaltung des Alten Schlosses mit Wassergraben und Brücke ist schon projektiert.

in schlechtem Zustand war. Er schlug die Wiederöffnung des Torbogens vor. Weiter diskutierte er die Erhaltungsmöglichkeiten der beiden liegenden Trakte, des Nordwest- und des Nordostflügels, und kam zum Schluss: «Zu übernehmen wäre auf jeden Fall der hofbildende allgemeine Aspekt und das kubische Volumen innerhalb der Gesamterscheinung; ob auch die heute wenig attraktive bauliche Gestalt, ist wiederum ohne detaillierte Untersuchung der baulichen Substanz und ohne genaues Bild einer künftigen Nutzung nicht auszumachen.» Hofer wies auch schon auf die besonders wichtige Funktion des Alten und des Neuen Schlosses mit ihrem Umschwung und Baumbestand als «grüne Inseln» innerhalb der rasch wachsenden Wohnüberbauungen von Bümpliz hin. In einem Brief an den Stadtbaumeister formulierte er seine stadtplanerische Vision und die Aufgabe, die er dem Schlosskomplex mitsamt dem Fellerstock darin zuwies.[113]

In der Abstimmungsvorlage von 1978 wurde ein stadtplanerisches Konzept eingebracht, indem zwei Fussgängerachsen skizziert wurden, welche durch erhaltene und wiederhergestellte Grünräume führen, und die sich beim Alten Schloss treffen.[114] Dabei wird auch der Stadtbach als verbindendes landschaftliches Element gewürdigt. Der Vorschlag zum Alten Schloss beinhaltete, dieses in eine parkartige Umgebung einzubinden und dazu auch einen Teil des historischen Wassergrabens mit Schlossbrücke wieder herzustellen (Abb. 161).

Der zusammenhängende parkartige Grünbereich, der wiederhergestellte Wassergraben und die rekonstruierte Grabenbrücke bilden heute, entsprechend der Vision Paul Hofers, eine idyllische Umgebung, die zum Verweilen einlädt, und verleihen dem Alten Schloss die nötige räumliche Distanz zu den Wohnblöcken und Hochhäusern der Umgebung.

10.5. Die denkmalpflegerischen Entscheide Hermann von Fischers

Die genauere Untersuchung des aufgehenden Mauerwerks nahm Hermann von Fischer, Denkmalpfleger des Kantons Bern in den Jahren 1956–1989, in mehreren Aktionen im Vorfeld der Renovation vor. Aufgrund dieser Abklärungen formulierte er 1971 eine denkmalpflegerische Erhaltungsabsicht.[115] Basis der Wiederherstellung sollte der Zustand von 1700–1720 sein. Der Turm wies, da er schlecht fundiert (nicht unterkellert) war, starke Setzungsrisse und ein morbides Mauerwerk auf. Die Südwestecke war einsturzgefährdet, ebenfalls Teile der Tonnengewölbe im Erdgeschoss. «Für diese Partien kommt nur ein sorgfältiger Abbruch und Wiederaufbau in Frage». Neue Decken sollten eingebaut werden, die zur Stabilisierung der Wände dienten. Das Budget rechnete des schlechten Erhaltungszustandes wegen mit einer gänzlichen Erneuerung des Innenausbaus, aber auch des Fassadenverputzes und der Zimmer-, Spengler- und Dachdeckerarbeiten.

Im weiteren wurde eine Korrektur von früheren baulichen Veränderungen vorgeschlagen, was die nachträglichen Raumteilungen im Turm sowie die Dachanhebungen und Anbauten der liegenden Trakte betraf. Der Zustand des

113 20. 8. 74, Nachlass Hofer, BBB: «Zum örtlichen Einkaufszentrum am Schnittpunkt Brünnenstrasse-Bümplizstrasse träte ein zweiter, ruhiger, aus der Betriebsamkeit des Umschlagplatzes ausgesparter Ort der Entspannung, sparsam durchsetzt mit Kultur- und Bildungsstätten von öffentlicher und halböffentlicher Zugänglichkeit, Ort der dreidimensionalen Präsenz der Ortsgeschichte seit dem Hochmittelalter.»
114 Abstimmungsvorlage 1978, S. 50.
115 von Fischer 1971.

Abb. 162: Altes Schloss Bümpliz, Revisionsplan 1978, Nordwestfassade.

Nordwesttraktes wurde, ausgenommen die Kellerdecke, besser beurteilt. Von Abbruch war in dieser Phase nicht die Rede. Vom Nordosttrakt sollten die Laubenbauten abgebrochen werden, was – wegen der Änderung der Gebäudetiefe – einen neuen Dachstuhl voraussetzte. Noch im Vortrag des Gemeinderates an den Stadtrat vom 8. Februar 1978 (S. 5) heisst es, dass der Nordwesttrakt unbedingt zu erhalten sei. In derselben Vorlage wird auch die Erhaltung eines angemessenen Grünumschwungs verlangt.

Die Ausführungspläne von 1978 (Abb. 162) modifizierten die denkmalpflegerischen Auflagen in einem wichtigen Punkt: Die liegenden Trakte wurden bis auf die Ringmauer von 1632 und den Gewölbekeller abgebrochen.

Bei derart wenig erhaltenem ursprünglichem Baubestand wurden die denkmalpflegerischen Entscheide, die noch während des Umbaus fielen, besonders wichtig. Die in der Nordwest- und Nordostmauer zum Vorschein gekommenen und in der Folge wiederhergestellten nachgotischen Kuppelfenster verleihen der vorher nüchternen Fassade Tiefe und Spannung. Der Entscheid, den kostbaren frühbarocken Erker zu rekonstruieren, verhilft der Nordwestansicht des Alten Schlosses zu kompositorischer Ausgewogenheit und architektonischem Glanz. Das wiederbelebte Alte Schloss mit seiner vollständig wiederhergestellten Schaufassade bildet einen unerwarteten und willkommenen Blickpunkt inmitten der heterogenen Wohnüberbauungen von Bümpliz. Seine bildhafte Aussenansicht führt – wie vorausgesehen – unmittelbar zur älteren Dorfgeschichte zurück.

Das mit Bundes- und Kantonshilfe restaurierte Schloss wurde mit einem Verpflichtungsschein und Dienstbarkeitsvertrag vom 30. November 1985 formell unter Schutz gestellt.

10.6. Das Raumprogramm

Im ersten Raumprogramm des Architekturbüros Rausser von 1971 werden ein Tagesheim der Fürsorgedirektion und eine alkoholfreie Gaststätte des Frauenvereins aufgezählt, dabei Pächter- und Angestelltenwohnungen.[116] Das Raumprogramm der Stadtratsvorlage vom 8. Februar 1978 weist demgegenüber neben einer alkoholfreien Cafeteria im Erdgeschoss Säle verschiedener Grösse in den Oberge-

116 Rausser 1971.

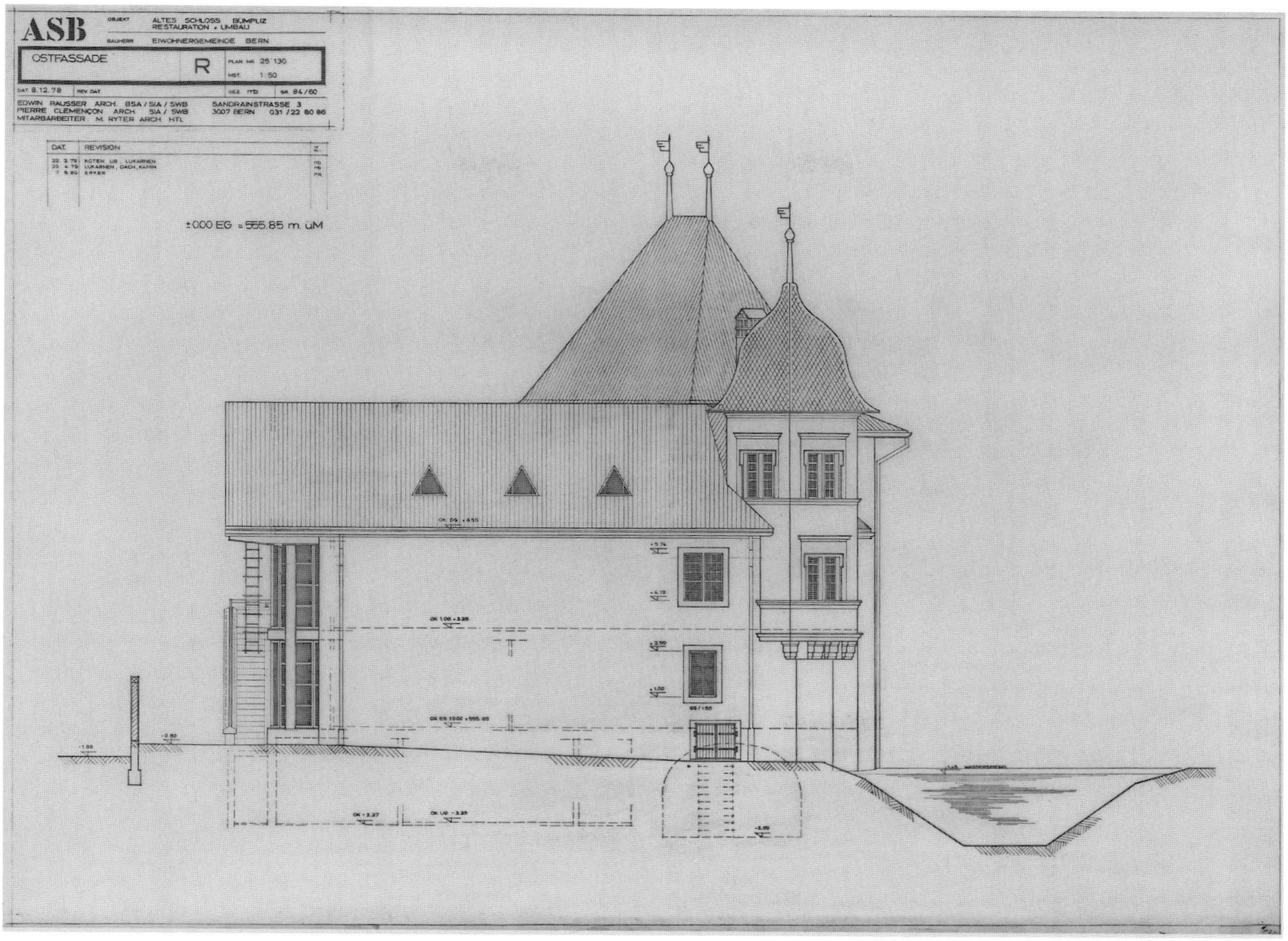

Abb. 163: Altes Schloss Bümpliz, Revisionsplan 1978, Südostfassade.

schossen zur Vermietung und Übungszimmer für die Musikschule im Dachstock des neuen Traktes auf. Es ist im wesentlichen das ausgeführte Raumprogramm. Auch ein Parkplatz für 25 Autos wurde vorgesehen (Abb. 161), der dann aber, in Zusammenhang mit der Aufhebung des Indermühlewegs im Schlossbereich, so nicht realisiert wurde. Das Betriebskonzept des Schlossvereins und das ausgeführte Raumprogramm bewähren sich bis auf wenige Punkte.

1. In einem Brief des Gemeinnützigen Frauenvereins Bümpliz, Schlossausschuss, vom 10. Januar 1974, nimmt Adelheid Lüthy zur Cafeteria Stellung: «Es fällt uns nicht leicht, zu der grossen Reduktion, vor allem der Küche, ja zu sagen. Wenn wir uns trotzdem entschliessen, so geschieht es aus der Verantwortung, die wir der ganzen Schlossplanung gegenüber verspüren. Der Frauenverein ist gewillt, sein langjähriges Vorhaben der Gesamtplanung einzufügen»...[117] Die Frauen brauchten für ihr Restaurationsangebot eine Küche. Das gebaute Office genügte den Ansprüchen von Anfang an nicht. Schon 1985/1986 erfolgte ein Umbau, um das Restaurant mit einer «leistungsfähigen Küche» auszustatten. Diese wurde im Erdgeschoss auf Kosten der Gaststube eingeführt, im Keller wurden neue Lagermöglichkeiten eingerichtet.[118]
2. Die Räume der Musikschule unter dem Dach sind schlecht zu belüften und werden durch die Sonneneinstrahlung im Sommer so heiss, dass der Unterricht zum Problem wird, Gesangsstimmen und Musikinstrumente leiden.

10.7. Der Umbau

Die Umbaukosten wurden auf gut 3 Millionen Franken veranschlagt. 2 Millionen sollte allein die Gebäudesanierung kosten.[119] Dass die Kredite alle demokratischen Schwellen passierten, dürfte einerseits dem Engagement der Bümplizer Vereine und Einzelpersonen, anderseits aber auch dem Optimismus der Konjunkturzeit zu verdanken und nicht zuletzt als Folge der schwindelerregenden

117 Gemeinnütziger Frauenverein Bümpliz, Schloss-Ausschuss, Akten 1950–1974, OAB C6, Stellungnahme zum 3. Schlossstuben-Plan.
118 Ecomat, Kältetechnik. ArchHBA, Akten 543, Schachtel 7.
119 Abstimmungsvorlage 1978.

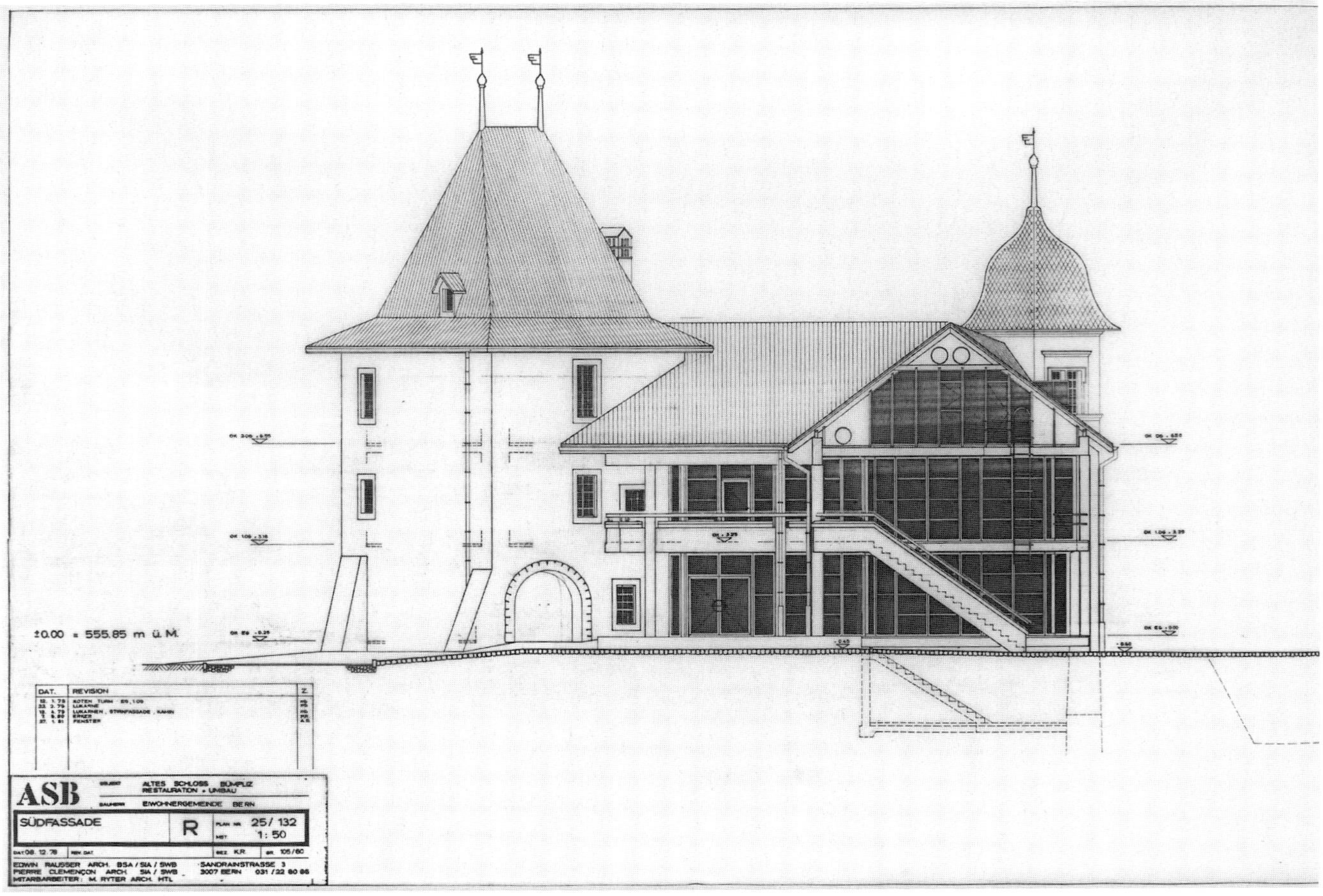

Abb. 164: Altes Schloss Bümpliz, Revisionsplan 1978, Hoffassade.

Veränderung des baulichen Umfeldes in Bümpliz zu deuten sein. 1978 wurde das Baugesuch bewilligt. Der Umbau wurde 1979 und 1980 durch das Architekturbüro Rausser & Clemençon durchgeführt, leitender Architekt war Edwin Rausser, die Ausführung oblag Marco Ryter.

10.8. Der Torturm

Die Konstruktion:

Der spätmittelalterliche Torturm war vor der Sanierung in einem desolaten baulichen Zustand. Bei seiner Sanierung betraten Denkmalpfleger und Architekt Neuland und bewiesen, dass es für eine bauliche Rettungsaktion fast nie zu spät ist.

Im Wesentlichen besteht das konstruktive Gerüst des Turmes aus der Zeit nach 1471. Das Gebäude wurde in Zusammenhang mit der Sanierung der Fundamente 1979/1980 unterkellert. Die Erdgeschossgewölbe wurden neu eingezogen. Die Geschossdecken und Balkenlagen wurden entfernt und mit Niveaudifferenzen neue Decken aus Lega- und Eisenbeton eingezogen.

Die Fenster- und Türgewände wurden entweder entfernt und aus Sandstein neu gearbeitet, oder mit Kieselsäureester gereinigt und wenn nötig mit epoxidharzgebundenem Sandstein geflickt. Alle Flickstellen, im Inneren wie im Äusseren, haben sich dunkel verfärbt.

Im südlichen Gewölbe wurde der spätmittelalterliche Torbogen an der Ostfassade wieder geöffnet; ebenso das Türgewände des 16. Jahrhunderts, das heute ins Freie führt. Das Fenster an der Westfassade wurde durch eine Türe ersetzt, die auf die rekonstruierte Grabenbrücke geht (Abb. 88).

Die Westfassade wurde mit der barocken Fenstereinteilung wiederhergestellt, die Fenstergewände in den Formen des späten 19. Jahrhunderts aus Sandstein neu gehauen.[120]

Die von einem breiten Setzungsriss durchzogene Südfassade wurde mit Backsteinmauerwerk saniert, die Südfenster des späten 19. Jahrhunderts zugemauert und die älteren am Westrand der Südfassade wieder geöffnet.

In der Nordfassade wurden alle Türöffnungen neu eingebrochen, ausgenommen das spätmittelalterliche Türgewände im ersten Obergeschoss.

Das spätgotische Dachgesims wurde freigelegt. Die historistische Dachuntersicht mit Konsolenpaaren musste preisgegeben werden. Die beim Brand 1976 angesengte spätmittelalterliche Dachkonstruktion wurde wieder aufgebaut und ergänzt. Die aktuellen Lukarnen gehören zum Umbau 1979/1980.

120 durch Carlo Bernasconi, Steinhauer, Bern.

Abb. 165: Torturm, Westfassade, Türe zum Torgewölbe und rekonstruierte Grabenbrücke, 1997.

Abb. 166: Hoffassade von Osten, der renovierte Torturm mit angebautem neuem Trakt, 1998.

Vom Nordwestflügel ist der Gewölbekeller und die ehemalige Ring- und Aussenmauer mit den wiederhergestellten nachgotischen Fenstergewänden im Obergeschoss, den Fenstern von 1839 im Erdgeschoss und dem rekonstruierten Erker erhalten.

10.9. Die Ausstattung

Von der historischen Ausstattung sind einzig die Fensternischen und die wieder angebrachten frühbarocken Malereiresten erhalten. Die Raumunterteilungen der Turmstube (Gang von 1632, Zimmertrennwand 1890–1900) wurden wie auch die barocken Decken- und Täferteile entfernt. Die aktuelle Decke in der Turmstube, heute Turmzimmer genannt, stammt aus dem Gesellschaftshaus zu Schuhmachern in Bern. Sie hat die Formen und Profile des entfernten Täfers von 1700–1720. Die in denselben Formen gearbeitete Tür ist neu (1979/1989).

Im Saalgeschoss wurde die bestehende Gangabtrennung in Rieg neu konstruiert, und eine Geschosstreppe zum Dachstock eingeführt, weshalb Bundbalken durchschnitten werden mussten. Der mit Sichtrieg und sichtbaren Eichenstürzen ausgestattete Raum wird heute als Schloss-Stube bezeichnet. Das historische Mobiliar stammt grossenteils aus dem Alten Schloss. Seine Erhaltung und Wiederherstellung ist dem Gemeinnützigen Frauenverein Bümpliz zu verdanken.

10.10. Das Architekturkonzept und die bauliche Umsetzung

Das architektonische Konzept geht von der 1742 als Restbestand zurückgebliebenen Gebäudeanlage mit Turm und winkelförmigem liegenden Trakt um den halb geöffneten Hofraum aus. Der Torturm und die Ringmauer bzw. der äussere Mauerwinkel blieben erhalten. Die übrigen Teile der liegenden Trakte wurden neu erbaut (Abb. 166). Der ruhigen, geschlossenen, weiss verputzten historischen Aussenfassade wurde eine stark gegliederte Hoffassade aus sichtbaren Betonelementen und mit Holzrahmen gefassten Glasscheiben gegenübergestellt. Die einheitlichen Laubengänge aus der Zeit der Anstaltsarchitektur wurden dabei in neue Materialien und Formen umgesetzt.
Die Grundhaltung der Architekten, in einem Zeitungsartikel dargelegt[121], lässt sich wie folgt zusammenfassen: Der alte Bestand wird erhalten, soweit im aktuellen Zeitpunkt

121 Der Bund, 9. Mai 1980, Peter Schibli: «Auseinandersetzung mit der Vergangenheit».

und mit der vorgesehenen Nutzung sinnvoll. Die neuen Bauten werden als weitere Etappe einer kontinuierlichen Baugeschichte zum alten Bestand gefügt. Wenn zu ergänzen, zu reparieren und zu erneuern ist, dann mit den Mitteln, die in der Umbauzeit zur Verfügung stehen.

Das gebaute Resultat weist eine zusätzliche prägende, im sprachlich formulierten Konzept nicht enthaltene Eigenschaft auf: Der Gegensatz zwischen historischem Bestand und neuem Bauteil wird kultiviert. Das ist eine charakteristische Verhaltensweise der Zeit. Carlo Scarpa wies beim Umbau des Castelvecchio in Verona in den Jahren 1958–1961 den Weg, einen Weg auf überragendem künstlerischem Niveau.[122] Mario Campi, Franco Pessina und Niki Piazolli führten ihn beim für die Schweiz richtungsweisenden Umbau des Museo Civico im Castello Montebello in Bellinzona in den Jahren 1972–1974 weiter.[123] Mit diesem und weiteren Meilensteinen der Architekturgeschichte wurde Umbauen auch in der Schweiz zu einem architektonischen und architekturtheoretischen Thema und erhielt einen Namen: Neues Bauen in alter Umgebung.[124] Der Gegensatz zwischen tradiertem Baubestand und Intervention ist in diesem Titel angelegt. So steht auch die Betonstruktur des Alten Schlosses Bümpliz, von massigem Gesamtvolumen und repräsentativer Materialisierung, in Kontrast zum zeichenhaft-eleganten, letztlich bescheidenen Torturm. Die regelmässig gegliederte grosszügige Fassadenkonstruktion konkurrenziert die historische Schauseite; die alten Hoffassaden waren nicht repräsentativ, sondern durch Holzkonstruktionen und fein strukturierte Laubenbrüstungen charakterisierte Fassadenabwicklungen von eher intimem Charakter.
Behutsamkeit im Umgang mit der alten Bausubstanz, die auch weniger wertvollen Teilen Beachtung schenkt, und ein Selbstverständnis beim Weiterbauen, das sich selbst als revidierbaren Beitrag zu einer individuellen und noch lange nicht abgeschlossenen Baugeschichte betrachtet, wurden erst später zum Thema.[125] Um dahin zu kommen brauchte eine jüngere Architektengeneration die Auseinandersetzung mit eben derartigen dezidiert zwischen Alt und Neu polarisierenden Lösungen in der Geschichte der Renovationen, wie sie diejenige des Alten Schlosses Bümpliz darstellt.

11. Zusammenfassung

Das Alte Schloss Bümpliz wurde im Laufe der Jahrhunderte den verschiedensten Aufgaben gerecht. Seine Raumanlage und äussere Gestalt dienten den unterschiedlichen Funktionen mit meist geringfügigen baulichen Anpassungen. Es diente als spätmittelalterlicher, frühbarocker, spätbarocker Herrschaftssitz mit den Repräsentationsidealen der jeweiligen Epochen, dann als Dépendence, Anstalt, Mietshaus, Gemeindestube und ist heute ein Mehrzweckgebäude mit halböffentlichem Charakter.
Das Schloss erhielt seine kompakteste Bebauung und seine prägnanteste und prächtigste Gestalt in der ersten Hälfte des 17. Jahrhunderts, unter Franz Ludwig von Erlach d. J. Ein gutes Jahrhundert später begann die Abbruchgeschichte. 1742 wurde der Südwest- und Südostflügel und auch der Erker abgebrochen, und 1979 folgte der Teilabbruch des Nordwest- und Nordostflügels. Beide Radikalkuren vereinfachten die vorher aussagekräftige Baugestalt und löschten die vorher sichtbare kontinuierliche Baugeschichte zu einem beträchtlichen Teil aus.
Die Schlossarchitektur präsentierte sich seit dem späten Mittelalter immer herrschaftlich-anspruchsvoll durch zeichenhafte Gebäudeformen und Bauteile, dabei stets kleinteilig, vergleichsweise bescheiden und von einer gewissen eleganten Leichtigkeit. Grossartig oder monumental war sie nie. Eine wesentliche Charakterisierung lag auch darin, dass die jeweiligen architektonischen Repräsentationsideale meist nur in Ansätzen, einzig in der ersten Hälfte des 17. Jahrhunderts weitgehend ausgebildet waren. Bei den historischen Umbauten wurden individuell angepasste Lösungen gesucht, bei denen möglichst viel vom alten Baubestand wieder gebraucht werden konnte. In manchen Unregelmässigkeiten, z.B. bei den Erschliessungslösungen und auch in den zum ländlichen tendierenden Bauformen des 19. Jahrhunderts wird die Beschränkung der Mittel der Bauherren erfahrbar.
Für den Umbau zum aktuellen Begegnungszentrum galten andere Randbedingungen. Er fiel in die Zeit der Hochkonjunktur, als das Vertrauen in die neuen Techniken und Materialien ungebrochen war, und – aus aktueller distanzierter Sicht – allzu gründlich saniert wurde.

III. Die Schriftquellen zur Bau- und Besitzergeschichte

1. Archivalische Hinweise zu den Herrschaftsbauten

Die im Herrschaftsurbar[126] gesammelten Urkunden des 15. Jahrhunderts geben zu den Gebäuden und Anlagen keine Auskünfte.

122 Licisco Magagnato, Hrsg., Carlo Scarpa a Castelvecchio, Milano 1982.
123 Tendenzen – Neuere Architektur im Tessin, Dokumentation zur Ausstellung an der ETH Zürich 1975, hrg. v. Martin Steinmann und Thomas Boga, Zürich 1975, S. 37–40.
124 Neues Bauen in alter Umgebung, Begleitband zur Ausstellung der Bayerischen Architektenkammer und der Neuen Sammlungen München, München 1978.
125 1. Wolfgang Pehnt, Der Anfang der Bescheidenheit, Über angemessenes Bauen, In: Der Anfang der Bescheidenheit, Kritische Aufsätze zur Architektur des 20. Jahrhunderts, München 1983, S. 249–259; 2. Rudolf Schilling, Seid behutsam, in: Der Hang und Zwang zum Einfachen, Ausblick auf eine andere Wohnarchitektur, Basel, Boston, Stuttgart 1985, S. 61–84; 3. Rudolf Schilling, Umnutzung, in: Rückbau und Wiedergutmachung, Was tun mit dem gebauten Kram?, Basel Boston 1987, S. 135–156.
126 III.3., Schriftquellen 1–10. Die im folgenden mit pag. bezeichneten Seitenzahlen beziehen sich auf das Urbar der Herrschaft Bümpliz 1345–1784, StAB.

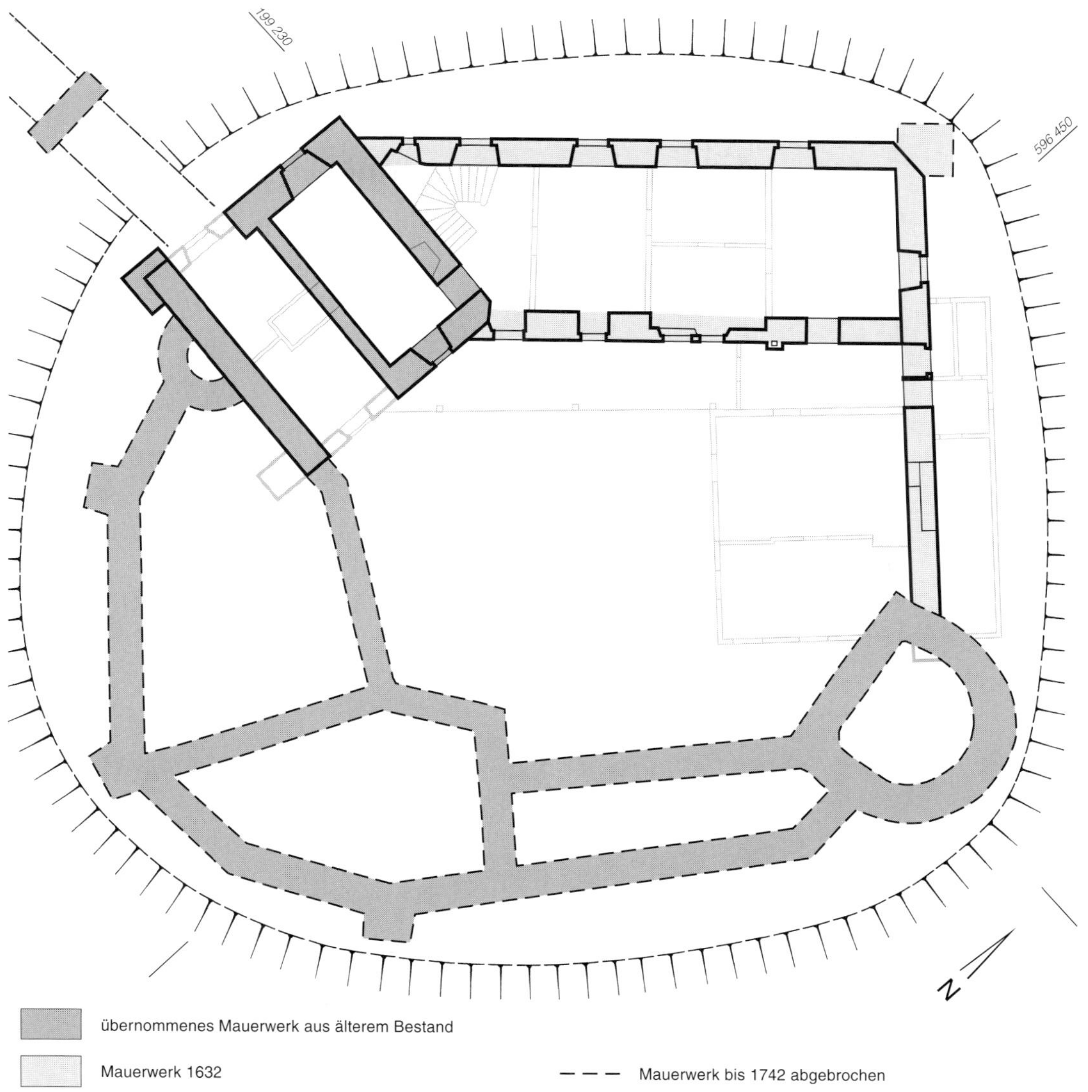

Abb. 167: Bauphasenplan Neuzeit. Die gesicherten Baudaten bis 1720.
1471 Bau des Torturms mit Abortturm,
1564–1577, Umbauten am Torturm,
1632 Neubau des nördlichen Ringmauerzuges und des Nordwestflügels mit Erker,
1700–1720, neue Horizontalerschliessung des Nordwestflügels auf hofseitiger Laube, spätbarocke Ausstattung, teilweise Aufschüttung des Wassergrabens.

Die älteste Quelle, die das Schloss und weitere herrschaftliche Gebäude aufzählt, ist die Schatzung der Herrschaftsgüter in Zusammenhang mit der Teilung unter den sechs Söhnen Diebold von Erlachs im Jahr 1561 (III.3., Schriftquelle 3): «das Schloss mit aller Behausung, wie das der Wyer begrifft». Der überflutete Schlossgraben bildete die äussere Begrenzung des Schlosses. Der Graben wird 1683 zum letzten Mal erwähnt: …» bis an das Bort dess Alten Schlossloügers und Endtlich Diesem Weyer und Schlossgraben nach biss an den Pfeiler nechst bey dem Schlössli…»[127]. Der «Loüger» ist nach Schweizerdeutschem Wörterbuch[128] eine Wasserlache oder auch ein Morast. Der Begriff dürfte hier den versumpften Schlossgraben, vielleicht schon teilweise aufgeschüttet, bezeichnet haben. Der Plan von Stürler von 1742 (Bildquelle V) und der Situationsplan von 1919 (Bildquelle X) geben die 1683 festgelegte Begrenzung im Nordosten exakt wieder. Ein schon 1561 zum Schloss gehörendes Pfisterhaus (Backhaus) lag ausserhalb des Grabens wie auch die Mühle, die Sägerei und die «blöüwi».[129] 1677 gehörte eine Wirtschaft mit Ofenhaus und Stöckli zum Herrschaftsgut, wahrscheinlich der Sternen. Wann die Wirtschaft verkauft wurde, geht nicht aus den Einträgen im Herrschaftsurbar hervor. Die Gewerbebetriebe wurden 1683 mit dem kleinen Schlössli veräussert.

Die Kauf- und Tauschbriefe des späten 17. Jahrhunderts benennen die weiteren Teile der stattlichen Bautengruppe, zu der der Schlossbezirk angewachsen war (III.3., Schriftquellen 5, 6, 7, Bildquellen III, IV). Südöstlich des Schlos-

127 «Tauschbrief zwüschen Herren alt Schultheiss Tillier zu Büren Herren zu Bümpliz eines; dem Herren Christian Dürig alt Obervogt von Biberstein Anders Theils. Anno 1683», pag. 440–447.
128 SI 1881–1987.
129 Stampf- oder Reibemühle für die Flachsverarbeitung, SI 1881–1987.

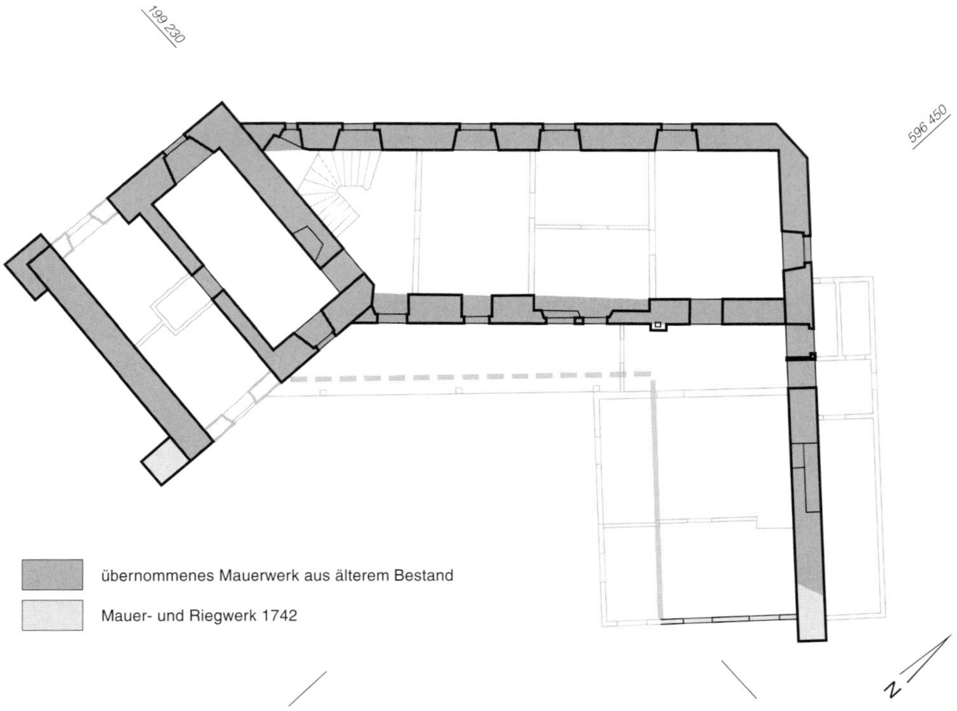

Abb. 168: Bauphasenplan Neuzeit – Der Umbau von 1742, Abbruch des Südwest- und Südostflügels, des Flankierungsturmes und des Erkers, Neubau des Nordostflügels, fortschreitende Aufschüttung des Wassergrabens.

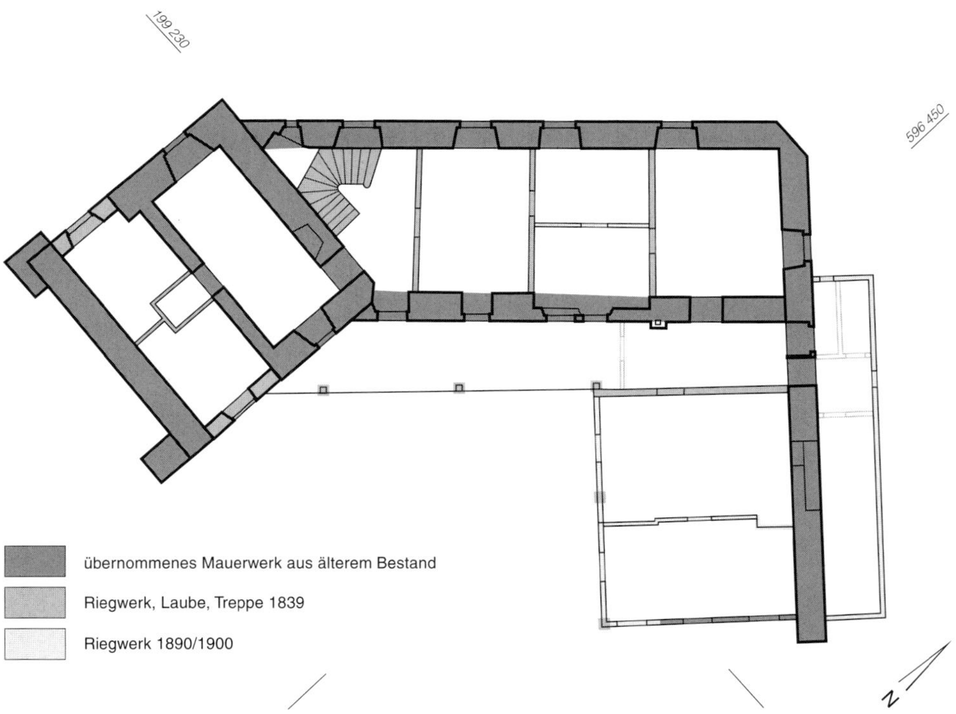

Abb. 169: Bauphasenplan Neuzeit. Die gesicherten Baudaten ab 1839.
Ausbau der Erdgeschossräume zu Patientenzimmern, Unterkellerung des Nordwestflügels, Bau einer Sandsteintreppe, Anbau einer breiten hofseitigen Laube auf Stützen und neues Dach auf Nordwest- und Nordostflügel,
1890–1900 Fenstereinbrüche am Torturm und Aussenrenovation mit Fassadenbemalung, neuer Dachuntersicht und hölzernen Konsolen, Kücheneinbauten und Zimmerunterteilungen im Torturm und Nordwestflügel, Küchenanbau und Laubenverglasung am Nordostflügel,
1919 Gas- und Wasserleitung, elektrisches Licht, sanitäre Einrichtungen, Hofumzäunung, Hoftor,
1976/1977 Brand, Notdächer.

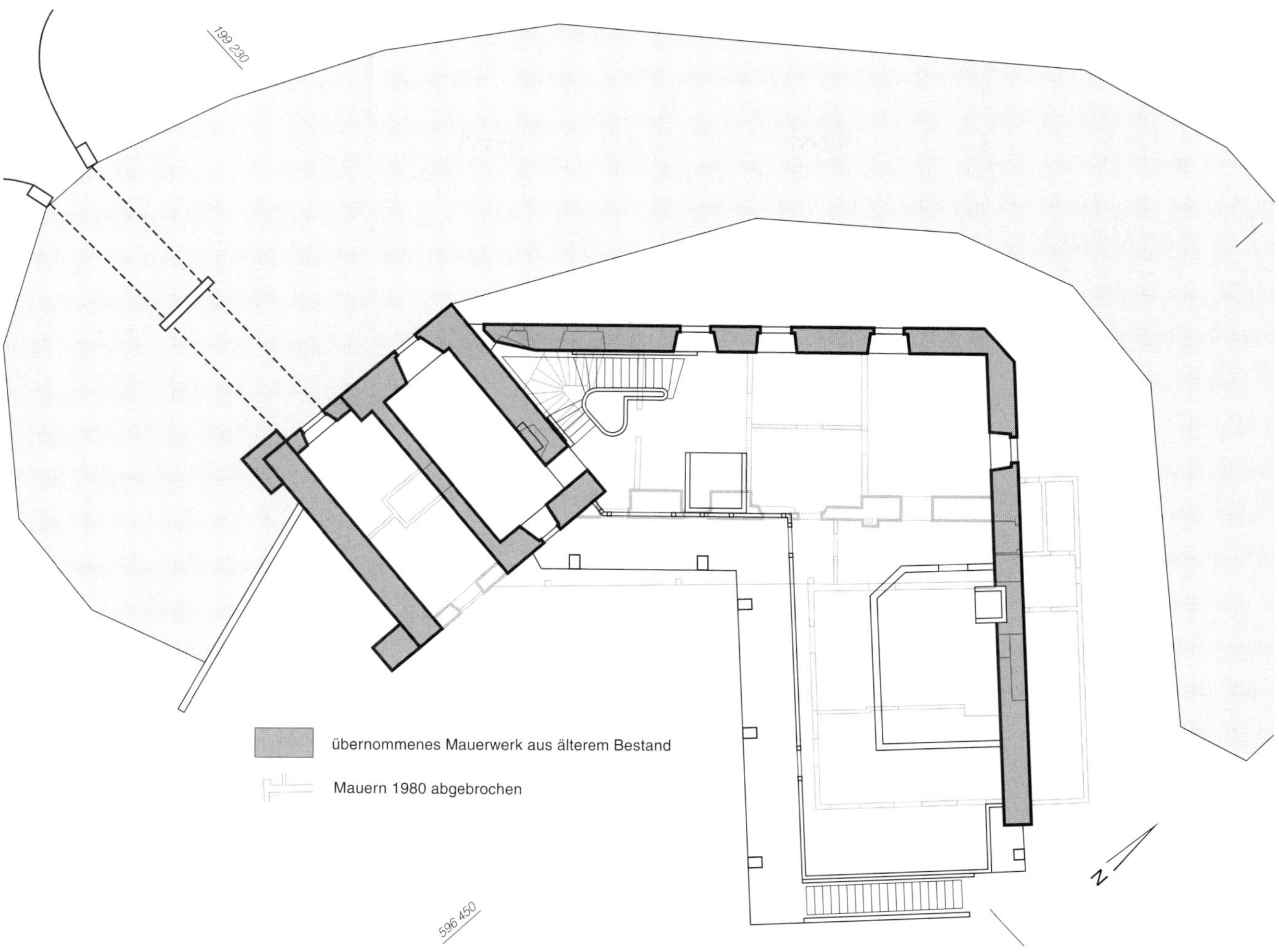

Abb. 170: Bauphasenplan Neuzeit. Bestand nach Sanierung 1979/1980: Sanierung des Torturms, Neubau Hoftrakt unter Verwendung der alten Aussenfassade und Erkerrekonstruktion, mit Cafeteria im Erdgeschoss, Saal des Schlossvereins und Musikschule des städtischen Konservatoriums in den Obergeschossen, 1983 16 Parkplätze, 1986 Restaurantküche, 1996 Sonnen- und Regenstoren für die Gartenwirtschaft.

ses war ein zweiter Herrschaftssitz, das kleine Schlössli, vor dem Abbruch (nach 1950) Tscharnerhaus genannt, entstanden. Möglicherweise bestand dazu schon 1561 ein Vorgängerbau: «Item die Mühle mit dem Haus, der Lauben und dem Sod, mit allem begriff, ...» (III.3., Schriftquelle 3). 1673 gehörte auch ein Baum- und ein Krautgarten dazu (III.3., Schriftquelle 5). Das Gebäude wurde 1683 als Tauschgegenstand veräussert und beschrieben als das «kleine Schlössli zu Bümplitz mit der gantzen Lauben biss an den Kefi thurn des Alten Grossen Schlosses, und auch neben der Lauben zu beyden seithen abgemassenen Grund; Item den darby gelegenen Garten und Schindell Scheüwren...». Wie diese Laube, die bis zum Flankierungsturm des Alten Schlosses führte, beschaffen war, ist nicht dokumentiert. Aber der Hinweis gibt die damalige oder ältere Nutzung des mittelalterlichen Flankierungsturmes preis: er war ein Gefängnis.

1629/1634 wird zum ersten Mal der Baumgarten und Garten beim Schloss aufgeführt (III.3., Schriftquelle 4). 1677 lesen wir vom «Baum- und Krautgarten vor dem Schloss» (III.3., Schriftquelle 7).

Das «Underhaus» (III.3., Schriftquelle 4), später als das «undere hauss, darinn der Lehenmann wohnet, samt dem speicher, Ofenhauss und Kellerhauss» bezeichnet (III.3., Schriftquelle 7), gehörte zur Herrschaftshälfte mit Schloss. Zur anderen Herrschaftshälfte gehörte 1673 und 1677 ein Küherhaus mit Speicher (III.3., Schriftquellen 5, 6). Ob eines von von beiden 1683 als «das sogenannte Bauwren Hauss zu Bümplitz gelegen sambt dem darvor stehenden Spycher, Ofenhauss und beyliegendem Erdtrych genannt die Scheürmatt, Scheürmattacher und lange Weid...» mit dem Schlössli veräussert wurde, ist unklar.[130] 1736 kaufte Beat Ludwig Eyen «das sogenannte Alte Lechenhaus und Ofenhauss» von Rosina Stauder.[131]

Die schriftlichen Dokumente des 18. Jahrhunderts geben nichts her zu den herrschaftlichen Gebäuden.

130 pag. 440–447.
131 III.2., Johannes Jenner.

Im 19. Jahrhundert zählen dann die Brandversicherungs-Lagerbücher und die Grundbucheinträge die Gebäude als Kaufgegenstände auf. Weiter geben medinzinhistorische Quellen Aufschluss über die Anstalt für Geisteskranke des Albrecht Tribolet und gewähren, mit den erhaltenen Bildquellen (VIII, IX) zusammen, ein einigermassen abgerundetes Bild über den tiefgreifenden Umbau und die Art der Einrichtungen, womit die Schlösser um 1840 ausgestattet worden sind (III.3., Schriftquellen 8, 9). Das Gemeindehaus von 1919–1954 ist durch Postkarten und Fotos, die vollständigen Genossenschaftsakten und die Baugesuchspläne ausführlich dokumentiert (III.3., Schriftquelle 10).

2. Archivalische Hinweise zu den Besitzern und Besitzerinnen[132]

2.1. Bauherren, Bauherrin

Nur zwei Bauherren sind eindeutig, zusammen mit den Baudaten und den in Auftrag gegebenen Massnahmen, auszumachen: Junker Franz Ludwig von Erlach d. J. und Professor Johann Friedrich Albrecht Tribolet (Abb. 112, 145). Ein dritter, Junker Burckhard von Erlach, ist zwar durch einen Wappenstein als Bauherr verbürgt, es sind auch einzelne formierte Bauteile seiner Bauphase zuzuordnen, aber der gesamte Eingriff lässt sich nicht mehr rekonstruieren. Der Mietshausumbau des späten 19. Jahrhunderts lässt sich nicht mit letzter Sicherheit der Bauherrin Emilie Enz-Allemann zuordnen. Hingegen lassen sich über die jeweiligen Besitzer und Besitzerinnen, Benützer und Benützerinnen einige Aussagen aus den Quellen lesen.

Ulrich und Petermann von Erlach:

Die Dokumente des 15. und frühen 16. Jahrhunderts betreffen grossenteils die Wiederherstellung und schriftliche Fixierung der Herrschaftsordnung der Twingherren von Erlach gegenüber der Bauerngemeinde, aber auch gegenüber der Stadt. Sie sind in knapper, anschaulicher Sprache verfasst.

Ulrich und Petermann von Erlach (beide †1472), die in den Urkunden zusammen als Herrschaftsherren um die Mitte des 15. Jahrhunderts auftreten, liessen die Bauern einen Eid auf die Rechtmässigkeit ihres Herrschaftsanspruchs ablegen (III.3., Schriftquelle 1).[133] Die Urkunde bestätigt das Recht der Twingherren, zusammen mit der Bauernversammlung die Zeiten zu bestimmen, wann die Zäune aufgerichtet oder niedergelegt werden sollten. Es ging u.a. um die Freigabe der Zelgen für die Beweidung durch die dörfliche Viehherde.[134] Die Bauernschaft bestätigte das Recht der Twingherren. Diese liessen sich eine Urkunde dazu ausstellen und vom bernischen Schultheissen besiegeln. Sie liessen weiter einen Rodel mit der niedergeschriebenen Herrschaftsordnung anlegen.

Hans Rudolf und Rudolf von Erlach:

Hans Rudolf (1449–1480), als Mitherr zu Bümpliz bezeichnet, hat keine Erwähnung im Urbar hinterlassen und seinen Herrschaftsanteil nicht an seine Nachkommen vererbt.

Sein Bruder Rudolf (1448–1507) jedoch liess sich im Urbar schon zu Lebzeiten seines Bruders stets als Herr und nicht als Mitherr zu Bümpliz ansprechen.[135] In seiner Herrschaftszeit häufen sich die Gerichtsurkunden. Der Twingherr klagte mehrmals gegen unerlaubtes Holzen in den Wäldern der Herrschaft, verteidigte die Fisch- und Wässerrechte am Gäbelbach, ging gegen einen unzulässigen Speicherbau auf der Allmend vor, stellte Wegrechte klar und ahndete allerlei weitere Gesetzes-Übertretungen.[136] Er strebte zudem die Ausweitung der Rechte und Erträge der Herrschaft an und erwarb 1481 den Heuzehnden und 1488 den letzten Viertel des niederen Gerichts zu den drei Vierteln, die er schon besass.[137]

Auf die Erneuerung der Herrschaftsordnung, die sein Vater und Onkel schriftlich eingeleitet hatten, folgte die Durchsetzung. Zu diesem Zweck liess Rudolf die von seinem Vater und Onkel aufgesetzte Herrschaftsordnung vor Gericht verlesen und bestätigen (III.3., Schriftquelle 2). Er liess auch mehrmals ältere, durch seinen Vater und Onkel veranlasste Gerichtsurkunden neu in Kraft setzen und die Bauern einen Eid darauf ablegen, um seinen Klagen Nachdruck zu verleihen und die schriftlich überlieferte Ordnung durchzusetzen.[138]

Diebold von Erlach:

Diebold (1485–1561), der Sohn Rudolfs, tritt wie dieser als alleiniger Herrschaftsherr in den Urkunden auf.[139] Auch von ihm sind Gerichtsurkunden erhalten. Darunter ist eine Beschreibung der Herrschaftsmarchen von 1508/1538.[140] Dabei sind auch obrigkeitliche Erlasse, u.a. einer von 1542, die Herrschaftsrechte der bernischen Twingherren im allgemeinen und nach der Reformation betreffend.[141]

Rudolf und Burckhart von Erlach:

Nach Diebolds Tod teilten seine sechs Söhne die Herrschaft untereinander auf, nachdem sie den Kindern der drei schon verstorbenen Schwestern deren vom Vater versprochene Ehesteuer ausbezahlt hatten (III.3., Schriftquelle 3). In den Akten der 60er Jahre erscheinen aber nur die beiden jüngsten Brüder Rudolf und Burckhart (1530–1577/1533–1577) und stets gleichzeitig als Herrschaftsherren.[142] Das Schloss bot vermutlich nur zwei Familien Wohnraum. Beide verdienten ihr Auskommen in fremden Diensten, Rudolf beim Papst, Burkhard unerlaubterweise beim französischen König. Rudolf amtete 1567 auch als Landvogt in Chillon. Drei der älteren Brüder hatten eine Beamtenkarriere eingeschlagen und bezogen zeitweilig ein Einkommen als Landvögte. Heinrich wurde Herrschaftsherr zu Syens durch Heirat.

Albrecht (1519–1592) hat seinen Herrschaftsanteil weitervererbt. Nach seinem Tod ging die eine Herrschaftshälfte auf seinen Sohn Samuel (1565–1623) und von diesem auf dessen Sohn Rudolf (1600–1628) über.

Eine zweite Erblinie geht von Burckharts Tochter Dorothea aus(*1572): «Durch Burkards Tochter Dorothea fiel die eine Hälfte der Herrschaft um 1578 an ihren Gemahl Adelbert von Mülinen, und sodann Ao 1622 durch dessen Tochter Barbara, ebenfalls an dessen Ehemann Hans Sebastian Ryhiner, welcher dieselbe Anno 1630 seinem Schwager Rudolf von Erlach, Gemahl einer zweiten Tochter Adelberts, Catharina von Mülinen, abtrat, von welchem diese Hälfte an den Schultheissen Franz Ludwig von Erlach gekommen zu sein scheint.»[143]

132 Die Lebensdaten der Herrschaftsherren und -herrinnen sind den Stammbäumen von Erlach bzw. den einschlägigen Nachschlagewerken entnommen: Erlach 1989, Stammtafeln; von Rodt 1950, HBLS 1921–1934.
133 Siehe Holenstein 1991, besonders das Kapitel: Gerichtsherrschaft und Dinggenossenschaft, zum Verhältnis von Herrschaft und Recht im Feudalismus, S. 175-197 und Die Weistümer als Reflexe einer Übergangszeit, S. 198-216.
134 Pfister 1995, S. 164.
135 Erlach 1989, S. 71–89.
136 pag. 29–32, 33–35; Barthlome 1994, S. 9.
137 pag. 37, pag. 63–67.
138 pag. 29-32
139 siehe Dokumente aus den Jahren 1512 auf pag. 113, 1526 auf pag. 153, 1532 auf pag. 135.
140 pag. 77–82.
141 pag. 157–170, 171.
142 1561, pag. 125, Wässern aus dem Gäbelbach; 1564, pag. 145, Erblehenbrief um die Alp Steinmoos im Gericht Röthenbach; 1567, pag. 173, 177, Hausbauten im Dorf Bümplitz.
143 Stettler 1839.

Im 16. und 17. Jahrhundert wurde, wie auch schon im 14. Jahrhundert, mehrmals die halbe Herrschaft vererbt oder verkauft.[144] Die Herrschaftshälften scheinen in ihrem Umfang und Inventar mehr oder weniger festgestanden zu haben. Zu jeder gehörte ein Wohnsitz. Die Herrschaft gab im 17. Jahrhundert möglicherweise für zwei Herrschaftsherren ein Grundauskommen her, wenn noch Einkünfte aus dem Staatsdienst oder aus fremden Diensten dazukamen. 1683 wurden die Wohn- und Gewerbegebäude der einen Herrschaftshälfte durch Tausch veräussert. Das Alte Schloss mit den Herrschaftsrechten wurde fortan ausschliesslich als Ganzes weitergegeben.

Franz Ludwig von Erlach d. J.:

Aus dem 17. Jahrhundert sind mehrere Kauf- und Tauschbriefe im Urbar aufgezeichnet. Erbgänge sind nicht verurkundet. Förmliche Beteuerungen zur ehrlichen Absicht und reiflichen Überlegung der Verkäufer und zur Übereinstimmung der Handelsform mit den Satzungen des Stadtstaates Bern gehen der Nennung der Kauf- und Tauschgegenstände voraus. Sie spiegeln die Systematisierung und Differenzierung der bernischen Rechtsprechung. Auf diese Aufzählungen wird in den Quellenwiedergaben verzichtet. Aber auch die Aufzählung und Beschreibung der Kauf- und Tauschobjekte, was hier besonders interessiert, ist genauer und ausführlicher.

Der erste Kaufbrief stammt von Franz Ludwig von Erlach d. J. (1596–1650). 1630 schreibt er sich Mitherr von Bümpliz.[145] Er hatte wahrscheinlich von seinem Vater, Franz Ludwig d. Ä (1575–1651), zu dessen Lebzeiten, die eine Herrschaftshälfte ererbt. In den Jahren nach 1629 kaufte er die zweite dazu (III.3., Schriftquelle 4). Er erwarb den zweiten Herrschaftsteil von Johanna von Erlach (*1593 oder 1607), der Schwester, und Anna Manuel, der Witwe des Rudolf von Erlach, welcher 28-jährig an der Pest gestorben war (1600–1628). 1629 wurde Franz Ludwig d. Ä. Schultheiss.[146] Warum sich der Kauf bis 1634 hinzog, geht nicht aus dem Kaufbrief hervor. Zwei Jahre vor Vertragsabschluss war der Neubau mit dem Erker vollendet.

Quellen aus anderen Beständen zum Bauherrn Franz Ludwig von Erlach d. J., zu seinen persönlichen Lebensumständen, und was vor allem interessierte, seinem Bildungshintergrund, sind nicht bekannt.

Im Hausbuch des Schultheissen Franz Ludwig von Erlachs d. Ä., worin er über seine beiden Gattinnen und seine Kinder berichtet, vermerkte er auch seines ältesten Sohnes Geburt. Seine erste Frau und Mutter Franz Ludwigs d. J. war Salome von Steiger.[147]

«Uf den 24. Octobris 1596 hatt min liebe Husfrouw uns in diser Wält geporen einen Sohn genampst Frantz Ludwig. Zügen by dem h. Tauf sindt gesin Herr Hans Wyerman Venner und des Rhats der stadt Bärn, und Herr Nicolaus Zur Kinden auch Venner und des Rhats zu Bärn, und Frouw Dorothea von Graffenriedt ein geborene wilomet Herren Seckellmeyster säligen nach Todt verlassner Wytfrouwen. Ist geporen im Zeichen des Widers uff Tag obstadt zwüschen den 2. und 3. glich nach Mittag. Ist zu Bärn geporen und getoufft worden. Gott verliche diesem Kindt sin Gnad und H. Geist.»

Die Eintragungen spiegeln den Familienstolz des Vaters und sein Standesbewusstsein, etwa bei der Aufzählung der Taufpaten mit Rang und Namen.[148] Zwischen den Zeilen ist auch die Sorge um das Leben der Kinder herauszulesen, für die er immer wieder Gottes Fürsorge erbittet. Beim tödlichen Unfall des Zweitgeborenen, Hans Rudolf (*16.Februar 1598), im Jahre 1603, kommt Franz Ludwig mit dem Schrecken davon:

«In dem domalen unserem Gartten (so glich nach diesem Uns zugestandenen Unglück Schwager Sigmund von Wattenwyll ist verkoufft worden) sind beide unsere Söhn Frantz Ludwig und Hanns Rudolf in dem oberen Höfli glich by der höltzinen Stägen gestanden, und ob sych gwellen, da ein grosser Quaderstein aben gefallen, so von einer Wösch die zum Theill an einem Tryll so umb ein Haken geschlagen was gehanggen, entsetzt worden, welcher dem Hans Rudeli uff das Haupt gefallen, die Hirnschalen zerschlagen, und ine also in einem Ougenblick mit hingenommen und ist der Stein Frantz Ludwigen bis uff die Füss getrolet, den doch Gott gnädiglich behüdtet. Gott verliche diserem Kindt ein selige Uferständnus und uns allen Amen.»

Zur Erziehung und Ausbildung Franz Ludwigs d. J., der zur Politik bestimmt war, ist nichts bekannt.[149] Es ist fraglich, ob die veröffentlichten Verhaltensregeln für Ludwig von Erlach d. J., die dieser zu seinem Dienst bei einem «Herren oder Hauptmann» mitbekam, für Franz Luwig d. J. diktiert worden sind, da letzterer in den bekannten Akten stets mit dem ganzen Namen angesprochen wird.[150] Aber es spielt insofern keine ausschlaggebende Rolle, dass sie für die Bildungsziele der bernischen Patrizier des 17. Jahrhunderts allgemein gültig sind. Neben Landbesitz und Herrschaftsrechten wurde zunehmend auch eine entsprechende Ausbildung für die Wahl in ein Amt vorausgesetzt. Ein Studium oder ein Aufenthalt bei Hofe galten als gutes Startkapital, oder als Drittes eine militärische Ausbildung. Es ist möglich, dass sich Franz Ludwig d. J. als Page an einem Hof auf eine Beamtenkarriere vorbereitet hat.[151] Aber auch ein Werdegang mit Studien an einer Universität und Bildungsreisen, wie sein Vater ihn absolviert hatte, wäre denkbar.[152]

Nach seiner Amtsentsetzung wegen Ehebruchs kam als standesgemässe Beschäftigung vor allem das adelige Landleben in Frage, da er für die dritte Möglichkeit, die Offizierslaufbahn, offensichtlich nicht vorbereitet war. Er dürfte die letzten fünf Jahre seines Lebens (†1650) als Herrschaftsherr auf seinem Gut in Bümpliz verbracht haben.

Franz Ludwig d. J. hat ausser den erwähnten Kaufbriefen keine ins Auge fallenden Spuren im Urbar hinterlassen, das Gericht kaum wegen Gesetzesübertretungen der Bauern beansprucht.

Franz Ludwig III, Hans Ludwig und Victor von Erlach:

Auch die Söhne Franz Ludwigs d. J., Franz Lurdwig III (*1632), und Hans Ludwig (1635–1673), letzterer in den Akten einfach Ludwig genannt, haben das Gericht, den erhaltenen Urkunden nach zu schliessen, selten zusammengerufen. Erhalten ist aus des letzteren Herrschaftszeit ein undatierter Erblehenbrief und eine Ratserkanntnis von 1663.[153] Nach Hans Ludwigs Tod im Jahre 1673 fiel dessen Herrschaftsanteil an seine Geschwister Franz Ludwig III, Johanna Salome und Rosina von Erlach. Die beiden Schwestern und ihre Männer beschlossen, ihre Erbteile, aber auch die Schulden auf dem Schloss, an Franz Ludwig III, bzw. seine Frau Susanna Maria Stürler, abzutreten. Damals stand ersterer als Leutnand im Dienste des französischen Königs (III.3., Schriftquelle 5), nachdem er wegen eines Totschlags im Jahre 1667 ausser Landes verwiesen worden war.[154] Der Kauf könnte darauf hinweisen, dass er mit einer Begnadigung gerechnet hat. 1676 verkaufte er seine Herrschaftshälfte an Jakob Tillier (III.3., Schriftquelle 6). Er starb in der Verbannung in Colombier im Neuenburgischen, wo er ein Rebgut gekauft hatte.

Sein Bruder Victor (1648–1730) erscheint als Bevollmächtigter seiner Schwester Elisabeth und deren Sohn Burckardt Nägeli, als dieser seinen Herrschaftsanteil ebenfalls an Jakob Tillier verkaufte (III.3., Schriftquelle 7). Er selber besass ein Landgut mit Stock, dem nachmaligen Fellerstock, in unmittelbarer Nähe des Alten Schlosses in Bümpliz.[155] Er hat das erste einfache Landhaus errichtet, wahrscheinlich auf seinem vom Vater ererbtem Land. Bei der Aufteilung des Herrschaftswaldes im Jahre 1705 erhielt Victor zwei Teile.[156] Um 1704 tauschte er Land mit Niklaus Tillier.[157] Sein Sohn Victor II (1672–1745) veräusserte das Gut 1738 an Samuel Jenner (1705–1779), welcher den ersten grösseren Umbau des Fellerstockes getätigt zu haben scheint. Der Fellerstock kam 1968 an die Stadt Bern, wurde durch diese erneuert und dient seit den 70er Jahren als Unterstufenschulhaus.

144 1359, pag. 9.
145 Kaufbrief um einen Acker in Bümpliz, den Franz Ludwig von Erlach d. J. im Jahre 1630 für 1500 Pfund erworben hat. OAB C8.
146 Ausstellungskatalog Bern 1995 Bd. 1, 3A und 8.
147 Ausstellungskatalog Bern 1995 Bd.1, 2.
148 zur Stellung der Venner in der bernischen Verwaltung des 17. Jahrhunderts siehe Steiger 1954, S. 60–62.
149 Braun-Bucher 1995, S. 30.
150 Erlach 1989, S. 216–219.
151 Braun-Bucher 1995, S. 22.
152 Erlach 1989, S. 176–181. Zur Erziehung und Bildung der bernischen Patrizier im 17. Jahrhundert siehe Braun-Bucher 1991, S. 100–211.
153 Erblehenbrief für Hans Scherler, pag. 193–198; Ratserkanntnis pag. 201–204.
154 Erlach 1989, S. 222–223.
155 Loeliger 1983 Altes Bümpliz, S. 111.
156 OAB C24.
157 pag. 483–487, siehe auch Braun-Bucher 1995, S. 30.

Auch Maria von Erlach, eine Schwester Franz Ludwigs III und Victors, verkaufte 1687 Tillier einen Baumgarten mit Stöckli.[158]

Jakob und Niklaus Tillier:
Jakob Tillier (1630–1685) erwarb beide Herrschaftshälften in den Jahren 1676 und 1677; die entsprechenden Kauf- und der Tauschbrief sind erhalten (III.3., Schriftquellen 6, 7). Die zur Herrschaft gehörenden Lehen und Güter dieser Zeit sind deshalb vollständig benannt, und auch alle zum Herrschaftssitz gehörenden Gebäude erfasst. Das Schloss war der Wohnsitz der Besitzer der einen Herrschaftshälfte, das kleine Schlössli der Wohnsitz der Besitzer der anderen. Zur ersten Herrschaftshälfte mit dem Schloss gehörte auch die Wirtschaft (III.3., Schriftquelle 7), zur zweiten Herrschaftshälfte mit dem Schlössli dagegen die Mühle, Sägerei, Reibe und Stampfe (III.3., Schriftquellen 5, 6). Das Schlossgut war im Laufe des 17. Jahrhunderts angewachsen, und Jakob Tillier rundete es mit verschiedenen weiteren Käufen ab.
Jakobs Bruder Niklaus Tillier (1643–1708), hatte 1685–1708 die ganze Herrschaft inne. Er veräusserte 1683 das kleine Schlössli mit den Mühlegebäuden an Christian Dürig, Obervogt zu Biberstein durch Tausch.[159] Seit dieser Zeit gehörte es nicht mehr zur Herrschaft Bümpliz. Albrecht Stürler (Bildquelle V) verzeichnete schon diesen reduzierten Gebäudebestand.

Johannes Jenner:
Niklaus Tilliers Tochter Anna Katharina (1668–1738) erbte die Herrschaft und brachte sie Johannes Jenner (1664–1738) in die Ehe, die sie 1688 mit ihm geschlossen hatte.[160] Er war von 1708 bis 1738 Herrschaftsherr. Von ihm sind zahlreiche Landverkäufe verurkundet, unter anderem überliess er 1708 dem Abraham Marthaler das Undergut oder Neuhausgut mit Bauernhaus, Spycher, Ofenhaus und Brunnen.[161] 1728 verkaufte er Beat Ludwig Eyen einen grossen Teil des Rehag-Waldes; Daniel Tschiffely kaufte ihn 1739 wieder zurück.[162] 1736 kaufte Beat Ludwig Eyen ein Gut, u. a. «das sogenannte Alte Lechenhaus und Ofenhauss». Weiter wird ihm das Schlachtrecht zugestanden: «denne wird dem Käuferen Eyen noch zu Nutzen überlassen das Schalrecht in der Wyss und form und gestalt wie die Frauw Verkäuferin vor ohngefahr 16 Jahren durch mundtlich und Herrschaftliche und hochgeneigte Erlaubnus und Conception solches erhalten, besessen und biss dato durch (?) genutzet hat, von jedem Metzgenden Rind gebürt der Herrschaft die Zungen oder das Gelt dafür.».[163] Auch die Veräusserung des Schalrechts machte Daniel Tschiffely später rückgängig.

Daniel Tschiffely:
Auch Daniel Tschiffely (1699–1759), der die Herrschaft 1738 von Johannes Jenner erwarb und bis zu seinem Tode 1759 innehatte, verkaufte wiederholt Land und Häuser.[164] Auf eine Sanierung der Schloss-Infrastruktur weist ein «Extract aus dem Rahtsmanual der Stadt Bern» mit «Zedell an MngH. Bauwherr Müller» aus dem Jahre 1738 hin[165]: «Major Tschiffely, Herrschaftsherr zu Bümplitz, bittet um Bewilligung, im Könitz Berg beym Bümpliz holtz einen Brunnen zu seinem besitzenden Dominio nachzugraben.» Das wurde ihm gewährt.
Tschiffely nahm sich der Herrschaftsangelegenheiten an, studierte das Urbar und liess es neu binden und erweitern. Er verwahrte sich 1738 gegen den unter Johannes Jenner getätigten Verkauf des Schalrechts, indem er festhielt, dass dieser das Recht nicht für immer weggegeben und schon gar nicht verkauft habe, sondern nur auf Zusehen hin und solange es ihm gefalle. Weil es ein Herrschaftsrecht sei, müsse es auch bei der Herrschaft beiben.[166] Im gleichen Jahr verbot er das Schnapsbrennen, die Jagd und das Fischen im Gäbelbach.[167] Weitere Themen von Erlassen sind auch im 18. Jahrhundert der Wald, die Rechte am Stadtbach und die Herrschaftsmarchen.

Karl Stürler, Abraham Samuel Lombach, Johann Rudolf von Graffenried:
Daniel Tschiffelys Tochter Rosina Elisabeth (Heirat 1752, †1867) brachte die Herrschaft ihrem Ehemann Karl Stürler (1718–1777), Regimentsoberst in Holland um 1775, ein.[168] Es ist ein Mannlehenbrief für ihn erhalten, worin er als Hauptmann in niederländischen Diensten und Herrschaftsherr zu Bümpliz angesprochen wird.[169]
Nach seinem Tode erwarb der Ehegatte seiner ältesten Tochter, Johanna Dorothea Elisabeth Stürler (†1799), Abraham Samuel Lombach (1731–1778), auch er Oberst in holländischen Diensten, die Herrschaft. Seine Gattin errichtete für ihn, der im Jahr nach dem Kauf, und seine kleine Tochter Agatha, die einjährig 1779 gestorben war, ein Grabdenkmal mit schwarzmarmorner Schrifttafel und vollplastischer Stuckfigur, heute an der Aussenwand der reformierten Kirche in Bümpliz.
Das Gut kam 1783 durch die zweite Heirat Johanna Dorothea Elisabeths an Johann Rudolf von Graffenried (1751–1823). Er war ebenfalls Offizier in Holland, und Oberst in Neuenegg im Jahre 1798. Er verkaufte die Herrschaft Bümpliz und erwarb stattdessen das Landgut Brünnen.
Die letzten Herrschaftsherren des Ancien Régime treten nur vereinzelt im Urbar auf. Karl Stürler und seine Schwiegersöhne Abraham Samuel Lombach und Johann Rudolf von Graffenried waren in holländischen Diensten und deshalb aus Zeitgründen wohl nicht imstand, sich der Herrschaft aktiv anzunehmen. Von letzterem ist einzig eine «Feuerrechts Concession» verurkundet.[170] Eine Feuerrechtskonzession ist soviel wie das Recht zur Gründung eines neuen Haushalts. Er legte Wert darauf, dass nur eine Feuerplatte in das Haus gelegt wurde, damit keine Untermieter aufgenommen werden konnten und sich das Recht ausdehnte. Damit schliesst das Urbar.

Johanna Dorothea Elisabeth Stürler:
Johann Rudolf von Graffenrieds Frau Johanna Dorothea Elisabeth Stürler handelte 1784, anstelle ihres Mannes einen Vertrag um den Verkauf des Getreidezehndens an das «Grosse Korn Magazin» des Stadtstaates Bern aus.[171] «Bey diesem Kauff habe ich mir die Zehnd-Freyheit dess Schloss Domaine von Bümplitz, von ungefehr deyssig Jucharten, darab ich niemals Zehnden aufgestellet, vorbehalten...». Daran schliesst die Marchbeschreibung des Zehnden zu Bümpliz aus dem Jahre 1671 an. Den Kartoffel-Zehnden jedoch, hält sie in einem Anhang fest, behielt sie zurück. Für sie wurde eine sandsteinerne Grabtafel geschaffen, heute an der Aussenwand der evangelischen Kirche Bümpliz.[172] Ihre Inschrift ist nicht mehr lesbar.
Der Verkauf der Getreidezehnten, welcher eine Haupteinkunftsquelle der Herrschaft gewesen sein dürfte, wurde noch in der goldenen Zeit des alten Bern, aber nur 14 Jahre vor dem ersten Gesetz zur Loskäuflichkeit der Zehnten getätigt, das den Abbau der Feudalrechte einleitete.[173]

Gottlieb Haag, Ludwig Friedrich von Steiger, Franz Karl von Tavel:
Über die Besitzergeschichte des 19. Jahrhunderts geben die Lagerbücher der Brandversicherung und das Grundbuch Auskunft. Weiter gibt die 1839 verfasste Geschichte der Kirchgemeinde Bümpliz in der Historischen Topographie des Kantons Bern von Karl Ludwig Stettler Hinweise.
Johann Rudolf von Graffenried verkaufte das Neue Schloss mit Ländereien 1798 an Christian Haldi, und dieser 1799 an den Handelsmann und Gerichtsstatthalter Gottlieb Haag, welcher 1801 auch das Alte Schloss mit Umschwung dazukaufte. Die Herrschaftsrechte waren nach Dekret von 1822 an den Staat gefallen.[174] 1825 übernahm Ludwig Friedrich von Steiger (1791–1856), Hauptmann

158 pag. 479–82.
159 «Tauschbrief zwüschen Herren alt Schultheiss Tillier zu Büren Herren zu Bümpliz eines; dem Herren Christian Dürig alt Obervogt von Biberstein Anders Theils. Anno 1683», pag. 440–447.
160 Stettler 1839.
161 pag. 273.
162 pag. 498, pag. 507, Barthlome 1994, S. 13, 14.
163 pag. 489 und Hinweise zu den Herrschaftsbauten.
164 pag. 576, 581.
165 pag. 272.
166 pag. 496.
167 pag. 362, pag. 367.
168 siehe dazu Maync 1979, S. 34, 35.
169 pag. 706.
170 pag. 737
171 OAB C25.
172 Loeliger 1983 Altes Bümpliz, S. 110.
173 Pfister 1995, S. 180.
174 Stettler 1839.

bei Aarwangen, die Schlösser mit Ländereien und 1837 der Schultheiss Franz Karl von Tavel (1801–1865). Im Grundbuch ist notiert, dieser sei «dazumal wohnhaft im Schlossgut» gewesen.

Johann Friedrich Albrecht Tribolet:
In der Gründerzeit dienten die beiden Schlösser als Basis von wirtschaftlichen Unternehmungen. Johann Friedrich Albrecht Tribolet (1794–1871) richtete eine Heilanstalt für Geisteskranke (1839–1848) darin ein. Er muss eine Kapazität seines Fachs, vor allem auf dem Gebiet der «Gemütskrankheiten» gewesen sein. In den Akten des Staatsarchivs, bei denen es um die Untersuchung der bestehenden privaten Irrenanstalten im Kanton Bern als Grundlagenerhebung für ein zu erstellendes Reglement ging, hatte er, obwohl als Leiter der Bümplizer Anstalt selbst auf dem Prüfstand, eine Art Beraterfunktion für die befragende Kommission (III.3., Schriftquelle 8). Im Medizinhistorischen Institut der Universität Bern wird u.a. ein kleines Heft aufbewahrt, das die handschriftliche «Instruktion für die Wärter und Wärterinnen der Anstalt» (Waldau) aus der Feder Tribolets enthält.[175] Er nahm den Wärtern und Wärterinnen ein Gelübde ab,» ... die Kranken mit Theilnahme, Menschlichkeit, Sanftmuth und Geduld zu behandeln und stets eines leidenschaftslosen, gesetzten und gemässigten Benehmens zu befleissigen» ... (Art.15).
Tribolet hatte sein Institut für Patienten aus begüterten Familien eingerichtet (III.3., Schriftquelle 9). Aufgearbeitet ist die Biographie des wahrscheinlich bekanntesten unter seinen Patienten, Philipp Jakob Siebenpfeiffer (1789–1849), des deutschen Freiheitskämpfers und dann Hochschulprofessors in Bern.[176]
Tribolet gab die Heilanstalt für Gemütskranke 1848, zu Beginn der Wirtschaftskrise, die den Sonderbundskrieg begleitete, auf und verkaufte die Schlösser. Er wurde erster Direktor der staatlichen Irrenanstalt Waldau bei Bern.

Jakob und Benedikt Allemann:
Der nächste Käufer war der Pädagoge und Institutsleiter Jakob Allemann. Er und sein Bruder Benedikt waren beide bekannte Erzieher. Vom offenbar weit über die Landesgranzen hinaus bekannten Institut, in Bümpliz «Löffelschlyffli» genannt, ist einzig ein Prospekt erhalten.[177] Über die Leiterpersönlichkeit Benedikt Allemanns sind Hinweise in der Literatur zu finden.[178]

Emilie, Anna und Hermann Enz:
Frau Emilie Enz-Allemann (†1897), welche die Schlösser 1884 zurückgekauft hatte, war die letzte private Besitzerin beider Schlösser und vermutlich auch die letzte private Bauherrin des Alten Schlosses. Sie war eine Tochter von Jakob Allemann und die Ehefrau des letzten «Instituteurs», Jakob Enz. Ihre Erben waren Anna Enz, Privatière in Gümligen, und Hermann Enz, Chemiker bei der Alkoholverwaltung in Bern. Zum Umbau des Alten Schlosses zum Wohn- und Mietshaus gibt es keine Schriftquellen; dafür sind die Pläne des ersten und zweiten Geschosses erhalten (Bildquelle IX).
Als Bewohner des Alten Schlosses sind für die ersten Jahrzehnte des 20. Jahrhunderts die Familien von Hermann Enz und von Walter Siegfried, Lehrer, verbürgt.[179] Über sie liessen sich keine weiteren Hinweise finden. Weiter ist eine Familie Uhlmann als Mieterin der Turmwohung erwähnt.[180]

Die Genossenschaft Altes Schloss Bümpliz, der Frauenverein und der Schlossverein Bümpliz:
Die Akten und Sitzungsprotokolle der Genossenschaft sind von Paul Loeliger geordnet worden und im Ortsarchiv Bümpliz greifbar (III.3., Schriftquelle 10). Die Baugesuchsakten von 1919 sind auf dem städtischen Bauinspektorat in Form von Microfichen erhalten. Die zahlreichen Vorschläge und Vorstösse des Frauenvereins Bümpliz an die Stadt Bern, Besitzerin des Alten Schlosses seit 1954, für die Renovation und Einrichtung einer Gemeindestube und weiterer gemeinnützigen Angebote für die Öffentlichkeit, liegen im Ortsarchiv Bümpliz.
Alle neueren Akten und Pläne sind im Archiv des beauftagten Architekturbüros, Rausser & Clemençon, heute Clemençon & Ernst, des Restaurators Ueli Bellwald und in den Archiven der zuständigen städtischen und kantonalen Ämter greifbar.[181] Seit dem Umbau 1979/1980 betreibt der 1976 gegründete Schlossverein das Haus mit Erfolg.

3. Die Schriftquellen 1–10

Die Texte sind chronologisch geordnet, z.T. gekürzt und kommentiert. Sie sind buchstabengetreu umgeschrieben, auf u-Überschreibungen und die verschiedenen s-Formen wurde verzichtet; wenn es die Lesbarkeit erforderte, wurden sparsam Satzzeichen eingefügt. Erklärungen und weitere Zusätze sind in Klammern gesetzt.

Das Urbar der Herrschaft Bümpliz:
Die Hauptquelle zur älteren BesitzerInnengeschichte ist das Urbar der Herrschaft Bümpliz.[182] Die meisten wiedergegebenen Quellen sind daraus entnommen, weshalb das Dokument kurz vorgestellt wird.
Das Buch enthält Herrschaftsdokumente des 14. bis 18. Jahrhunderts in Abschriften. Es ist aus verschiedenen Teilen zusammengesetzt. Ein älterer Teil, pag. I–XXXVI und 1–224, ist im späten 17. Jahrhundert abgeschrieben worden. Daniel Tschiffely, Herrschaftsherr 1738–1759, liess den alten Band erweitern (pag. 225–738) und neu binden. Das Buch hat einen goldgeprägten Ledereinband, auf dem Vorderdeckel den Titel: «Urbar der Herrschafft Bümplitz», auf Vorder- und Hinterdeckel Wappen und Bezeichnung «D.Tschiff.» Das Urbar enthält die Eide der Untertanen und Amtleute der Herrschaft, Gerichtsakten, obrigkeitliche Erlasse, Kaufbriefe, Tauschbriefe, Lehenbriefe und Erlasse der verschiedenen Herrschaftsherren.

1 «Urkund dass die Twingherren zu Bumplitz mit Recht zu gebieten habind alles das, dass die, so zu dem Twing Bümplitz gehörend, mit den Twingherren zu Raht werden. Ao. 1458.» Urbar der Herrschaft Bümpliz, pag. 25–27.

«Ich, Ruff Bömer Ammann zu Bümplitz thun kundt allermenglichen mit disem Brieff, dass auff sonntag nacht vor der Auffahrt unsers lieben Herrens, in der Jahrzahl, als man von seiner geburt zalt vier zehenhundert fünffzig und acht Jahr, do ich zu Bümplitz in dem dorf offendlich zu Gericht sass und statt hielt der frommen, vesten Jungherren, Jungherr Ulrichs und Petermanns von Erlach gebrüderen, Edelknechten, burgeren zu Bern und Twingherren zu Bümplitz meiner lieben Jungh; für mich in Gerichte kam der vorgenant Jungherr Petermann, anstatt und in namen sein selbs und auch Jungher Ulrichs von Erlach seins bruder vorgedacht, und fasst uff Recht. Sider und Sie beid Twingherren zu Bümplitz wären, ob sie und alle ihr Nachkommen icht billich und mit Recht sölten und möchten gwalt haben zugebieten, zethund und zelassen mit der Zühne, und

175 Bibliothek Medizinhistorisches Institut (Bühlstrasse 26, Bern) WY 160 T822.
176 Bernhard Becker, Siebenpfeiffer in Bern (1833–1845), in: Ein Leben für die Freiheit, Philipp Jakob Siebenpfeiffer 1789–1849, hrg. v. Saarpfalz-Kreis, Konstanz 1989.
177 SLB, VBE 7124.
178 M. Javet, Benedikt Allemann, Ein bernischer Institutsleiter vor 100 Jahren, in: Schweizer Erziehungs-Rundschau 28, 1955/1956, S. 53–54.
179 von Wurstemberger 1985; Adressbuch der Stadt Bern 1919.
180 Gemeinnützige Genossenschaft Altes Schloss Bümpliz, Protokollbuch 1919–1925, OAB C30.
181 ADB, ArchHBA, DKB, DSB, StAB, Archiv des Städtischen Bauinspektorats.
182 TAB, Dokumentenbücher Nr. 72.

mit allen anderen ehrlichen zimlichen sachen und nottürfftigen dingen; Was dann ein gemeine gebaursamme von Bümplitz mit ihrem Willen bekendten mit gemeinem Rahte, oder mit dem mehren theil under ihnen, dass denne in dem gantzen Twinge zethund, oder zelassen were, und begert darumb urtheil zu fragen ieglichen auf seinem eyd, Was darumb Recht wär. Und als nach fragung des obgenanten richters, so gab einhell Urtheil und ward zum Rechten gesprochen, dass die Vorgenanten Twingherren und ihr Nachkommen billich und mit Recht wol zugebieten haben, alles das zethund und zelassen, das die so zu dem Twing gan Bümplitz gehörend, allsamt eins oder der mehrtheil under ihnen, mit der Twingherren willen zu raht werdend, zethun, es seye von der Zühnen, oder ander sachen wegen, der sy dann nottürftig sind.

Derselben urtheil batte und begerte ihme der Vorgenant Jungherr Petermann von Erlach zu sein und seins bruders handen, von dem Gericht ein urkund zugeben, dasselb auch ihn zugeben erkendt ward. Hievon so hab ich obgenanter Richter ihnen diss Urkundt mit des frommen, vesten Jungherren Thürings von Ringgoldingen Schuldtheissen zu Bern anhangendem Insigel, Von meiner bitt wegen geben, Versiglet. Und sind diss dinges Gezeügen Cuno Wolff, Heintzmann Bonnhouwer, Heintzmann Graaffen, Jungheine Brutlauff und ander gnug. Geben dess Jares und tags als vorstaht.»

2 «Urkund betreffend die Herrschafft Bümpliz Ao 1485». Urbar der Herrschaft Bümpliz, pag. 51–59. Teilwiedergabe. Der «edle und feste» Junker Rudolf von Erlach ruft das Gericht zusammen und lässt die alten Herrschaftsrechte verlesen.

… «Nachdem und Er, dann auch seine Altvorderen die Herrschafft ze Bümplitz gar lange Jahr her beherrschet und ingehebt, Auch das Nider-Gericht allein, Und das Ober zum halben theil mit einem Spittal Vogt besetzt hat, Von seiner Herrligkeit und Rechten, alssdann das Von Recht und Alter har kommen Wäre. Nun seye wahr, sein Vatter und Vetter J.r. Ulrich von Erlach sel. habe vor viertzig Jahren dieselbe sein Herrschafft, als er dann das Gericht besetzt, erneuweret, darumb er und des Spittals Vogt ietz auch da gegenwürtig seyen, und damahlen ihnen geoffnet die Zihl und march derselben seiner herrschaft, und wie sie die Gerichte besetzen mögen, was bussen oder fräfel da fallen, wär oder wäm die gehören, auch der höltzer halber, holtzgeber zu den bäüwen, und Bannwarten zesetzen, in einem Rodel gar eigendlich von stuck zu stuck aufzeichnen lassen, der da alles gar lauter und aber dargibt oder inhaltet, und begerten Ihnen denselben alten Rodel, dieweil er Unpresthafft were, des ersten und vor allen dingen zu verlesen, so wöllen sy dann weiter darzu reden, der weiset also: …» (Grenzbeschreibung zum Twing und Bann, Ausdehnung des Hofgerichts, dann des Niedertwings, nachfolgend die Herrschaftsregeln).

«Und nach Verhörung des genanten Rodels redt der obgnant Jr. Rudolff von Erlach, es seye wahr, Es begebe sich, dass sich etlich in sein Herrschafft setzen, und das alt herkommen, oder ihr Rechtsame nit wüssen, oder nit wüssen wollen, so geb doch der Rodel gut läuterung in allen stücken mit holtzen, friden und den Zelgen: da wolle er dass dem also nachgangen und die bussen gezogen werden, und niemand geschonen. Wann auch sein Dienst mit ihr Veeh, oder anderem straffbar würden, die sollen in der pöen, als ander, sein, das seye ihr aller nutz und ehre. Und setze auf Recht, Ob nid derselb Rodel in allen stücken in krafft bleiben und bestahn sölle, sonder demselben nachgangen werden, und liess das an die Urtheil und also nach Verhörung der obgenanten Herrschafft, und auch des Rodels, so da verhöret, und gelesen worden ist, ward darauff nach mein des obgenanten Richters umbfrage mit gemein und gantz einhäller Urtheil auf dem Eyd zu Recht erkandt und gesprochen, dass der ongenante meines Jr's Rodel, so obstaht, gäntzlich und gar in allen seinen puncten und articlen, in voller krafft belybe, und bestande, auch demnach seiner Inhalt nachgangen werde, ihn setze dann iemand ab, als recht seye. Dess forderet der genant mein Jr. ein Urkund, das ward ihm erkant.» (Weiter gab Wilhelm von Diesbach, Ritter, Schultheiss zu Bern, sein Siegel dazu).

3. «Theilung der sechs Brüderen von Erlach betreffend die Herrschaft Bümplitz». 1561. Urbar der Herrschaft Bümpliz, pag. XXIII–XXXVI. Teilwiedergabe. Diebold wird angesprochen als der «Edel, fromm, vest, Jungkherr, Diebold von Erlach des Rahts zu Bern und Herr zu Bümpliz sel.»

Das Dokument hält fest, dass Diebold «bey seinem Leben seine drey Ehelichen Tächteren, frauw Catharinen, frauw Eva, und frauw Johanna selig verehelichet und einer Jeden zwey Thausend und zwey hundert pfund pfenningen auf Ehetagen usszurichten und zubezahlen versprochen und zugesagt, und sy darmit für all ihr ansprach vätterlichen und müterlichen Erbtheils vernügt und abgefertiget nach Inhalt der Ehebriefen, so harumb aufgericht, und das übrig sey Haab und Gutt alles seinen sechs Ehelichen Söhnen gleichlich zu erben, zu kommen lassen; dass darauff dieselben seine sechs Söhn Namlich die Edlen, Vesten Peterman von Erlach Landtvogt zu Lausanna, Albrecht von Erlach Landvogt zu Sanen, Heinrich, Hans, Rudolff und Burckhart von Erlach all Burger zu Bern sich zusamen gefügt, und dasselbig ihres Junkherr und vatters sel. velassen Haab und Gutt an Hüseren, Herrschafften, Zinsen, Zehenden, Rent Gülten, samt allen ligenden stücken und güteren, selbs miteinanderen erachtet, gewürdiget und geschetzt, und solches nach abfertigung obgenanter Ihrer dreyen Schwesteren seligen Ehesteuren, die man angentz ihren Verlassenen Kinden zugestellt, fründtlich und brüderlich ohne einigen Zank und widerwillen mit ein anderen theilt, wie hernach folget.»

«Hernach folget die Schatzung der Herrschafft Bümplitz mit allen ihren Ligenden Gütteren auch dem Korn- und Houwzehenden, und der Alp im Emmenthal gelegen.» (lb = Pfund, ß = Schilling, d = Pfennig, c = 100, m = 1000, jeweils hintangestellt, also V c lb = 500 Pfund).

«Erstlich habend sie die Herrschaft Bümplitz mit Twing und Bann und aller Herrligkeit so viel dem Nideren Gerichtes zu dienet, samt der Gerechtigkeit, so man von dero wegen in gemeinen höltzeren hat, gewürdiget und angeschlagen umb
V c lb
Denne ist angeschlagen der Gebelbach, so verlichen ist Järlich umb lb (sic!) Zins thut haubtgutt
I c lb
Denne das Schloss mit aller Behausung, wie das der Wyer begrifft, ist geschetzt umb
II m lb
Denne die Schlossmatten samt dem Pfisterhauss ist angeschlagen umb
VIII c lb
Item die Mühle mit dem Haus, der Lauben und dem Sod, mit allem begriff, auch die sagen und blöüwi ist alles gewürdiget umb
II m IIII c lb
Denne die scheur und matten darhinder ist angeschlagen umb
V c lb
Weiter sind die Matten mit Scheuern, die Äcker und die Wälder veranschlagt, zuletzt «der Vierte theil des Kornzehendens zu Bümplitz, so Manlehen von Unseren Gn. Hrn, da die drey theil dem Oberen Spittal zugehörend...» in Dinkel und Hafer, «Item der Häuwzehnden samt dem Jungenzehnden zu Bümplitz, daran die Zwen theil von einem Commenthür zu Könitz zu Erblehen umb 3 lb 2 ß 6 d empfangen, laut des Erblehen brieffs» und der Heuzehnden zu Niederbottigen, und endlich «die Alp in der Kilchhöri Rötenbach gelegen».

Danach sind die «Ewigen Grund- und Bodenzinsen» zu sechs Gütern in Bümpliz aufgeführt und geschätzt.

Jeder der Brüder sollte zu seinen Gütern die betreffenden Urbare, Briefe und weiteren Papiere ausgehändigt bekommen, damit er seine Rechte wahrnehmen und handhaben könne.
Aber die übrigen Schriften, welche das Geschlecht Erlach betreffen, «die sollen in einem Kasten, zu ihr aller handen by ein anderen bleiben, verwahrt und behalten werden…». Die Teilungsurkunde ist 1561 datiert.

4. «Kaufbrief um den halbigen Theil der Herrschafft Bümpliz Ao. 1629». Urbar der Herrschaft Bümpliz, pag. 185–190. Teilwiedergabe.

«Wir nachgenamte Samuel Huser in namen und als Vögtlicher Pfleger der Edlen und Tugenreichen Jungfrauwen Johanna von Erlach, und Hans Rudolff Weck beid Burger zu Bern, innamen und als Verordneter Vögtlicher Pfleger der Edlen und Tugendreichen frauwen Anna Manuel, weiland des Edlen, Vesten Rudolffen von Erlach seligen hinderlassnen wittwen und ihres von demselben erzileten undertänigen, kindts, Thund kundt mit disem Brieff:

Dem Woledlen vesten, fürnemmen und weisen Junckherren, Frantz Ludwig von Erlach dem Jüngeren, auch burger wolbedachter Statt Bern, allen seinen Erben und Nachkommen: namlichen den halben Theil der Herrschafft Bümplitz mit Twing und Bann, Zinsen und Zehnden, Leuten und Gütteren, Höltzeren, Felden, auch allen anderen nutzungen und Gerechtigkeiten, was sich disem halbentlich zeüchen und gebüren mag, sonderlich aber das Schloss samt der Schlossmatten, die Scheuren samt der Scheurmatten, das Underhauss samt zugehörigen matten.

Item der vierte Theil des Kornzehndens, da die übrige drey theyl dem Oberen spittal allhie zuständig, Ist Mann Lehen von Unseren Gnädigen Herren und Oberen: Denne der Höuw- Werch- Flachs- und Jungi-Zehenden: Die Alp- und Berg Rechtsame am Steinmoss, der Baumgarten, samt dem garten, Matten und acheren, und dieselben mit saat und waadt, haussraht, Schiff und Geschirr, Vieh, Fahrhab, wie es dissmalen verhanden, In summa mit allen anderen stücken, nutzungen, Gerechtigkeiten, Rechtsame, Ehhafte und zugehörd, wie weiland der Edel Vest Junckhr Samuel von Erlach, der alter unserer Vogts anvertrauwten Vatter und Schwäher sel. solches by synem leben besessen, und nach sinem tödlichen Hinscheid an obgemelte Rudolff und Johanna Von Erlach seine Erben in der Theilung gefallen: der höüw Zehenden empfanget sich mit dreyen pfunden vom haus könitz, sonst aussert dem gewohnlichen Bodenzinss ab der Alp im Steinmoss und der Mann Lehenspflicht uff dem Kornzehenden alle stuk für frey, ledig, eigen, aussgenommen etliche ablösige hauptgütter und zinsen, welche dem J.ren. Käufferen, samt etlichen lauffenden Schulden verzeigt und auf abschlag an der Kauff summ abzerichten an die hand geben worden, wie die in dem Reversbrieff specifiè begriffen, sonsten gegen niemand witers beschwert noch beladen in keinem weg.

Und ist also hierauff der kauff zugangen und beschechen umb zehen Tausend Cronen ieder per fünf und zwantzig batzen guter Berner währung gerechnet samt dreissig Ducaten zu einer Verehrung und Trinckgelt, ...»

«Expediert und verfertiget auf Oster Montag was der Sibende Aprilis als man zalt. Ein Thusend sechshundert vier und dreissig Jahr.»

5. «Kaufbrieff umb den halbigen Theil der Herrschafft Bümplitz und darzu gehöriger Iurisdiction, auch übrigen zudienender dependenz. Ao. 1673». Urbar der Herrschaft Bümpliz, pag. 237. Teilwiedergabe.

   «Zuwüssen kund und offenbar seye hiermit, danach es dem Allmächtigen gefallen wollen, weiland der Woledle, gestrenge, fürnemme, fürsichtige und wyse Juncker, Juncker Ludwig von Erlach, bey Lebzeiten Midtherr der Herrschafft Bümplitz letst verschinenen, Januarij diss louffenden 1673 Jars ohn gemachte Testamentliche Verordnung seiner zeidtlichen Midtlen halb zu seinen Gödtlichen Gnaden zuberueffen, durch welchen tödtlichen fahl dann under und neben an derer seiner Verlassenschafft auch der halbige Theil bemelter Herrschafft Bümplitz dem auch Woledlen, vesten, mannhafften, fürsichtigen und wysen Frantz Ludwig von Erlach dissmalen wohlbestellten Leütenambt Ihr. Königl. Maijestat in Franckreich und Navarra diensten, Frauwen Johanna Salome und Rosina von Erlach alss wohlermelte Junckeren seel. verlassende Ehrende geliebte Schwüsterte von einem Gand lauth Gsatzes Erblich zugefallen, darbey aber Ihnen zu gemüth geführt, dass solche Herrschafft aus vielerley Considerationen ohne ihren schaden allerseits nicht wohl ins gemein und ohnvertheilt besessen werden kondte, desstwegen sie nothwendig und das beste zu seyn erachtet dieselbige einem under Ihnen der dreyen Erben mit verbündnus der darauff stehenden verschriebenen schulden eintzig zu übergeben. Alss habend hierauff die Wohledlen, vesten, fürnemmen, fürsichtigen und wysen Junckher Hanss Ludwig von Wattenwyl Innahmen vorgemelter Frauw Johanna Salome und Herr David Stürler Inahmen Frauwen Rosina von Erlach Ihrer Beyderseits gliebten Ehegemalen umb Ihr und Ihrer Allerseits erachteten besseren Nutzens und Frommen willen – wüssend und wohlbedacht ... – verkaufft, übergeben und zugestellt:
   der viel Ehren Tugendreichen Frauwen Susanna Maria Stürler Innahmen und zuhanden Ehrengedacht Junckers Frantz Ludwig von Erlachs Ihres dissmahls Abwesenden Ehe Junckers und der Verkäufferen beyderseits Respectivé Juncker Schwageren, mit handen und gewalt dess Ehrenvesten, Hrn. Samuel Jenner dess Jüngeren Ihres Schwagers und geordneten Vogts:
   Benandtlichen obbemelter halbiger Theil der Herrschafft Bümplitz mit aller darzu dienender Jurisdiction, Gerechtigkeit und dependenz, auch darzu dienenden stuck und Güteren wie vollget:
   Erstlichen das kleine Schlössli wie es dissmahlen in seinem wesen begriffen ist mit und samt dem Baum und Kraut Garten, zweyen Stucken Acker so ab dem einten stuck der Kornzehenden sich auszustellen gebühret, das übrige aber zehendfrey. zugehöriger rechtsame zum Brunnen, alles in einem Ynschlag sambt begriffen. denne die Scheüwer sambt der dahinder liegenden madten und Beünden, die Bleymadten genandt, und einem stück Acher darhinder, auch alles in einem Ynschlag gelegen, und ist bemeldte Madten auch Zinss und Zehendenfrey ausgenommen ermeldts Stückli Acher allernechst hinder der Scheüwren, darab man den gebürenden Kohrnzehnden auffstellen muss.
   Verners die Mühli sambt dem Neüwen Stöckli unden dran sambt aller zugehörd. Item das Küyer hauss und Spycher, Item die Saagi, Rybi und Stampfi sambt dem darbey liegenden Weidli, Item der Reehaag so dem Junckeren seel. durch die Gemeinde Bümplitz concediert worden. Verners ein stuck eigen Holtz in dem Eichholtz gelegen...» u.s.w.

6. «Kaufbrief welcher gestalten der Ehrenvest, fürsichtig und wyss Herr Samuel Jenner Neüwerwählter Landvogt Nacher Milden ... der halbige Theil der Herrschaft Bümplitz samt zugehöriger Iurisdiction und Güteren dem auch Hoch- und wolgeehrten fürnemmen fürsichtigen und weisen Herrn Alt Schultheissen Jacob Tillier umb 28000 lb und 40 duplonen zum Trinckgelt hingeben und bezalt hat. Anno 1676. Urbar der Herrschaft Bümpliz pag. 237–244. Teilwiedergabe.

   Samuel Jenner tätigte den Verkauf als Bevollmächtigter des Franz Ludwig von Erlach III.

   «... Erstlichen das kleine Schlössli sambt Allem dem was Nagel und Nuth darin begriff und fasset; denne der Kraut- und Baumgarten samt einem Stückh Acker daran...
   Item die darzu gehörige Rechtsame zum Bronnen alles in einem Einschlag begriffen, Verners die Scheuren samt den Beunden und Matten...
   Weiters die Mühli samt allem zugehörd auch der alten bestallung unden daran.
   Item das Küey Hauss und Spycher: danothin die Stampfi, Saagi, und Rybi, mit dem darby ligenden Weidli...»

7. «Tauschbrieff umb den Halbigen Theil der Herrschafft Bümpliz Ao 1677». Urbar der Herrschaft Bümpliz pag. 205–212. Teilwiedergabe.

   Vinzenz Nägeli war der Gatte erster Ehe Elisabeth von Erlachs (*1628), der ältesten Tochter Franz Ludwigs d. J. und Schwester von Franz Ludwig III, Hans Ludwig und Victor.[183]
   «Wir hienachgenante Jacob Tillier des Grossen Raths der Statt Bern, Mitherr zu Bümplitz und gewesener Schultheiss zu Büren an einem: Danne Victor Von Erlach burger Loblicher Statt Bern, in namen des Wohledlen Junkherrn Burkhardt Nägelins, weiland des auch Woledlen Vesten Junkherren Vintzenz Nägelins sel. hinderlassenen Sohns, seines Ehrenden Junkherrn Vetteren, Vermog desstbalb von ihme habenden schrifftlichen gewalts und befelchs, am andern theil; thund kundt und zu wüssen offendlich mit disem Brieff; dass wir ... einen ... Tausch, wie solicher ... sonderlich aber nach der Statt Bern Rechten, Gesatz- und Ordnungen ... eingegangen, angenommen und beschlossen habend.

   Erstlichen habe ich der gemelte Jacob Tillier dem Woledlen Junckhern Victor von Erlach in rechter freyer Tauschweise zuhanden

183 Erlach 1989, Stammbäume Tafel C1.

Burckhardt Nägelins obgedacht ... zugestellt umd übergibe ihme hiermit..Namlichen Eine Bodengüldte haltet besag zweyer Pergamentiner Briefen Achtzehen mäs guten sauberen Kernens, und Achtzehen mäs Mühligutts auf die Obere und Undere Mühle zu Rüthi in der Graffschafft Büren lautend, für gantz frey ledig und eigen.
Dagegen habe ich der obgedachte Victor von Erlach in namen Burckhard Nägelins Wolehrangesagtem Schultheissen Tillier ... cediert ...
Namlichen mehrgenannts Junckhern Nägelins halbigen Theil an der Herrschafft Bümplitz mit Twing und Bann, Bodenzinsen, Zehenden, Leüthen, Güteren, Höltzeren, feldern, auch allen anderen nutzungen und Gerechtigkeiten, was sich disem halbigen theil zeuchen und gebüren mag, sonderlich aber und mit namen das Schloss samt der Schlossmatt, die Scheüren und Spycher vorüber und die Scheürmatt, oder Lange Weid genant, ist ohngeferd zwölff Jucharten. Das undere hauss, darinn der Lehenmann wohnet, samt dem speicher, Ofenhauss und Kellerhauss, die Haussmatten darby haltet ohngeferd bey den zehen Mederen, ...»

Weiter folgen die Matten, die Äcker und Felder.
«Item der Baum- und Krautgarten vor dem Schloss...»
«Weiters die Wirthschafft, samt ihrem Taverne-Recht und zugehörigen Mobilien, so dem Wirthen zu seiner Admodiation verzeigt und übergeben worden, Mit zugehörigen Bünden und Garten und Ofenhauss.
Item dem Stöcklin samt allem dem, was in diser wirthschaft, und allen übrigen gebäuwen ins gesamt Nagel und Nut begrifft und fasset, auch allen im Vorrath verhandenen Dach zieglen.»

Weiter folgen die Zehnden und die Alprechte.
«Viertzig Thausend und sechshundert Pfund samt einhundert Dublonen» zahlt Jakob Tillier dazu, damit die Tauschwerte ausgeglichen sind. Tillier unterschreibt mit den Titeln Grossrat, gewesener Schultheiss zu Büren und Herr der Herrschaft Bümpliz.

8. Neue Privat-Irrenanstalt, Bericht von Albrecht Tribolet in den Annalen der Staats-Arzneikunde, Jg. 5, Heft 1, Freiburg im Breisgau 1840, S. 179-182. Teilwiedergabe. SLB, VBE 7138.

Albrecht Tribolet preist die Vorzüge, die beide Schlösser von Bümpliz für die neue Funktion bieten, an. Er nahm die Werbewirkung, die von der Fachzeitschrift im deutschen Sprachraum ausgehen konnte, wahr und richtete seine Beschreibung an die Adresse von Oberschicht-Patienten. Die Schrift gibt den damaligen Geschmack für einen angenehmen Aufenthalt in einer bevorzugten landschaftlichen Lage wieder.

... «Dieses Lokal bietet Alles dar, was als nothwendiges Requisit für eine Privat-Heilanstalt für Irre beiderlei Geschlechts gefordert werden kann.
Nähe der Hauptstadt, angenehme Lage, Salubrität der Gegend, mannichfaltige Abwechslung für Spaziergänge, grossartige Aussicht auf die prachtvolle Schneealpenkette mit lieblichem Vordergrunde von Wiesen und Wäldern, luftigen Anhöhen und fruchtbaren Ebenen; Schönheit des Gebäudes selbst, umgeben von Gärten und schattigen Anlagen mit reichlichen Wasserquellen. Im Innern des Hauses Geräumigkeit, Bequemlichkeit, freundliche kleinere und grössere, heizbare, mit Geschmack meublierte, dem angenehmsten Lichte ausgesetzte Zimmer, nebst einem grossen Saale zur gemeinschaftlichen Benutzung für Unterhaltung, Musikübung, Lektüre, Spiele u.s.w, und überdies mit einer Badeeinrichtung für Bäder aller Art.
Ich habe übrigens, wie ich hoffe, meine Anstalt in jeder Beziehung so eingerichtet, dass die Kranken, bei ihrer Versetzung in mein Institut, nichts von allem dem, was ihnen in ihrer gewohnten Lebensweise zum Bedürfnisse geworden, ... vermissen werden.»...
«Wagen und Pferde stehen immer bereit, und Kranke, welche ihre Equipage bei sich zu behalten wünschen, finden zu Erfüllung dieses Wunsches den nöthigen Raum im Oekonomiegebäude.»...

9. Bericht der Polizeisektion über die Privat-Irrenanstalten vom 7. September 1944. Teilwiedergabe. STAB, BBXI. Akten betreffend Privatirrenanstalten, 1838–1867.

Zur Eignung des Schlosskompexes als private psychiatrische Klinik heben die Gutachter folgendes hervor:
«Auch diese Anstalt befindt sich in einem ausgezeichnet schönen Landgut, in einer der schönsten Lagen des Cantons Bern, mit Gärten, Anlagen, lauffenden Brunnen und Wasser reichlich versehen; und überhaupt so eingerichtet dass sie auf die Patienten welche noch für äussere Eindrücke empfänglich sind, wohltätig einzuwirken geeignet ist. Die Gestalt aus 2 Hauptgebäuden, in zweckmässiger Entfernung, so dass die tobsüchtigen, lermenden in einem Gebäude (dem alten Schloss), die ruhigeren, im anderen (dem sogenannten neuen Schloss) nicht stören, und doch gleichzeitg beaufsichtigt werden können. Im sogenannten alten Schlosse befinden sich auch die festen Zellen für tobsüchtige, sehr zweckmässig eingerichtet, und gegen die Sonne liegend. Die Fenster von Innen mit eisernen Gittern gegen das Verschlagen der Fenster und Verwundung der Patienten in Anfällen von Tobsucht geschützt. Hier mehr als in keiner der übrigen Anstalten liegen Einrichtungen für eine systematische Behandlung von Irren zu Tage, welche sämtlich das Gepräge der Zweckmässigkeit tragen.
Für die Bewegung im Freyen derjenigen, welchen man nicht unbedingt trauen kann, ist durch einen mit Mauern umgebenen geräumigen verschlossenen Garten gesorgt, und durch die notwendigen Wärter und Wärterinnen.»

10. Gemeinnützige Gesellschaft Bern-Bümpliz, Gemeinnützige Genossenschaft Altes Schloss Bümpliz, Sieben Jahre Gemeindehaus, 1919–1926, Bern-Bümpliz: Benteli 1927. Ortsarchiv Bümpliz C31.

Ausschnitte aus dem Tätigkeitsbericht des Obmanns Hans Georg Wirz:
S. 3: «Schon im Frühjahr 1920 fanden die wichtigsten Bauarbeiten ihren Abschluss. Wasser und Gas wurden ins Haus geleitet und Fenster durchgebrochen; eine kostspielige Abwasseranlage vervollständigte die gründliche Verbesserung der sanitären Einrichtungen. Ein frischer Anstrich gab dem ganzen Innern des Hauses ein gefälliges Ansehen, während die Aussenrenovation der Zukunft vorbehalten blieb. Das schmucke Wirtshausschild vom «Röseligarten» und ein stattliches schmiedeisernes Tor aus dem «Dörfli», zwei Meisterwerke der Landesausstellung von 1914, waren wie geschaffen, um dem in den alten Mauern erstehenden neuen Gemeindehaus auch äusserlich das Gepräge einer gastlichen Heimstätte zu geben. Herr Architekt Indermühle leitete in uneigennütziger Weise den Umbau, und der Obmann bemühte sich um eine dem ehrwürdigen Alter des Hauses angpasste Innenausstattung.»
S. 4: «Im Oktober 1920 tat die Kleinkinderschule unter Obhut einer Schwester aus dem Mutterhaus Nonnenweiher ihre Türe auf. Allgemein verständliche Vorträge aus allen Wissensgebieten belebten die langen Winterabende schon im ersten Betriebsjahr. ... Gleichzeitig fanden die Wanderbüchereien der Schweizerischen Volksbibliothek eifrigen Zuspruch von Lesern aus allen Volksschichten.
Weniger rasch bügerte sich die alkoholfreie Wirtschaft ein. Erst der seit dem Sommer 1921 von einem rührigen Frauenkomitee geleitete Regiebetrieb brachte den gewünschten Erfolg, während der anfänglich geführte Pachtbetrieb den Erwartungen nicht entsprach.»

Teil C:
Die spätmittelalterlichen und neuzeitlichen Funde

Erwin Baumgartner,
Christine Keller,
Michael Schmaedecke

Die frühneuzeitlichen Keramik- und Metallfunde aus Burggraben und Schlosshof

Christine Keller

Die anlässlich der Ausgrabungen im Jahre 1970 geborgenen Funde verteilen sich auf zwei Grabungssektoren: auf den Burggraben (G) und auf den Innenhof (J) des Alten Schlosses. Bereits im Jahre 1966 wurden im Innenhof mehrere Sondierschnitte durchgeführt, von denen einige mit der Ausgrabungsfläche J im Innenhof aufgrund von Passscherben korrespondieren (siehe Abb. 184:54, 186: 67, 189:78, 190:82, 191:86, 192:91). Da es sich sowohl im Burggraben als auch im Innenhof um mehrfach umgelagerte Einfüllungen handelt und demzufolge keine stratigraphische Schichtenabfolge vorliegt, kann das Fundmaterial keiner relativen Chronologie eingeordnet werden. Die Funde aus den neuzeitlichen Einfüllungen sind zeitlich durchmischt und stammen aus dem 16. Jahrhundert bis in die erste Hälfte des 19. Jahrhunderts. Der Burggraben wurde zu gut einem Drittel ausgehoben. Das daraus vorliegende Fundmaterial repräsentiert also nur einen Ausschnitt der gesamten Einfüllung.

I. Das Fundmaterial im Überblick

Mit dem keramischen Fundmaterial aus dem Graben und aus dem Schlosshof liegt eine grosse Vielfalt an Gefäss- und Ofenkeramik vor, die vom 16. Jahrhundert bis in die Mitte des 19. Jahrhunderts benutzt worden ist.
Die Grabeneinfüllung enthielt vorwiegend zugeführte Abfälle, während im Innenhof neben Abfallmaterial auch lokale Siedlungsabfälle der damaligen Schlossbewohner abgelagert worden sind. Es ist allerdings kaum möglich, zwischen zugeführtem Abfall und einem Siedlungsfund zu unterscheiden. Lediglich können Ansammlung und Qualität der Fundobjekte als Indikatoren für einen Siedlungsfund gelten. Auch wenn es sich um zusammengetragenen Abfall handelt, geben die Funde eine Vorstellung damaligen Wohnkomforts bezüglich der Ausstattung mit Kachelöfen und damaliger Vorlieben für bestimmte Tafelservices. Allerdings erlaubt die grosse Vermengung von Objekten aus dem Besitz der Schlossbewohner, der Bewohner der umliegenden Häuser oder aus entfernteren, nicht bestimmbaren Haushaltungen keine Besitzer- resp. Benutzerzuschreibung. Wir sind also nicht in der Lage, ein zeitlich bestimmtes Geschirrensemble einer bestimmten Bewohnerschaft zuzuordnen. Es bleibt daher bei den folgenden Ausführungen zur Gefäss- und Ofenkeramik aus dem Schlossgraben und aus dem Innenhof bei rein objektbezogenen Untersuchungen. Diese berücksichtigen die technologischen Eigenschaften – also die Warenart – die Form und Verzierungen, die Funktion, die Datierung sowie – falls überhaupt ermittelbar – allfällige Produktionsorte.

Das keramische Fundmaterial (Fayence und Steinzeug sind hier inbegriffen) aus dem Burggraben und aus dem Innenhof des Alten Schlosses setzt sich aus Haushaltsgefässen, Ofenkacheln, Ziegeln und Backsteinen zusammen. Den weitaus grössten Anteil haben die rund 560 Fragmente von Gefässkeramik. Von Ofenkacheln liegen 116 Objekte vor, als dritte Gruppe wurden 72 Ziegel und 8 Backsteine gezählt. Von den 560 Fragmenten von Gefässkeramik stammen 137 Stücke aus dem Burggraben, 241 aus dem Innenhof Sektor J, 105 aus Hof Schnitt 1, 23 aus Hof Schnitt 3 und 54 aus dem Sektor Hof Schnitt SW. Bei den Ofenkacheln stammt der grössere Teil mit 64 Objekten aus dem Burggraben, während der Innenhof nur 35 (J) und 17 (Hof Schnitt 1, 3, und SW) zählt. Von den 72 Ziegelfunden wurden nur 20 aus dem Burggraben geborgen. Die übrigen 52 Ziegelfragmente aus dem Innenhof stehen mit grosser Wahrscheinlichkeit mit Umbau- oder Renovationsarbeiten der dort stehenden Gebäude in Zusammenhang.

II. Die Gefässkeramik

Die geborgene Gefässkeramik ist mehrheitlich kleinteilig zerscherbt. Nur wenige Fragmente liessen sich zu einem ganzen Profil oder Gefäss zusammensetzen.
Das Formenspektrum ist der weiten Zeitspanne entsprechend äusserst vielfältig. Kaum eine Gefässform ist zweimal in derselben Warenart vertreten. So präsentiert sich die Gesamtheit der Gefässkeramik als eine bunte Mischung verschiedener Formen, Warenarten, Glasurfarben und Verzierungen. Die Geschirrkeramik besticht durch ihre Qualität, was auf einen hohen Lebensstandard der damaligen Benutzer schliessen lässt.

Mit Ausnahme weniger Kochgefässe, vereinzelter Sonderformen und ein paar Blumen- sowie Nachttöpfen handelt es sich beim überwiegenden Teil der Gefässkeramik um bunt glasiertes, bemaltes und verziertes irdenes Tafelgeschirr. An Gefässformen überwiegen dabei die Schüsseln und Teller. Fayence- und Porzellangeschirr, das in diesem Zeitraum durchaus zu erwarten wäre, ist auffallenderweise selten. Die wenigen Stücke stammen alle aus einem Sondierschnitt im Innenhof. Zum feinen und kostbaren Fayence- und Porzellanservice gab man besonders Acht, also gelangte es auch nicht in gleicher Menge in den Abfall, wie etwa das Alltagsgeschirr. An Steinzeug liegen vier bis fünf Fragmente von Mineralwasserflaschen vor; auch diese wurden in einem Sondierschnitt gefunden.

1. Vorgehensweise bei der Bearbeitung

Das gesamte keramische Fundmaterial wurde nach Objektgruppen und innerhalb dieser nach Funktionstypen und Warenarten geordnet, systematisch katalogisiert und gezeichnet. Im anschliessenden Katalog ist eine repräsentative Auswahl des gesamten Fundmaterials abgebildet. Die Datierung der Fundstücke basiert auf typologischen und technologischen Kriterien sowie auf Vergleichen mit datierten Objekten.[1] Bei zahlreichen Fundstücken ist eine genaue Datierung aufgrund der langen «Aktualität», der langen Benützungszeit der entsprechenden Gefässformen kaum festzulegen. Aufkommen und Produktionszeit bestimmter Formen haben sich in der frühen Neuzeit nicht selten über ein Jahrhundert oder sogar länger hingezogen.
Die Mengenangabe der verschiedenen Formen richtet sich nach den erkennbaren und identifizierbaren Fragmenten. In der Regel sind das die Randscherben und grösseren Gefässteile sowie Angarnierungen in Form von Henkeln, Beinen, Handhaben und Ähnlichem. Boden- und Wandscherben sind oft keiner bestimmten Form zuzuordnen, da verschiedene Gefässarten in Frage kommen können. Ein flacher Boden mit steil ansetzender Wandung kann von einem Topf, einem Krug, einer Kanne oder einer Schüssel stammen. Die Scherbenstruktur sowie die Art und Qualität der Glasur lassen zuweilen die primäre Funktion eines Gefässes erahnen. Eine bunt glasierte Schüssel aus feiner Keramik gehörte bestimmt zum Tafelgeschirr, während eine grob gemagerte, grosse und steilwandige Schüssel eher als Vorrats- oder zuweilen auch als Kochgefäss benutzt worden ist.

2. Die Form

Einzelformen und Formenschatz der Gefässkeramik änderten sich vom Mittelalter an stetig.
Als Datierungshilfen sind entweder die ganze Form, die verändert wurde, oder nur einzelne Formelemente, z.B. Ränder, Henkel oder Verzierungsarten massgebend. Solange eine Form ihre Funktion erfüllte, lag kein Grund vor, etwas zu verändern. Es gab Epochen, in denen die formale Entwicklung beinahe stagnierte, dann folgten wiederum Jahre grosser Umbrüche und Veränderungen. Im 15./16. Jahrhundert wurde ein Spektrum an Gefässgrundformen festgelegt, das im Grossen und Ganzen bis ins 19. Jahrhundert beibehalten worden ist. Eine Grundform konnte dann allerdings durch eine Vielzahl von individuellen Einzel- und Spezialformen erweitert werden. Die unterschiedlichen Einzelformen und Randformen folgen jedoch in den meisten Fällen weniger einer zeitlichen Formentwicklung, sondern zeugen vielmehr von den schöpferischen Eigenheiten verschiedener Töpferhände und Werkstätten. Allerdings ist eine Zuweisung an bestimmte Werkstätten bei zusammengetragenem Abfallmaterial ohne aufwendige Untersuchungen kaum möglich.
Bei den Ausführungen zum Formenspektrum (Siehe S. 166–170) konnten aufgrund der immensen Vielfalt und Anzahl nicht alle Einzelformen berücksichtigt werden, weshalb nur besondere und für eine bestimmte Zeit charakteristische Gefässformen herausgegriffen worden sind.

3. Der Dekor

Ein wichtiges Hilfsmittel zur Datierung der Gefässkeramik aus der frühen Neuzeit ist ihr Dekor. Einzelne Motive und bestimmte Glasurfarben sowie Glasurtechniken waren einem modischen Wandel unterworfen. Während zum Beispiel Dunkelbraun eine Glasurfarbe ist, die bis ins ausgehende 17. Jahrhundert noch unbekannt war, erfreute sie sich ab dem 18. Jahrhundert grosser Beliebtheit.
Nebst der Farbe ist vor allem auch die Glasurtechnik ein zeitspezifisches Element. Bis ins ausgehende 16. Jahrhundert wurde das Koch- und Tafelgeschirr auf der Innenseite glasiert, die Aussenseite blieb unglasiert. Aussenglasuren dienten nur geschlossenen Tafelgefässen als Zierde. Im ausgehenden 16. Jahrhundert begann man erstmals die Gefässe auf beiden Seiten, und oft verschieden farbig, zu glasieren. Diese Neuerung hängt wohl auch damit zusammen, dass mit dem vermehrten Angebot an verschiedenen Tafelgefässen aus Keramik auch der Anspruch der Benutzer an deren Aussehen wuchs. Den groben Schüsseln wurde das feine Geschirr vorgezogen. Dazu kommt, dass die Hafner ihr technisches «Know-how» stets verbesserten und seit der Wiederaufnahme der Glasurtechnik in der Mitte des 13. Jahrhunderts an deren Farbgebung und Kombiniermöglichkeiten stets weiter probten. Die Glasurtechniken wurden immer raffinierter und verspielter. Im 16. Jahrhundert wurden die Innenflächen der offenen Formen mit einem hell brennenden Tonschlicker bemalt und anschliessend glasiert. Dann folgte das Ineinandermischen verschieden farbiger Glasuren; Marmorierung, Borstenzugdekor, geflammter Dekor und Spritzglasuren sind Techniken, die im 16. Jahrhundert noch unbekannt waren, im 18. und 19. Jahrhundert hingegen das Erscheinungsbild der Gefässkeramik mitprägten.

4. Die Warenarten

Die Klassifizierung der Keramikfunde nach Warenarten, die hauptsächlich durch die Scherbenstruktur und die Glasurfarben sowie die Glasurtechniken definiert werden, ge-

1 Der Forschungsstand zur frühneuzeitlichen Keramik ist noch sehr lückenhaft, was eine genaue Datierung der einzelnen Gefässe zusätzlich erschwert. Publikationen mit grösseren Fundvorlagen aus dem 16.–19. Jh.: Baeriswyl/Junkes 1995. Frascoli 1997. Matteotti 1994; Rigert/Wälchli 1996 – Stand 1998.

winnt an immer grösserer Beachtung. Form und Warenart sind dabei zwei miteinander verknüpfte Komponenten, die gleichwertig untersucht werden sollten.

Zur Definition einer Warenart gehören die Scherbenstruktur, welche sich aus dem Rohton, der Brennatmosphäre (reduzierend grau gebrannt, oxidierend orangerot gebrannt) und den Zusätzen (Magerung) zusammensetzt sowie die technologischen Eigenschaften, die Glasur und die Engobe. Parallel zur Entwicklung der Herstellungstechnik und zur Erweiterung des Formenschatzes entwickelte sich auch die Warenart.
Bestimmte Waren wurden nur in einer kurzen Zeitspanne und nur für bestimmte Gefässarten hergestellt, andere jahrhundertelang beibehalten. Das Ablösen einer Warenart durch eine andere kann auch die Folge ausgeschöpfter Rohstoffvorkommen sein. Nach jahrzehntelangem Abbau in ein- und derselben Tongrube musste auf eine andere, neue Tongrube ausgewichen werden. Die Zusammensetzung des Rohtons wies dort möglicherweise andere Eigenschaften auf.

Ein Charakteristikum der Keramik aus der frühen Neuzeit ist ihre beinahe unüberblickbare Vielfalt an Warenarten. Diese Vielfalt repräsentiert das Fundgut aus dem Burggraben und aus dem Innenhof, weshalb die insgesamt 31 verschiedenen Warenarten hier näher vorgestellt werden sollen. Neben den fünf Hauptgruppen: unglasierte Irdenware (I), glasierte Irdenware (II), Fayence (III), Porzellan (IV) und Steinzeug (V), sind rund 27 Untergruppen der glasierten Irdenware zu nennen. Die Unterteilung richtet sich nach der Glasurfarbe, der Glasurtechnik und nach dem Anbringungsort der Glasur (auf der Innenseite, Aussenseite oder beidseitig). Fragmente, die aufgrund ihrer Verwitterung nicht mehr eindeutig einer Gruppe zugeordnet werden konnten, sind hier nicht berücksichtigt worden. Das Fundmaterial aus dem Graben und dem Innenhof wird gesondert aufgeführt.

4.1. Unglasierte Irdenware

Als Irdenware wird jene Keramik bezeichnet, die aus Töpferton hergestellt, bei relativ niedrigen Temperaturen (600° C bis 800° C) gebrannt wird und einen porösen Scherben aufweist. Die unglasierte Irdenware aus den Ablagerungen im Burggraben und im Innenhof ist durchwegs oxidierend orangerot gebrannt. Die orangerot gebrannte Irdenware ersetzte ab dem 15. Jahrhundert allmählich die reduzierend grau gebrannte, «mittelalterliche» Irdenware.

Graben
- Topf oder Krug? BS. Flacher Boden und steile Wandung, reichlich gemagert. Fnr. G 4/2.
- Bandhenkel. Fnr. G 4/2.
- Sparbüchse. Kugelige Form mit einer schmalen Aussparung. Oranger, feiner Brand. Fnr. G 4/2.
- Plastische Rose. Fnr. G 1/1.

Innenhof
- Teller, ev. auch Schüssel. BS. Ev. Halbfabrikat. Orange grob gemagerte Keramik. Fnr. J 2/1. 15. bis 17. Jh.
- Sieb, bzw.Topf. BS. Blumentopf mit Loch in der Bodenmitte. Fnr. 13405. 16. bis 19. Jh.
- Steckdeckel. Fnr. 13405. 18./19. Jh.
- Kugeliges Gefäss, Sparhafen? Fnr. 13410. Schnitt 3.
- 2 Bandhenkel. Fnr. J 8/2/1; J 9/3/3.

4.2. Die Glasierte Irdenware

Die glasierte Irdenware ist durchwegs in der oxidierenden Brennatmosphäre hergestellt. Diese ist die Voraussetzung für die farbliche Wirkung der Glasuren. Die Glasurfarbe ist von der Art und Menge der beigemischten Eisenoxide abhängig.[2] Bis in das 17./18. Jahrhundert wurden Bleiglasuren verwendet.

4.2.1. Farblose Transparentglasur auf der Innenseite

Die Farblose Transparentglasur ist seit der Einführung der Glasurtechnik in der Mitte des 13. Jahrhunderts die am einfachsten herzustellende Glasur. Sie blieb bis in die Moderne hinein Bestandteil der Glasurfarbenpalette. Farblose Glasuren auf der Innenseite sind vorwiegend bei Kochgefässen aus dem 14. bis 17. Jahrhundert anzutreffen. Dort übernahm die Glasur eine primär abdichtende Funktion. Im 17. Jahrhundert legte man allerdings auch beim Kochgeschirr Wert auf eine farbige Innenglasur. Das Tafelgeschirr wurde trotz der grossen Bandbreite an Verzierungsmöglichkeiten bis in das 18. und 19. Jahrhundert farblos glasiert. Mag sein, dass die farblos glasierten Teller und Schüsseln ein preiswerteres Geschirr waren.
Eine farblose Glasur, die aus Quarzsand und Bleioxid in Form von Bleipulver besteht, kann durch Verunreinigungen einen leichten oliven oder braunen Farbschimmer annehmen. Eine farblose Glasur wirkt hauptsächlich durch ihren Untergrund. Auf einer orangerot gebrannten Keramik erscheint sie braunrot oder kupferrot. Dieselbe Glasur auf einer weissen Engobe zeigt hingegen eine weisse Farbwirkung (nicht zu verwechseln mit einer weissen Zinnglasur).

Graben
- Dreibeinpfanne. RS. Fnr. G 4/3/3a–b. 15./16. Jh. (Abb. 60:5)
- Topf. RS, ev. Nachttopf. mit breitem, horizontal umgeschlagenem Rand, IS farblos/braun, Fnr. G 3/2/7. 16. bis 18. Jh.
- Krug od. Kanne. RS. Fnr. G 4/2. 17. bis 18. Jh.
- Topf. BS, abgesetzter Standboden. Fnr. G 8/3/2. 15./16. Jh.

2 Zu den verschiedenen Oxiden und ihre Farbwirkung in Glasuren vgl. Hamer 1990, S. 243 ff.

Warenart, Mindestindividuen	Graben	Innenhof	15.Jh	16.Jh	17.Jh	18.Jh	19.Jh
I. unglasierte Irdenware	**3**	**5**	**x**	**x**	**x**	**x**	**x**
1. farblose Transparentglasur innen	9	18	x	x	x	x	x
2. farblose Transparentglasur beidseitig	3	13			x	x	x
3. olive Glasur innen		4	x	x	x	x	
4. grüne Glasur o.E. innen	6	2	x	x	x		
5. grüne Glasur ü.E. innen	8	3	x	x	x		
6. grüne Glasur ü.E. aussen		3		x	x	x	
7. grüne Glasur ü.E. beidseitig	7	12		x	x	x	
8. gelbe Glasur ü.E. innen	1	2	x	x	x	x	
9. gelbe Glasur ü.E. aussen	1			x	x	x	
10. gelbe Glasur ü.E. beidseitig	4	3			x	x	
11. gelbe Glasur o.E. beidseitig	1	1				x	
12. weisser Malhorndekor, gelb glasiert	6	15		x	x	x	
13. weisser Malhorndekor, grün glasiert	5	3		x	x		
14. weisser Malhorndekor, gelb u. grün glasiert	2	3		x	x	x	
15. weisser Malhorndekor, braunschwarz IS, kupferbraun AS	1	8	x	x			
16. braunschwarz, beidseitig	4	5			x	x	
17. braunschwarz aussen, weiss innen		12			x	x	
18. kupferbraun aussen, weiss innen		4			x	x	
19. farblos ü.E., weisse Farbwirkung	1	4		x	x	x	
20. türkis beidseitig		1			x		
21. orange beidseitig		4				x	
22. kupferbraun beidseitig		3			x	x	
23. grün innen, türkis aussen		3			x	x	
24. olive innen, braunviolett aussen		1			x	x	
25. Unterglasurmalerei	2	5	x	x	x	x	
26. marmoriert / geflammt		4			x	x	
27. brauner Spritzdekor		6			x		
III. Fayence		**10**			**x**	**x**	
IV. Steinzeug		**div.**			**x**	**x**	
V. Porzellan							

Abkürzungen: o.E. = ohne Engobe; ü.E. = über einer weissen Engobe

Abb. 171: Tabellarische Übersicht der Warenarten und Mindestindividuenzahlen.

- Krug od. Kanne. RS. IS farblos/braun Fnr. G 3/2/3.
- Krug od. Kanne. BS. Fnr. G 8/3/1a-b. 16. bis 18. Jh.
- Krug od. Kanne. BS. Fnr. G 9/2/4. 17. bis 19. Jh.
- Bauchiges Gefäss mit schmalem Standboden. BS. IS farblos/braunoliv. Fnr. G 14/2. 16. bis 19. Jh.
- Henkelschale. IS farblos/gelb. Fnr. G 4/2/4a-d. 17. Jh. (Abb. 177:25)

Innenhof

- Henkeltopf. RS. Fnr. J 8/1/8. 16. bis 18. Jh. (Abb. 184:49)
- Dreibeingefäss. BS, flacher Boden mit Beinansatz. IS farblos/kupferbraun. Fnr. J 1/1/1a. 15. bis 17. Jh.
- Dreibeingefäss. BS, Pfanne. Fnr. 13405, Schnitt 1. 15. bis 17. Jh.
- Dreibeinpfanne. RS, flacher Boden. Fnr. J 8/1/7. 17. bis 18. Jh. (Abb. 183:47)
- 2 Topf. WS. AS verziert mit feinen Riefen und einem Wellenband, IS farblos/oliv. Fnr. J 12/2/1. 16. bis 18. Jh.
- Pfanne. BS, aussen verrusst, flacher Boden. Fnr. J 1/1/1b. 17. bis 18. Jh.
- Lämpchen. Fnr. J 1/3/6. 15. Jh.
- steilwandiges Gefäss. BS. Fnr. J 1/3/4. 16. bis 19. Jh.
- Krug od. Kanne. RS. Fnr. J 8/1/8.
- Krug od. Kanne. RS. Wand mit Henkelansatz. Fnr. J 2/2/4. 17. bis 18. Jh.
- Krug od. Kanne. RS. Fnr. J 2/3/2.
- Schüssel. RS. IS farblos, oliv. Fnr. J 2/3/4a,b. 16. bis 18. Jh.
- Schüssel. RS. IS farblos, oliv. Fnr. J 2/3/4a,b. 16. bis 18. Jh.
- Schüssel. BS. IS farblos/kupferbraun. Fnr. J 6/1/6. 16. bis 18. Jh.
- Schüssel. BS, mit Flickstelle. Fnr. J 8/1. 18. bis 19. Jh.
- Schüssel. RS. IS farblos, oliv. Fnr. J 2/3/4a,b. 16. bis 18. Jh.
- Bräter, Schale, verrusst, Kochgefäss. Frg. Fnr. J 9/2/1. 18. Jh.
- Wulsthenkel. IS farblos/kupferbraun. Fnr. J 1/1.

4.2.2. Farblose Transparentglasur beidseitig

Graben
- Topf. BS. Fnr. G 15/1.
- 2 Topf. BS, bauchiges Gefäss, Bodenunterseite verrusst. Fnr. G 15/1. 18. Jh.
- kl. Tässchen. Profil. Fnr. G 1/1. 18./19. Jh. (Abb. 176:22)

Innenhof
- Topf. BS. Fnr. J 1/1/4a–b.
- Dreibeinpfanne oder Dreibeintopf. BS. Fnr. J 8/1. 17. Jh.
- Kanne oder Krug. RS, hochgestellter Rand, Innenkehle. Fnr. J 8/1. 17./18. Jh.
- grosse Henkelschüssel. RS. Fnr. J 1/1/3a–3d. 18. Jh.
- Schüssel. Profil. Fnr. J 1/3/5a–d. 17./18. Jh. (Abb. 186:64)
- Schüssel. RS, umgeschlagener Rand, beids. farblos/oliv. Fnr. J 8/1/16a–c. 18. Jh. (Abb. 186:62)
- Schüsselchen. Profil. Fnr. J 1/1/2. 17./18. Jh.
- Schüssel. BS od. Teller, beids. farblos/braun. Fnr. J 1/1. 18. Jh.
- Teller. Ganzes Profil, beids. farblos/oliv. Fnr. J 11/5/1a–c. 18. Jh.
- Teller. Ganzes Profil, beids. farblos/bräunlich. Fnr. J 8/1/6. 18. Jh. (Abb. 191:83)
- Teller. Ganzes Profil, beids. farblos/braun. Fnr. J 2/1/2a–i. 18. Jh. (Abb. 191:84)
- Teller. RS, mit Flickungen, oliv verfärbt. Fnr. J 8/1. 19. Jh.
- Schale? od. Deckel? BS. Fnr. J 15/1. 18. Jh.

4.2.3. Olive Glasur auf der Innenseite

Wie die farblose Transparentglasur gehört auch die olive Glasur zu den ältesten Glasuren. Die olive Farbe wird dabei durch eine geringe Zugabe von Kupferoxiden oder durch Verunreinigungen in der Glasur erreicht.

Innenhof
- Topf. RS, umgeschlagener Karniesrand. Fnr. J 9/3/2a–c. 15./16. Jh.
- Kanne od. Krug. RS, mit randständigem Brandhenkel. Fnr. J 8/1. 15./16. Jh.
- Krüglein. BS. Fnr. J 8/1. 16./17. Jh.
- Krüglein. RS. Fnr. J 1/3/8.15. bis 18. Jh.

4.2.4. Grüne Innenglasur ohne Engobe, auf der Innenseite

In der ersten Hälfte des 14. Jahrhunderts wurde das Geschirr und vor allem die Ofenkeramik zum ersten Mal mit einer grünen Glasur versehen. Bereits ein geringer Anteil an Kupferoxid färbt eine Glasur bei niedrigen Temperaturen (unter 1200° C) grün[3]. Grün war im Spätmittelalter bis in die frühe Neuzeit hinein die am meisten verwendete Glasurfarbe. Die grünen Glasuren waren einfach in der Herstellung. Der Grundglasur mischten die Hafner Kupferspäne bei, die bei einer oxidierenden Brennathmosphäre die Glasuren grün färbten. Je nach Menge der beigemischten Kupferoxide färbt sich die Glasur hell- oder dunkelgrün. Grüne Glasuren, die direkt auf den Scherben aufgebracht wurden, sind nicht so häufig. Die grüne Bleiglasur entfaltet erst mit einer weissen Unterlage, einer Engobe, ihre Farbwirkung.

Graben
- Topf. BS. Fnr. G 4/2. 15. bis 17. Jh.
- Topf. RS, Krug od. Kanne. IS urspr. Grün, verbannt. Fnr. G 3/4/6. 14./15. Jh.
- Henkeltopf. Frg, hochgestellter Rand mit Innenkehle, dunkelgrün. Fnr. G 9/2/6. 16. Jh.(Abb. 172:2)
- Henkeltopf. RS, hochgestellter Rand mit Innenkehle und randständiger Bandhenkel. Fnr. G 4/3. 16. Jh. (Abb. 172:3)
- Topf. BS, flacher Boden und steile Wandung. Fnr. G 9/2/7. 16./17. Jh.
- Kanne mit Ausguss, Frg. hochgestellter Rand mit Innenkehle. Fnr. G 7/1/3. 16. Jh. (Abb. 172:4)

Innenhof
- Krug oder Kanne. RS, hochgestellter Rand, helle Keramik, beiger Brand. Fnr. J 8/1. Ende 15./16. Jh.
- Henkeltopf. RS, mit hochgestelltem, profiliertem Rand. Fnr. J 8/1. 17. Jh.

4.2.5. Grüne Glasuren über einer weissen Engobe auf der Innenseite

Die Technik des Engobierens – hierbei wird ein feiner Tonschlicker auf die zu glasierende Fläche aufgetragen – wurde in der Nordwestschweiz bereits in der ersten Hälfte des 14. Jahrhundert angewendet, während in anderen Regionen engobierte Keramik erst im 15. Jahrhundert vorkommt.[4] Auf einer Engobe haftet eine Glasur besser und fliesst glatter aus. Durch den weissen Untergrund wirken die Farben satter und leuchtender.

Graben
- Dreibeintopf. RS. Fnr. G 3/2/5. 15./16. Jh. (Abb. 172:1)
- Miniaturschüssel. RS. Fnr. G 1/2/2. 17. Jh.
- Schüssel. RS, umgeschlagener Rand. Fnr. G 4/2. 16. Jh.
- Schüssel. RS, mit hochgestelltem, profiliertem Rand. Fnr. G 9/2/5. 17. Jh.
- Grosse, schweren Schüssel. RS, mit profiliertem Rand. Fnr. G 4/3. 17. Jh. (Abb. 172:5)
- Henkelschüssel. RS, umgeschlagener Rand und randständiger Bandhenkel, tannengrüne Glasur. Fnr. G 10/1. 16./17. Jh.
- Henkelschüssel. BS, schmaler Bandhenkel. Fnr. G 7/3. 15. bis 17. Jh.
- Teller. Fnr. G 9/2/2a–b. 16./17. Jh. (Abb. 176:18)

3 Vgl. Hamer 1990, S. 203.
4 Vgl. Frascoli 1998, S. 90, Anm. 193.

Innenhof

- Topf. RS mit Karniesrand. Fnr. 13413, SW. 15./16. Jh.
- Topf, Nachttopf? Frg. mit breitem, umgeschlagenem Rand und bauchständigem Henkel. Fnr. 13413 SW. 17. Jh. (Abb. 185:59)
- Schüssel. RS umgeschlagener Rand, eingezogene Mündung. Fnr. G 8/1/17b. 17./18. Jh. (Abb. 183:50)

4.2.6. Grüne Glasuren über einer weissen Engobe auf der Aussenseite

Hof

- Blumentopf. RS. Fnr. J 2/2/5. 16./17. Jh. (Abb. 185:61)
- Krug od. Kanne. WS mit Henkel. Fnr. J 1/1. 16./17. Jh.
- Massiver Knauf eines grossen Gefässes. Fnr. J 2/2/3. 17./18. Jh (Abb. 185:60)

4.2.7. Grüne Glasuren über einer weissen Engobe beidseitig

Graben

- Schüssel. RS, umgeschlagener Rand. Fnr. G 4/2. 17. Jh.
- Schüssel. RS, hochgestellter Rand, kurze Fahne. Fnr. G 1/1. 17. Jh. (Abb. 173:7)
- Teller. RS hochgestellter Rand, kurze Fahne. Fnr. G 10/2/2. Spätes 16./17. Jh.
- Teller. Fnr. G 1/3/1b. 17. Jh. (Abb. 176:19)
- Henkelschale. RS mit «barockem» Grifflappen. Fnr. G 1/2/9. 17./18. Jh. (Abb. 177:26)
- Henkelschale. Fnr. G 3/3/2a-b. 17. Jh. (Abb. 177:27)
- Henkelschale. Fnr. G 4/3/2a-b. 17. Jh. (Abb. 177:28)
- Henkelschale, mit hochgestelltem Grifflappen Fnr. G 4/2/1. 17. Jh. (Abb. 177:29)
- Henkelschale, innen Ritzdekor. Fr. G 1/2/1a–b. 17. bis 18. Jh. (Abb. 177:30)

Innenhof

- Topf. RS, mit breitem, beinahe horizontal umgeschlagenem Rand, für einen Nachttopf allerdings eine zu dünne Wandung. Fnr. J 1/1. 17. Jh.
- Topf. BS, Krug, od. Kanne, flacher Boden, steile Wandung. Fnr. J 8/1. 17./18. Jh.
- Topf, Krug, od. Kanne. BS. Fnr. J 8/1.
- Bandhenkel, Krug. Fnr. 13405, Schnitt 1. 17. Jh.
- Schüssel?. WS mit Wulsthenkel. Fnr. J 8/1. 17. Jh.
- Schüssel. Frg. hochgestellter Rand, kurze Fahne. Fnr. J 1/3. 17. Jh. (Abb. 186:63)
- Schüssel. Frg. mit Karniesrand und Ausguss. Fnr. J 10/1/1. 16. bis 18. Jh.
- 2 Schüsseln. RS, feine Schüssel mit umgeschlagenem Rand. J 8/1. 16./17. Jh.
- Schüssel. RS. Fnr. J 10/1/1.
- Schüssel od. Teller. BS. Fnr. J 8/1. 17./18. Jh.
- Henkelschüssel. RS, umgeschlagener Rand mit randständigem Bandhenkel. Fnr. J 2/2/2a–b. 17. Jh.
- Schale mit Ausguss mit abgesetztem Standboden. Fnr. 13410, Schnitt 3. 17./18. Jh.

4.2.8. Gelbe Glasur über einer weissen Engobe auf der Innenseite

Die gelben Glasuren sind nicht so häufig wie die grünen. Sie sind vorwiegend im ausgehenden 15. bis ins 17. Jahrhundert auf Tafelgeschirr angewendet worden. Die Gelbe Glasur wird durch Zugabe von 1–3% Eisenoxid erreicht. Werden bis zu 8% Eisenoxid beigemischt, so färbt sich die Glasur rötlichbraun, bei einer noch höheren Konzentration schwarzbraun.[5]

Graben

- Schale. RS. Fnr. G 15/1 gleiche Art, G 15/1. 16. bis 18. Jh.

Innenhof

- Schüssel. BS. Fnr. 13405, Schnitt 1. 15. bis 18. Jh.
- Teller. BS. Fnr. J 2/3/1a. 17. Jh.

4.2.9. Gelbe Glasur über einer weissen Engobe auf der Aussenseite

Graben

- Bandhenkel. Fnr. G 10/1. 16. bis 18. Jh.

4.2.10. Gelbe Glasur über einer weissen Engobe beidseitig

Graben

- Profilierter Bandhenkel. Fnr. J 4/2. 17. Jh.
- Steilwandige Schüssel. RS, mit geradem Karniesrand, auf der Randoberseite braun. Fnr. J 4/2. 18. Jh.
- Teller. RS. Fnr. J 4/2. 17. Jh.
- Henkelschale. RS mit barockem Grifflappen. Fnr. J 4/3/2. 18. Jh.

Innenhof

- Krug oder Kanne. RS gerader, umgebogener Rand. Fnr. J 8/1/4a.b. 18. Jh.
- Krug oder Kanne. BS mit abgesetztem Standboden, ebenso Bandhenkel. Fnr. J 8/1.H.17. Jh.
- Schüssel. BS od. Teller. Fnr. J 1/1. 17. Jh.

4.2.11. Gelbe Glasur beidseitig ohne Engobe

Graben

- Schüssel. RS steilwandig mit geradem Karniesrand, auf der Randoberfläche einen braunen Streifen. Fnr. G 4/2. 18. Jh.

Innenhof

- Krug oder Kanne. BS abgesetzter Standboden, die Aussenseite ist braun gesprenkelt. Fnr. J 8/1. 18. Jh.

5 Vgl. Hamer 1990, S. 95.

4.2.12. Weisser Malhorndekor unter einer gelb wirkenden Transparentglasur

Der Malhorndekor gehört als Verzierungstechnik zu den Innovationen des späten 15. und 16. Jahrhunderts. In einen Behälter mit einem Federkiel, dem sog. Malhörnchen, wird ein dünnflüssiger Tonschlicker gefüllt, mit welchem die Gefässe in lederhartem Zustand auf ihrer Innenseite bemalt wurden. Nach einem ersten Brand wird eine farblose oder farbige, aber transparente Glasur aufgetragen, die sich nach dem zweiten Brand über der Zeichnung in einem helleren Ton abhebt.

Malhorndekor kam hauptsächlich auf Tafelgeschirr, auf der Innenseite von Schüsseln, Tellern und Schalen zur Anwendung. Die offenen und flachen Formen boten dafür ideale Flächen. Seit dem ausgehenden 17. Jahrhundert sind vermehrt auch die Aussenseiten und die Randoberseiten bemalt worden. Die bemalte Irdenware ist keine lokale Erscheinung, sondern prägt das internationale Bild der renaissancezeitlichen Geschirrkeramik.[6]

Graben

- Schüssel. RS. Fnr. G 5/2. Ende 16./17. Jh. (Abb. 173:6)
- Schüssel. Ganzes Profil. Fnr. G 4/2/5a–c. 16./17. Jh.
- Schüssel. RS. Fnr. G 3/2/6. 16./17. Jh. (Abb. 173:8)
- Schüssel. RS. Fnr. G 8/2. 16./17. Jh. (Abb. 173:9)
- Schüssel. RS. Fnr. G 3/2. 16./17. Jh.
- Teller. RS. Fnr. G 14/2. 16./17. Jh.

Innenhof

- Schüssel. Fnr. J 8/1/11a–b. 16./17. Jh. (Abb. 187:67)
- Schüssel. RS und WS. Wellenband auf Randoberseite, Wellenband auf Wandung, gefolgt von breiten Linie, AS farblos glasiert, kupferrot. Fnr. J 14/1. (Abb. 187: 68)
- Schüssel. RS. Fnr. J 8/1/5a-c. 16./17. Jh. (Abb. 187:70)
- Schüssel od. Teller. BS, Spirale im Spiegel. Fnr. J 1/2/1.
- Schüssel. RS. Fnr. J 8/1. umgeschlagener Karniesrand, Wellenband auf Randoberseite, eine Linie auf Wandung unter Rand, 16./17. Jh.
- Schüssel. RS. Fnr. J 12/2. umgeschlagener Karniesrand, Wellenband auf Randoberseite, eine Linie auf Wandung unter Rand, 16./17. Jh. (Abb. 186:64)
- Schüssel. RS. Fnr. J 8/2. 16./17. Jh.
- Grosse, massive Schüssel. RS verdickter Karniesrand, umlaufende Linien und Wellenlinien. Fnr. J 2/2. 16./17. Jh.
- Schüssel. RS Kragenrand, Randbereich Wellenlinien gefolgt von umlaufenden Linien. Fnr. J 9/3/1. 17. Jh.
- Schüssel. RS. umgschl. Karniesrand. Auf Rand «S»-Band, innen umlaufende Linien und Wellenlinien. Fnr. J 12/1. 16./17. Jh.
- Schüssel. RS (J 14/1) Kremprand, Wellenlinien und umlaufende Linien, 16./17. Jh. (Abb. 187:68)
- Schüssel. RS. Kragenrand, umlaufende Linien und Wellenlinien, auf Randoberseite «S»-Band. Fnr. J 1/1. 17./18. Jh. (Abb. 187:69)
- Schüssel. BS. Fnr. J 8/1. 16./17. Jh.
- Schüssel. BS umlaufende Linien im Boden. Fnr. J 8/1. 16./17. Jh.
- Schüssel. BS übereinander angeordnete Linien, AS unglasiert. Fnr. J 8/1.
- 2 Steckdeckel. Grosser Steckdeckel mit Flickung. Fnr. J 8/1/14a-b. 17./18. Jh. (Abb. 192:88)

4.2.13. Weisser Malhorndekor unter einer grünen Transparentglasur

Graben

- Schüssel. RS konische Schüssel, verdickter Rand, innen parallele Streifen, darüber grüne Transparentglasur. Fnr. G 4/2. (Abb. 173:10)
- Schüssel. RS. Fnr. G 3/2. 16./17. Jh.
- Schüssel. Beinahe ganzes Profil. Fnr. G 8/1. 16./17. Jh. (Abb. 175:14)
- Schüssel od. Teller. WS. Fnr. G 6/1. 16./17. Jh.
- Teller. RS knollier Rand, Linie und Punkte. Fnr. G 6/1. 16./17. Jh.

Innenhof

- Schüssel. RS Knolliger Rand, kurze Fahne. Auf Rand und Fahne umlaufende Linie und Wellenband. Auf Wandung umlaufende Linien. Fnr. J 11/2/11. 16./17. Jh.
- Teller. RS Linien und «Zick-Zack»-Muster auf der Fahne. Fnr. J 1/3. 16./17. Jh.
- Teller. Ganz erhalten. Fnr. J 9/3/5a-b. 16./17. Jh. (Abb. 190:78)

4.2.14. Weisser Malhorndekor unter einer gelben und grünen Transparentglasur

Graben

- Schüssel. Ganzes Profil. Fnr. G 1/1. 16./17. Jh. od. 18. Jh. (Abb. 175:15)
- Teller. Ganzes Profil. Fnr. G 6/1. 16./17. Jh. (Abb. 176: 21)

Innenhof

- Schüssel. 3 RS. hochgestellter Rand, kurze Fahne, umlaufende und senkrechte Linien Fnr. 13413 SW. 16./17. Jh.
- Schüssel. RS, hochgestellter, profilierter Rand, Linien und grüne und gelbe Punkte. Fnr. J 8/1. 17. Jh.
- Schüssel. RS umgeschlagener Rand, weisser und grüner Streifendekor. Fnr. J 11/2/5a-d. 17./18. Jh. (Abb. 189:77)

4.2.15. Malhorndekor mit braunschwarzer Glasur innen und kupferbraun wirkender Aussenglasur

Graben

- Schüssel. Ganzes Profil. Fnr. G 14/2. um 1800. (Abb. 174:11)

6 Stephan 1987.

Innenhof
- Schüssel. RS. Fnr. J 8/2/5a–b. um 1800. (Abb. 187:71)
- Schüssel. RS. Fnr. J 8/1/1a–g. 18./19. Jh. ev. Heimberg. (Abb. 188:74)
- Schüssel. RS. Fnr. J 8/1/12a–e. 18./19. Jh. (Abb. 188:73)
- Schüssel. RS. Fnr. J 8/1. 18./19. Jh., ev. Langnau (Abb. 188:75)
- Schhüssel. RS leicht bauchig mit Kremprand, Randoberseite «S»-Band, innen am oberen Randbereich «Hämmerband». Fnr. J 8/2. 18./19. Jh.
- Schüssel. RS Kremprand, Randoberseite «Hämmerband». Fnr. J 8/2. 18./19. Jh.
- Schüssel. Ganzes Profil, leicht bauchig mit Kremprand, Randoberseite «S»-Band, innen zwei umlaufende Zierstreifen. Fnr. J 2/2. 18./19. Jh.
- Schüssel. RS Kremprand, Randoberseite «Hämmerband», Innen am Rand ein umlaufender Streifen. Fnr. J 12/2. um 1800.

4.2.16. Beidseitig braunschwarz glasiert

Bei der braunschwarzen Glasur handelt es sich weniger um eine dunkel eingefärbte Grundglasur, sondern vielmehr um eine beinahe farblose Transparentglasur, die auf einer dunkelgrauen, braungrauen Engobe aufliegt. Bei einem Zusatz von bis zu 15% Eisenoxid in der Engobe färbt sich diese Beige bis Braunschwarz.[7] 2–5% Nickeloxid färbt die Engobe grau-braun.

Graben
- Miniaturkanne. Beinahe ganz erhalten. Fnr. G 14/1. um 1800 ev. Heimberg, (Abb. 176:23).
- Knaufdeckel. Fnr. G 4/2. um 1800.
- Teller. BS mit Standring. Fnr. G 4/2. 18./19. Jh.
- Tasse. RS gerader Rand mit Dorn. Fnr. G 15/1. 18./ 19. Jh.

Innenhof
- Topf. RS mit aussen applizierter Deckelraste. Fnr. J 8/1. um 1800.
- Kanne. Frg. mit Ausguss. Fnr. 13405, Schnitt 1. um 1800.
- Krüglein. RS. Fnr. J 8/1. um 1800, ev. Heimberg.
- Schüssel. Ganzes Profil. Fnr. J 8/1. um 1800. (Abb. 186:65)
- Steckdeckel. Fnr. 13405, Schnitt 1. 18./19. Jh.

4.2.17. Aussenglasur braunschwarze Farbwirkung, Innenglasur weisse Farbwirkung

Innenhof
- Topf. RS. Fnr. J 8/1. 18./19. Jh. (Abb. 184:52)
- Topf. RS. Fnr. J 8/1. Heimberg. 18./19. Jh. (Abb. 184:54)
- Topf od. Krug. RS eingezogener Hals, umgeschlagener Rand, AS Zierstreifen. Fnr. J 1/1. 18./19. Jh.
- Kanne od. Krug. RS. Fnr. J 8/1. 18./19. Jh.
- Kanne od. Krug. RS. Fnr. J 8/1. Langnau. 18./19. Jh. (Abb. 184:55)
- Kanne od. Krug. BS. Fnr. J 8/1. ev. Heimberg. 18./ 19. Jh. (Abb. 184:57)
- Kanne od. Krug. BS mit Standring und Henkelansatz. Fnr. J 12/2. 18./19. Jh.
- Schüssel. RS umgeschlagener Rand. Fnr. J 1/1. 18./ 19. Jh.
- Schüssel. RS IS mit kupferrotem Punktdekor und Zierstreifen. Fnr. J 1/1. 18./19. Jh.
- Schale. Profil. Fnr. J 8/1. 18./19. Jh. (Abb. 192:88)
- Schale, Teller, Schüssel. BS mit Standring, innen grünes Blumenmotiv. Fnr. J 8/1. 18./19. Jh.
- Tasse. Frg. IS Glasur craqueliert Fnr. J 1/1. 19. Jh.

4.2.18. Aussenglasur kupferbraune Farbwirkung, Innenglasur weisse Farbwirkung

Innenhof
- Flasche. Frg. Fnr. J 8/1/15. 18./19. Jh. (Abb. 185:58)
- Kanne od. Krug. Milchkanne. BS. Fnr. J 15/1. ev. Langnau, 18./19. Jh. (Abb. 184:56)
- Deckel. RS konischer Deckel. Fnr. J 8/1. 18./19. Jh.
- Schüssel. Suppenschüssel. Frg. mit zwei seitlichen Henkeln. Fnr. J 1/1. 18./19. Jh. (Abb. 184:53)

4.2.19. Engobiert und farblos glasiert, mit weisser Farbwirkung

Farblose Glasuren über einer weissen Engobe mit einer weissen, hellen Farbwirkung sind nicht zu verwechseln mit einer Zinnglasur. Letztgenannte wirkt durch ihre opake, oft matte Erscheinung und wird ohne Engobe direkt auf den Scherben aufgetragen. Die Imitation der teuren Zinnglasuren kommt erstmals im 18. Jahrhundert auf und wird zu einem charakteristischen Merkmal der Langnauer Geschirrproduktion.

Graben
- Schüssel. Frg. Fnr. G 4/2/5. ev. Langnau. 17./18. Jh. (Abb. 175:16)

Innenhof
- Schüssel. RS. Fnr. J 8/1/9 und J 8/1. ev. Langnau. 17./18. Jh. (Abb. 189:76)
- Steckdeckel. beidseitig unverziert. Fnr. J 1/1. 18./ 19. Jh.
- Teller. RS und BS innen grüner Tupfendekor. Fnr. 13410, Schnitt 3. 18./19. Jh.
- Teller. RS. Fnr. J 8/1. 17./18. Jh.

4.2.20. Türkisfarbene Glasur beidseitig

Innenhof
- Deckel. Fnr. J 8/1. 2.H. 18./19. Jh.

7 Hamer 1990, S. 103.

4.2.21. Orange Glasur beidseitig

Innenhof

- 3 Töpfe. Frg. sehr dickwandig. mit braunem Dekorstreifen. Fnr. J 15/1, J 8/2; J 15/2. 19. Jh.
- Schüsselchen od. Tasse. RS sehr fein. Fnr. J 4 /2. 19. Jh.

4.2.22. Beidseitig kupferbraun wirkende Glasur

Hierbei handelt es sich um eine farblose Glasur, die auf einer roten Engobe aufgetragen wurde, die Glasur erscheint kupferbraun bis rötlich.

Innenhof

- Tasse. Frg. mit zwei palmettenförmigen Grifflappen. Fnr. J 8/1. 18./19. Jh. (Abb. 186:65).
- Krug od. Kanne, RS mit hochgestelltem Rand. Fnr. J 8/1. 18./19. Jh.
- Schüssel. RS mit umgeschlagenem Rand und braunem Streifen auf der Randoberseite. Fnr. J 14/1. 1.H.19. Jh.

4.2.23. Grüne Innenglasur, türkisfarbene Aussenglasur

Innenhof

- Topf. RS gerade Wandung, umgeschlagener Rand. Fnr. J 1/1. 18./19. Jh. (Abb. 184:51)

4.2.24. Olivgelbe Innenglasur ohne Engobe, braunviolette Aussenglasur

Innenhof

- Steckdeckel. Fnr. J 2/6. 18./19. Jh.

4.2.25. Unterglasurmalerei

Bei der Keramik mit Unterglasurmalerei sind auf weissem Grund mit dem Pinsel verschiedene Motive aufgemalt, dann wie bei der Malhornware mit einer transparenten Glasur überdeckt worden. Die hauptsächlich flachen Formen sind zwischen der Malhornware und der Fayence anzusiedeln.[8]

Graben

- Schüssel od. Teller. BS innen braune, gelbe und grüne Bemalung, ev. Blume im Spiegel. Fnr. G 4/2. 18./19. Jh.
- Teller. Frg. Fnr. G 5/1. 16./17. Jh. (Abb. 176:20)

Innenhof

- Schüssel. Profil. Fnr. J 8/1/10. 17./18. Jh. (Abb. 191:83)
- Teller. RS innen Blumen und Blätterdekor, Farben nicht mehr erkennbar. Fnr. J 12/2. 18. Jh.
- Teller. RS innen Fächerdekor in braun, aussen braun glasiert. Fnr. J 8/1. 18. Jh.
- Schale. Profil innen bemalt, beidseits farblos auf Engobe glasiert mit weisser Farbwirkung. Fnr. J 8/1. 19. Jh.
- Tasse. BS mit Standring, innen braune und grüne Pflanzen und Blätter. Fnr. 13405, Schnitt 1. 18. Jh.

4.2.26. Marmoriert/geflammt

Bei einer marmorierten oder geflammten Keramik sind verschieden farbige Engoben mit einem Holzstab oder einem Kamm miteinander vermischt. Als Überzug wählte man dann eine transparente Glasur.

Innenhof

- Krug od. Schüssel. BS, innen schwarz, braun und weiss marmoriert, aussen unglasiert. Fnr. 13405, Schnitt 1. 19. Jh.
- Schüssel. BS innen braun, grün und weiss. Fnr. J 8/1. 19. Jh.
- Miniaturschüssel. Profil aussen kupferbraun/weiss marmoriert, Innenglasur mit weisser Farbwirkung. Fnr. 13413. 18./19. Jh.
- Schüssel, innen braun, gelb. Fnr. J 8/1. 18./19. Jh.

4.2.27. Brauner Spritzdekor

Grüne und braune Glasuren werden beliebig auf die vorgebrannte Keramik gespritzt, beim Brand vermischen sie sich willkürlich und erzeugen einen fleckigen Dekor.[9]

Innenhof

- Kanne. RS hochgestellter Rand mit Ausguss. Fnr. J 8/2. 2.H. 18. Jh.
- Kanne od. Krug. BS mit Standring. Fnr. J 8/1. 2.H. 18. Jh.
- Krug. BS innen, aussen und unter Boden farblos glasiert. Fnr. J1/1. 2.H. 18. Jh.
- Div. BS von Schüssel, Krug od. Teller, beidseitig glasiert. Fnr.J 8/2. 2.H. 18. Jh.
- Teller. RS, BS. Fnr. 13405. 2.H. 18. Jh.
- Henkelschale, barocker Griff. Fnr. J 8/1. 2.H. 18. Jh.

4.3. Fayence

Fayence hat einen porösen, hell brennenden Scherben und eine die Scherbenfarbe überdeckende, weisse Zinnglasur; die Deckkraft der Glasur ist vom Zinnoxydgehalt abhängig. Fayence wird zwei- bis dreimal gebrannt und mit farbiger, oft blauer, Unterglasurmalerei verziert. Zu den frühesten Manufakturen nördlich der Alpen gehören die Werkstätten in Winterthur, die bereits in der zweiten Hälfte des 16. Jahrhundert Fayence in grösseren Mengen herstellten.

Innenhof

- Steckdeckel, mit Resten blauer Bemalung. Fnr. 13405, Schnitt 1. 18./19. Jh.

8 Vgl. Frascoli 1997, S. 95.
9 Vgl. Baeriswyl/Junkes 1995, S. 189, Abb. 222.

- 3 Tassen. 2 RS und 1 WS mit Reliefdekor, Blume und geometr. Muster. Fnr. 13405, Schnitt 1. 18./19. Jh.
- Schüssel. Frg. auf Fahne blauer Blümchendekor. Fnr. J 1/2. 18./19. Jh.
- Schüssel. RS mit weisser Zinnglasur. Fnr. 13405, Schnitt 1. 18./19. Jh.
- Teller. RS mit weisser Zinnglasur. Fnr. 13405, Schnitt 1. 18./19. Jh.
- Schale. RS aussen türkis. Fnr. 13405, Schnitt 1. 18./ 19. Jh.
- Waschschüssel. Frg. Fnr. J 1/1. 18./19. Jh. (Abb. 191:82)
- Waschbecken. BS aussen türkis. Fnr. 13405, Schnitt 1. 18./19. Jh.

4.4. Steinzeug

Steinzeug zeichnet sich durch einen dicht versinterten, wasserundurchlässigen, sehr hart gebrannten (mehr als 1200° C) Scherben und in der Regel einer Salzglasur aus. Die Salzglasur besteht aus gewöhnlichem Kochsalz, das beim Erreichen der Höchsttemperatur in den Ofen geworfen wird, wobei Scherben und Glasur an der Oberfläche miteinander verschmelzen. Es handelt sich also dabei um eine Art Anflugglasur[10], weshalb diese oft gesprenkelt ist.

Innenhof
- Flaschen. div. Frg. Seltersflaschen mit grauer Salzglasur. Fnr. 13405, Schnitt 1. 18./19. Jh.

4.5. Porzellan

Porzellan hat einen nahezu weissen, gänzlich verglasten, glatten und häufig leicht durchscheinenden Scherben. Die Herstellung von echtem Porzellan gelang im europäischen Raum erst im 18. Jahrhundert.

Innenhof
- Tasse. RS kantige Form, kobaltblaue Unterglasurmalerei, Blätter, 19.Jh. Fnr. 13405, Schnitt 1. 19. Jh.

4.6. Zusammenfassende Bemerkungen zu den Warenarten

Ab dem 15. Jahrhundert ersetzte die glasierte Koch- und Tafelkeramik allmählich die unglasierte, reduzierend grau gebrannte Keramik. In den Küchen und auf den Tafeln wurde es allmählich farbiger. Bis ins 16. Jahrhundert prägten die grünen, gelben und farblosen Glasuren das Erscheinungsbild der glasierten Keramik. Die meisten Gefässe waren nur auf einer Seite – in der Regel innen – glasiert. Die Glasur diente primär zur Abdichtung der porösen Keramik und erst sekundär als Dekor. Bei Ziergefässen und geschlossenen Gefässen, wie etwa Blumentöpfen und Flaschen, wurde die Glasur auf der Aussenseite angebracht. Die Vorliebe für grüne Glasuren beim Koch- und Tafelgeschirr des Spätmittelalters und der frühen Neuzeit verleiten uns dazu, das 15. und 16. Jahrhundert als «die Epoche mit dem grünen Service» zu bezeichnen.

Im späten 16. Jahrhundert und zu Beginn des 17. Jahrhunderts begannen die Hafner und Hafnerinnen die Gefässe erstmals auf beiden Seiten, oft zweifarbig, zu glasieren. Gelb und grün mit all ihren Abstufungen waren dabei immer noch die führenden Farben. Gleichzeitig mit dem vergrösserten Spektrum an flachen und offenen Formen wurden die tiefen Schüsseln und Teller reicher verziert und bemalt. Die Keramikproduktion entwickelte sich zu einem an Formen und Techniken vielseitigen Kunsthandwerk. Die malhornbemalte Irdenware war dabei führend. Mit einem mit weiss brennendem Tonschlicker gefüllten Malhörnchen wurden verschiedene Motive – vorwiegend stilisierte florale und geometrische Verzierungen – auf die Gefässe aufgemalt und anschliessend transparent glasiert. Oft tragen die bemalten Teller und Schüsseln zusätzlich ein Schriftband, einen Spruch und eine Jahreszahl.

Die Glasuren des 17. und 18. Jahrhunderts weisen in ihrer Farbwirkung eine weitaus reichere Palette auf. Das Spektrum wurde allerdings nicht allein durch eingefärbte Glasuren erweitert, sondern durch eingefärbte Engoben. Eine braunschwarze Glasur entpuppt sich beim genauen Hinsehen als eine farblose Transparentglasur über einer dunkelgrauen oder braungrauen Engobe, welche die darüberliegende Glasur braunschwarz wirken lässt. Auch bei den kupferbraunen Glasuren handelt es sich oft um farblose Transparentglasuren über einer roten oder rotbraunen Engobe. Jetzt wurden die Aussenseiten bemalt, so vor allem bei hohen Formen wie z.B. den Krügen und Kannen.

Neben dem erweiterten Farbenspektrum waren es die vielfältigen Glasurtechniken, die ab dem 17. und vor allem im 18. Jahrhundert zu einer beinahe grenzenlosen Vielfalt an buntem Geschirr beitrugen. Spritzdekor, Marmorierung und geflammter Dekor sind Varianten, die vorwiegend auf flachen Formen des 18. Jahrhunderts vorkommen.

5. Das Formenspektrum

Das gesamte Formenspektrum wurde in zwei Hauptgruppen unterteilt: die Geschirrkeramik und die Haushaltskeramik. Die Geschirrkeramik umfasst Gefässe, die für die Zubereitung und das Anrichten und Auftragen der Speisen verwendet wurden: das Koch- und Tafelgeschirr. Unter die Rubrik Haushaltskeramik werden jene Gefässe zusammengefasst, die ausserhalb der Küche und Tafel im Haus generell Verwendung fanden, also Talglämpchen, Nachttöpfe und Blumentöpfe.

10 Hamer 1990, S. 293 und S. 333.

5.1. Geschirrkeramik

5.1.1. Kochgeschirr

Kochgeschirr ist im Fundmaterial aus dem Graben und aus dem Innenhof nur durch wenige Einzelstücke belegt. Dabei handelt es sich um Fragmente, die auf ihrer Aussenseite verrusst sind, also Gebrauchsspuren aufweisen, die offensichtlich von einer Benutzung im oder beim Herdfeuer stammen. Ein auf der Scheibe gedrehter, innen hohler Griff (Abb. 60:5) mit dem Ansatz eines innen farblos glasierten Gefässkörpers gehört zu einer Dreibeinpfanne. Dreibeinpfannen wurden zum Kochen und Braten von Mus-, Brei- oder Eierspeisen und Gemüse über die heisse Glut gestellt. Davon zeugen die Russspuren auf der Aussenseite der Grifftülle. Innen glasierte Dreibeinpfannen aus Keramik gehörten spätestens seit dem 14./15. Jahrhundert zum festen Bestand einer Küchenausstattung. Da nur noch die Grifftülle erhalten ist, ist eine genaue Datierung des Gefässes bei diesem Beispiel ausgeschlossen. Die Form der Tülle entspricht Pfannen, die im späteren 14. bis ins 16. Jahrhundert weit verbreitet waren. Ebenso der Kochkeramik zuzuschreiben ist das flache Bodenfragment mit dem Ansatz eines Beines, das zu einem Dreibeingefäss, einem Dreibeintopf oder einer Dreibeinpfanne gehörte (Abb. 183:47). Die Datierung ist bei diesem Stück aufgrund der langen Laufzeit der Dreibeingefässe äusserst schwierig; sie wurden vom Spätmittelalter bis in die frühe Neuzeit, bis ins 17. Jahrhundert hergestellt.

Die Spärlichkeit an Kochgeschirr aus dem Graben und dem Innenhof erstaunt insofern nicht, weil seit dem ausgehenden 16. Jahrhundert zum Kochen mehrheitlich metallene Pfannen und Kessel verwendet worden sind.[11] Diese haben die bis dahin überall gebräuchlichen Keramikpfannen ersetzt. Kochgeschirr aus Metall war dauerhafter und nutzte sich weniger schnell ab. Die schweren Metallpfannen und -kessel wurden im Mittelalter zu hohen Preisen angeboten. Man darf aber annehmen, dass ab dem 17. Jahrhundert Metallgeschirr weitaus erschwinglicher war als noch im Mittelalter. Im ausgehenden 16. Jahrhundert nahm die Produktion von Kochgeschirr aus Keramik allmählich ab, gleichzeitig setzte eine Produktionssteigerung von Tafelgeschirr aus Keramik ein. Diese Tendenz widerspiegelt sich in der Zusammensetzung des Fundmaterials aus dem Burggraben und dem Innenhof des Alten Schlosses, wo denn auch die Fragmente von Tafelgeschirr weitaus in der Mehrzahl sind.

5.1.2. Tafelgeschirr

Hohe, geschlossene Formen

Töpfe, Henkeltöpfe: Henkeltöpfe gibt es seit dem 15. Jahrhundert. Sie wurden anfänglich als Kochgefäss benutzt, dienten aber sicher auch für den Ausschank von Wasser oder Milch und als Vorratsgefäss. Als Beispiel sei ein Henkeltopf aus dem 16. Jahrhundert aus dem Burggraben aufgeführt (Abb. 172:2, 3) mit einem für die Henkeltöpfe typisch hochgestellten Rand mit einer Innenkehle und einem randständigen Bandhenkel. Die ganze Gefässinnenseite ist ohne Engobe direkt auf dem Scherben grün glasiert. Zwei Riefen oberhalb des unteren Henkelansatzes zieren die unglasierte Gefässaussenseite. Das Fragment eines bauchigen Henkeltopfes jüngerer Zeitstellung (Abb. 183: 49) zeigt einen ähnlich hochgestellten Rand, der allerdings gegen aussen abgerundet und leicht nach innen umgeschlagen ist. Die Innenseite ist mit einer farblosen Transparentglasur überzogen. Die unglasierte Aussenseite mit wenigen feinen Rillen verziert.

Kannen: Als Kannen werden Gefässe mit einem im Rand ausgeformten Ausguss, einer sog. Schnauze, bezeichnet. Fehlt dieser Ausguss, so spricht man in der Regel von einem Krug. Die Kanne mit Ausguss auf Abb. 172:4, die ebenfalls ins 16. Jahrhundert datiert, entspricht in der Randausformung und in der Qualität der Keramik einem Henkeltopf.
Die beinahe ganz erhaltene Miniaturkanne (Abb. 183:23) stammt aus einer weitaus jüngeren Epoche. Die Dunkelbraune Glasur auf der Innen- und Aussenseite lässt bei diesem Gefäss die Provenienz Heimberg vermuten, wo ab dem 18. Jahrhundert Milchkannen dieser Art in grossen Mengen hergestellt worden sind. Vielleicht nicht gerade zu diesem Kännchen aber zu einem ähnlichen Gefäss dürfte ein Deckel gehören, von dem leider nur noch der Knauf erhalten geblieben ist. Auch dieser ist mit der für Heimberg typischen braunschwarzen Glasur versehen und datiert in das ausgehende 18. Jahrhundert.

Flaschen: Flaschen aus Keramik sind selten, sie wurden mehrheitlich aus einem anderen Material hergestellt. Als Flasche diente vermutlich das Fragment eines geschlossenen Gefässes mit enger Mündung und Ansatz eines Henkels. Die Warenart – aussen über einer roten Engobe und innen über einer weissen Engobe jeweils farblos, transparent glasiert – datiert das Stück in das 18. Jahrhundert (Abb. 185:58).

Steinzeugflaschen: Aus Steinzeug sind Flaschen gleich mehrfach belegt. Das völlig versinterte Steinzeug war ein ideales Gefäss um Wasser ohne Verlust und kühlend aufzubewahren. Die Steinzeugflaschen dienten als Verpackung des im 18. und 19. Jahrhundert weit gehandelten Mineralwassers berühmter Heilquellen, von denen Selters eine grosse Rolle spielte. Mit einer Brunnenmarke versehen gehören die Flaschen zu den «Massenhandelsprodukten» der frühen Neuzeit.[12] Die Fragmente von Steinzeugflaschen stammen alle aus einem Sondierschnitt im Innenhof.

11 Im Nachlassinventar von Hans Rudolf Sulzer aus Winterthur aus dem Jahre 1726 sind sämtliche bronzenen und kupfernen Kochkessel, Häfen, Bratpfannen u.a. aufgeführt. Publiziert in: Frascoli 1997, S. 68.

12 G. Feller, Mineralwasserkrüge. In: Ausgrabungen und Funde in Westfalen-Lippe, Jg.9, Teil B, Mainz a. Rhein 1995, S. 491–505.

Töpfe: Eine spezielle Form von Töpfen sind die mit gerader Mündung mit grossem Durchmesser und aussen waagrecht appliziertem Deckelrast (Abb. 184:52). Warenart und Verzierung entsprechen den Produkten aus Langnau. Als Verschluss diente bei diesen Gefässen nicht etwa ein gewöhnlicher Deckel, sondern eine umgekehrte Schüssel oder ein Teller. Die Gefässaussenseite ist verziert und bunt glasiert, während die Innenseite eine farblose Transparentglasur trägt. Von dieser Form leiten sich die uns wohl bekannten Suppenschüsseln ab, wie etwa das Exemplar aus dem Innenhof (Abb. 184:53) mit ursprünglich zwei unterrandständigen Griffen zeigt. Die Aussenseite ist bemalt und auf kupferrotem Grund gelb, grün und weiss glasiert. Schüsseln dieser Form und Warenart wurden im ausgehenden 18. und 19. Jahrhundert sowohl in den Hafnereien von Langau wie auch in denjenigen von Heimberg hergestellt.

Schüsseln: Seit dem 15. Jahrhundert dominiert beim Tafelgeschirr die Schüssel in allen Formen und Varianten. So ist sie das im gesamten Fundmaterial mengenmässig am meisten vertretene Gefäss. Wie eingangs erwähnt, liegen aus dem Graben und dem Innenhof der grossen Zeitspanne entsprechend zahlreiche Einzelformen aus verschiedenen Epochen vor. Der formalen Vielfalt entspricht auch der multifunktionale Charakter der Schüsseln. Ein Blick in zeitgenössische Inventaraufzeichnungen macht deutlich, wie verschieden ihre Verwendung war, die sich nicht nur in der Form, sondern auch in der Bezeichnung äussert: da werden Senf-, Suppen-, Sauce-, Ess-, Speiseschüsseln etc. aufgeführt[13]. Die Schüsseln benötigte man für das Anrichten und Auftragen der Speisen zu Tisch, für die Zubereitung in der Küche, für die Milchverarbeitung und als Vorratsgefäss. Sekundär wurden sie für alles denkbar mögliche verwendet: als Blumentopf, als Nachttopf, als Farbbehälter, als Milchauffangbecken beim Melken und so fort.

Hohe Formen

Konische Schüsseln: Noch der traditionellen mittelalterlichen Form verhaftet sind die konischen Schüsseln mit einem Kremprand und einem abgesetzten Standboden (Abb. 174:11). Auch der umgeschlagene, breite Karniesrand (Abb. 186:64) hat sich aus einer spätmittelalterlichen Form entwickelt. Die dritte Variante an Randausformung bei konischen Schüsseln bildet der umgeknickte und hochgestellte Rand (Abb. 186:61), ein formales Element aus dem ausgehenden 16. Jahrhundert. Diese Randform wird im ausgehenden 16. und dann vor allem im 17. Jahrhundert oft auf der Aussenseite profiliert (Abb. 173:6). Häufig sind diese Schüsseln mit einem randständigen Bandhenkel ausgestattet. Die konischen Schüsseln sind entweder monochrom glasiert oder bemalt.

Ebenfalls zu den hohen Schüsselformen gehört die bauchige Schüssel (Abb. 173:8) mit einem breit umgeschlagenen Rand. Auf ihrer Innenseite ist sie mit Halbkreisen, Punkten und Linien dekoriert und mit einer leicht gelboliven Transparentglasur versehen. Eine weitere Schüssel, die wie die vorhergehende in das 16./17. Jahrhundert datiert, ist von ähnlicher Form, hat jedoch eine kürzere Fahne und einen hochgestellten, aussen profilierten Rand (Abb. 172:6). Auf der Innenseite ist auf der Fahne zwischen umlaufenden Streifen ein S-Band aufgemalt.

Als Beispiel für die zahlreichen Einzelformen aus dem Burggraben ist eine konische Schüssel, vermutlich aus dem 16. Jahrhundert, zu nennen (Abb. 173:9). Die Schüssel zeigt eine eher seltene Verzierungsart: ein unter einer leicht gelbstichigen Glasur gemaltes weisses Gittermuster, das die ganze Innenseite bedeckt.

Flache Schüsseln: Im Gegensatz zu den hohen Schüsseln sind die flachen Schüsseln unterteilt in den Rand, eine breite Fahne, die Wandung, die gerade oder leicht gebaucht sein kann, und den Spiegel. Der überwiegende Teil dieser flachen und unterteilten Schüsseln ist reich bemalt. Bei der Verzierung hat man auf die Unterteilung in drei Gefässzonen geachtet. Viele dieser Schüsseln tragen im Spiegel das Hauptmotiv. Auf einer Schüssel aus dem Graben (Abb. 174:12) ist im Spiegel ein Tier mit Gefieder oder einem Fell zu erkennen. Die breite Fahne ziert ein Sternendekor und die Wandung stark stilisierte Palmwedel, Motive, die auf einer zweiten Schüssel aus dem Graben (Abb. 175:13) in ähnlicher Manier aufgemalt worden sind. Erstaunlich ist, dass einzelne Motive über die Landesgrenzen hinaus weit verbreitet waren. Der stilisierte Palmwedel zwischen vier senkrechten Linien auf der Wandung der letztgenannten Schüssel ist ein Motiv, das zum Beispiel auch auf Schüsseln aus Thüringen vorkommt.[14] Der Dekor mit einem S-Band, mit dem die Randinnen- oder Randaussenseite verziert wurde (Abb. 173:6; Abb. 187:66), das auch auf Basler Tafelgeschirr aus der ersten Hälfte des 17. Jahrhunderts zu sehen ist[15], ist bis nach Nordeuropa weit verbreitet und prägte schliesslich mitunter das Erscheinungsbild der Heimberger Ware im 18. und 19. Jahrhundert.

Für das ausgehende 18. und beginnende 19. Jahrhundert sind konische Schüsseln mit einem Kremprand, einem crèmefarbenen Malhorndekor auf dunkelbraunem Grund und einer kupferbraun wirkenden Aussenseite charakteristisch (Abb. 188:73, 189:74). Schüsseln dieser Art fanden weite Verbreitung und wurden in mehreren Regionen gleichzeitig produziert. Das Charakteristische ist das S-Band auf der Randoberseite. Die Innenseite zeigt mehrheitlich geometrische Motive wie Linien oder Wellenlinien (Abb. 174:11). Schüsseln dieser Art sind sowohl im Burggraben als auch im Innenhof in mehreren Exemplaren gefunden worden.

Teller: Der Teller aus Keramik kam als Tafelgefäss erst im 16. Jahrhundert auf und diente bis ins 19. Jahrhundert vor-

13 Paul Heierle, Die Gefässbezeichnungen in den Basler Beschreibbüchlein, Basel 1969, S. 90ff.
14 Stephan 1987, S. 147, Abb. 141.
15 Stephan 1987, S. 42, Abb. 30.

wiegend zum Anrichten und Auftragen der Speisen. Ein «irdin gelöster fleisch deller», also ein glasierter irdener Fleischteller, erscheint in einem Inventar aus dem Jahre 1577.[16] Als persönlicher Platzteller wurden Holzteller, Essbrettchen oder eine Scheibe Brot verwendet. Wer es sich leisten konnte besass eine Serie Zinnteller, die vor allem auch für besondere Anlässe aufgedeckt wurden.[17] Die Teller sind zuweilen nur schwer von einer Schüssel zu unterscheiden. Sie sind wie die Schüsseln in eine Fahne, Wandung und einen Spiegel unterteilt. Bei einem Teller läuft die Fahne direkt in den Rand aus (Abb. 176:21, 191: 82), während bei den Schüsseln der Rand ausgeformt, dass heisst verdickt, umgeschlagen oder hochgestellt ist. Grosse flache Schüsseln und Teller, wie die Beispiele Abb. 175:16, und Abb. 191:83, welche aufwändig verziert und wie letztgenanntes Beispiel auch mit einem Spruch versehen worden sind, hingen an der Wand und dienten mitunter der Repräsentation. Die grossen Schauteller, die auf der Innenseite oft einen Spruch und eine Jahreszahl tragen, sind als Andenken möglicherweise an ein bestimmtes familiäres Ereignis – eine Hochzeit oder eine Geburt – oder als Liebesgabe in Auftrag gegeben worden. Beide Teller sind vermutlich Erzeugnisse einer Hafnerei aus Langnau und datieren in das ausgehende 18. Jahrhundert.

Henkelschalen: Als neues Tafelgeschirr kamen in der ersten Hälfte des 17. Jahrhunderts, eventuell bereits im ausgehenden 16. Jahrhundert, runde Schalen oder Näpfe mit einem oder zwei seitlich angarnierten Grifflappen auf. Möglicherweise sind diese Schalen oder Näpfe mit den in den zeitgenössischen Inventarlisten aufgeführten «Ohrenschüsseln» identisch. Eines der frühesten Inventare, das «oren schüsslen» nennt, datiert in das Jahr 1573.[18] Die zwei seitlich abstehenden Grifflappen – weshalb die Bezeichnung Ohrenschüssel auch sinngemäss ist – sind verschieden ausgeformt: zu einem Herz (Abb. 177:27), einer Palmette oder zu barockisierenden Blumenmotiven (Abb. 177:26, 28). Diese Henkel wurden mittels einer Matrize hergestellt und an das lederharte Gefäss angarniert. In Mundart auch als «Nidelnapf»[19] bezeichnet, ist diese Grundform bis in die Moderne hinein als Suppenschüsselchen oder Milchnapf und unter dem Einfluss amerikanischer Lebensgewohnheiten für Corn Flakes beibehalten worden. Verändert haben sich geringfügige formale Elemente sowie die Warenart.

Tassen: Die Modegetränke Kaffee und Kakao bewirkten, dass im Verlauf der ersten Hälfte des 18. Jahrhunderts vermehrt Tassen und Kannen produziert wurden. 1721 zählte man in Paris rund 300 Kaffeehäuser.20 In der Folgezeit eroberte der Kaffeegenuss auch die bürgerlichen Schichten in Deutschland und in der Schweiz. Die Kaffee- oder Teetasse wurde allerdings vorzugsweise in Porzellan oder im preisgünstigeren Steingut hergestellt, aus Keramik gibt es nur wenige Exemplare. Zu nennen sind das Fragment einer Tasse mit beidseitiger, braunschwarzer Glasur aus dem 18./19. Jahrhundert. Eine aussen braunschwarz glasierte Tasse mit weisser Innenfarbe, die stark craqueliert ist, stammt aus der ersten Hälfte des 19. Jahrhunderts. Insgesamt gehören nur vier Fragmente sicher zu Tassen (Abb. 192:88).

Deckel: An Deckelformen liegen aus dem Burggraben und Innenhof zwei Varianten vor: monochrom glasierte Steckdeckel (Abb. 193:89) und malhornbemalte, hohle Deckel mit einem zentralen Bügelhenkel (Abb. 192:90, 91). Während im Spätmittelalter die Deckel unglasiert, unverziert und ohne grosse Sorgfalt auf dem Stock hergestellt worden sind, bemühte man sich ab dem 16./17. Jahrhundert, auch die Deckel attraktiver zu gestalten. Sie wurden verschieden farbig glasiert und bemalt. Während im Spätmittelalter die Deckel vor allem zum Abdecken der Kochgefässe dienten, gehörten sie in der frühen Neuzeit zum Tafelgeschirr, auf die Schüsseln, Kannen oder Krüge.

5.2. Geflicktes Geschirr

In frühneuzeitlichen Fundensembles gibt es immer wieder Fragmente mit deutlich erkennbaren Flickstellen.[21] Dabei handelt es sich meistens um Tafelgeschirr: Teller, Schüsseln und Deckel. Wenn es sich lohnte, gab man einen zerbrochenen Teller oder eine Schüssel dem Geschirrflicker zur Reparatur. Er durchbohrte die Bruchteile den Kanten entlang, verklebte die Scherben mit einem Kitt und band sie anschliessend mit einem Draht als zusätzliche Verstärkung zusammen. Die Wandung eines sehr grossen, aussen bemalten hohlen Deckels (Abb. 192:90) wurde auf diese Weise geflickt. Hier sind die mit Kitt aneinander geklebten Scherben und der Eisendraht noch vorhanden (Abb. 192:89). Ebenfalls geflickt wurde eine Schüssel oder ein Teller, wovon nur noch der Boden erhalten geblieben ist. Auch der grosse Zierteller mit einem inwendigen Spruchband ist vor der Entsorgung geflickt worden (Abb. 191: 83). Die Teller, Schüsseln und Deckel mit Flickstellen datieren alle in die zweite Hälfte des 18. Jahrhunderts.[22]

5.3. Haushaltskeramik

5.3.1. Blumentöpfe

Bereits im 15. Jahrhundert hielt man kleine Pflanzen in Blumentöpfen zur Ausschmückung der Wohnräume. Im

16 Paul Heierle, Die Gefässbezeichnungen in den Basler Beschreibbüchlein. Basel 1969, S. 119.
17 Im Nachlassinventar von Rudolf Sulzer 1726 sind mehr als 29 Zinnteller aufgeführt. Siehe Frascoli 1997, S. 68.
18 Paul Heierle, Die Gefässbezeichnungen in den Basler Beschreibbüchlein. Basel 1969, S. 101.
19 Wyss 1966, Tafel 16.
20 Toussain-Samat 1987, S. 430.
21 Baeriswyl/Junkes 1995, Kat.-Nr. 254; 256; 294; 295.
22 Siehe zu geflicktem Geschirr aus der zweiten Hälfte des 18. Jahrhunderts: Christine Keller, Ein Bestand an neuzeitlicher Gefässkeramik aus dem späten 18. Jahrhundert: Das Depot eines Geschirrflickers? In: Werner Meyer et al. «Heidenhüttli». Basel 1998, S. 160–170.

16. Jahrhundert dienten sie zuweilen zur Zierde der Hausfassaden.[23] Dies lässt allerdings auf einen gehobenen Lebensstandard schliessen. Die Töpfe sind in der Regel steilwandig und hoch. Ihre Aussenseite ist verziert oder glasiert, die Innenseite ist unglasiert. (Abb. 185:61).

5.3.2. Nachtöpfe

Hohe Gefässe mit einem breiten, horizontal umgeschlagenen Rand und einer zusätzlichen Randverstärkung werden als Nachttöpfe gedeutet (Abb. 185:59). Innen sind sie oft – wie unser Beispiel – grün oder gelb glasiert.

5.3.3. Waschschüssel

Im Fundmaterial aus dem Innenhof liessen sich mehrere Scherben aus Fayence zu einer grossen, flachen Schüssel mit Ausguss und zwei seitlichen Grifflappen ergänzen (Abb. 190:82). Die Schüssel trug ursprünglich auf der Innenseite ein blauer Blumen- und Blätterdekor. Die weisse Zinnglasur ist auf beiden Seiten abgeplatzt. Die grosse Schüssel gehörte zu einer Waschgarnitur mit Waschschüssel und Auffangbecken, wie sie ab dem 18. Jahrhundert aufgrund veränderter Hygienevorstellungen und -massnahmen für die tägliche Toilette benutzt worden sind.

5.3.4. Kindergeschirr

Miniaturausgaben von Keramikgeschirr waren schon im Mittelalter ein beliebtes Kinderspielzeug. Dies ist jedenfalls aufgrund der bisherigen Funddichte anzunehmen. Ein kleines, konisches Schüsselchen mit umgeschlagenem Rand könnte ebenfalls zu einem Puppenservice gehört haben (Abb. 191:22). Die Miniaturausgaben standen in der Ausformung und im Dekor keineswegs den Originalausgaben nach. So wurde auch ein Krüglein mit beidseitiger brauner Glasur in Miniaturform nachgeahmt (Abb. 176:23). Bei kleinen Schüsseln und Schalen ist es jedoch nicht immer leicht zu unterscheiden, ob es sich um ein Puppengeschirr oder um eine kleine Schale für Gewürze, Konfekt oder ähnlichem handelt.

6. Produktionsorte der Geschirrkeramik

Die grosse Warenvielfalt gab Anlass, nach der Herkunft und den Produktionsstätten der Gefässe zu fragen. Es war allerdings nicht möglich, über sämtliche in der Region Bern nachweisbaren städtischen und ländlichen Hafnerwerkstätten vom 16. bis in die erste Hälfte des 19. Jahrhunderts Informationen einzuholen. Die Ausführungen zu den möglichen Produktionsorten der Geschirrkeramik bleiben daher skizzenhaft.

Ein grosser Teil der Geschirrkeramik stammt vermutlich von den städtischen Hafnereien. Bei einigen Gefässen entsprechen die Verzierungen den Produkten aus den ländlichen Töpfereien von Heimberg und Langnau.

1764 wirkten in Bern noch 27 Töpfer, dafür eroberte das sog. Bauerngeschirr aus den ländlichen Hafnereien immer mehr den städtischen Markt.[24] Im 17. und 18. Jahrhundert verteilten sich die ländlichen Töpfereien auf hunderte von Kleinbetrieben, von denen neben Blankenburg/Simmental und Albligen vor allem Heimberg und Langnau sich zu grossen und bedeutsamen Produktionsstätten entwickelten. In den als Hauptverdienst gegründeten Werkstätten waren zuweilen bis zu hundert Leute beschäftigt.[25] Die qualitätvolle Keramik von Heimberg und Langnau erlangte bald überregionale Bedeutung. Von den Hafnereien in Heimberg wurden die Produkte auf der Aare nach Thun und Bern verschifft und dort verkauft.

1682 wird der erste Hafner David Herrmann in Langnau urkundlich erwähnt. Der Töpfer Abraham Herrmann verliess die Langnauer Hafnereien und siedelte um 1730 nach Heimberg über.[26] In der zweiten Hälfte des 17. Jahrhunderts gab es zwischen der Keramik von Heimberg und Langnau noch keine grossen Unterschiede; Heimberg entwickelte erst ab 1755 eine wirklich eigenständige Tradition. Die Produkte von Heimberg zeichnen sich durch ihre charakteristische schwarzbraune Glasur mit Engobenmalerei aus. Ein beliebtes Verzierungselement war das sog. S-Band, auf der Aussen- oder Randoberseite von Schüsseln und Tellern (Abb. 187:71). Schwarzbraun glasiertes Geschirr wurde aber nicht ausschliesslich in Heimberg produziert. Die schwarzbraune Töpferware mit farbiger Bemalung ist auch im Schwarzwald, in Kandern, Staufen und Echzingen aber auch im Baselland und im St. Gallischen Berneck hergestellt worden.[27]

Langnau produzierte hingegen ein innen crèmefarbenes Geschirr mit schwarzbrauner Aussenseite (vgl. Warenart 17), die ebenfalls mit Engoben-Malerei verziert ist. Ab 1820 ist für Zuckerdosen und Schüsseln die Perlschnurverzierung beliebt (Abb. 184:55). Die Perlschnüre bestehen aus eng aneinander gereihten, braunen, roten, grünen oder gelben Kügelchen. In dieser Anordnung gleichen sie einem Kettengehänge auf der Aussenseite.

Charakteristisch für die Langnauer Geschirrkeramik ist unter anderem das sog. «Hämmerband»; ein Fries aus mehreren parallel laufenden Reihen mit kleinen, dicht nebeneinander gesetzten Punkten (Abb. 188:75, 76, 190: 79, 191:83). Das Hämmerband entsteht auf der noch rotierenden Drehscheibe durch ein regelmässiges Aufschlagen eines zugespitzten Gegenstandes oder eines Hammers und war längs einem Schüssel- oder Tellerrand oder längs der Kante und um den Spiegel ein äusserst beliebter Dekor.[28]

23 Vgl. Hartmut Bookmann, Die Stadt im späten Mittelalter. München 1986, S. 137, Abb. 214. Mitteltafel Hochaltar des Braunschweiger Doms, 1505. Auf einem Gesims stehen drei Blumentöpfe zur Zierde der Fassade.
24 Thut 1991, S. 29.
25 Thut 1991.
26 Wyss 1966, S. 34.
27 Wyss 1966, S. 35ff.
28 Bellwald 1966, S. 30.

Obschon die Zuweisungen der gefundenen Gefässfragmente an eine bestimmte Werkstatt oder einen bestimmten Produktionsort ohne aufwändige Recherchen und Untersuchungen (Tonanalysen) kaum exakt erfolgen kann, dürfen wir doch annehmen, dass das Fundmaterial aus dem Burggraben und dem Innenhof Gefässe enthielt, die von den lokalen, städtischen Hafnereien stammen. Im 18. Jahrhundert bestellte man für die Haushaltungen vermehrt auch Tafelgeschirr von Heimberg und Langnau.

III. Die Ofenkeramik

Analog zur Geschirrkeramik handelt es sich auch bei den ofenkeramischen Funden um eine Vielzahl und eine entsprechende Vielfalt an Kacheln. Die Kacheln und Ofenbestandteile stammen von mehreren und zeitlich unterschiedlichen Öfen. Auch dies ein Hinweis, dass der Abfall mehrfach umgelagert worden ist. Wie die Geschirrkeramik besticht auch die Ofenkeramik durch ihre gute Qualität. Die reich verzierten und bemalten Ofenkacheln, von denen einige aus den führenden Winterthurer Werkstätten stammen dürften, zeugen von einer komfortablen Wohnausstattung der damaligen Besitzer, der Schlossbewohner. Die Motive auf den Kacheln entsprechen dem für das 16. bis 18. Jahrhundert weit verbreiteten Repertoire. Abgesehen von wenigen Ausnahmen handelt es sich bei den Ofenkachelfunden jeweils um Einzelstücke. Obschon die Öfen der frühen Neuzeit oft datiert und zuweilen auch signiert worden sind, befindet sich im gesamten Fundmaterial keine einzige Ofenkachel mit einem Datum oder einer Hafnersignatur.

Die ofenkeramischen Funde können in zwei Gruppen unterteilt werden: die weiss engobierten, grün glasierten Kacheln aus orangerotem Töpferton und die blau bemalten Fayencekacheln. Mengenmässig überwiegen die grün glasierten Reliefkacheln gegenüber den Fayencekacheln. Der Burggraben enthielt beinahe doppelt so viele Ofenkacheln wie der Innenhof.

1. Grün glasierte Blattkacheln

Bei den grün glasierten Blattkacheln überwiegen die im 16. und 17. Jahrhundert beliebten Motive der Blatt- und Rankenwerke sowie die Waffel- und Rapportmuster. Die Fragmente von Blattkacheln mit Waffelmuster (in der Literatur gelegentlich auch Rhombenmuster genannt) (Abb. 193:92) datieren in die zweite Hälfte des 16. Jahrhunderts und entsprechen einem Ofentyp, wie er von Ludwig I Pfau unter anderem für das Schloss Mörsburg bei Winterthur hergestellt worden ist. Der Ofen trägt die Jahreszahl 1574 im Rundstab des Kranzgesimses.[29] Entsprechende Kacheln von diesem Ofentyp kamen auch im Burggraben zum Vorschein. Dass dieser wohl auch wegen der einfachen Herstellungstechnik beliebte Kacheltyp weit verbreitet war, belegen analoge Kachelfunde aus der Stadt Bern, aus Burgdorf, Fribourg, dem Schloss Hallwil und Solothurn, um nur einige zu nennen.[30] Die Kacheln mit Waffelmuster zeichnen sich durch ein vertieftes Relief und einem kaum merkbaren Rahmen aus.
Zu den wenigen unversehrten Funden gehört eine ganz erhaltene Blattkachel mit noch vorhandenem Tubus (Abb. 180:38). Das konvex gebogene Blatt ziert ein Waffelmuster mit einem diagonalen Band mit floralem Dekor in Spangenwerk. Zu diesem Kacheltyp zählen weitere Fragmente aus dem Burggraben und aus dem Innenhof. Auch hier handelt es sich um ein Kacheltyp, der weit verbreitet war. Im Kanton Bern wurde bei einer Ausgrabung in Burgdorf eine identische Kachel gefunden, die in die Zeit um 1600 datiert wird.[31]
Die Tradition der mit Waffel- und Rautenmuster bedeckten Öfen dauerte bis in das ausgehende 17. Jahrhundert. Die einfache Herstellungstechnik begünstigte die weite Verbreitung und die grosse Auflage solcher Öfen. Das geschnitzte Model konnte beliebig oft abgeformt werden. Die einfache Herstellungstechnik senkte vermutlich auch die Produktionskosten. Solche Kachelöfen waren wohl erschwinglicher als die reich reliefierten, figürlichen Kacheln oder die handbemalten Fayenceöfen.

Die im 15. und 16. Jahrhundert reich verzierten Reliefkacheln damaliger Prunköfen mit ihrer Vielfalt an allegorischer, profaner und religiöser Thematik wurden im 17. Jahrhundert allmählich mit Kacheln mit vorwiegend floralen und geometrischen Motiven ergänzt oder zuweilen ganz ersetzt. Die mit stilisierten Blumen- und Blattranken verzierten Öfen setzen in Bern bereits im 15. Jahrhundert ein.[32] Nebst figürlichen Szenen traten immer mehr sog. Tapeten- und Rapportmuster in den Vordergrund (Abb. 181:39). Die Motive, die der Formensprache der Renaissance entnommen sind, entsprechen den Verzierungselementen des gleichzeitigen Möbelhandwerks, der Bauskulptur, der Schmiedekunst (vornehmlich Schmiedeeisen) und der Ornamente der Täfer und Tapeten in den Wohnstuben.

Die mit einem Rapportmuster verzierten Kacheln konnten beliebig aneinandergereiht werden. Es ergab sich immer eine glatte, gleichmässig gemusterte Ofenwand, die an die gleichzeitigen Tapeten- und Stoffmuster erinnerte.[33] Öfen mit dieser Verzierungsart waren nicht nur lokale Erscheinungen, sondern erfreuten sich in der ganzen Schweiz im 17. Jahrhundert grosser Beliebtheit. Die Holz- oder Tonmodel wurden in Umlauf gesetzt und führten zur weiten Streuung gleicher Ofentypen.

29 Bellwald 1980, S. 29, Abb. 10.
30 Roth-Kaufmann u.a. 1994, S. 244, Nr. 315 und 316 – Parallelen dort aufgeführt.
31 AKBE, Vol 2A, S. 261, Nr. 4. um 1600 datiert.
32 Roth-Kaufmann u.a. 1994, S. 75.
33 Beispiele solcher Öfen in: Bellwald 1980, S. 229, Nr. 3. Franz 1969, Abb. 294, grün glasierter Ofen mit Tapetenmuster, Graz um 1550.

Weitere Elemente von renaissancezeitlichen Öfen wie Gesimskacheln, Tubi, Ofenfüsse, einfache Ofenleisten und eine plastisch ausgeformte, figürliche Eckleiste gelangten als Einzelfunde in den Burggraben und in den Innenhof.

Besonders erwähnenswert ist die leider nur fragmentarisch erhaltene, figürliche Eckleiste (Foto, Abb. 178:34). Dargestellt ist ein auf einer abgetreppten Basis stehender Putto, der in der Linken ein Feston oder eine Girlande mit Blättern, Blumen, Früchten (Granatapfel, Kirschen, Birnen, Trauben) hält. Neben dem rechten Bein hängt ein Gewand, möglicherweise ein Mantel, herab. Auf der Rückseite befindet sich der Befestigungssteg mit dem Befestigungsloch.

Vollplastische Figuren dieser Art wurden an Öfen als Zierelemente angebracht. Oft handelt es sich um Engel oder Puttoschildhalter, wobei im Schild das Wappen oder die Hafnersignatur mit Datum eingelassen sind.[34] Diese im 17. Jahrhundert beliebten Schildhalter befinden sich meistens auf den Lisenenabschnitten des Kranzgesimses. Ihre Grundfigur ist stets eine gedrungene, mollige Gestalt – entsprechend unserem Beispiel. In Fayence liegt aus dem Burggraben ein analoges Stück vor. Leider sind bei dieser figürlichen Eckkachel nur gerade die nackten Unterschenkel mit den Füssen der gedrungenen Gestalt erhalten; wohl ist hier ein Putto dargestellt (Abb. 181:42). Im gleichen Fundzusammenhang befand sich eine vollplastische Fruchtgirlande (Abb. 181:43), die möglicherweise zum Putto gehörte. Zierelemente dieser Art finden sich auf einem Ofen von Ludwig II Pfau, der durch die Inschrift 16–20 datiert ist.[35] Die Girlande gehört bei diesem Ofen zu einem weiblichen Hermenpilaster. Fruchtgirlanden kommen allerdings auch als Zierelement bei Voluten-Balusterfüssen mit Büstenaufsätzen vor.[36]

2. Gesimskacheln

Zu den bedeutenden Fundstücken gehört eine Gesimskachel mit einem kauernden Löwen (Abb. 177:31). Identische Exemplare liegen aus weiteren Berner Fundkomplexen vor und werden von Roth-Kaufmann in die erste Hälfte des 16. Jahrhunderts datiert.[37]

Durch den Versand der Ofenmodel entwickelten sich einzelne Kachelmotive von rein lokalen Erscheinungen zu überregional beliebten Motiven. So finden wir den Typus der Gesims- oder Leistenkachel mit einem liegenden Löwen, der im Burggraben und im Innenhof auf einer mit einem Eierstab verzierten Leiste neben Berner Fundorten auch auf einer Kachel aus Nürnberg aus der ersten Hälfte des 16. Jahrhunderts.[38]

Die grün glasierten Ofenkacheln stammen mit grosser Wahrscheinlichkeit aus Stadtberner Hafnereien. Gemäss Roth-Kaufmann[39] gehen die ersten schriftlichen Erwähnungen von Hafnern in der Stadt Bern bereits in das ausgehende 14. Jahrhundert zurück. Die Urkunden nennen verschiedene Hafner, die im 14. und 15. Jahrhundert Öfen u.a. für die Stadt Bern lieferten.

3. Blau bemalte Fayencekacheln

Die zahlenmässig geringer vertretenen Fayencekacheln sind allesamt blau bemalt, wobei die Palette der Blautöne von hellblauem Grund bis zu ultramarinen Akzenten reicht. Die wenigen überlieferten Füllkacheln aus Fayence sind derart fragmentiert, dass die Bildthemen leider nur ansatzweise zu erkennen sind: diese zeigen zumeist eine in ein zentrales Medaillon eingeschriebene Landschaft (Abb. 193:96). Das Medaillon ist von Blüten- und Blattranken umrahmt. Die Gesims- und Kranzkacheln sind mit verschiedenen Blatt- und Rankenmotiven bemalt. Auch unter den Fayencekacheln findet sich eine plastische ausgeformte, figürliche Eckleiste. Leider ist diese stark fragmentiert und nur der Unterteil eines Puttos ist zu erkennen (Abb. 181:42).

Bei der Ofenkeramik, die im Burggraben und im Innenhof des Schlosses abgelagert wurde, handelt es sich nicht um einzelne Stücke, die ausgebessert und deshalb entsorgt worden sind, sondern um Öfen, die einem Abbruch oder Umbau zum Opfer fielen. Die Zusammensetzung der ofenkeramischen Funde im Burggraben unterscheidet sich nicht grundsätzlich von derjenigen aus dem Innenhof. Beide Kachelkomplexe datieren vorwiegend in das 17. Jahrhundert.

Die Funde aus dem Burggraben

Abb. 172: Geschirrkeramik. M 1:2.

1 Dreibeintopf. Randfragment mit umgeschlagenem Rand. Innen dünne, olivgrüne Glasur. Aussenseite verrusst. Feiner, oranger Brand. Schicht: 2. Fnr. G 3/2/5. Zeitstellung: 15./16. Jahrhundert.

2 Henkeltopf. Fragment eines bauchigen Henkeltopfes mit verdicktem, hochgestelltem Rand mit Innenkehle. Randständiger Bandhenkel. Auf der Aussenseite am unteren Henkelansatz zwei Zierriefen. Auf der Innenseite grüne Glasur ohne Engobe. Oranger Brand mit reichlicher mittlerer Magerung. Schicht: 2. Fnr. G 9/2/6; weitere Fragmente gleicher Art: G 4/3; J 8/1. Zeitstellung: 16. Jahrhundert.

3 Henkeltopf. Randfragment mit hochgestelltem, unterschnittenem Rand mit Innenkehle. Randständiger Bandhenkel. Auf der Innenseite dicht, grün glasiert ohne Engobe. Aussenseite unglasiert. Oranger Brand mit reichlicher mittlerer Magerung. Schicht: 3. Fnr. G 4/3. Zeitstellung: 16. Jahrhundert.

4 Kanne. Breiter, hochgestellter Rand mit Innenkehle und Ausguss (Schnauze). Die unglasierte Aussenseite ist mit Riefen verziert. Innen dunkelgrün glasiert ohne Engobe. Oranger Brand mit feiner bis mittlerer Magerung. Schicht: 1. Fnr. G 7/1/3. Zeitstellung: 16. Jahrhundert. Lit.: Kovacsovics 1991, S. 347, Abb. 430.

5 Schüssel. Randfragment mit hochgestelltem, unterschnittenem und profiliertem Rand. Grüne Glasur über weisse Engobe. Oranger Brand. Schicht: 1. Fnr. G 4/3. Zeitstellung: 16. / 17. Jahrhundert.

6 Schüssel. Randfragment einer bauchigen Schüssel mit umgeschlagenem, hochgestelltem und profiliertem Rand. Auf der Innenseite weisser Malhorndekor unter einer gelboliven Transparentglasur. Auf der kurzen Fahne «S»-Band, Tupfen und stilisierte Blumen (?) auf der Wandung. Die Aussenseite ist unglasiert. Oranger Brand mit feiner Glimmermagerung. Schicht: 2. Fnr. G 5/2. Zeitstellung: 17. Jahrhundert.

34 Bellwald 1980, S. 132, 133.
35 Bellwald 1980, S. 107, Ofen 7.
36 Bellwald 1980, S. 101. Ofen 133, Hans Heinrich III Graf, 1685.
37 Roth-Kaufmann u.a. 1991, S. 196, Nr. 210.
38 Franz 1969, Abb. 206.
39 Roth-Kaufmann u.a. 1994, S. 50.

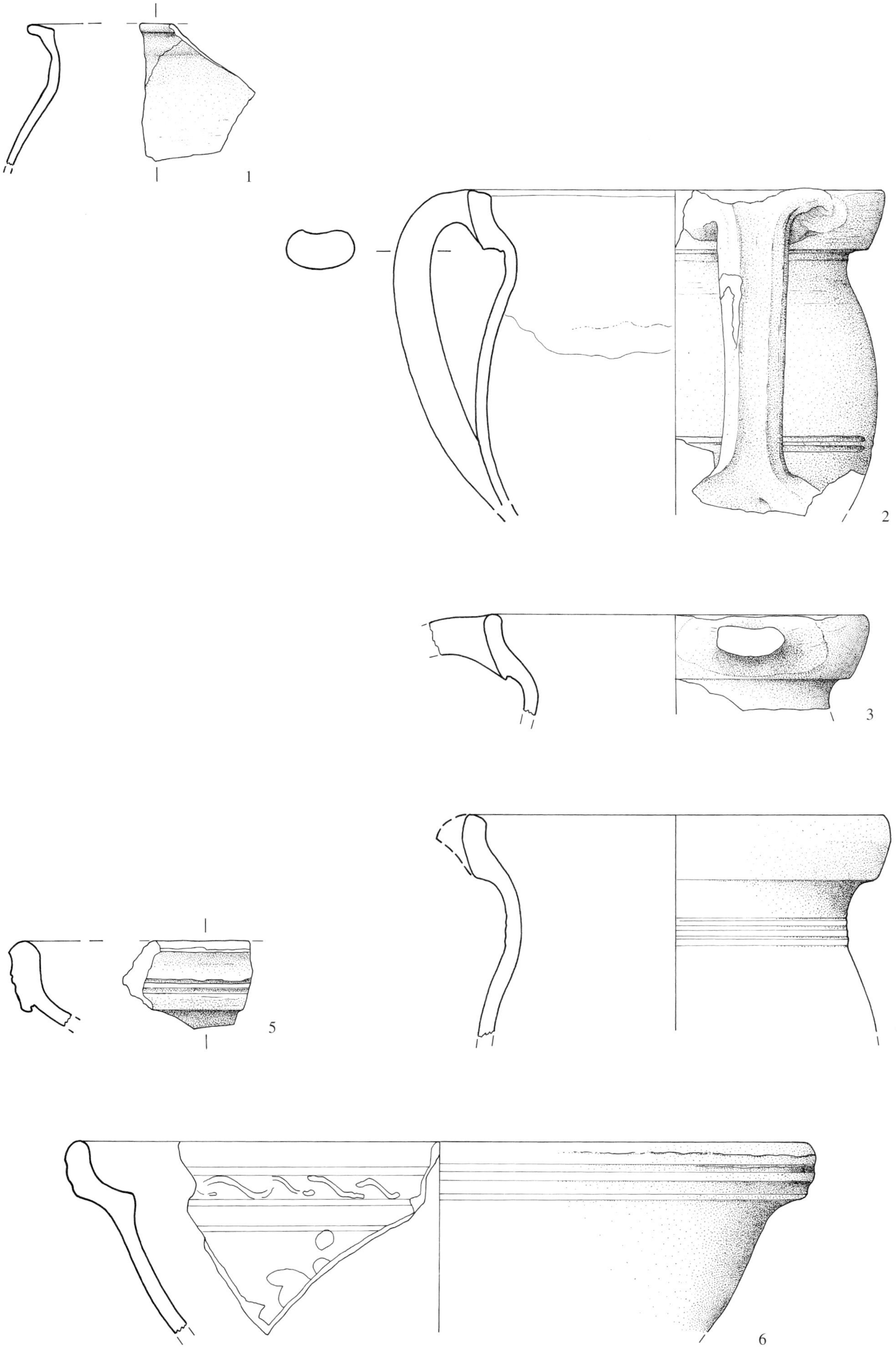

Abb. 172: Legende S. 172.

Abb. 173: Geschirrkeramik. M 1:2.

7 Schüssel. Fragment einer konischen, leicht bauchigen Schüssel mit umgeschlagenem, hochgestelltem Rand. Auf beiden Seiten grüne Glasur über weisser Engobe. Oranger, fein bis mittel gemagerter Brand. Schicht: 1. Fnr. G 1/1. Zeitstellung: 16./17. Jahrhundert.

8 Schüssel mit weissem Malhorndekor unter einer gelb/oliven Transparentglasur. Bauchige Wandung. Kurze umgeschlagene Fahne mit Knollenrand. Auf der Fahne gemalte Halbkreise mit eingeschriebenen Tupfen. Horizontal gezogene Linien auf der Fahne und Wandung. Oranger Brand mit feiner Glimmermagerung. Schicht. 2. Fnr. G 3/2/6. Zeitstellung: 16./17. Jahrhundert.

9 Schüssel. RS mit scharf unterschnittenem Dreiecksrand. Auf der Innenseite weisser Malhorndekor unter oliver Transparentglasur. Auf der ganzen Innenseite ein Gittermuster. Die Aussenseite ist unglasiert. Oranger, harter Brand mit feiner Glimmermagerung. Schicht: 2. Fnr. G 8/2; weitere Fragmente gleicher Art: G 8/2 mit Gittermuster. Zeitstellung: 16./17. Jahrhundert.

10 Schüssel. RS einer konischen Schüssel mit verdicktem Leistenrand. Innen weisser Malhorndekor unter einer grünen Glasur. Umlaufender Liniendekor innen. Aussenseite unglasierte, z.T. stark abgeplatzt. Oranger Brand mit feiner Glimmermagerung. Schicht: 2. Fnr. G 4/2; weitere Fragmente gleicher Art: RS G 4/2. Zeitstellung: 16. bis 18. Jahrhundert.

11 Schüssel. Ganzes Profil einer konischen Schüssel mit Kremprand und abgesetztem Standboden. Auf der Innenseite braunschwarze Glasur und weisser Malhorndekor. Horizontale Linien und eine Wellenlinie auf der oberen Gefässinnenseite. Auf der Randoberseite «S»-Band. Aussenseite farblos glasiert mit kupferbrauner Farbwirkung. Oranger Brand mit feiner Glimmermagerung. Schicht: 2. Fnr. G 14/2. Zeitstellung: um 1800. Lit.: Matteotti 1994, S. 144, Nr. 214.

Abb. 174: Geschirrkeramik. M 1:2.

12 Schüssel. Ganzes Profil einer Schüssel mit verdicktem, hochgestelltem Rand, breiter Fahne, kurze Wandung und abgesetztem Standboden. Auf der Innenseite weisser Malhorndekor unter einer gelben Transparentglasur. Sternmotiv auf der Fahne, Wandung mit Liniendekor, im Spiegel Rest eines Vogels (?) erkennbar. Die Aussenseite ist unglasiert. Oranger Brand mit feiner Glimmermagerung. Schicht: 2. Fnr. G 3/2/1a–d. Zeitstellung: 16./17. Jahrhundert.

13 Schüssel. Ganzes Profil einer Kragenrandschüssel mit abgesetztem Standboden. Auf der Innenseite in Fahne und Wandung unterteilt. Innen weisser Malhorndekor unter einer farblosen Transparentglasur. Sternförmig aufgemalte Dreiecke auf der Fahne. Auf der Wandung stilisierte Blätter zwischen vier senkrecht angeordneten Linien. Liniendekor im Spiegel. Dekor im Spiegelzentrum nicht erkennbar. Orange/beiger Brand mit feiner Glimmermagerung. Die Innenseite ist auffallend rauh. Das Fundobjekt ist entweder korrodiert oder es handelt sich hier um einen Fehlbrand. Orange/beiger Brand mit feiner Glimmermagerung. Schicht: 2. Fnr. G 14/2/5a–c Zeitstellung: 16./17. Jahrhundert.

Abb. 175: Geschirrkeramik. M 1:2.

14 Schüssel. Ganzes Profil einer Schüssel mit verdicktem, hochgestelltem Rand und abgesetztem Standboden. Auf der Innenseite weisser Malhorndekor. Auf der Fahne florales Motiv, auf der Wandung Liniendekor unter einer grünen Transparentglasur. Oranger Brand mit feiner Glimmermagerung. Schicht: 1. Fnr. G 8/1; weitere Fragmente gleicher Art: G 15/2; SW 13413 (Grabung 1966), G 6/1. Zeitstellung: 16./17. Jahrhundert.

15 Schüssel. Ganzes Profil einer Schüssel mit hochgestelltem Rand, breiter Fahne und wulstig abgesetztem Standboden. Auf der Innenseite Malhorndekor. Auf der Fahne und im Spiegel weisse, gelbe und grüne Linien und Tupfen unter einer farblosen Glasur auf einer roten Engobe mit kupferbrauner Farbwirkung. Die Aussenseite ist unglasiert. Hellbeiger Brand Schicht: 1. Fnr. G 1/1. Zeitstellung: 16. bis 18. Jahrhundert.

16 Schüssel. Langnau. Fragment eines Tellers mit hochgestelltem Rand und breiter, geknickter Fahne. Auf der Innenseite cremefarbener Grund mit braunen und grünen Linien und braunem «Hämmerband» kombiniert mit grünen und gelben Blattmotiven. Die Aussenseite ist unglasiert. Oranger Brand mit reichlicher, mittlerer Magerung. Schicht: 2. Fnr. G 4/2/5; weitere Fragmente gleicher Art: J 8/1, Hof 13410 (Grabung 1966). Zeitstellung: 18./19. Jahrhundert. Lit.: Baeriswyl/Junkes 1995, S. 291, Abb. 229, Nr. 291.

17 Schüssel. Ev. Langnau. RS einer Schüssel mit steiler Fahne und hochgestelltem Rand. Auf der Innenseite brauner und grüner Streifendekor mit vertieftem, braunem «Hämmerband». Die Aussenseite ist unglasiert Beiger Brand. Schicht: 2. Fnr. G 3/2. Zeitstellung: 18./19. Jahrhundert.

Abb. 176: Geschirrkeramik. M 1:2.

18 Teller. Ganzes Profil eines Tellers mit verdicktem Rand und abgesetztem Standboden. Breite Fahne, auf der Aussenseite Fahne Wandung nicht unterteilt. Auf der Innenseite grüne/hellgrüne Glasur über weisser Engobe. Die Aussenseite ist unglasiert. Oranger, feiner Brand. Schicht: 2. Fnr. G 9/2/2a–b Zeitstellung: 16./17. Jahrhundert.

19 Teller. Ganzes Profil eines kleinen Tellers mit verdicktem Rand und abgesetztem Standboden. Auf beiden Seiten grüne Glasur über weisser Engobe. Oranger, mittel gemagerter Brand. Schicht: 3. Fnr. G 4/3/1a–b. Zeitstellung: 17. Jahrhundert.

20 Teller. Randfragment eines Tellers mit verdicktem Rand. Auf der Fahne braun/schwarz gemalte Blütenblätter mit grüner Innenglasur auf grauem Hintergrund. Die Aussenseite ist fein glasiert. Oranger Brand mit feiner Magerung. Das Fundstück hat eine eher ungewöhnliche Warenart. Halbfabrikat? Schicht: 1. Fnr. G 5/1 Zeitstellung: 16./17. Jahrhundert.

21 Teller. Ganzes Profil eines Tellers mit verdicktem Rand, breiter Fahne und mit Wulst abgesetztem Standboden. Fahne Wandung auf der Aussenseite nicht unterteilt. Innen weisser Malhorndekor unter einer farblos/grünen Transparentglasur. Auf der Fahne und im Spiegel Fantasiemotive, auf der Wandung Liniendekor. Oranger/beiger Brand mit feiner Glimmermagerung. Schicht: 1. Fnr. G 6/1. Zeitstellung: 17./18. Jahrhundert.

22 Kleine Tasse. Ganzes Profil einer kleinen Tasse mit abgeknicktem Rand und Standring. Auf beiden Seiten farblose Transparentglasur. Rosabeiger Brand mit feiner Magerung. Schicht: 1. Fnr. G 1/1. Zeitstellung: 18./19. Jahrhundert.

23 Miniaturkanne. Ev. Heimberg. Beinahe ganz erhaltenes bauchiges Kännchen mit abgesetztem Standboden und gerade auslaufendem Trichterhals mit Ausguss (Schnauze). Henkelansatz auf dem Bauch. Auf beiden Seiten dunkelbraun glasiert. Oranger, feiner Brand. Schicht: 1. Fnr. G 14/1. Zeitstellung: 18./19. Jahrhundert.

24 Schale. Fragment einer Schale mit hochgestelltem, profiliertem Rand und einem (ursprünglich wohl zwei) randständigen Bandhenkel. Innen ein grosser weisser Engobenflecken, darüber farblose Transparentglasur. Aussen unglasiert. Orange/beiger feiner Brand. Schicht: 2. Fnr. G 9/2/3a–b. Zeitstellung: 17. Jahrhundert.

25 Schale. Fragment einer konischen Schale mit zwei randständigen Grifflappen und einem profiliertem Rand. Innen farblos und gelb ohne Engobe glasiert. Die Aussenseite ist unglasiert. Oranger Brand mit feiner bis mittlerer Magerung. Schicht: 2. Fnr. 4/2/4a–b und G 4/2. Zeitstellung: 17. Jahrhundert.

Abb. 177: Geschirrkeramik und Ofenkeramik. M 1:2.

26 Henkelschale. RS einer Henkelschale mit randständigem, modelgeformtem, «barockem» Grifflappen. Auf beiden Seite grüne Glasur über weisser Engobe. Oranger Brand. Schicht: 2. Fnr. G 1/2/9. Zeitstellung: 17. bis 18. Jahrhundert.

27 Kleine Henkelschale mit randständigem, herzförmigem Grifflappen und abgesetztem Standboden. Auf beiden Seiten grüne Glasur auf weisser Engobe. Oranger, feiner Brand. Schicht: 3. Fnr. G 3/3/a–d. Zeitstellung: 18. Jahrhundert.

28 Henkelschale. RS einer Henkelschale mit randständigem, modelgeformtem, «barockem» Grifflappen. Auf beiden Seiten gelbe Glasur über weisser Engobe. Oranger Brand. Schicht: 2. Fnr. G 4/3/2. Zeitstellung: 17. bis 18. Jahrhundert.

29 Henkelschale. Randfragment einer Schale mit auf den Rand aufgesetztem, floralem Grifflappen. Auf beiden Seiten grün über einer weissen Engobe glasiert. Orange/beiger Brand mit feiner Glimmermagerung. Schicht: 2. Fnr. G 4/2/1 Zeitstellung: Zweite Hälfte 17. Jahrhundert.

30 Ausgussschale. Konische Schale mit abgesetztem Standboden und Schnauze. Auf der Innenseite in die weisse Engobe eingeritzter Dekor mit geometrischen Motiven. Auf beiden Seiten eine türkis/grüne Glasur auf weisser Engobe. Der Dekor hat eine grün/braune Farbwirkung. Oranger Brand mit feiner bis mittlerer Magerung. Schicht: 2. Fnr. G 1/2/1a–b; weitere Fragmente gleicher Art: Hof, Schnitt 3 13410 (Grabung 1966), ohne Dekor. Zeitstellung: 17 bis 18. Jahrhundert.

31 Fragment einer Gesimskachel mit profiliertem Blatt und fortlaufendem Leistenrand. Dargestellt ist ein nach rechts kauernder Löwen

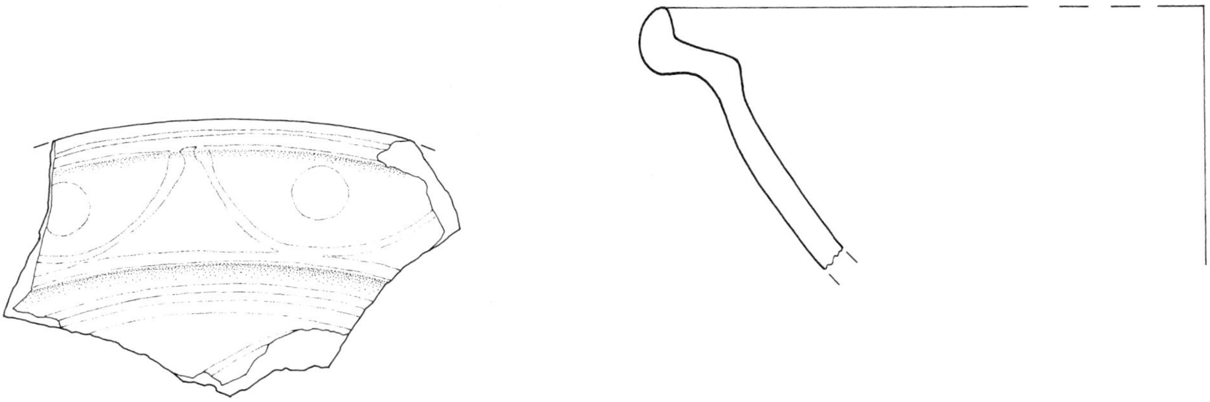

7

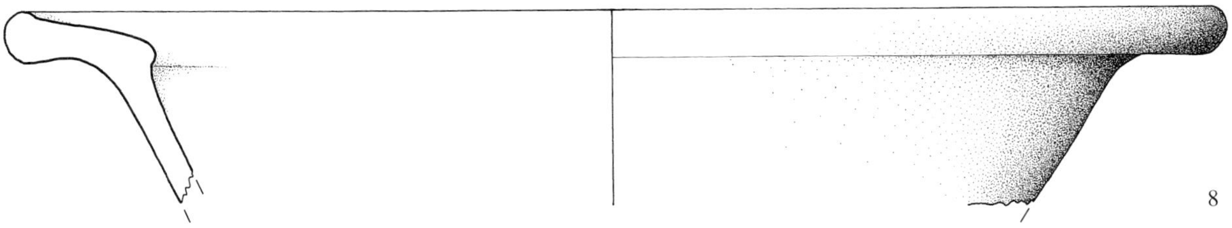

8

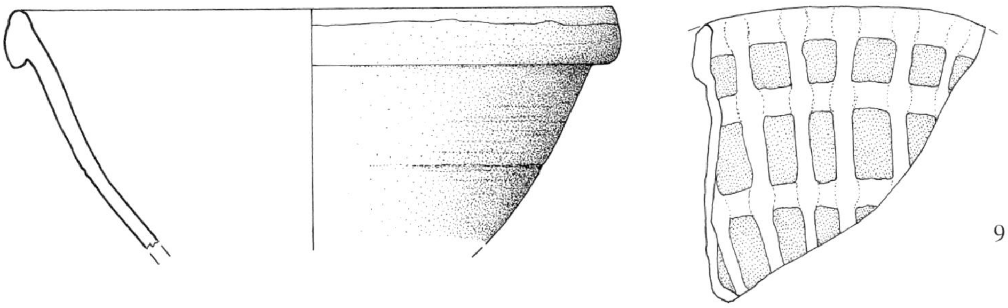

9

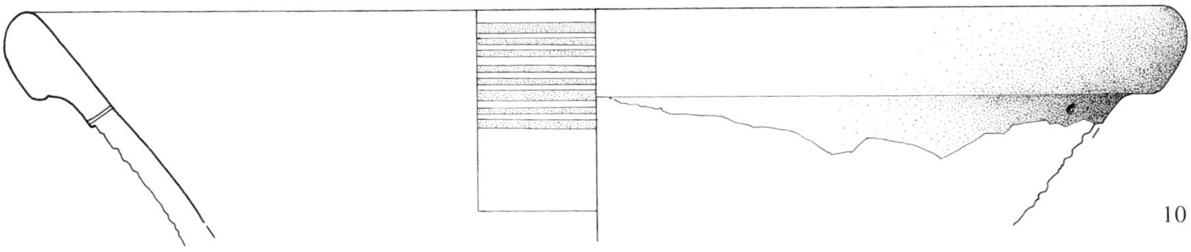

10

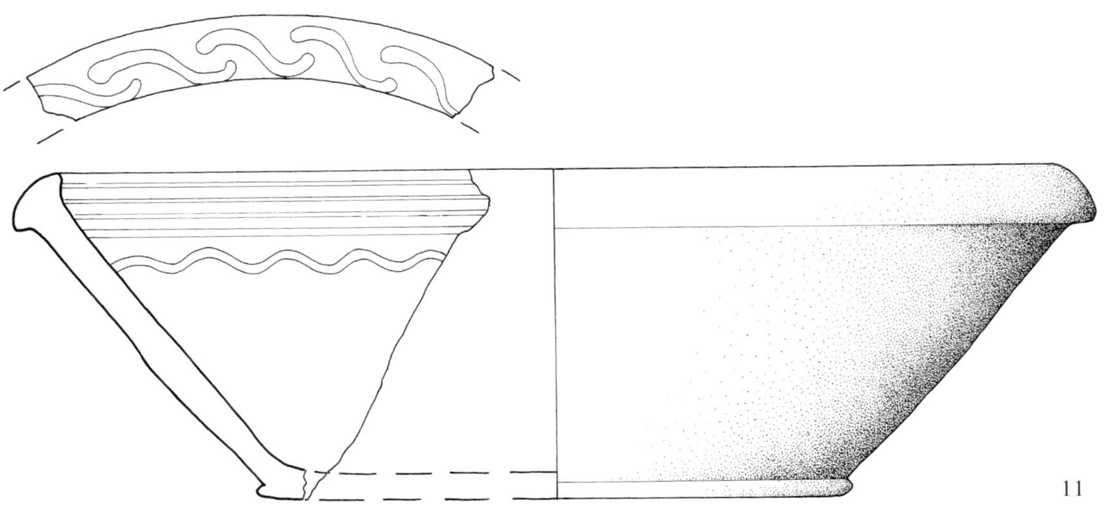

11

Abb. 173: Legende S. 174.

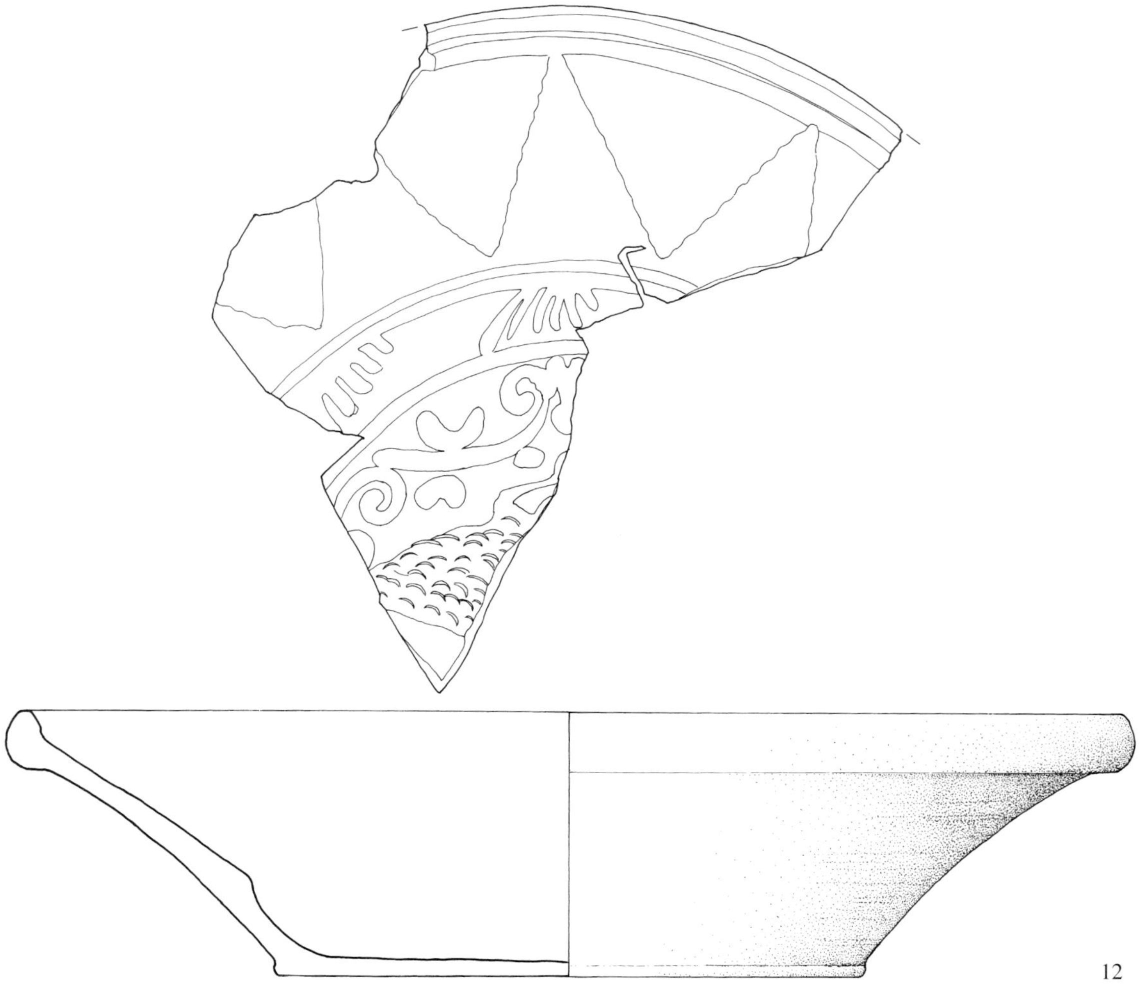

12

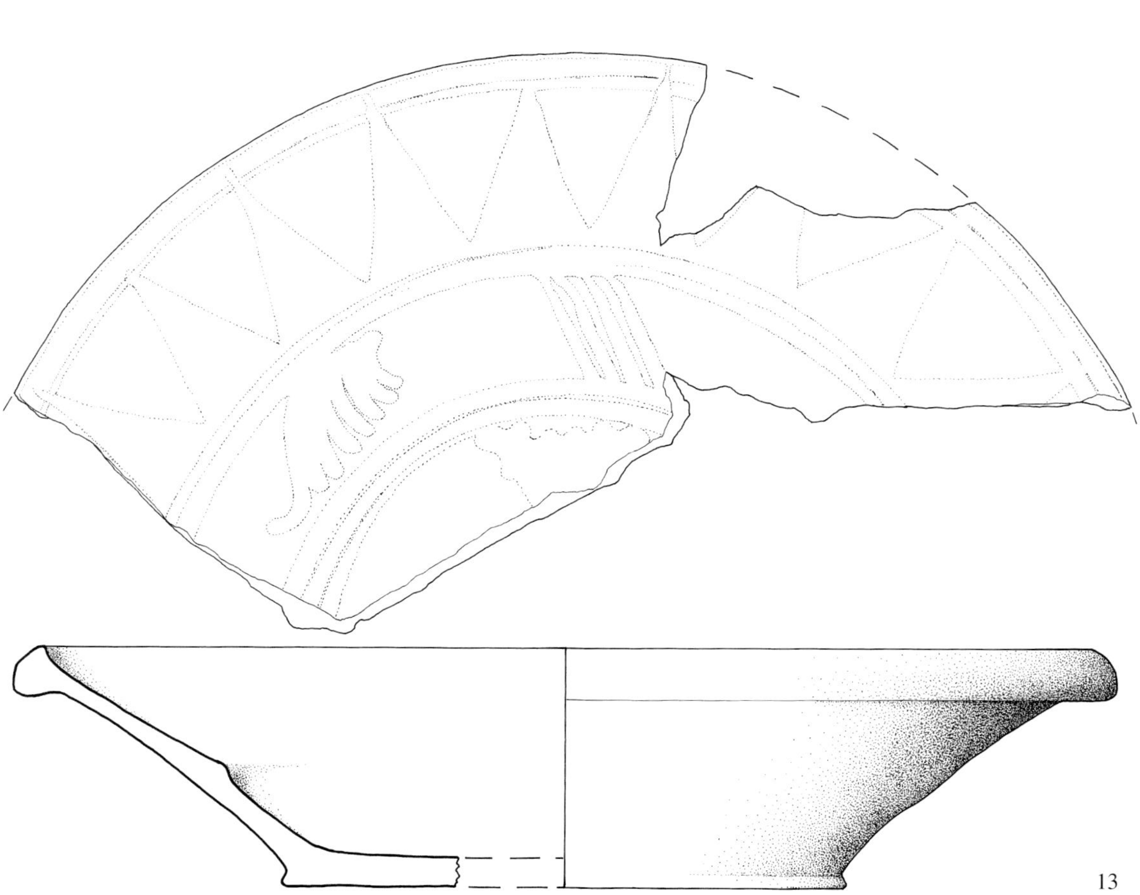

13

Abb. 174: Legende S. 174.

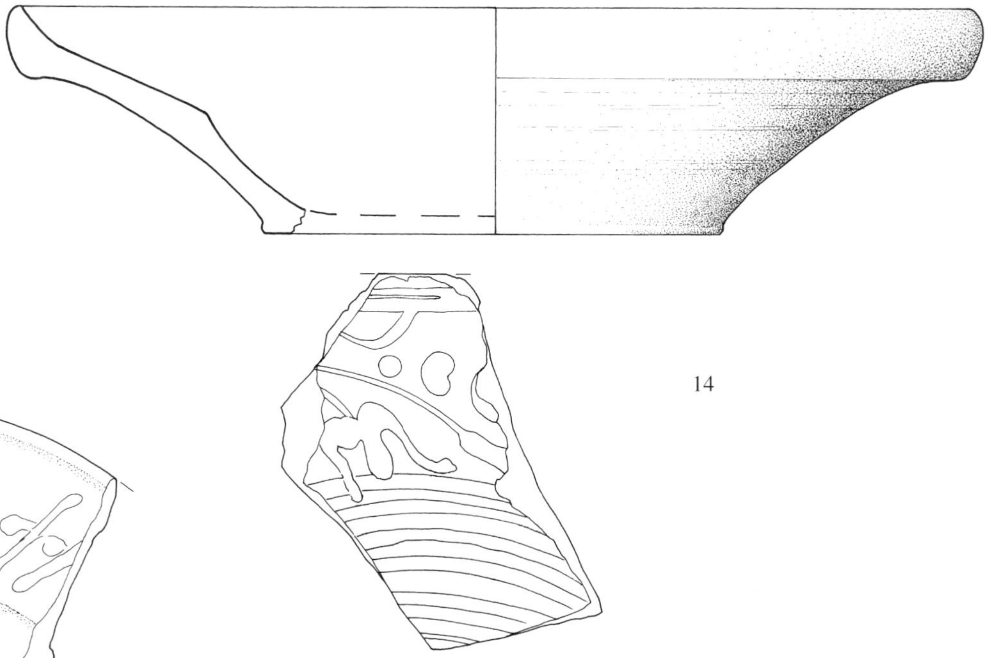

14

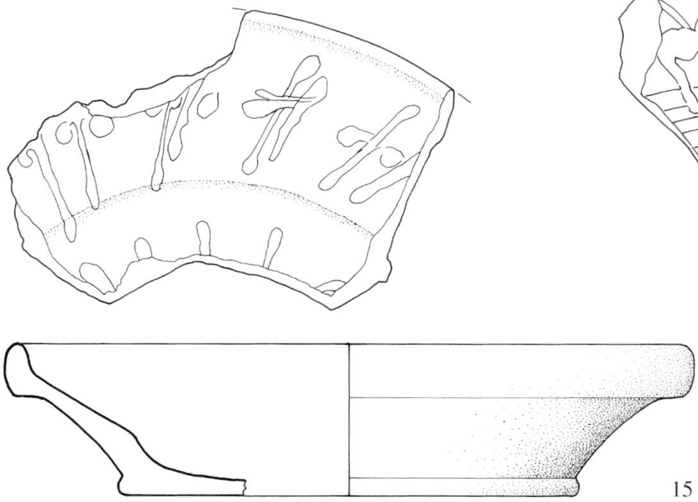

15

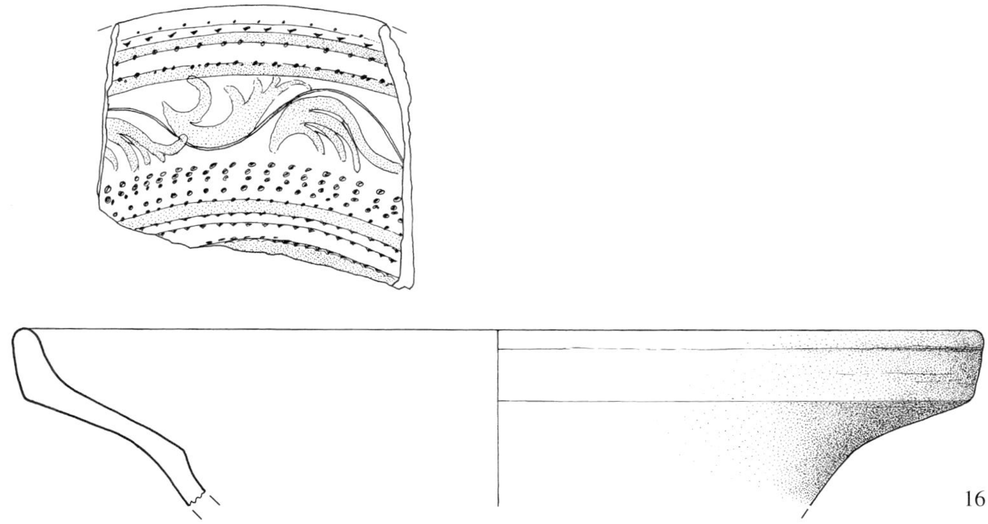

16

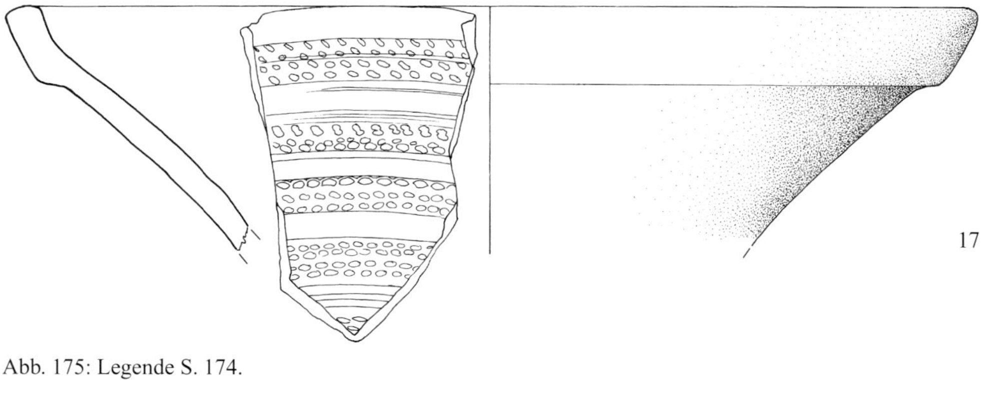

17

Abb. 175: Legende S. 174.

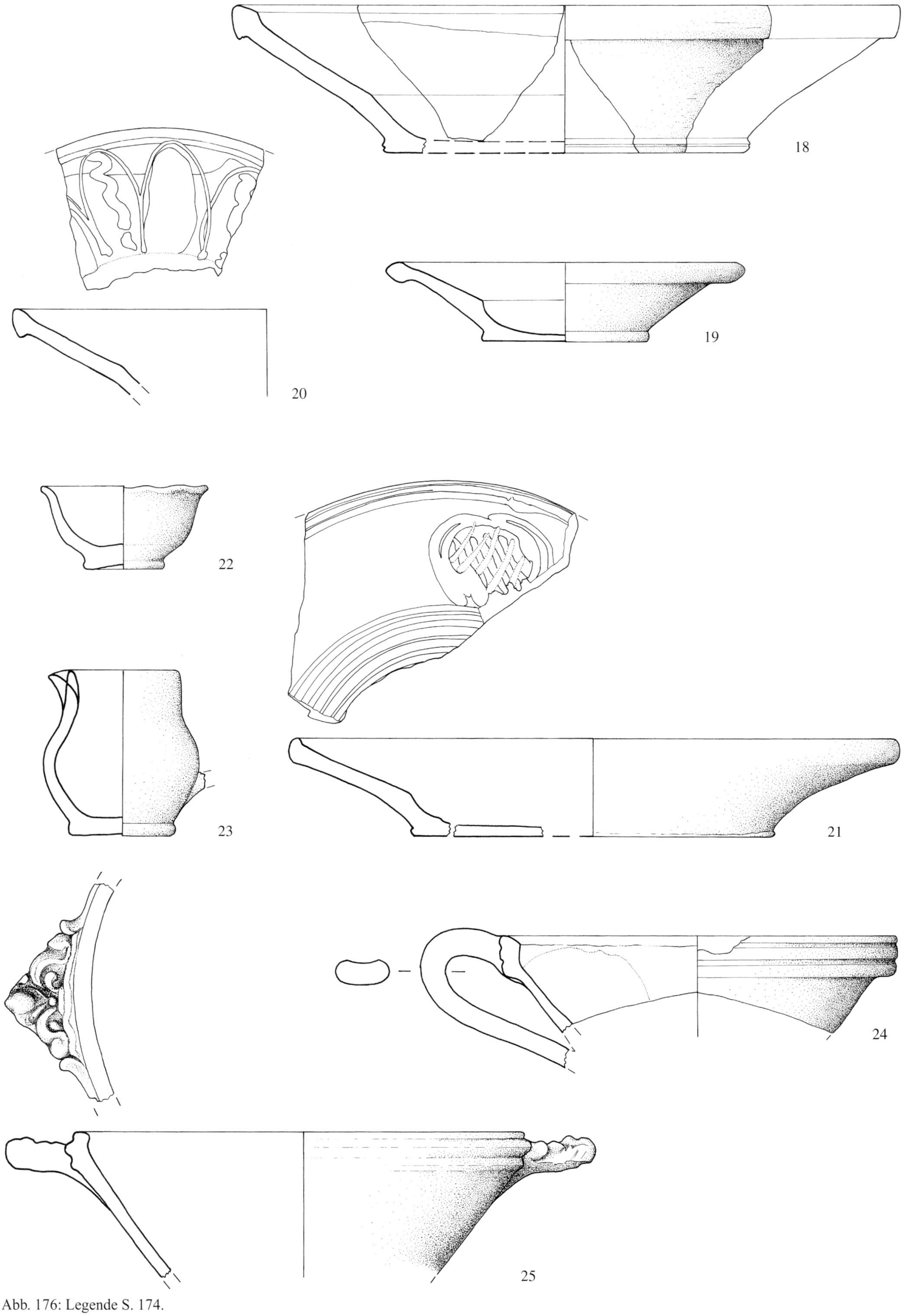

Abb. 176: Legende S. 174.

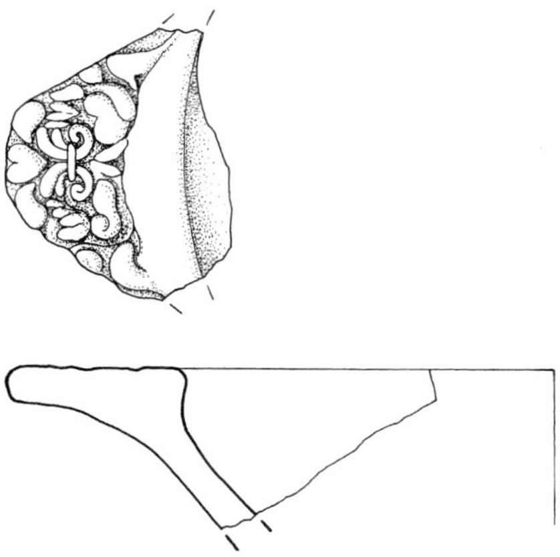

26

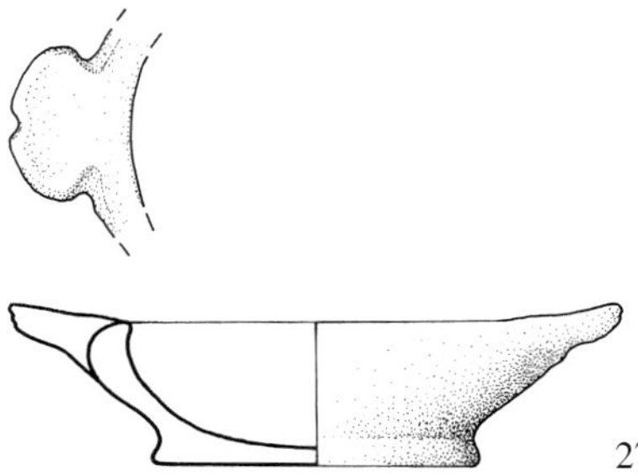

27

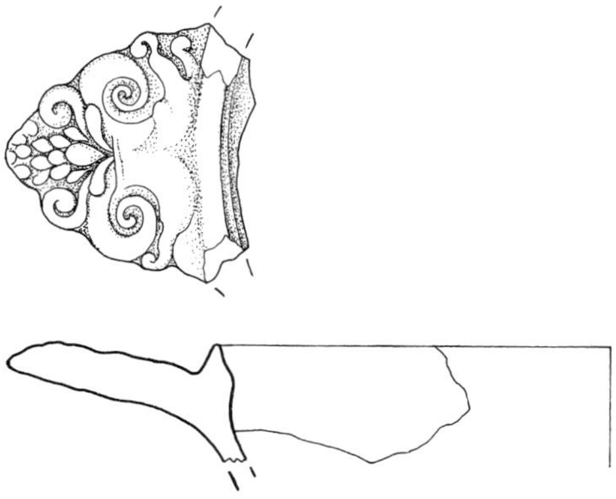

28

29

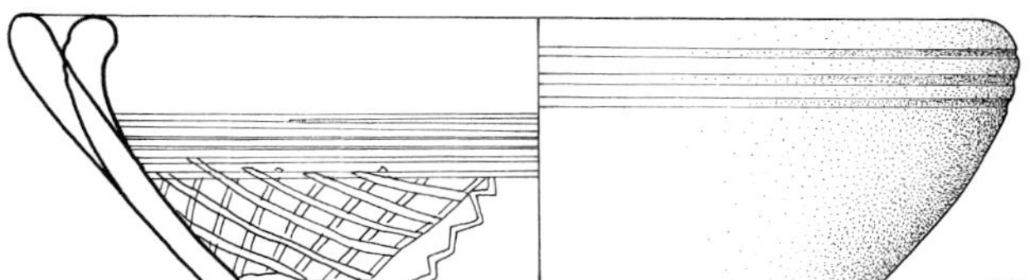

30

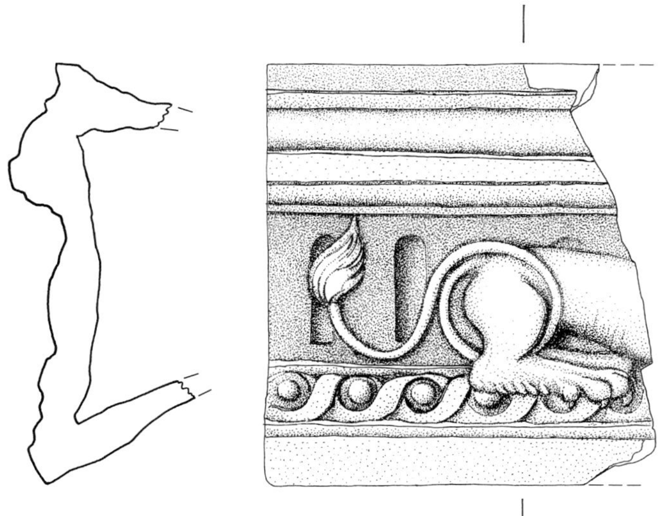

31

Abb. 177: Legende S. 174.

vor einem mit Blendfenster versehenen Hintergrund. Die Hinterpranke mit grossen Krallen liegt auf einer mit Eierstab verzierten Leiste. Der um das Hinterteil geschwungene Schwanz endet in einer runden Quaste. Oberer Abschluss bildet einen Wulst mit einer aufgesetzten Leiste. Grüne Glasur über weisser Engobe. Orange/beiger Brand mit feiner Magerung. Schicht: 1 Fnr. G 7/1/1; weitere Fragmente derselben Art: G 14/3, J 15/3/1 mit Passscherbe J 15/2. Zeitstellung: Erste Hälfte 16. Jahrhundert. Lit.: Roth-Kaufmann u.a 1994, S. 196, Nr. 210. Franz 1969, Abb. 206.

Abb. 178: Ofenkeramik. M 1:2.

32 Gebogene Gesimskachel mit Zahnschnittfries. Grüne Glasur über weisser Engobe. Oranger Brand mit feiner Glimmermagerung. Schicht: 2 Fnr. G 14/2/1 Zeitstellung: Zweite Hälfte 16. Jahrhundert (Franz hier widersprüchlich, in der Legende 2. Hälfte 17. Jahrhundert datiert. Lit.: Franz 1969, Tafel 8. Baeriswyl/Junkes 1995, S. 266, Abb. 309.

33 Fragment einer Leistenkachel mit spiralförmig gebänderter Halbstabform. Kerben bilden die Trennung zwischen verschieden dunkelgrün und hellgrün glasierten Bändern. Dreieckige Befestigungsleiste mit Loch für die Montage im Ofen ist erhalten. Dunkel- und hellgrüne Glasur über weisser Engobe. Oranger Brand mit feiner bis mittlerer Magerung. Schicht 2. Fnr. G 17/2; weitere Fragmente derselben Art: G 7/3/1, G 7/1, J /2/2/7. Zeitstellung: Ab zweite Hälfte 15. Jahrhundert. Lit.: Roth-Kaufmann u.a 1994, S. 294, Nr. 426–428. J.P. Minne, La céramique de poêle de l'alsace médiévale. Strasbourg 1977, S. 72.

34 Fragment einer plastischen Eckkachel mit Befestigungsleiste und Loch für die Montage im Ofen. Dargestellt ist ein auf einer abgetreppten Basis stehender nackter Jüngling (Erote). In der Linken hält er ein Feston mit Blätter, Blumen, Früchten (Granatapfel, Kirschen, Birnen, Trauben). Neben dem rechten Bein hängt ein faltenreiches Gewand (ev. ein Mantel) herab. Grüne Glasur über weisser Engobe. Orange/beiger Brand mit feiner Magerung. Schicht: 4 Fnr. G 7/4/1a–b. Zeitstellung: 17. Jahrhundert, ev. Mitte.

Abb. 179: Ofenkeramik. M 1:2.

35 Dünnes Blatt einer Reliefkachel mit einer figürlichen Darstellung. An die untere Seite schliesst ein mehrfach abgetreppter Rahmen. Die rechte und linke Seite sind auf die Breite der Figur vor dem Brand geschnitten worden. Über die rechte Kante zieht eine feine Glasurschicht. Dargestellt ist eine weibliche (oder männliche?) Figur in langem, faltenreichen Gewand, die auf einem Schemel mit Rahmen sitzt. Über dem Bauch liegt das Gewand eng, deutlich ist der Bauchnabel zu erkennen. Das freie Decolleté ist von einem Blattrankenwerk umrahmt. Der rechte Fuss tritt hervor, der linke ist unter dem Gewand verborgen. In der Rechten hält die Figur einen langer, schmaler Gegenstand mit Griff, in der linken ein Palmwedel (?). Die ursprünglich dunkelgrüne Glasur über einer weissen Engobe ist durch einen sekundären Brand und Fehlbrand beeinträchtigt. Orange/beiger Brand mit feiner Glimmermagerung. Schicht: 4 Fnr. G 7/4/2 Zeitstellung: 15. bis 16. Jahrhundert.

36 Fragment einer Blattkachel mit Rahmen. Zentrales Medaillon mit Blattranken umrahmt. In den Zwickeln je ein kleines Medaillon. Ursprünglich dunkelgrüne Glasur über weisser Engobe, die Glasur ist stellenweise abgeplatzt. Orange/beiger Brand. Schicht: 1 Fnr. G 1/1/1a–d; passendes Fragment: J 11/2/4. Zeitstellung: 16. Jahrhundert.

Abb. 180: Ofenkeramik. M 1:2.

37 Fragment einer leicht konvex gebogenen Blattkachel mit Rollwerk und Rankenmotiv. Grüne Glasur über weisser Engobe. Oranger Brand. Schicht: 2 Fnr. G 14/2/2 Zeitstellung: 16./17. Jahrhundert.

38 Unversehrte Ofenkachel mit konvex gebogenem Blatt und erhaltenem Tubus. Waffelmuster mit diagonalem, symmetrisch angeordnetem floralem Dekor in Spangenwerk. Grün glasiert über weisser Engobe. Oranger Brand mit feiner Glimmermagerung. Schicht: 2 Fnr. G 4/2/6; weitere Fragmente derselben Art: J 1/2/1; G 7/1, G 8/1, SW 13413 (Grabung 1966) Zeitstellung: 17. Jahrhundert. Lit.: AKBE 2, S. 261, Abb. 27, 4 mit weiterer Literatur.

39 Fragmente einer Blattkachel ohne Rahmen. Vertieftes Rapportmuster mit symmetrisch angeordneten, stilisierten Blüten- und Blättermotiven eingeschrieben in Kreuzbänder. Dunkelgrüne (Tannengrüne) Glasur auf weisser Engobe. Orange/beiger Brand. Schicht: 1 Fnr. G 7/1; weitere Fragmente derselben Art: G 9/12 Zeitstellung: 17. Jahrhundert.

Abb. 181: Ofenkeramik. M 1:2.

40 4 zusammengehörende Fragmente von Kranzkacheln mit zentralem Schild. Plastisch gebildetes Ranken- und Blattwerk. Beiger, harter Brand. Schicht: 7. Fnr. G 7/1. Zeitstellung: 17. Jahrhundert.

41 Über Eck gestellte Kranzkachel mit stilisierten floralen Motiven (Palmetten) und geometrischen Elementen. Scharffeuermalerei mit Blautönen. Beiger, harter Brand. Schicht: 7. Fnr. G 7/1. Zeitstellung: 17. Jahrhundert. Lit.: Bellwald 1980, S. 197, Abb. 79.

42 Zierelement. Fragment einer Vollplastischen Figur – nackten Beine von einem Putto (?), der auf einer runden Basis steht. Schaffeuermalerei mit verschiedenen Blautönen. Auf der Rückwand sind noch Reste der Befestigungsleiste vorhanden. Orange/beiger feiner Brand. Schicht: 2. Fnr. G 14/2/4. Zeitstellung: 17. Jahrhundert. Lit.: Bellwald 1980, S. 132, 133. S. 101.

43 Vollplastische Fruchtgirlande mit Granatapfel. Scharffeuermalerei mit verschiedenen Blautönen. Orange/beiger feiner Brand. Schicht: 2. Fnr. G 14/2. Zeitstellung: 17. Jahrhundert. Lit.: Bellwald 1980, S. 107, Ofen 7, Dat. 1620, Ludwig II Pfau.

Abb. 182: Ziegel. M 1:2.

44 Ziegel. Konkaver Ziegel vollständig braun glasierter Oberfläche. Schicht: 1. Fnr. G 3/1/2. Zeitstellung: Frühneuzeit.

45 Ziegel. Flacher Ziegel weiss glasierter Vorderseite. Orangeroter, sehr harter, feiner Brand. Schicht: 2. Fnr. G 2/2/1. Zeitstellung: Frühneuzeit.

46 Ziegel. Gewölbter Ziegel mit weiss glasierter Oberseite (Zinnglasur). Orangeroter, sehr harter, Brand mittelkörniger Magerung. Streufund. Zeitstellung: Frühneuzeit.

Die Funde aus dem Innenhof

Abb. 183: Geschirrkeramik. M 1:2.

47 Dreibeinpfanne. BS mit flachem Boden und schmalem Bein. Innen farblose Transparentglasur. Aussen verrusst. Braunroter Brand mit mittlerer Magerung. Schicht: 1. Fnr. J 8/1/7. Zeitstellung: Ende 15. bis 17. Jahrhundert.

48 Pfanne. Griff, Rohrgriff einer Dreibeinpfanne. Die schwarze Glasur ist verbrannt. Durch einen sekundären Brand unkenntlich gemacht ist auch die Brandfarbe. Schicht: 1. Fnr. J 1/1/3. Zeitstellung: 18./19. Jahrhundert. Lit.: AKBE, Vol. 3, 1994, S. 176, Abb. 5.

49 Henkeltopf. Randfragment mit verdicktem, hochgestelltem, abgerundetem Rand mit Innenkehle. Zierriefen auf der Wandaussenseite. Auf der Innenseite farblose Transparentglasur. Aussen unglasiert, feine, kantige Drehrillen. Orange/beiger Brand mit feiner Glimmermagerung. Schicht: 1. Fnr. J 8/1/8. Zeitstellung: 16. bis 18. Jahrhundert.

50 Topf. RS eines steilwandigen Topfes mit weiter Mündung und umgeschlagenem Rand. Auf beiden Seiten grün über einer weissen Engobe glasiert. Oranger Brand. Schicht: 1. Fnr. J 8/1/7a–b. Zeitstellung: 16. bis 18. Jahrhundert.

51 Topf. Fragment eines steilwandigen Topfes mit beinahe horizontal umgeschlagenem Rand. Auf der Innenseite grüne Glasur ohne Engobe. Auf der Aussenseite türkisfarbene Glasur ohne Engobe. Beige/grauer Brand. Schicht: 1. Fnr. J 1/1. Zeitstellung: 18. Jahrhundert.

Abb. 184: Geschirrkeramik. M 1:2.

52 Topf. Randscherbe eines offenen Topfes mit geradem, abgerundetem Rand und horizontaler Deckelraste. Auf der Aussenseite weisser Malhorndekor: Wellenband und horizontale Linien. Hintergrund braunschwarz glasiert auf roter Engobe. Auf der Innenseite bis zur Deckelraste eine farblos/gelbolive Transparentglasur. Oranger Brand mit feiner bis mittlerer Magerung. Schicht: 1. Fnr. J 8/1. Zeitstellung: 18. Jahrhundert.

53 Topf. Suppentopf oder Suppenschüssel. Ev. Langnau. Bauchige Schüssel mit eingezogener Mündung und zwei vertikal orientierten Henkeln. Auf der Aussenseite Malhorndekor mit weisser Wellenlinie, gelben Punkten, grünen Blattmotiven und weissen Sicheln vor einem kupferbraunen Hintergrund. Die Innenseite ist weiss engobiert unter einer farblosen Transparentglasur mit elfenbeinfarbenem Effekt. Oranger, feiner Brand. Schicht: 1. Fnr. J 1/1. Zeitstellung: 18./19. Jahrhundert.

54 Topf. Heimberg. Randfragment mit geschwungenem, leicht verdicktem Rand und bauchig ansetzender Wandung. Auf der Aussenseite braunschwarze Glasur mit zum Teil Blumendekor in den

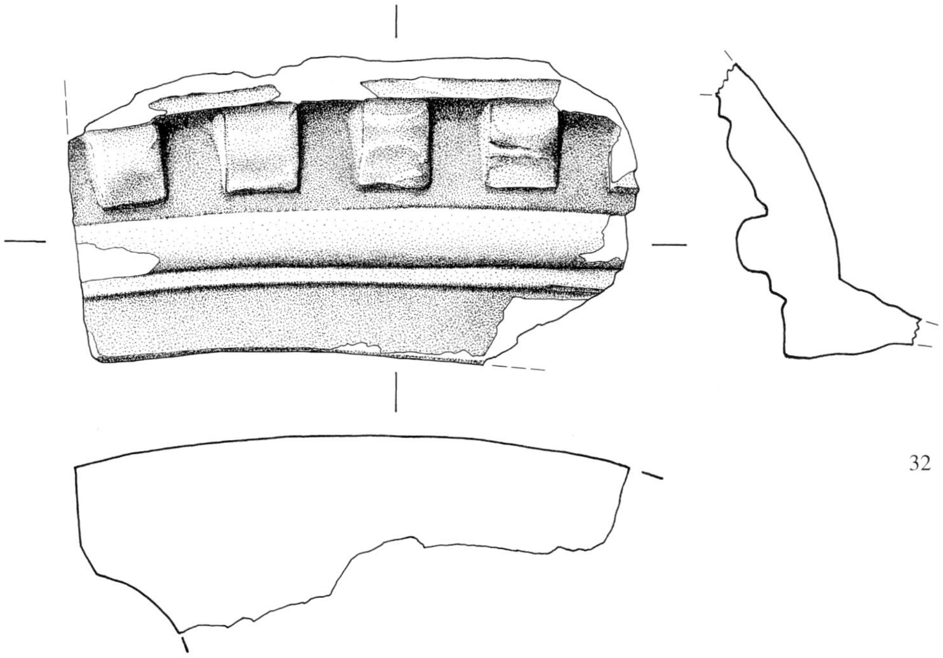

32

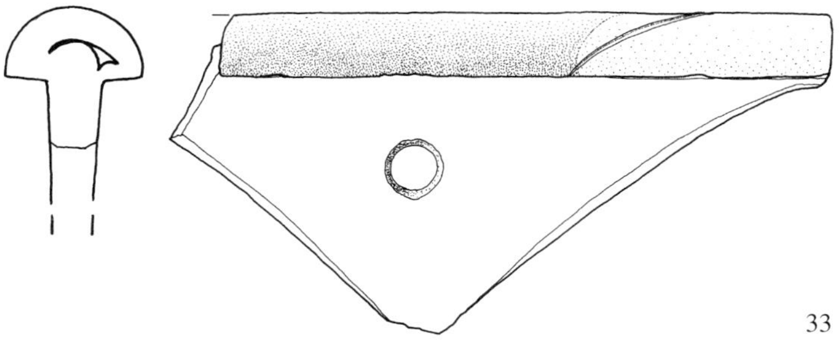

33

34

Abb. 178: Legende S. 180.

35

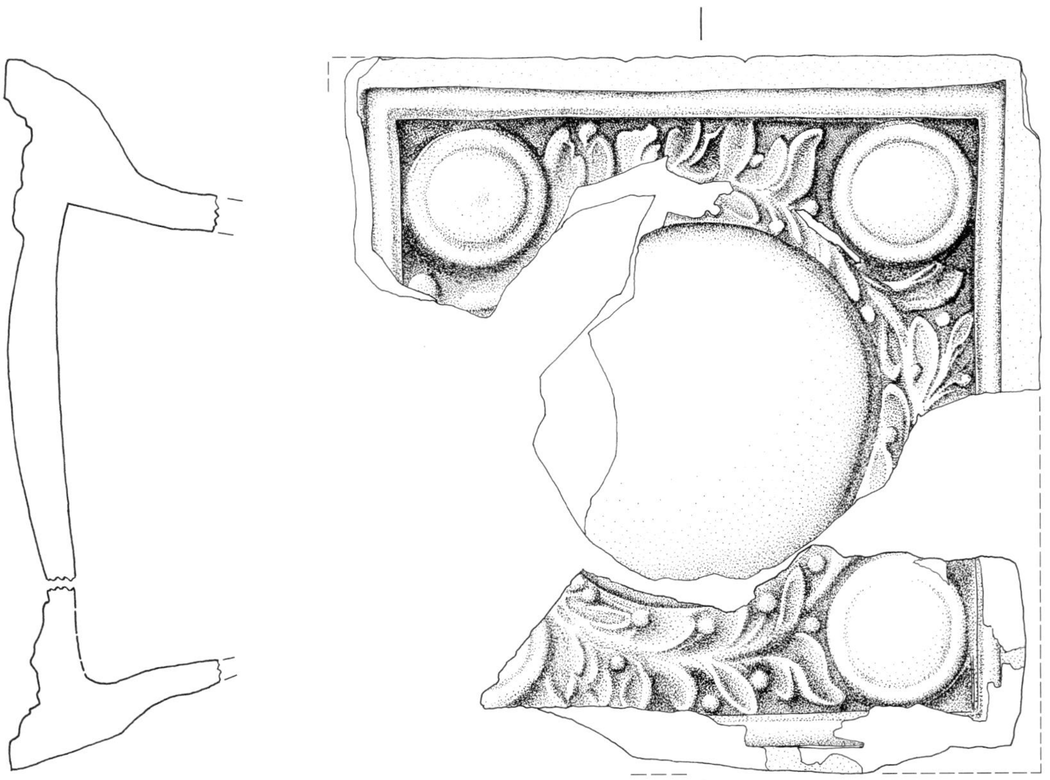

36

Abb. 179: Legende S. 180.

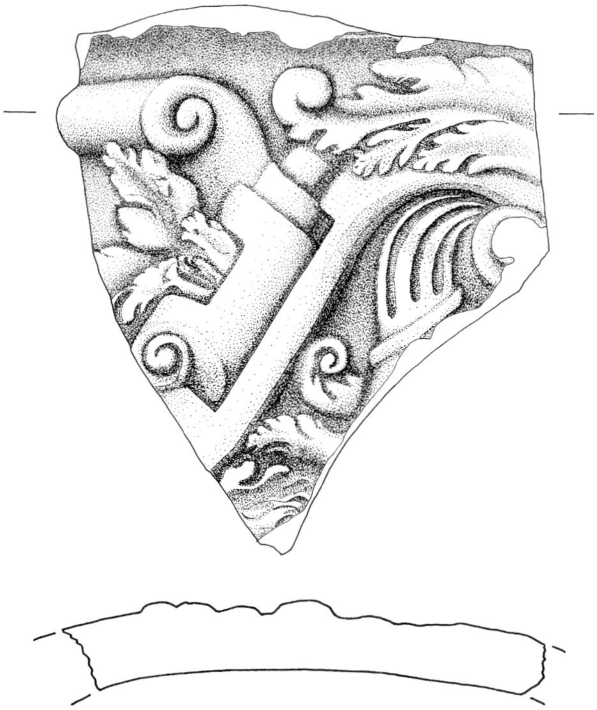

37

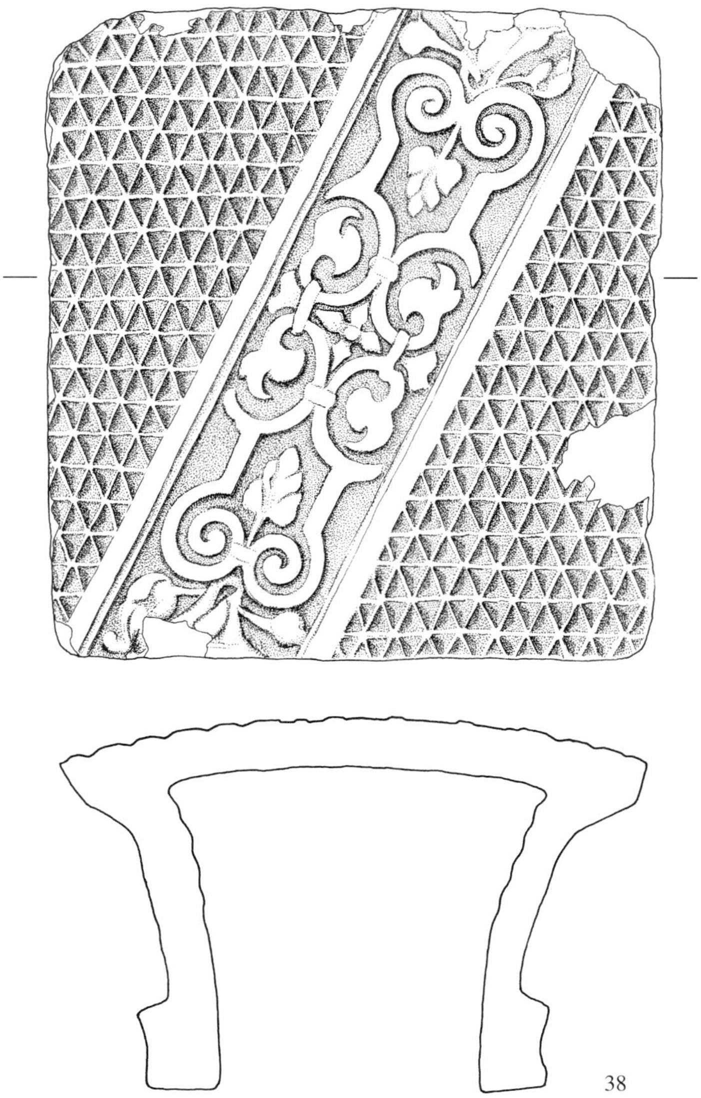

38

39

Abb. 180: Legende S. 180.

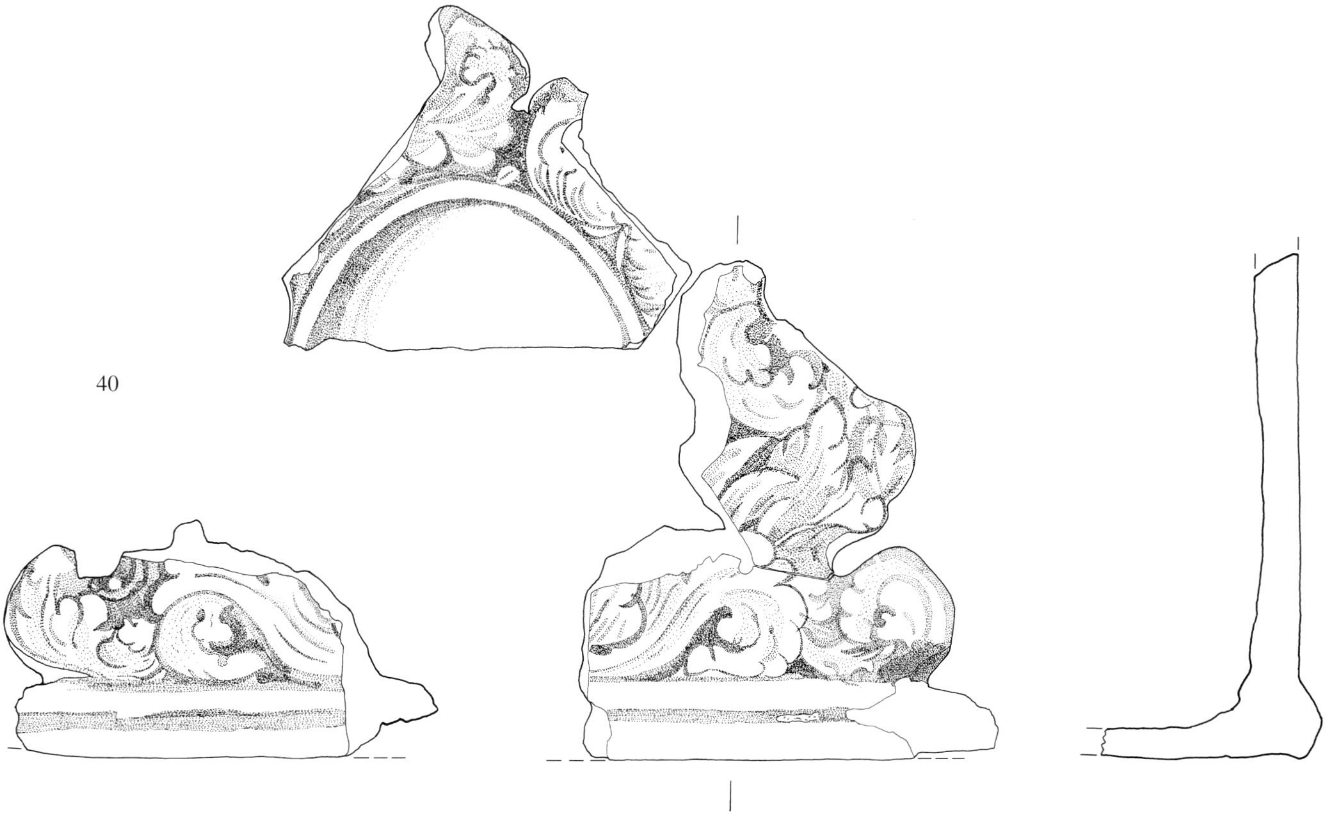

40

41

42

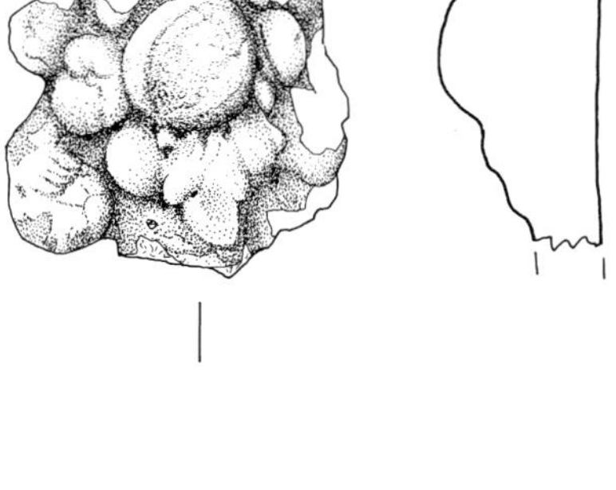

43

Abb. 181: Legende S. 180.

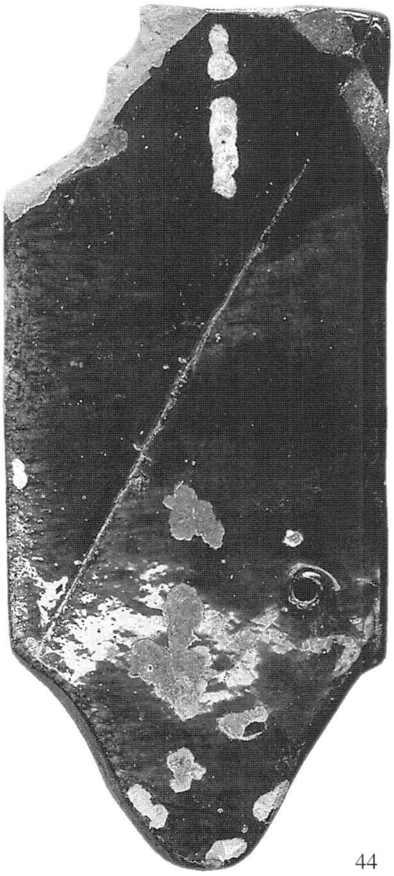

44

45

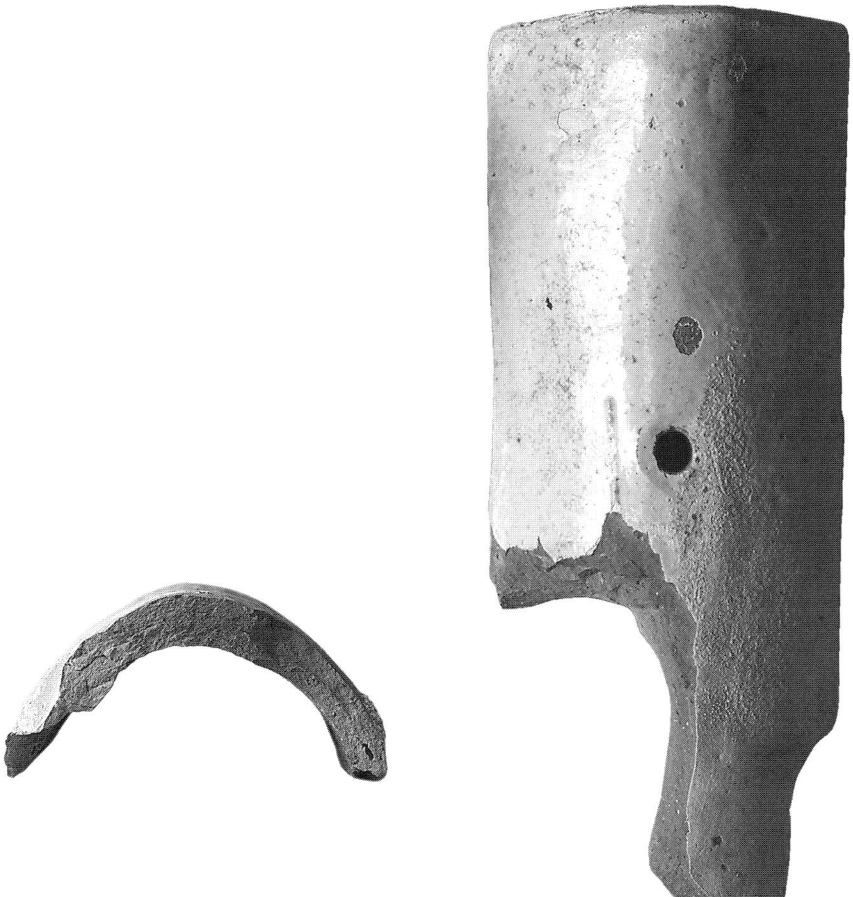

46

Abb. 182: Legende S. 180.

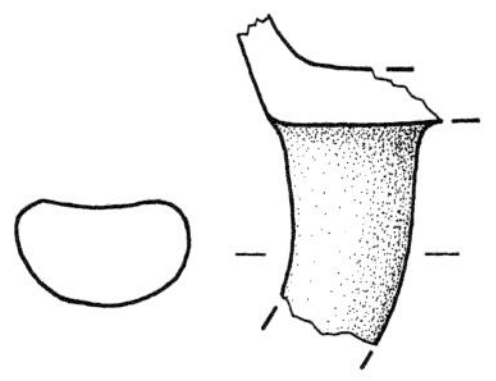
47

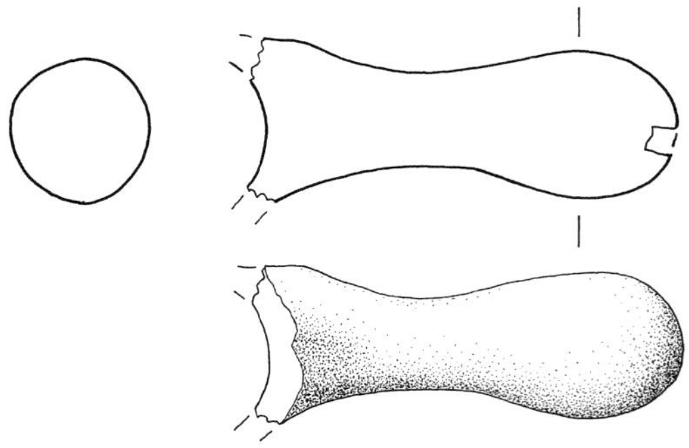
48

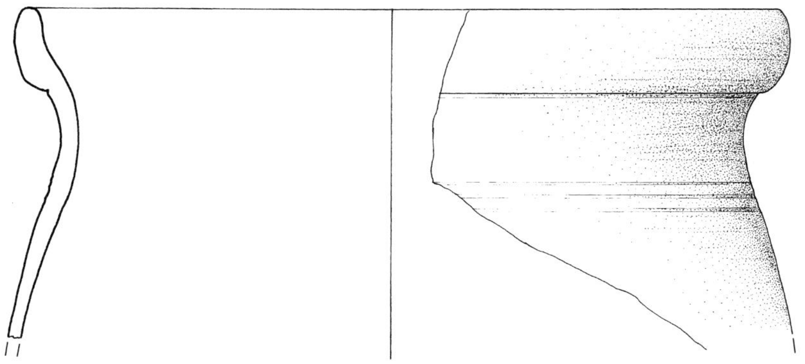
49

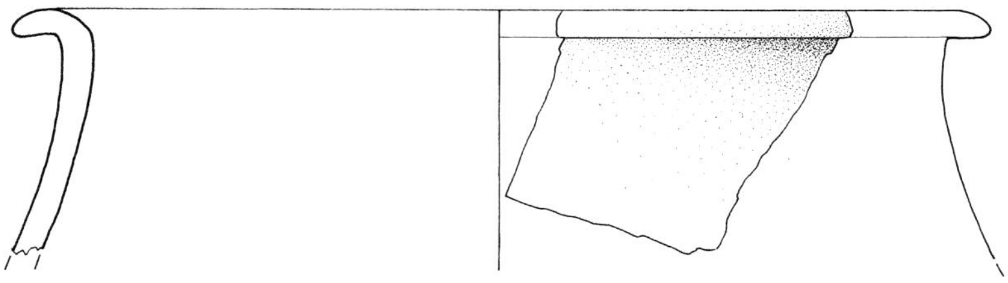
50

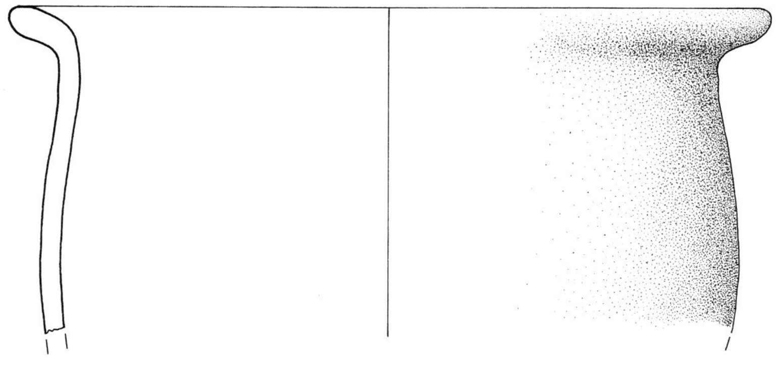
51

Abb. 183: Legende S. 180.

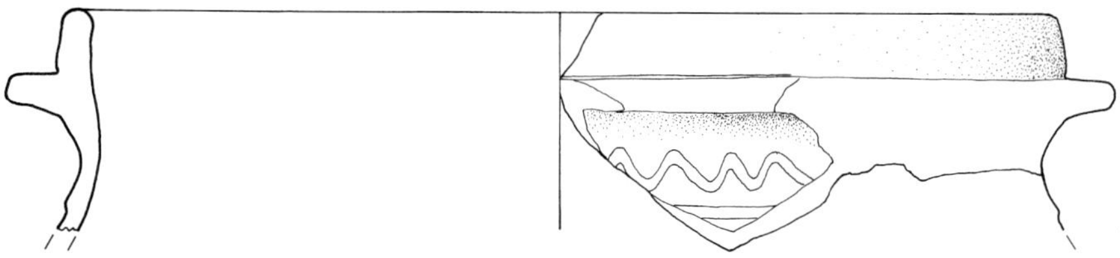

52

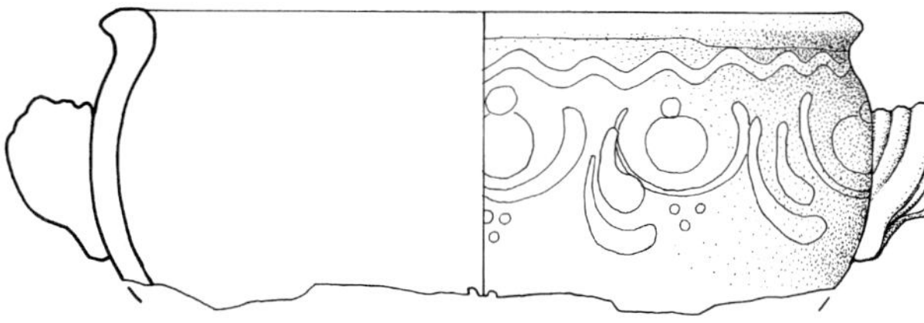

53

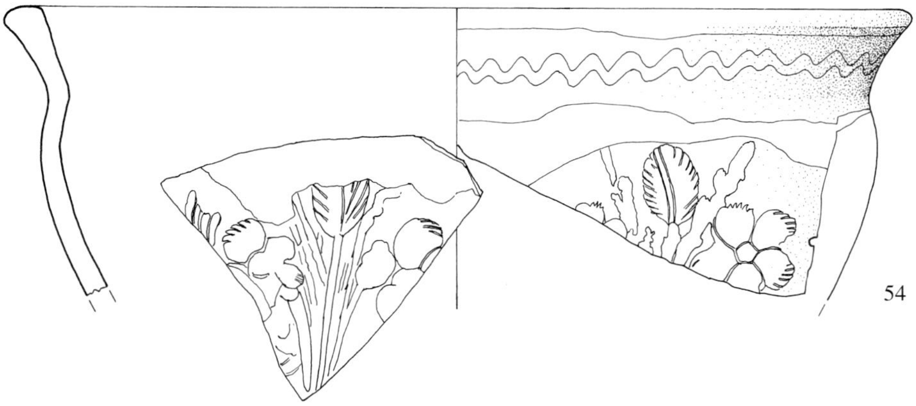

54

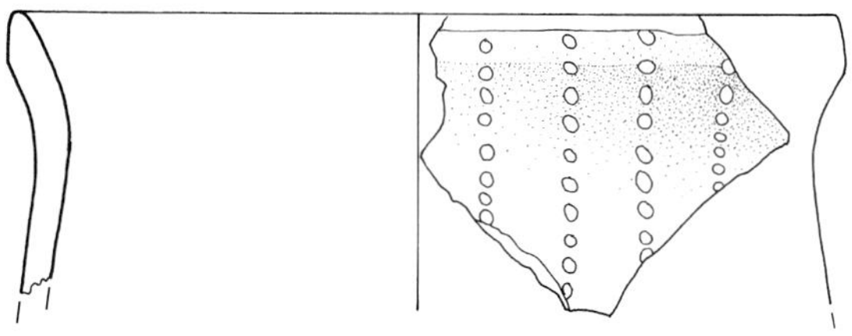

55

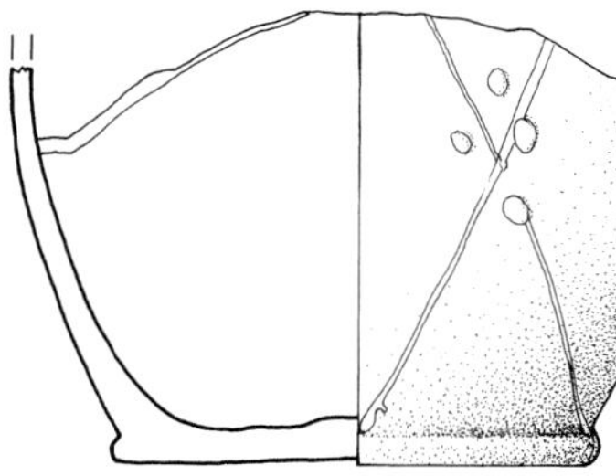

56

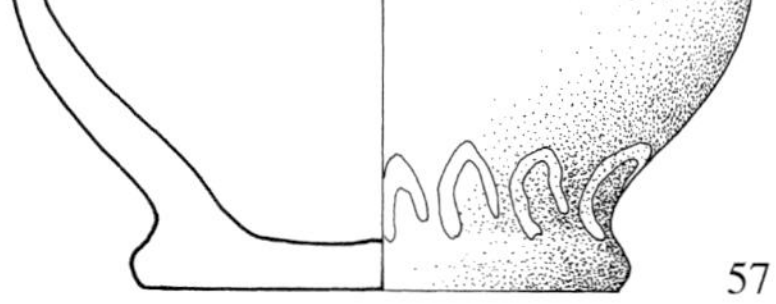

57

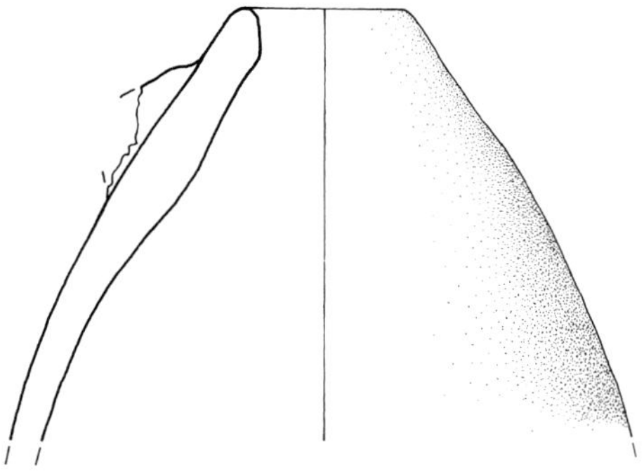

58

Abb. 184: Legende S. 180, 188.

Farben gelb, weiss, grün. Blüten und Blätter sind geritzt. Randaussenseite mit einem weissen Wellenband verziert. Innen über weisser Engobe transparent glasiert, elfenbeinfarben. Grauer, harter Brand, ev. verbrannt (?). Schicht: 1. Fnr. J 8/1, Passscherben J 8/2/4. Zeitstellung: Ende 18. / Anfang 19. Jahrhundert. Lit.: AKBE, Vol 3, 1994, S. 256, Abb. 7.

55 Kanne oder Krug. Ev. Langnau. Fragment mit trichterförmig geöffneter Mündung und senkrecht abgestrichenem Rand. Auf der Aussenseite schwarzbraun glasiert mit senkrecht angebrachter, weisser Perlschnurverzierung. Innenseite über weisser Engobe transparent glasiert, elfenbeinfarbig. Oranger Brand. Schicht. 2. Fnr. J 8/2; weiteres Fragment derselben Art: 13405 Zeitstellung: Ende 18./19. Jahrhundert. Lit.: AKBE, Vol. 3, 1994, S. 256, Abb.8.; Wyss 1966, S. 33.

56 Kanne oder Krug. Ev. Langnau. Bodenfragment mit einem aussen wulstig abgesetzten Standboden. Bauchig aufgehende Wandung. Auf der Aussenseite gekreuzte, weisse Bänder mit grünem Tupfendekor auf kupferbraunem Grund. Auf der Innenseite weiss, elfenbeinfarben glasiert. Oranger, feiner Brand. Schicht: 1. Fnr. J 15/1. Zeitstellung: 18./19. Jahrhundert.

57 Kanne oder Krug. Ev. Heimberg. Mit Ring abgesetzter Standboden. Bauchig aufgehende Wandung. Auf der Aussenseite weisser Malhorndekor und braunschwarze Glasur. Fusszone mit «S»-Band verziert. Auf der Innenseite ursprünglich farblos auf weisser Engobe glasiert, elfenbeinfarben. Oranger Brand mit feiner Glimmermagerung. Schicht: 1. Fnr. J 8/1; weitere Fragmente derselben Art: J 8/2. Zeitstellung: 18./19. Jahrhundert.

58 Flasche. Fragment einer bauchigen Flasche mit enger, runder Mündung und geradem Randabschluss. Auf dem Bauch Ansatz eines Wulsthenkels. Auf der Aussenseite eine dicke, farblose Glasur über einer roten Engobe mit rotbrauner Farbwirkung. Rand weiss. Innen bis an den Rand engobiert und farblos glasiert. Oranger Brand. Schicht: 1. Fnr. J 8/1/15. Zeitstellung: 18./19. Jahrhundert.

Abb. 185: Geschirrkeramik. M 1:2.

59 Nachttopf. Steilwandiger Topf mit breitem, horizontal umgeschlagenem Rand. Zwei unterrandständig applizierte Bandhenkel. Zierriefen auf der Gefässaussenseite. Auf der Innenseite grüne Glasur. Aussenseite unglasiert. Oranger Brand mit feiner bis mittlerer Magerung. Fnr. SW 13413 (Grabung 1966). Zeitstellung: 16. bis 17. Jahrhundert. Lit.: Baeriswyl/Junkes 1995, S. 195, 244246.

60 Massiver Griffknauf eines dickwandigen Gefässes. Auf der Aussenseite grüne Glasur über weisser Engobe. Innenseite unglasiert mit feinen Drehrillen. Oranger, fein gemagerter Brand. – Schicht 2. Fnr. J 2/2/3. Zeitstellung: 16. bis 18. Jahrhundert. Lit.: Matteotti 1994, S. 91, Taf. 3, Abb. 22. Baeriswyl/Junkes 1995, S. 257, Abb. 357.

61 Blumentopf. Randfragment eines steilwandigen Blumentopfes mit umgeschlagenem Rand und einer plastischen Wandleiste. Auf der Aussenseite grüne Glasur über weisser Engobe. Innenseite unglasiert. Oranger, feiner Brand mit feiner Glimmermagerung. Schicht 2. Fnr. J 2/2/5. Zeitstellung: 16. bis 17. Jahrhundert.

62 Schüssel. Randfragmente einer grossen, dick- und steilwandigen Schüssel mit umgeschlagenem Rand. Beidseitig farblos/olive Transparentglasur. Beiger, leicht rosafarbener Brand mit mittlerer Magerung. Schicht: 1. Fnr. J 8/1/16a–e. Zeitstellung: 18. Jahrhundert.

Abb. 186: Geschirrkeramik. M 1:2.

63 Schüssel. Fragment einer konischen, leicht bauchigen Schüssel mit hochgestelltem, abgetrepptem Rand. Auf beiden Seiten grüne Glasur über weisser Engobe. Oranger, feiner Brand. Schicht: 3. Fnr. J 1/3. Zeitstellung: 16./17. Jahrhundert.

64 Schüssel. Ganzes Profil einer konischen Schüssel mit abgesetztem, flachem Standboden und umgeschlagenem, hochgestelltem Rand. Beidseitig farblos, transparent glasiert. Der Boden ist auffallend dünnwandig. Oranger Brand mit feiner bis mittlerer Glimmer- und Sandmagerung. Schicht: 3. Fnr. J 1/3/5a–d. Zeitstellung: 17./18. Jahrhundert.

65 Schüssel. Ganzes Profil einer konischen Schüssel mit abgesetztem, flachem Standboden und umgeschlagenem, hochgestelltem Rand. Auf beiden Seiten braunschwarz über einer grauen Engobe glasiert. Auf der Randoberseite eine weisse, auf dem Randumbruch eine gelbe Zierlinie. Oranger Brand. Schicht: 1. Fnr. J 8/1. Zeitstellung: 18./19. Jahrhundert.

66 Schüssel. Randfragment mit umgeschlagenem Rand und einer Zierleiste. Innen weisser Malhorndekor unter einer gelben Transparentglasur. Umlaufende Linien und ein Wellenband. Auf der Randoberseite ein «S»-Band. Aussen unglasiert. Orange/beiger Brand. Schicht: 2. Fnr. J 12/2; weitere Fragmente gleicher Art: J 8/1. Zeitstellung: 16./17. Jahrhundert.

67 Schüssel. Ganzes Profil einer konischen Schüssel mit abgesetztem Standboden und einem horizontal umgeschlagenen Rand mit Zierleiste. Innen weisser Malhorndekor unter einer olivgelben Transparentglasur. Auf der Randoberseite ein Wellenband. Auf der Wandung innen im oberen und unteren Bereich Liniendekor. Die Aussenseite ist unglasiert. Oranger, harter Brand. Schicht: 1. Fnr. J 8/1/11a–b; Passscherben: J 8/1; weitere Fragmente gleicher Art: J 12/2 (hier allerdings «S»-Band auf der Randoberseite, Wandung innen Linien- und Wellenbanddekor; J 8/1; Zeitstellung: 16./17. Jahrhundert.

Abb. 187: Geschirrkeramik. M 1:2.

68 Schüssel. Fragment einer konischen Schüssel mit Kremprand. Innen weisser Malhorndekor unter einer gelben Transparentglasur. Wellenlinien und Streifendekor. Wellenbanddekor auf der Randaussenseite. Aussen farblose Transparentglasur. Beige/oranger Brand. Schicht: 1. Fnr. J 14/1; weitere Fragmente derselben Art: J 14/2. Zeitstellung: 17./18. Jahrhundert. Lit.: AKBE Nr. 3A, Bern 1994, S. 76, Abb. 219, Nr. 3.

69 Schüssel. RS einer konischen Schüssel mit weissem Malhorndekor unter einer farblosen Transparentglasur auf einer roten Engobe mit kupferbrauner Farbwirkung. Innen Linien und Wellenband. Auf der Randaussenseite ein «S»-Band. Oranger feiner Brand. Schicht: 1. Fnr. J 1/1. Zeitstellung: 17./18. Jahrhundert.

70 Schüssel. Randfragment einer konischen Schüssel mit nach innen geneigtem Kragenrand. Weisser Malhorndekor unter farblos/gelber Transparentglasur. Auf der Randaussenseite eine Art Wellenband, auf der Wandung innen Liniendekor. Die Aussenseite ist unglasiert. Oranger Brand mit feiner Glimmermagerung. Schicht: 1. Fnr. J 8/1/5a–b; weitere Fragmente derselben Art. J 8/1/5a-c. Zeitstellung: (17./)18. Jahrhundert. Lit.: AKBE, Nr. 2B, 1992, S. 465, Abb. 18.

71 Schüssel. Ev. Heimberg. Randfragment einer konischen Schüssel mit leicht verstärktem Kremprand. Auf der Innenseite Malhorndekor. Weisse, grüne und kupferbraune Dekorlinien. Auf der Randoberseite ein «S»-Band. Der Hintergrund ist schwarzbraun, die Aussenseite kupferbraun glasiert. Oranger, harter Brand mit feiner Glimmermagerung. Schicht: 2. Fnr. J 8/2/5a–b; weitere Fragmente derselben Art: J 8/1. Zeitstellung: um 1800.

72 Schüssel. Ganzes Profil einer flachen Schüssel mit verdicktem Kremprand und abgesetztem Standboden. Innen Malhorndekor, weisse Streifen sowie «S»-Band auf der Randaussenseite mit leicht türkis/grünem Farbschimmer. Hintergrund mit schwarzbrauner Farbwirkung. Glasierte Aussenseite mit kupferbrauner Farbwirkung. Orange/beiger feiner Brand. Schicht: 2. Fnr. J 2/2. Zeitstellung: 18./19. Jahrhundert.

Abb. 188: Geschirrkeramik. M 1:2.

73 Schüssel. Heimberg. Fragmente einer konischen, steilwandigen Schüssel mit verdicktem Kragenrand. Auf der Innenseite Malhorndekor. Auf der Randoberseite «S»-Band in weisser Engobe. Innen senkrechte, parallel angeordnete weisse Wellenlinien, kupferbraune Flecken mit weissen Tupfen umrandet und gelbe Blätter od. Blütenblätter. Glasierte Aussenseite mit kupferbrauner Farbwirkung. Orange/beiger, harter Brand mit feiner Glimmermagerung. Schicht: 1. Fnr. J 8/1/12a–g; Passscherbe: J 8/1; weitere Fragmente derselben Art: Hof, Schnitt 1, 13405 (Grabung 1966). Zeitstellung: 1. Hälfte 19. Jahrhundert.

74 Schüssel. Ev. Heimberg. Ganzes Profil einer konischen Schüssel mit abgesetztem Standboden und Kragenrand. Auf der Innenseite Malhorndekor. Auf der Randoberseite «S»-Band in weisser Engobe. Auf der Innenseite auf der Wandung und im Spiegel parallel laufende weisse, gekreuzte Linien mit braunen Tupfen im Schnittpunkt. Grüne Kreuze mit gelben Tupfen. Hintergrund Innenseite schwarzbraun. Glasierte Aussenseite mit kupferbrauner Farbwirkung. Orange/beiger, harter Brand mit feiner Glimmermagerung. Schicht: 1. Fnr. J 8/1/1/1a–g. Zeitstellung: 18./19. Jahrhundert. Lit.: AKBE 2B, 1992, S. 465, Abb.14,18.

75 Schüssel. Langnau. Randfragment einer konischen Schüssel mit Kragenrand. Malhorndekor. Auf der Randoberseite «S»-Band. Auf der Innenseite auf einen schwarzbraunen, breiten Streifen folgend das sog. Hämmerband und kupferbraune und braune ovale Tupfen auf weissem Grund. Glasierte Aussenseite mit kupferbrauner Farb-

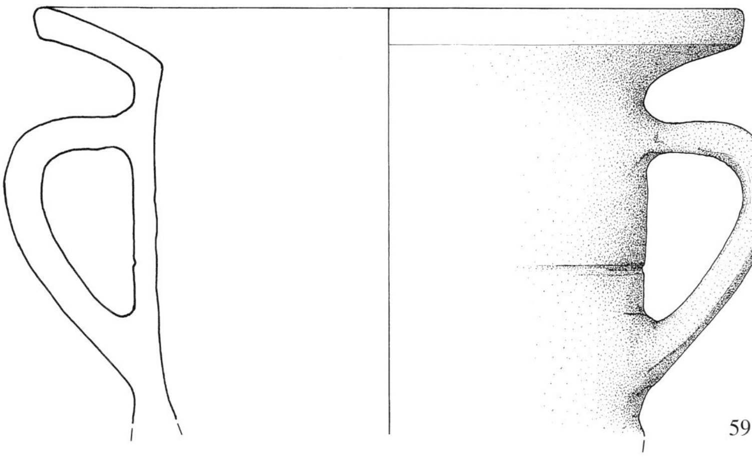

59

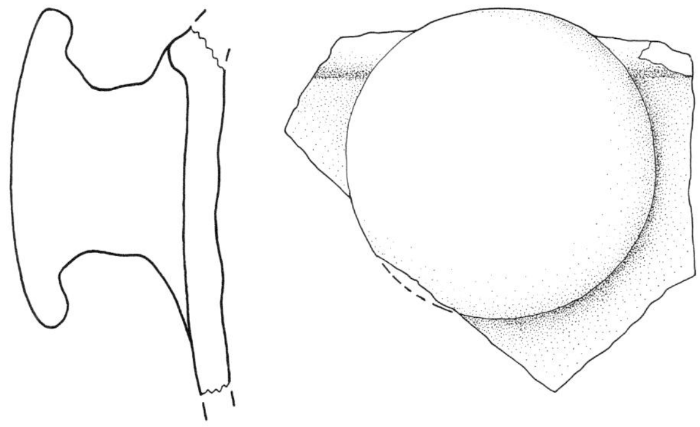

60

61

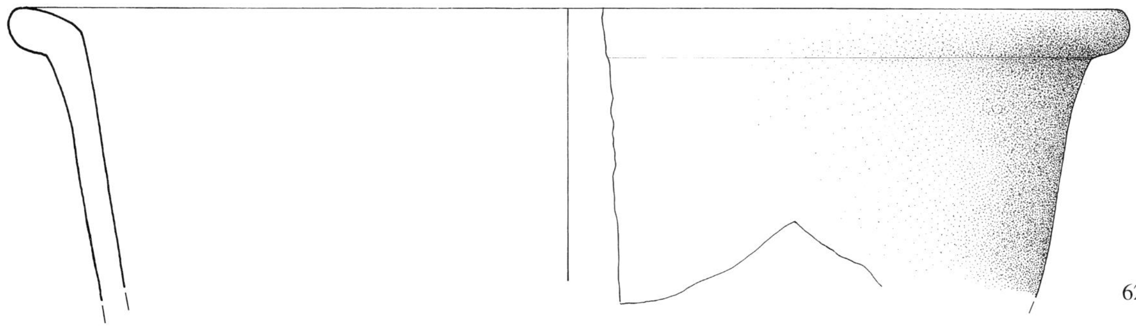

62

Abb. 185: Legende S. 188.

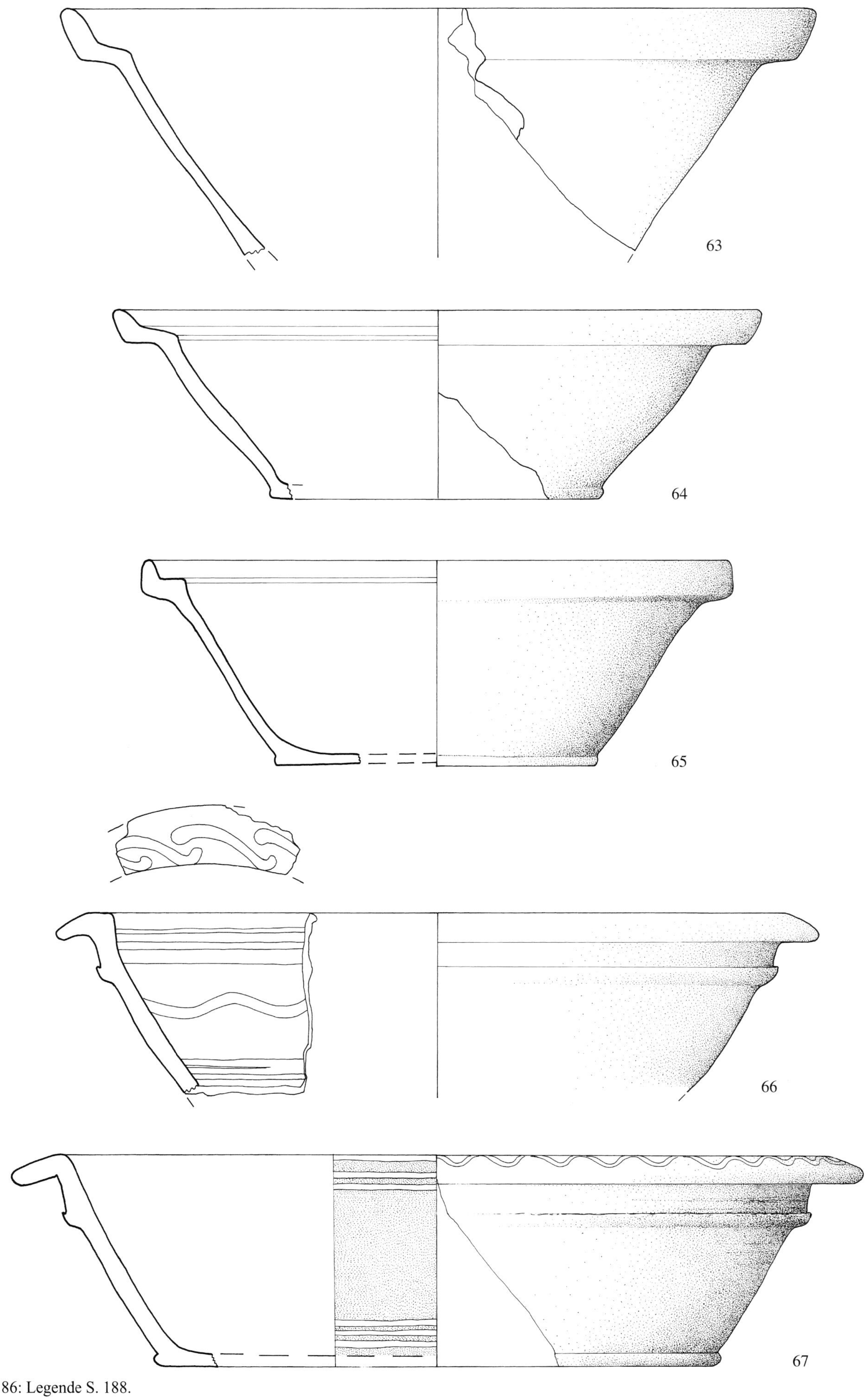

Abb. 186: Legende S. 188.

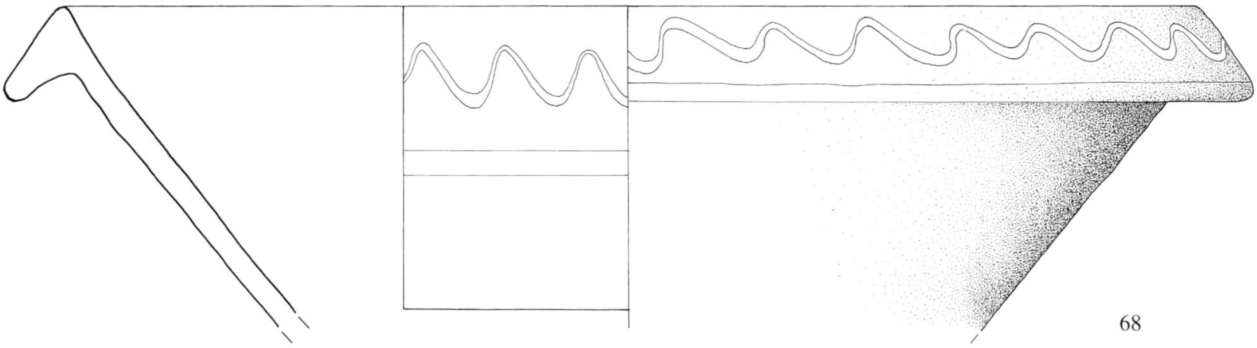

68

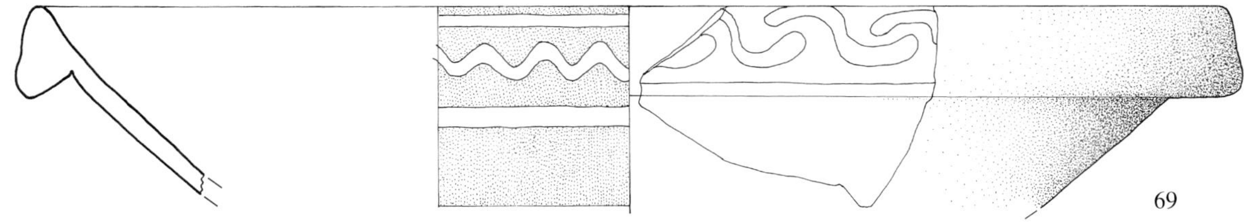

69

70

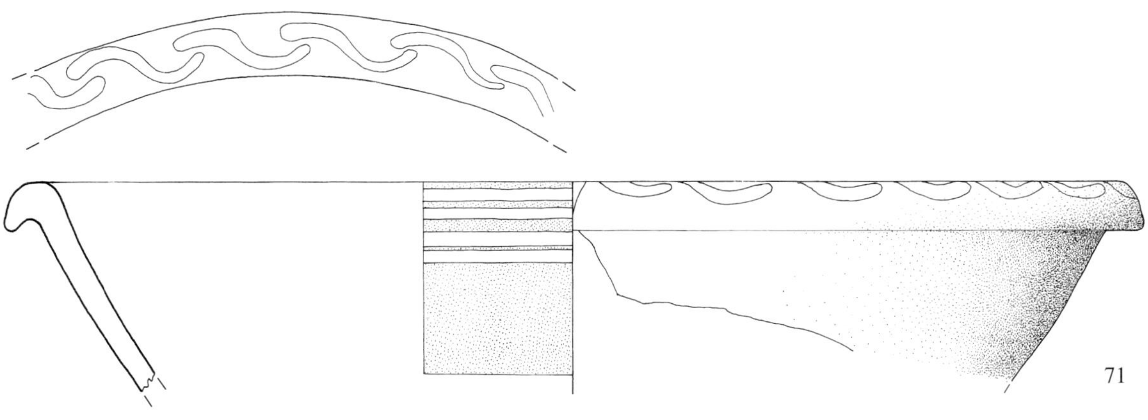

71

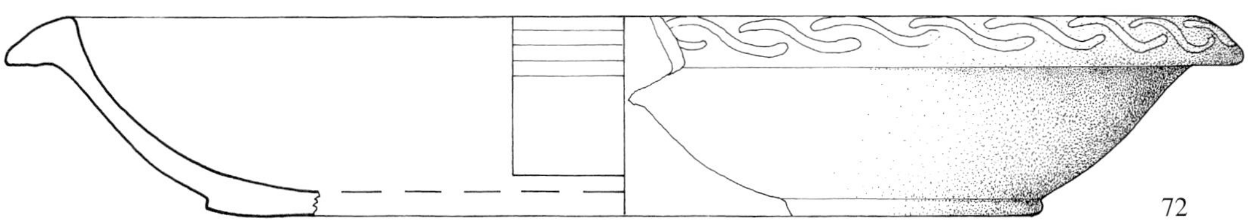

72

Abb. 187: Legende S. 188.

wirkung. Oranger, harter Brand mit feiner Glimmermagerung. Schicht: 1. Fnr. J 8/1; weitere Fragmente derselben Art: J 8/2, RS einer Schüssel, J 8/2. Zeitstellung: Ende 18. Jahrhundert.

76 Schüssel. Ev. Langnau. Zwei passende Randscherben einer steilwandigen Schüssel mit geradem Randabschluss und Zierleiste. Auf der Innenseite Hämmerband über einem grünen und gelben Streifendekor auf cremefarbenem Grund. Aussenseite ursprünglich gelb/braun marmoriert. Oranger, harter Brand mit mittlerer Magerung. Schicht: 1. Fnr. J 8/1/9, Passscherbe: J 8/1. Zeitstellung: Ende 18. Jahrhundert.

Abb. 189: Geschirrkeramik. M 1:2.

77 Schüssel. Ganzes Profil einer konischen Schüssel mit umgeschlagenem Rand und wulstig abgesetztem Standboden. Innen und im Boden grüner und weisser Streifendekor auf braunem Grund. Aussenseite unglasiert. Beige/oranger Brand mit feiner Glimmermagerung. Schicht: 2. Fnr. J 11/2/5a–d. Zeitstellung: 17. bis 19. Jahrhundert.

78 Flache Schüssel. Zusammengesetzt. Hochgestellter Rand und wulstig abgesetzter Standboden. Auf der Fahne, Wand und im Spiegel weisser Malhorndekor unter grüner Transparentglasur. Fantasiemotive, z. T. kaum erkennbar. Die Glasur ist stark irisiert. Orange/beiger Brand mit feiner Glimmermagerung. Brand. Schicht: 3. Fnr. J 9/3/5a–b; Passscherben Hof Schnitt 3 13410 (Grabung 1966) Zeitstellung: 16./17. Jahrhundert.

Abb. 190: Geschirrkeramik. M 1:2.

79 Schüssel. Randscherbe einer Schüssel mit hochgestelltem Rand und breiter Fahne. Auf der Fahne kupferbraunes Wellenband, braune Sicheln und «Hämmerband». Innen deckend weiss glasiert. Aussenseite unglasiert. Orange/beiger feiner, sehr harter Brand. Schicht: 2. Fnr. J 2/2 Zeitstellung: 1. Hälfte 19. Jahrhundert.

80 Schüssel. Randscherbe einer Schüssel mit verdicktem, kantigem Rand. Auf beiden Seiten weiss glasiert. Auf der Fahne mit türkis, blau und gelb bemalt. Beiger Brand. Schicht: 1. Fnr. J 8/1 Zeitstellung: 1. Hälfte 19. Jahrhundert.

81 Schüssel aus Fayence. Randfragment einer Schüssel mit kurzem, verdicktem Rand, Fahne und leicht bauchiger Wandung. Auf der Innenseite auf der Fahne blauer Blümchendekor. Auf beiden Seiten weisse Zinnglasur. Hellbeiger Brand. Schicht: 2. Fnr. J 1/2. Zeitstellung: 18./19. Jahrhundert.

82 Waschschüssel aus Fayence. Mehrere Fragmente einer grossen Schüssel mit hochgestelltem Rand, Schnauze (Ausguss) und seitlichen Grifflappen. Auf der Innenseite blaue Bemalung, Blümchendekor und stilisierte Blattmotive. Die weisse Zinnglasur ist auf beiden Seiten abgeplatzt oder verwittert. Hellbeiger, feiner Brand. Schicht: 3. Fnr: J 1/1; Passscherben: J 1/3; J 1/1 und J 1/2. Zeitstellung: 18./19. Jahrhundert.

Abb. 191: Geschirrkeramik. M 1:2.

83 Langnau. Ganzes Profil eines Tellers mit hochgestelltem Rand, breiter Fahne und abgesetztem Standboden. Auf der Innenseite cremefarbener Grund mit braunen und grünen Horizontalstreifen kombiniert mit braunem Hämmerband. Auf der Fahne Rest eines Schriftzuges. Im Spiegel ist ein Blumen-/Pflanzendekor erkennbar. Die Aussenseite ist braun ohne Engobe glasiert. Der Teller weist Flickungen, Bohrlöcher auf. Orange/beiger Brand. Schicht: 1. Fnr. J 8/1/10; weitere Fragmente gleicher Art: SW 13413 (Grabung 1966). Zeitstellung: Ende 18./19. Jahrhundert.

84 Teller. Ganzes Profil eines Tellers mit hochgestelltem Rand, breiter Fahne und wulstig abgesetztem Standboden. Auf beiden Seiten brauner Spritzdekor über farblos glasiertem Grund mit beiger Farbwirkung. Beider Brand mit feiner Glimmermagerung. Schicht: 1. Fnr. J 8/1, weitere Fragmente gleicher Art: 13405. Zeitstellung: 2. Hälfte 18. Jahrhundert.

85 Teller. Ganzes Profil eines Tellers mit spitz hochgestelltem Rand und abgerundetem Standboden. Beidseitig farblos bis braun wirkende Transparentglasur. Auch die Bodenunterseite ist glasiert. Oranger Brand mit reichlicher Magerung. Schicht: 1. Fnr. J 8/1/6. Zeitstellung: 18. Jahrhundert.

86 Teller. Ganzes Profil eines Tellers mit Knollenrand, kurzer Fahne und flachem Standboden. Beidseitig farblos bis braun wirkende Transparentglasur. Auch die Bodenunterseite ist glasiert. Oranger Brand mit feiner bis mittlerer, reichlicher Sand- und Glimmermagerung. Schicht: 1. Fnr. J 2/1/2a–i, Passscherben 13405 (Grabung 1966). Zeitstellung: 18. Jahrhundert.

87 Schale. Ev. Heimberg. Profil einer flachen Schale mit Standfuss und geradem Randabschluss. Auf der Aussenseite Malhorndekor: grüne Lilien, gelbe und rotbraune, senkrechte Linien mit weisser Perlschnurverzierung. Auf der Innenseite Glasur über einer weissen Engobe mit elfenbeinfarbener Wirkung. Orange/beiger, feiner Brand. Schicht: 1. Fnr. J 8/1; Fragment ähnlicher Art: J 8/1. Zeitstellung: 18./19. Jahrhundert.

88 Henkeltasse. Fragment einer dünnwandigen Tasse mit unterrandständigen, modelgeformten, palmettenförmigen Grifflappen. Beidseitig transparente Glasur über einer roten Engobe mit kupferbrauner Farbwirkung. Heller, leicht rosafarbener, harter Brand. Schicht: 1. Fnr. J 8/1. Zeitstellung: 1. Hälfte 19. Jahrhundert.

Abb. 192: Geschirrkeramik. M 1:2.

89 Hohldeckel. Fragment eines grossen Hohldeckels mit Keulenrand. Auf der Aussenseite weisser Malhorndekor unter einer farblos/gelben Transparentglasur. In der Wandung ein Loch. Auf der Innenseite unglasiert. Oranger Brand mit feiner Glimmermagerung. Schicht: 1. Fnr. J 8/1. Zeitstellung: 17./18. Jahrhundert.

90 Hohldeckel. Fragmente eines grossen Hohldeckels mit umgeschlagenem Rand. Auf der Aussenseite weisser Malhorndekor unter einer oliven Transparentglasur. Linien- und Wellenbanddekor. Die Innenseite ist unglasiert und nachgedunkelt. In der Wandung ein Loch, ev. Flickspuren. Orange/beiger Brand – Schicht: 1. Fnr. J 8/1/14a–b. – Zeitstellung: 17./18. Jahrhundert.

91 Steckdeckel. Fragment eines Hohldeckels mit Deckelfalz. Innen olivgelbe Transparentglasur. Aussen braunviolett glasiert. Beiger Brand. Schicht: 6. Fnr. J 2/6; Passscherben: J 1/1. Zeitstellung: 1. Hälfte 19. Jahrhundert.

Abb. 193: Ofenkeramik. M 1:2.

92 Fragment einer Kranzkachel mit durchbrochenem Masswerk ohne Rahmen. Dreipässe mit leicht genastem Spitzbogen. Olivgelbe Glasur über einer weissen Engobe. Orange/beiger Brand mit feiner Magerung. Schicht: Südwest Fnr. SW 13413; weitere Fragmente derselben Art: G 8/2/2. Zeitstellung: Zweite Hälfte 15. Jahrhundert. Lit.: Roth-Kaufmann u.a 1994, S. 291, Nr. 419.

93 Weiss engobierte und grün glasierte Fliesenkachel mit Waffelmuster. Orange/beiger, sehr harter Brand mit feiner Magerung. Innenseite leicht geschwärzt. Schicht: 2 Fnr. J 12/2; weitere Fragmente derselben Art: G 8/1. Zeitstellung: Zweite Hälfte 16. Jahrhundert. Lit.: Franz 1969, Abb. 461. Bellwald 1980, S. 29, Abb. 10. Ofen von Ludwig I Pfau, 1574 datiert.

94 Mit Ranken bemalte, glatte Füllkachel. Scharffeuermalerei mit verschiedenen Blautönen. Die Glasur ist z.T. abgeplatzt und weist Blasen auf. Beiger, harter Brand. Schicht: 3. – Fnr. J 2/3/3a–b. Zeitstellung: 17. Jahrhundert.

95 Fragment einer leicht konvexen Füllkachel. Symmetrisch angeordnetes Rankenornament um ein zentrales Bildmedaillon mit einer Landschaftsdarstellung. Scharffeuermalerei mit verschiedenen Blautönen und goldgelbem Hintergrund. Beiger, harter Brand. Schicht: 8. Fnr. J 1/8/13. Zeitstellung: 17. Jahrhundert.

96 Fragment einer glatten Füllkachel. Das Zentrale Motiv zeigt Reste einer Landschaft, die mit feinen Pinselstrichen gemalt ist. Rahmen mit Rankenwerk, dessen Konturen mit einem sehr feinen Pinsel gezogen, die Flächen mit einem breiteren ausgefüllt sind. Scharffeuermalerei mit verschiedenen Blautönen. Das Blatt hat sich von der Kachel gelöst. Beiger, harter Brand. – Fnr. BAS 13405 (Grabung 1966). Zeitstellung: 18. Jahrhundert.

97 Eckkachel mit vorhandenem Fixierzapfen. Palmettenmotiv. Scharffeuermalerei mit verschiedenen Blautönen. Glasur durch sekundäre Brandeinwirkung aufgeblasen. Beiger, harter Brand. Schicht: 5. Fnr. J 11/2/5. Zeitstellung: 17. Jahrhundert.

73

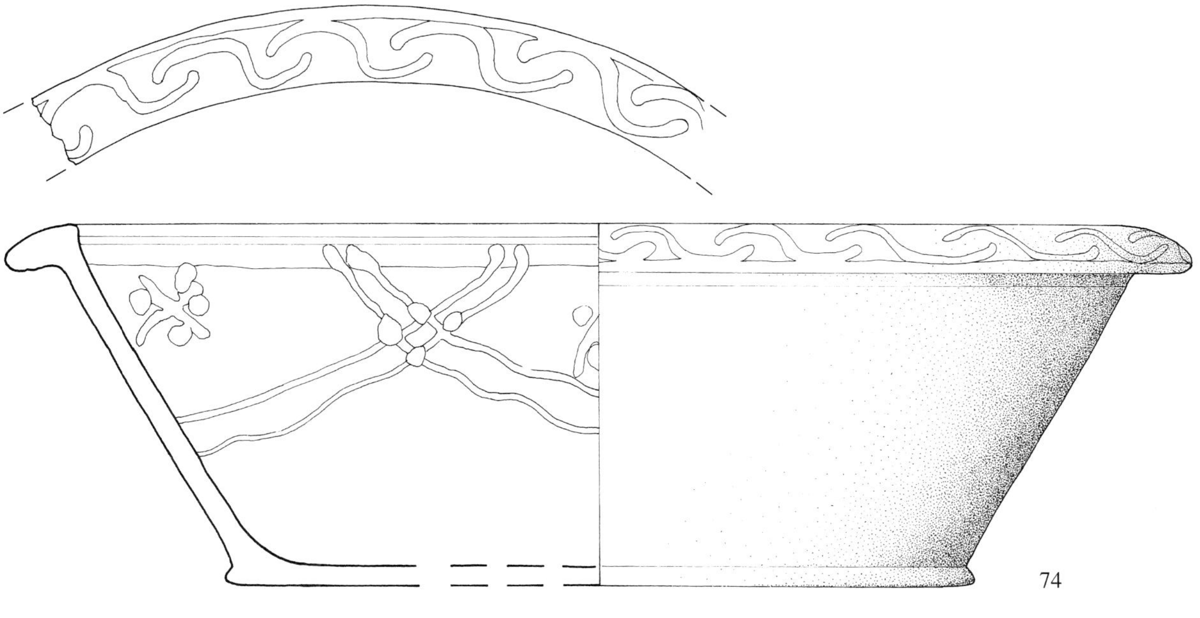

74

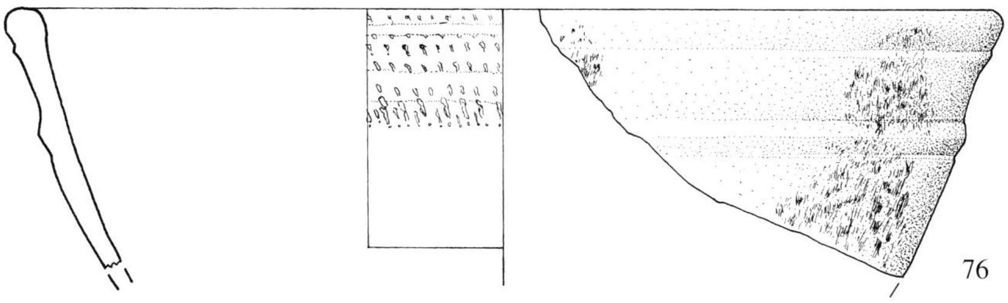

76

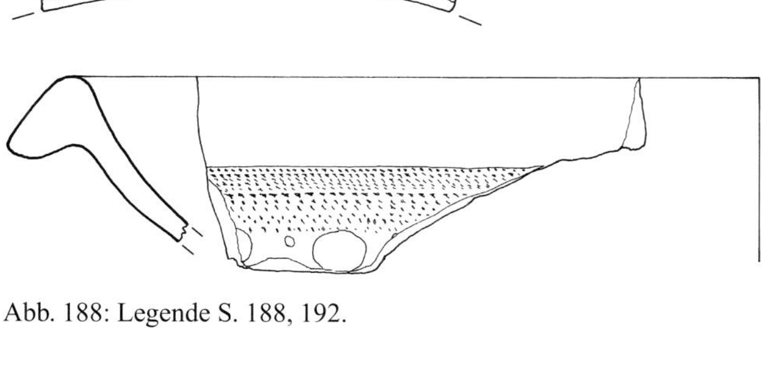

75

Abb. 188: Legende S. 188, 192.

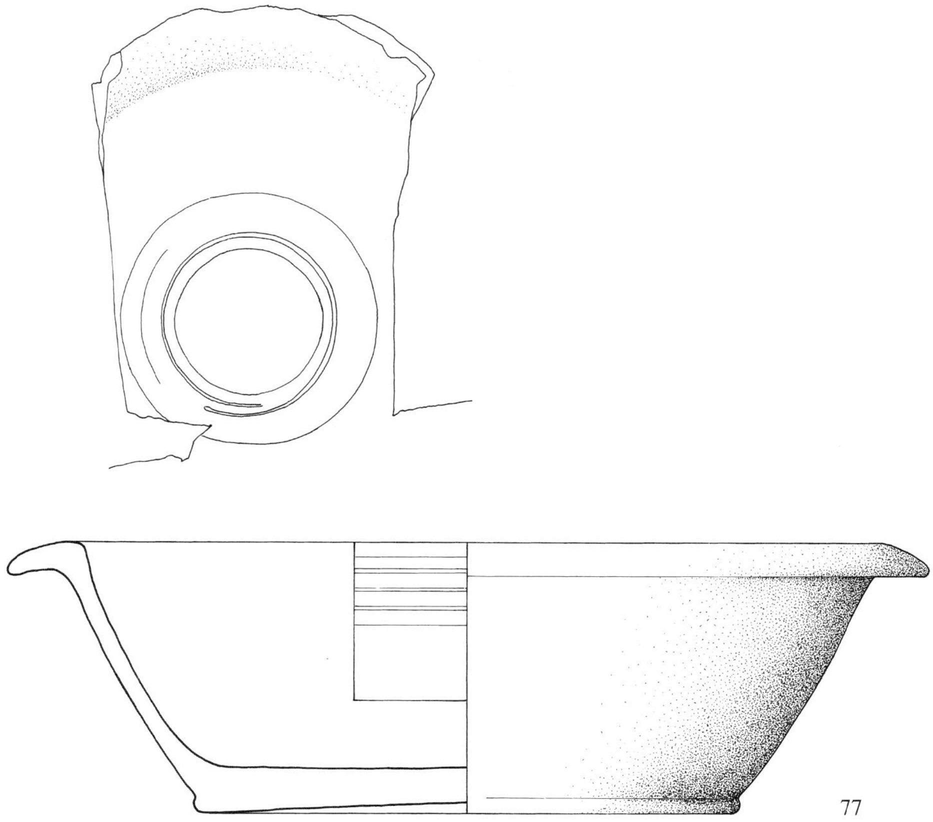

77

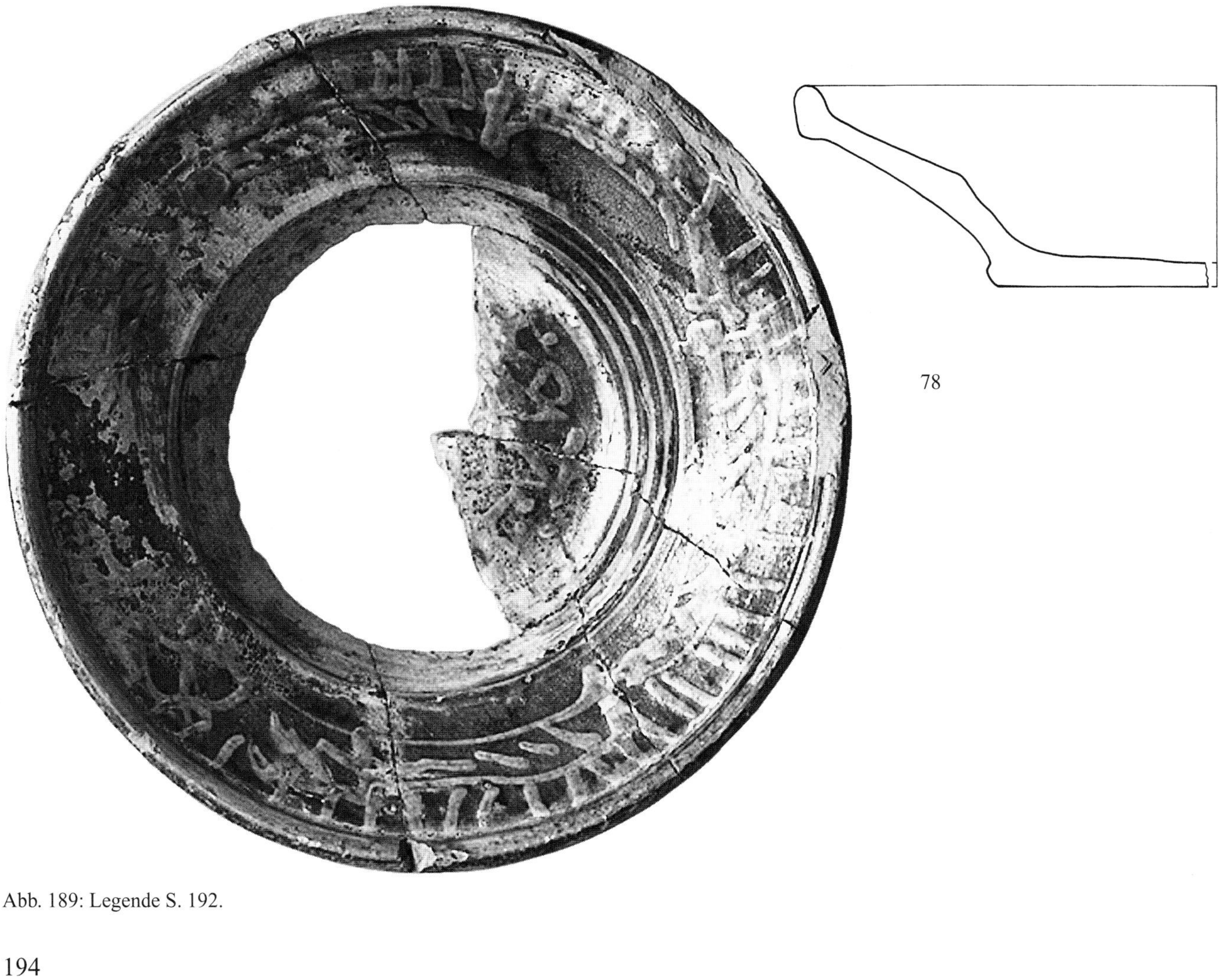

78

Abb. 189: Legende S. 192.

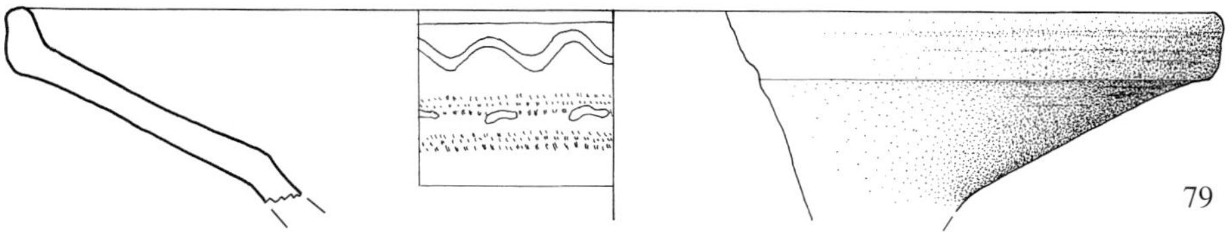

79

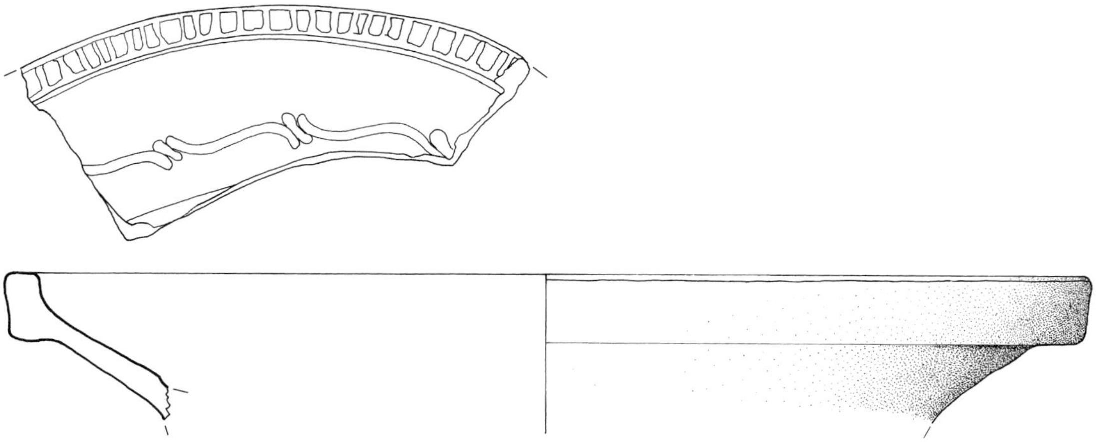

80

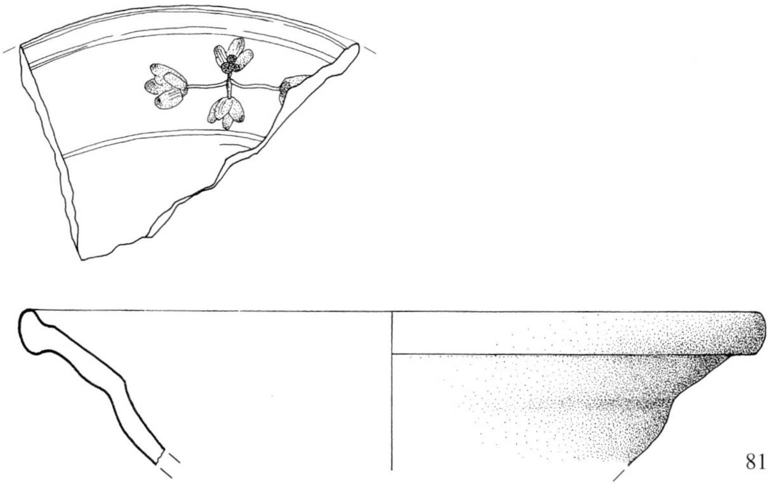

81

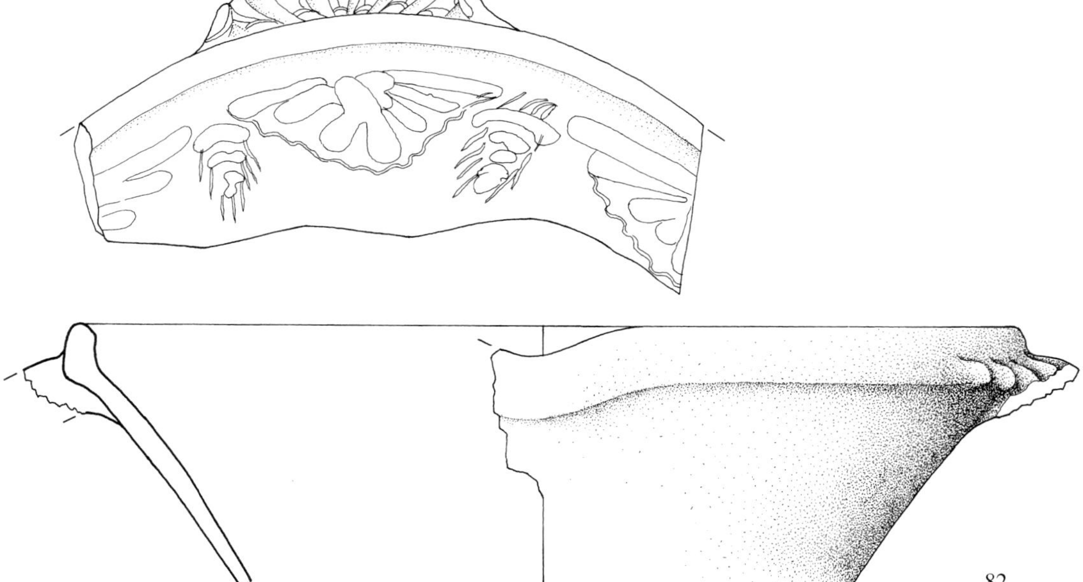

82

Abb. 190: Legende S. 192.

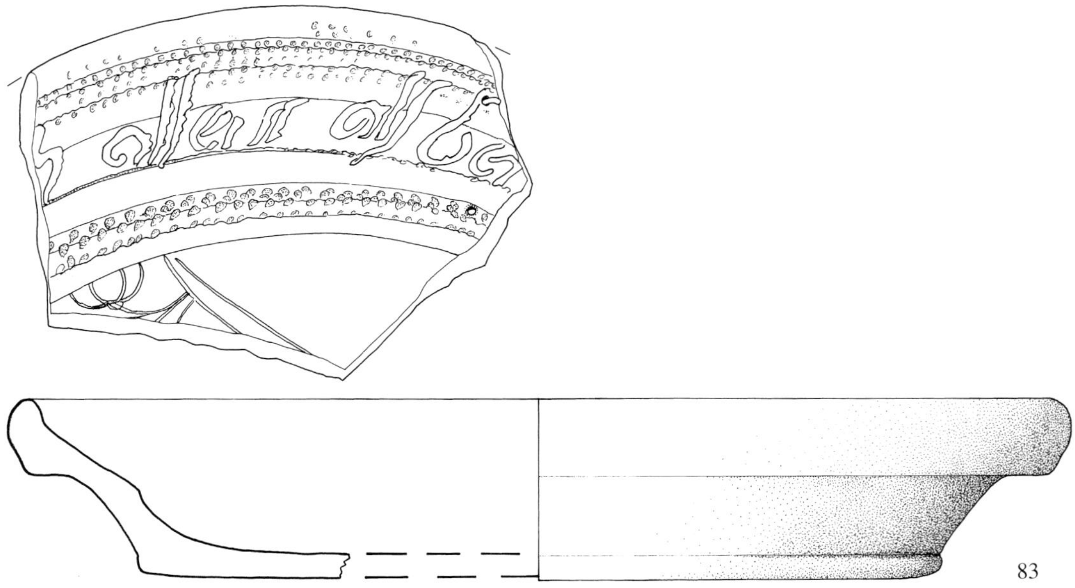

83

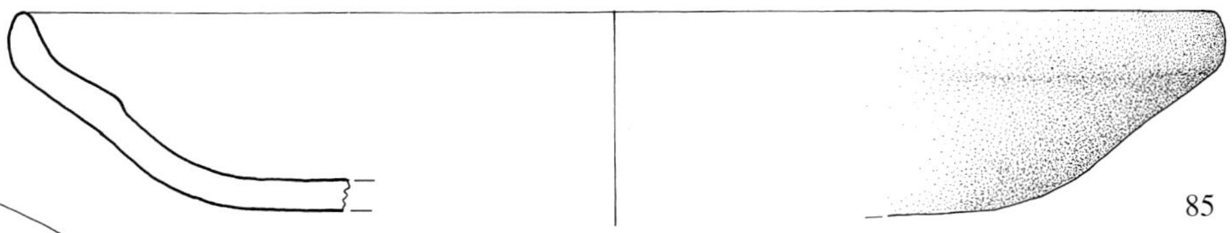

85

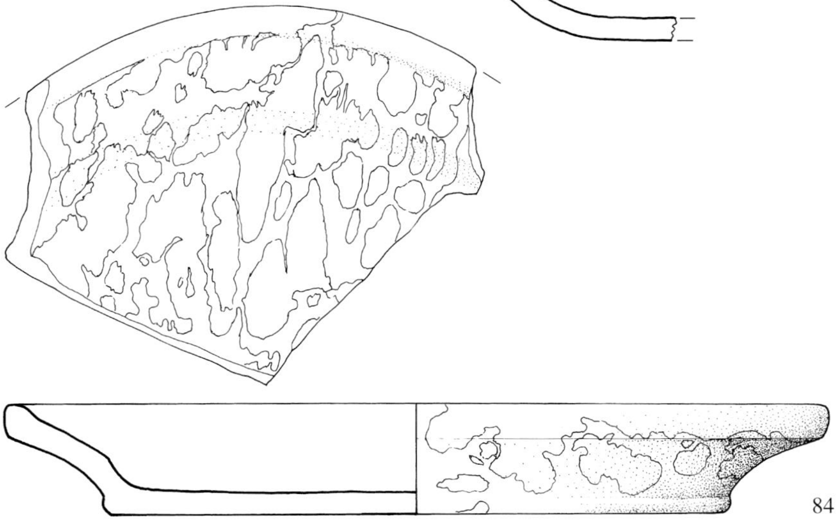

84

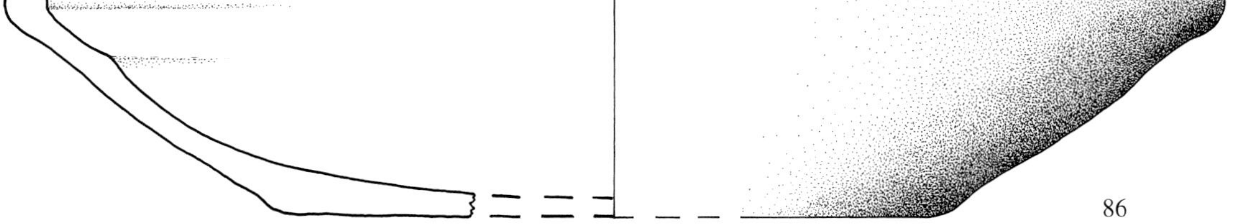

86

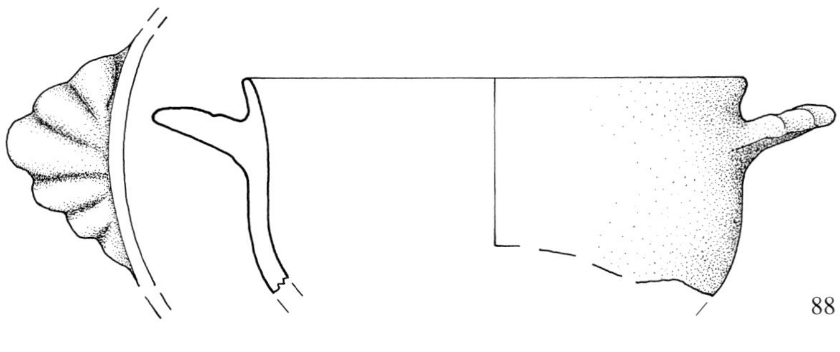

88

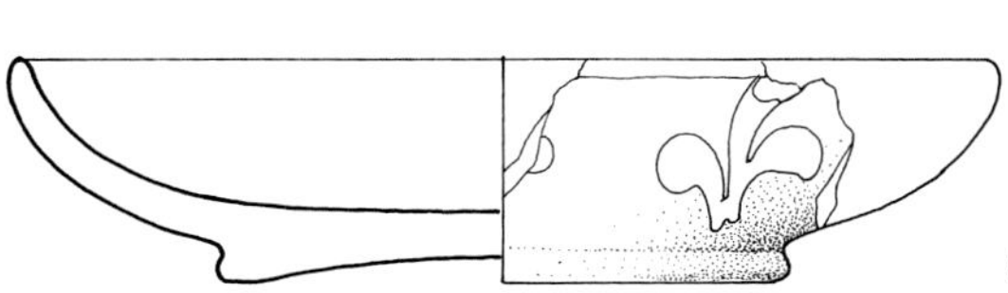

87

Abb. 191: Legende S. 192.

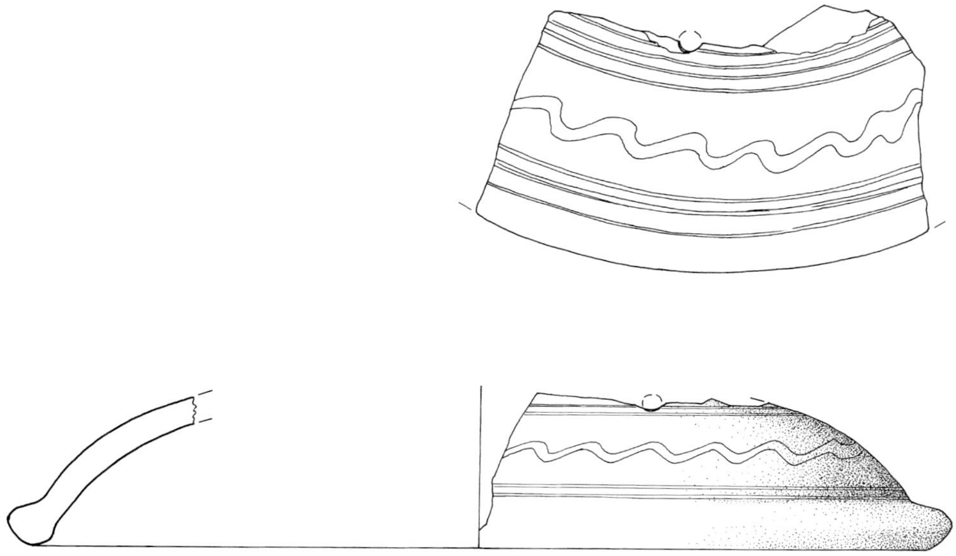

89

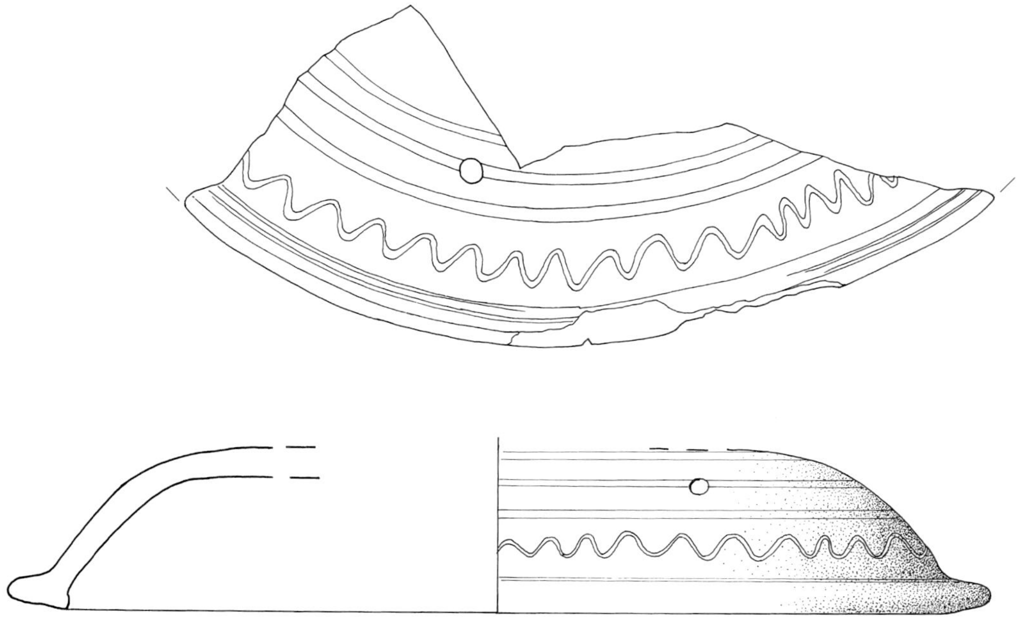

90

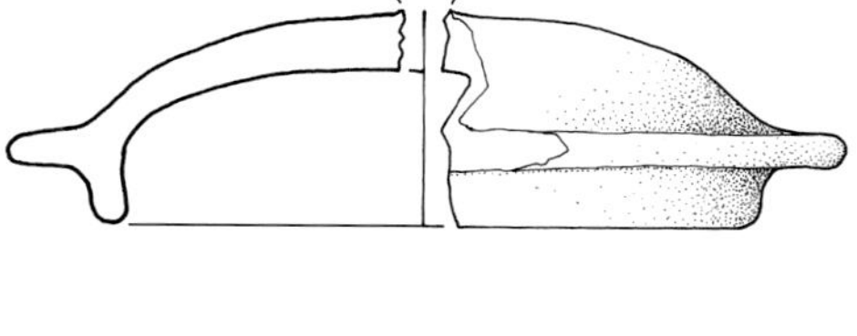

91

Abb. 192: Legende S. 192.

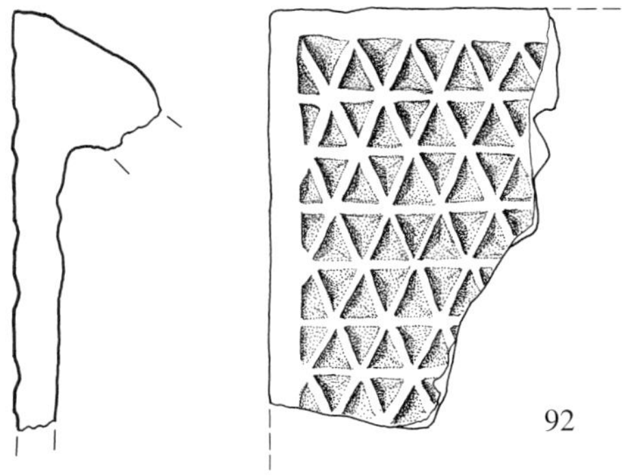

92

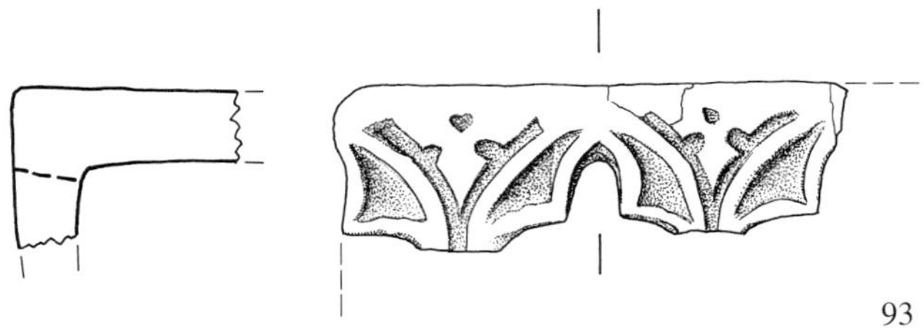

93

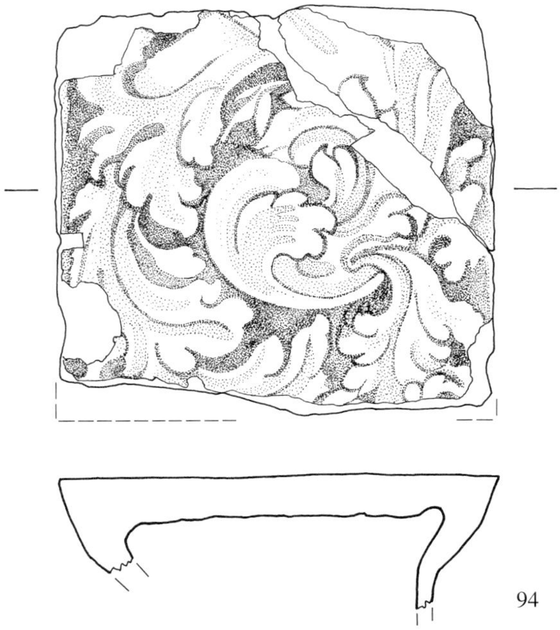

94

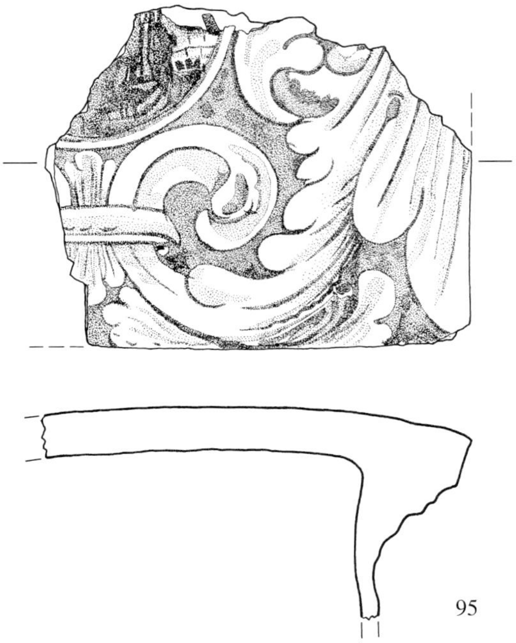

95

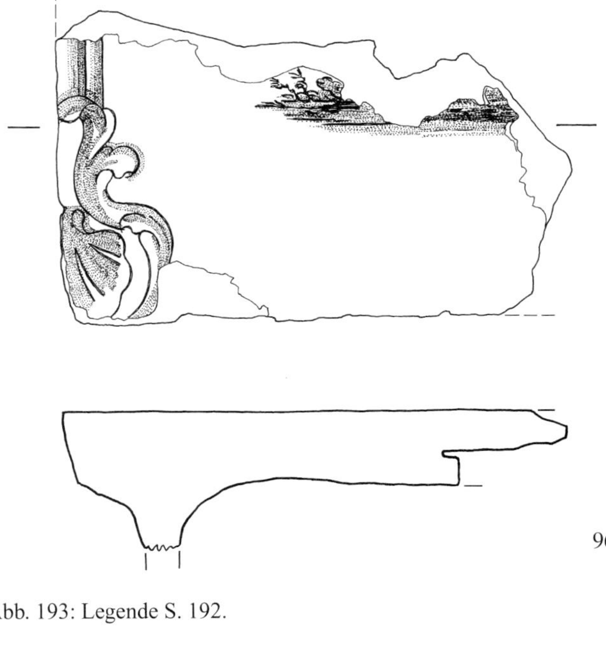

96

97

Abb. 193: Legende S. 192.

IV. Ziegel- und Baukeramik

Die Funde an Baukeramik stammen vom Umbau und Abbruch der umliegenden Gebäude. Neben glasierten und unglasierten Fliesen sind Ziegel und Backsteine zum Vorschein gekommen. Bei den Ziegeln sind nur zwei Formen vertreten: glasierte Hohlziegel und flache Ziegel mit einer braun glasierten, abgerundeten Vorderseite (Abb. 182:44–46). Sämtliche baukeramischen Funde dürften in das 18. Jahrhundert datieren.

V. Die Metallfunde

Abb. 194: Die Metallfunde aus dem Burggraben. M 1:2. – Lit.: Nils Lithberg, Schloss Hallwil, Bd. III, 1, Die Fundgegenstände, Stockholm 1932.

1 Schnalle aus Bronzeblech, Verschluss. Trachtbestandteil oder Schuhschnalle. Geschwungene Form mit zwei feinen, spitzen Dornen. In Form gegossen. – Schicht: 3 – Fnr. G 1/3 – Zeitstellung: 18. Jh. – Lit.: Lithberg 1932, Pl. 7 und 8.

2 Beschlag oder Trachtbestandteil aus feinem Blei. Rechteckig mit einer vertikalen Sprosse. Gussnähte deutlich erkennbar.– Schicht: 1 – Fnr. G 1/1/2 – Zeitstellung: 18./19. Jahrhundert. – Lit.: Lithberg 1932, Pl. 150, O bis Q.

3 Agraffe, Verschluss. Runde Öse mit gefedertem Schnappschloss aus dünnwandigem Messingblech. Gehörte vermutlich zur Kette einer Taschenuhr. – Schicht: 3 – Fnr. G 7/3/6– Zeitstellung: 18./19. Jahrhundert.

4 Knopf. Trachtbestandteil. Runder nur leicht gewölbter Knopf mit einer Metallöse auf der Unterseite, auf einer schwachen Erhöhung befestigt. Leichtes Messingblech. Ev. urspr. versilbert. Auf der Oberseite fein ziseliert. Umlaufendes, mehzeiliges Wellenband und ein zentrales Blumenmotiv. – Hofschnitt 2 (S Schnitt 1, Grabung 1966). – Zeitstellung: 18./19. Jahrhundert. – Lit.: Lithberg 1932, Pl. 23 H bis M.

5 Stockzwinge. Runde Stockzwinge aus Eisen. Innen Kupferblech erkennbar. – Schicht: 2 – Fnr. G 14/2/6. – Zeitstellung: 16. bis 19. Jahrhundert. – Lit.: Lithberg 1932, III.1, Pl. 53, H bis K.

6 Messerfragment mit Griffangel aus Eisen. – Schicht: 2 – Fnr. G 14/2/7. – Zeitstellung: 16. Jh. – Lit.: Lithberg 1932, Pl. 80.

7 Bleifassung einer Butzenscheibe. Die Fassung ist stark verbogen. – Schicht: 3 – Fnr. G 4/3/5. – Zeitstellung: 16. bis 19. Jahrhundert.

8 Schlüsselschild aus Bein. Vierfach abgetreppt und in Form geschnitzt. Ausgesparte Schlüsselöffnung und feine Öse im oberen Teil. Möbelbestandteil (Behältnismöbel). – Schicht: 1 – Fnr. G 1/1. – Zeitstellung: Bern 19. Jahrhundert.

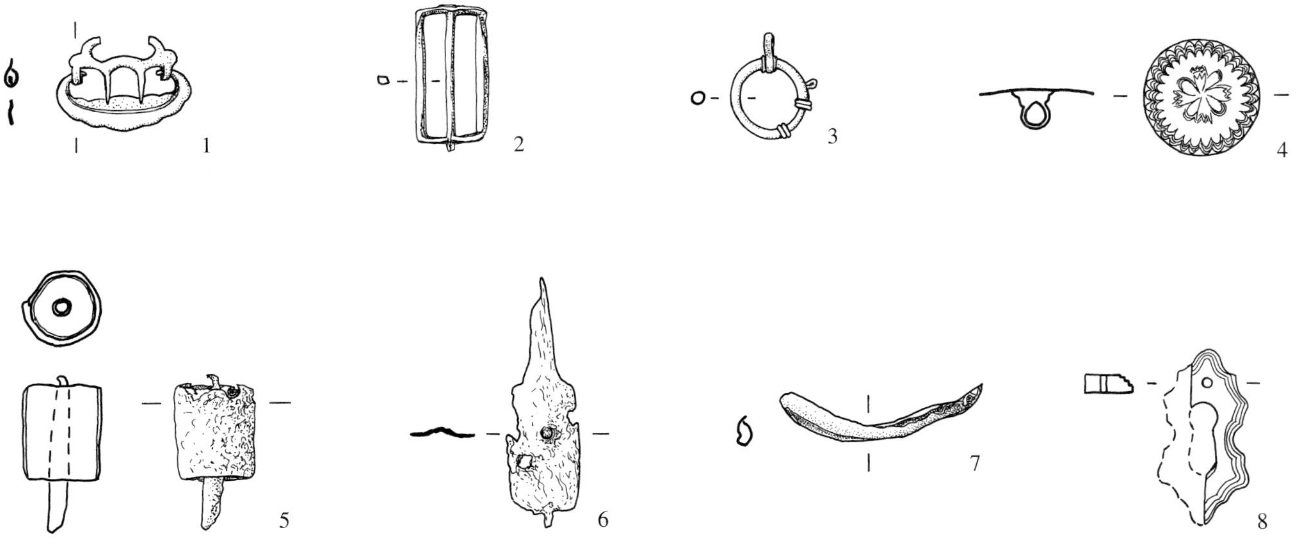

Abb. 194: Legende s. oben.

Die Tonpfeifen aus dem Schlosshof

Michael Schmaedecke

Im Schlosshof (Schnitt 1, Inv.-Nr. 13505) wurden 5 Stiel-Bruchstücke gefunden, die zu vier Tonpfeifen gehören (Abb. 195:6–9). Im Westschnitt (SW Inv.-Nr. 13413) fanden sich ein Pfeifenkopf mit dem Ansatz des Stiels sowie acht Stiel-Bruchstücke, von denen in zwei Fällen jeweils drei Fragmente zusammengefügt werden konnten (Abb. 195:1–5).

I. Das Fundmaterial

Es handelt sich bei allen Fundstücken um Reste von Tonpfeifen des englischen bzw. holländischen Typs, bei dem Pfeifenkopf und Stiel in einem Stück in einem zweiteiligen Model geformt werden. Alle Fragmente sind aus weissem Pfeifenton gearbeitet.

Der Pfeifenkopf ist klein, leicht kugelig und besitzt eine doppelkonische Form (195:1). Unter der Öffnung ist er mit einem dünnen geriffelten Bandstempel verziert.

Zwei der Stielfragmente besitzen Stempelverzierungen. Eines zeigt zwei Stempel mit jeweils vier in Rauten gerahmten Lilien, die wiederum in einer Rautenform angeordnet sind (195:2). Aufgrund von Vergleichsbeispielen ist anzunehmen, dass auf diesem Pfeifenstiel noch weitere Stempel der gleichen Art vorhanden waren.[40]
Der Zweite Stempel zeigt eine Folge von hintereinanderliegenden Zick-Zack- und Perlbändern (195:4).

Diese Stempel geben den Balancepunkt der Pfeifen an; wenn man die Pfeifen im Bereich der Stempel hält, sind sie im Gleichgewicht.

Bei dem dritten verzierten Stiel ist die Verzierung in die Pfeifenform eingearbeitet (195:3). Flammenartige Bänder verlaufen horizontal auf dem Stiel. In den Zwischenräumen sind fünfzackige Sterne unregelmässig angeordnet.

Die Funde sind von der Qualität her sehr unterschiedlich. Während die Stiele 195:4 und 195:9 von «Porzellanqualität» sind, also dem höchsten holländischen Qualitätsstandard entsprechen, sind die weiteren Stücke weniger qualitätvoll; in der holländischen Terminologie wird diese Qualitätsstufe als «Groffe»-Qualität bezeichnet.

Einige Stielfragmente haben leicht ovale Querschnitte. Diese entstehen, wenn die Formen bereits länger in Gebrauch sind und beide Formteile an ihren Berührungsstellen abgeschliffen werden müssen, damit sie wieder genau aufeinanderpassen. Dies zeigt, dass die hier verwendeten Pfeifenformen offensichtlich nicht mehr die neuesten Modelle waren. Pfeifenformen wurden vielfach von den Pfeifenbäckern weiterverkauft, so dass sie, auch wenn sie nicht mehr ganz à la mode waren, noch längere Zeit weiterverwendet worden sein können.

Von besonderem Interesse ist das Stück 195:7. Der Pfeifenstiel ist kurz hinter dem Kopf abgebrochen und das Ende wurde angespitzt, um es als Mundstück zu verwenden. Da Tonpfeifen im allgemeinen Massenware, «Wegwerfartikel» waren, lässt dies darauf schliessen, dass die Pfeife dem Raucher soviel wert war, dass er sie selbst in kaputtem Zustand weiterverwenden wollte. Möglicherweise sind hier ein «Erst-» und ein «Zweitraucher» zu fassen, die unterschiedlichen sozialen Gruppen angehörten.

II. Herkunft

Für den Stiel 195:4 in Porzellanqualität und das Fragment mit den Lilienstempeln, 195:2, kann Holland als Herkunftsland bestimmt werden. Bei letzterem weist der Lilien-Stempel auf Amsterdam oder Gouda als Provenienz.[41] Für die meisten anderen Fundstücke, insbesondere für den Pfeifenkopf kann ebenfalls holländischer Import angenommen, jedoch nicht mit letzter Sicherheit bestimmt werden, da die Fragmente zu wenig signifikant sind. Wichtige andere Herstellungsgebiete, die unseren Raum mit Tonpfeifen versorgten, lagen im Westerwald und in verschiedenen Regionen am Oberrhein.

Die Verzierung des Stielfragmentes mit flammenartigen Bändern (195:3) ist in Holland nicht bekannt, auch nicht im Westerwald. Der Produktionsort dieses Typs ist daher bislang nicht bestimmbar.

40 D. Duco, De Kleipijp in de Zeventiende Eeuwse Nederlanden, In: P. Davey (Hrsg.), The Archaeology of the Clay Tobacco Pipe V. Europe 2, Part II (BAR International Series 106), Oxford 1981, Nrn. 107 f.; ders., De Nederlandse Kleipijp, Leiden 1987 , Nrn. 457–459.

41 D. Duco, De Kleipijp in de Zeventiende Eeuwse Nederlanden, In: P. Davey (Hrsg.), The Archaeology of the Clay Tobacco Pipe V. Europe 2, Part II (BAR International Series 106), Oxford 1981, 111-367, 248, Nrn. 107 f.

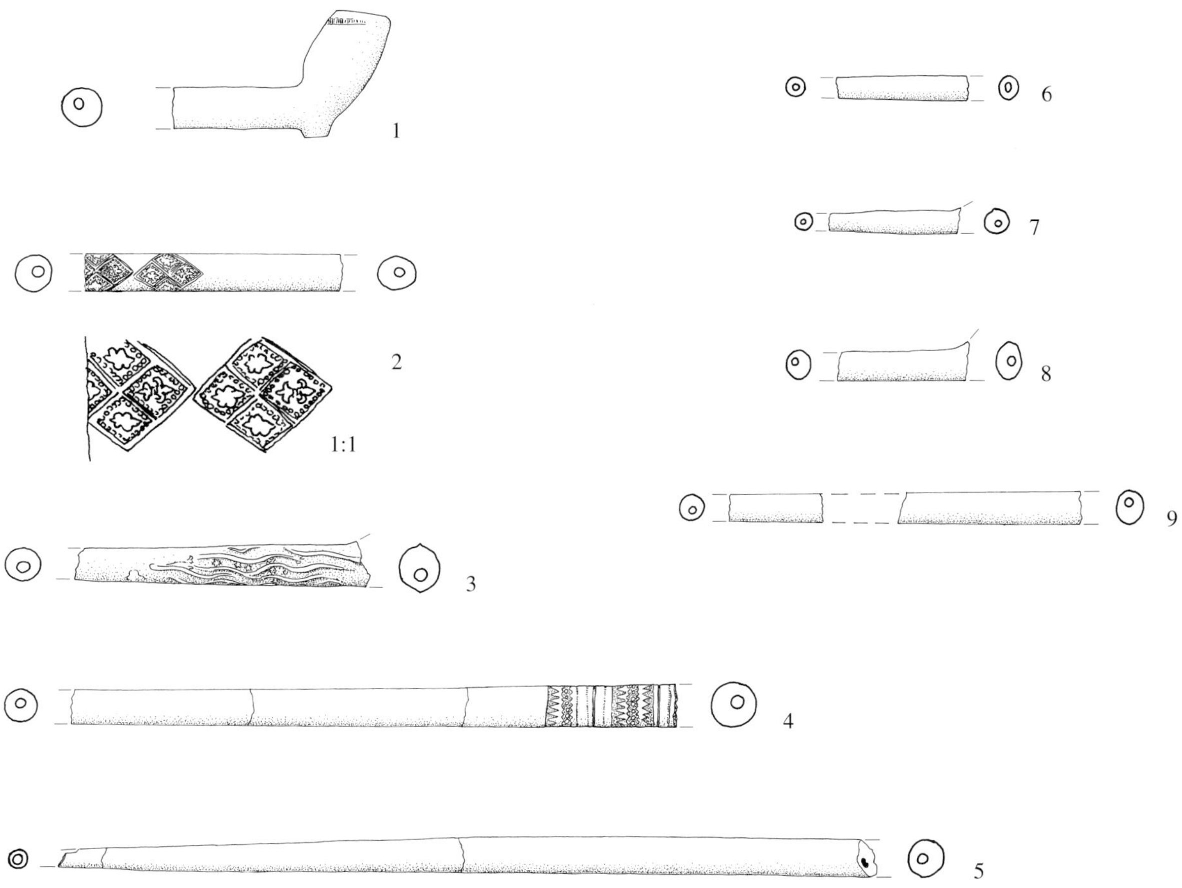

Abb. 195: Tonpfeifenfragmente. M 1:2.

1 Pfeifenkopf mit Ansatz des Stiels, weisser Ton, geglättet, Formnaht abgestrichen, kein Fersenstempel, unterhalb der Öffnung geriffelter Bandstempel. Inv.-Nr. 13413.

2 Teil eines Pfeifenstiels, weisser Ton, ungeglättete Oberfläche, Formnaht abgestrichen, Stempel mit je vier Lilien in Rauten zu einer Raute zusammengefasst, ein Stempel vollständig, einer z. T. erhalten. Inv.-Nr. 13413.

3 Teil eines Pfeifenstiels, Ansatz des Kopfes, weisser Ton, ungeglättete Oberfläche, Formnaht nicht abgestrichen, ovaler Querschnitt, unregelmässige Wellen, im letzten Drittel auslaufend, zwischen den Wellen unregelmässig angeordnete fünfzackige Sterne. Inv.-Nr. 13413.

4 Teil eines Pfeifenstiels, 3 Fragmente, weisser Ton, poliert, Porzellanqualität, Formnaht abgestrichen, Bandstempel mit Zick-Zack- und Perlbandmotiv. Inv.-Nr. 13413.

5 Teil eines Pfeifenstiels, 3 Fragmente, weisser Ton, geglättete Oberfläche, Formnaht vollständig abgestrichen. Inv.-Nr. 13413.

6 Teil eines Pfeifenstiels, weisser Ton, poliert, Formnaht vollständig geglättet. Inv.-Nr. 13405.

7 Teil eines Pfeifenstiels mit Ansatz des Kopfes, weisser Ton, poliert, Formnaht vollständig geglättet, vom Kopf abgewendete Seite sekundär angespitzt. Inv.-Nr. 13405.

8 Teil eines Pfeifenstiels mit Ansatz des Kopfes, weisser Ton, poliert, Formnaht geglättet, ovaler Querschnitt. Inv.-Nr. 13405.

9 Teil eines Pfeifenstiels, zwei Fragmente (keine gemeinsame Bruchkante, ein Zwischenstück fehlt), weisser Ton, poliert, Porzellanqualität, Formnaht vollständig geglättet. Inv.-Nr. 13405.

III. Datierung

Der Typ des Pfeifenkopfes 195:1 ist in Holland zwischen 1610 und 1675[42] und in England um die Mitte des 17. Jahrhunderts[43] geläufig. Da es sich bei dem Fundstück um Import handelt, kann der Zeitpunkt, als das Stück in Bümpliz in Gebrauch war, möglicherweise auch wenig später sein.

Der Durchmesser des am Kopf ansetzenden Stiels entspricht dem der weiteren in diesem Fundkomplex erfassten Stielfragmente, so dass hier derselbe zeitliche Ansatz anzunehmen ist, was insbesondere durch die ornamentalen Verzierungen bestätigt wird.

Sowohl das Motiv der Lilien-Stempel (195:2) als auch der aus Zick-Zack- und Perlbändern gebildete Bandstempel (195:4) sind typische Verzierungen der holländischen Pfeifen um die Mitte und in der zweiten Hälfte des 17. Jahrhunderts.[44] Das Zick-Zack-Motiv war in Holland noch bis in das 18. Jahrhundert hinein geläufig[45] und um die Wende vom 17. in das 18. Jahrhundert wurden derart dekorierte Pfeifen auch in der Schweiz bereits erfasst.[46]

42 D. Duco, De Nederlandse Kleipijp, Leiden 1987 , 31.

43 A. Oswald, Clay Pipes for the Archaeologist (BAR 14), Oxford 1975, 37 f.

44 D. Duco, De Nederlandse Kleipijp, Leiden 1987 , 39 f.; D. Duco, M. Schmaedecke, Tonpfeifenfunde aus der Grabung Kapuzinergasse in Breisach am Rhein. In: Fundberichte aus Baden-Württemberg 13, 1988, 777–795, Abb. 1,7

45 D. Duco, M. Schmaedecke, Tonpfeifenfunde aus der Grabung Kapuzinergasse in Breisach am Rhein. In: Fundberichte aus Baden-Württemberg 13, 1988, 777–795, Abb. 1,8–13.

46 R. Matteotti, Die alte Landvogtei in Riehen, Basel 1994, Kat.-Nr. 181.

Wegen des grossen Durchmessers gehört das Bümplizer Fragment jedoch noch sicher in das 17. Jahrhundert.

Von den Fragmenten aus dem Hof zeigen zumindest drei Stücke, möglicherweise auch weitere Fragmente bedeutend geringere Durchmesser. Diese Stücke können gut in die Mitte oder die zweite Hälfte des 18. Jahrhundert eingeordnet werden.

IV. Verbreitung

Da die Erforschung des Gebrauchs von tönernen Tabakspfeifen in der Schweiz[47] und auch in den angrenzenden Regionen Deutschlands und Frankreichs erst in den Anfängen steht, können über die Verbreitungen der im Alten Schloss Bümpliz erfassten Tonpfeifen ausserhalb Hollands noch keine weiterreichenden Aussagen getroffen werden. Der Typ mit dem Zick-Zack-Stempel wurde – wenn nicht stempelidentisch, so doch gut vergleichbar – in Südwestdeutschland in Freiburg i. Br.[48] und auf der Ruine Hohenschramberg[49] erfasst. Die Zerstörung der Burg 1689 durch Truppen Ludwigs XIV. gibt einen terminus ante quem an. Beide Fundstücke sind ebenfalls von Porzellanqualität. Bei Pfeifen mit geringerem Stieldurchmesser sind derartige Stempel noch weit in das 18. Jahrhundert hinein geläufig. Ein mit dem Stielfragment Abb. 3 möglicherweise vergleichbares Stück wurde als Lesefund im Tägermoos bei Kreuzlingen TG gefunden.[50] Funde von Tonpfeifen mit Lilienstempel sind aus der Schweiz oder dem süddeutschen Raum nicht bekannt.

Aus dem Fundkomplex des Reischacherhofs in Basel stammende Tonpfeifen, die anhand von Stempeln in das Jahr 1650 datiert sind und in Frankenthal am nördlichen Oberrhein hergestellt wurden, markieren bislang den sicher fassbaren Beginn des Tabakrauchens aus Tonpfeifen in der Schweiz.[51] Der Gebrauch von Tabak war in der Schweiz bereits im 16. Jahrhundert bekannt und schon 1616 wurde hier Tabak angebaut, wohl aber noch kaum zum Rauchen genutzt; das Rauchen von Tabak wurde als Medizin und als Rauschmittel anderer Völker, insbesondere der Engländer beschrieben.[52]

Die im *Alten Schloss* Bümpliz erfassten Pfeifen sind etwa zeitgleich mit den Basler Pfeifen zu datieren. Im Gegensatz zu den Basler Pfeifen benutzte man hier jedoch zumindest zum Teil direkt aus Holland importierte Pfeifen und auch Stücke besserer, d.h. bester Qualität.

In der Stadt Bern hatte die Obrigkeit 1659 das Rauchen verboten. Diese erste Nachricht vom Rauchen in Bern wird aber heissen, dass es bereits seit einiger Zeit gebräuchlich war. In den Anfang des 18. Jahrhunderts fällt die Gründung eines speziellen, dem Tabakgenuss gewidmeten Vereines, des Tabakleistes. Seit 1709/1710 war das Rauchen nämlich bloss noch in der Öffentlichkeit verboten. Der Rauchleist hatte sein Versammlungslokal im Obergeschoss des ehemaligen Befestigungs-Rundturmes am heutigen Waisenhausplatz, der heute noch nach seiner Nutzung Holländerturm heisst.[53]

47 Vgl. M. Schmaedecke, Zum Gebrauch von Tonpfeifen in der Schweiz. In: Schmaedecke (Hrsg.), Tonpfeifen in der Schweiz. Beiträge zum Kolloquium über Tabakspfeifen aus Ton, Liestal, 26.3.1999. Archäologie und Museum 40, Liestal 1999, S. 51–66.

48 Grabung Salzstrasse 22, Inv.-Nr. E6651, Aufbewahrungsort: Landesdenkmalamt Baden-Württemberg, Aussenst. Freiburg i. Br. Archäologie des Mittelalters, unpubliziert.

49 Aufbewahrungsort: Stadtmuseum Schramberg, Inv.-Nr. 564, unpubliziert.

50 R. Röber, Tonpfeifen aus Konstanz, In: Knasterkopf. Mitteilungen für Freunde irdener Pfeifen 8/1996, 1–44, Tf. 15.5. Auf dem Areal wurden in der frühen Neuzeit die Inhalte der Latrinen der Stadt Konstanz entsorgt.

51 I. Peter, Datierte Tonpfeifen aus dem Reischacherhof. In: Basler Zeitschrift für Geschichte und Altertumskunde, 79. Jg., 1979, 333–336.

52 A. Wilts, Starker Tobak. Tabakgenss und Tabakverbote in Konstanz und am Bodensee im 17. und 18. Jahrhundert. In: Knasterkopf. Mitteilungen für Freunde irdener Pfeifen 8/1996, 45–50; I. Zieglerum, Tabac, Von dem gar heilsamen Wundtkraut Nicotiana, Zürich 1616. Für den Hinweis danke ich Herrn Martin Kügler, Höhr-Grenzhausen.

53 Markus F. Rubli, Holländerturm, Bern o.J. (1996), S. 51–64.

Die mittelalterlichen und neuzeitlichen Glasfunde*

Erwin Baumgartner

I. Einleitung

Bei den Grabungen im Bereich des *Alten Schlosses* sind insgesamt knapp 500 Glasfragmente zum Vorschein gekommen. Die meisten Funde stammen aus dem 15. bis 19. Jahrhundert, wobei ein zeitlicher Schwerpunkt im 15., 16. und 17. Jahrhundert festzustellen ist. Daneben gibt es zusätzlich wenige Fragmente, die dem 13./14. Jahrhundert zuzuordnen sind. Isoliert bleibt ein einzelnes römisches Fragment.

Aus den einleitenden Kapiteln zur vorliegenden Publikation geht hervor, dass das Fundmaterial vorwiegend aus sekundären Ablagerungen stammt und aus stratigraphischen Beobachtungen keine Hinweise zur Datierung abzuleiten sind. Somit stellt sich natürlich die Frage nach dem Zweck der Vorlage der Glasfunde. Sie rechtfertigt sich einerseits durch den zeitlichen Schwerpunkt des Fundmaterials. Die Tätigkeit der Archäologie war lange auf die römische Zeit und dann auch auf das Mittelalter konzentriert, während die Neuzeit kaum Beachtung fand. Das hat sich erst in neuster Zeit etwas geändert, was sich auch in mehreren Publikationen ausdrückt. Es besteht aber immer noch ein grosser Nachholbedarf, so dass jede Materialvorlage per se willkommen ist, auch wenn – wie im vorliegenden Falle – die Funde leider nicht aufgrund von Grabungsbefunden chronologisch eingeordnet werden können. Anderseits lohnt sich die Vorlage der Funde, weil sich dadurch ein Teil des Spektrums der in der Region Bern früher verwendeten Glastypen aufzeigen lässt und unter den Funden Stücke von beachtlicher Qualität auszumachen sind.

Ein weiterer Grund für die Publikation der vom Alten Schloss in Bümpliz stammenden Glasfragmente ist, dass sich aus dem Vergleich mit anderen Fundkomplexen aus der Schweiz und dem angrenzenden Ausland einige Beobachtungen andeutungsweise ableiten lassen; dies allerdings vorderhand nur mit aller Vorsicht, da für definitive Aussagen Untersuchungen noch nicht in der nötigen Breite durchgeführt worden sind. Als erstes ist auf die Fundzusammensetzung des Materials aus Bümpliz hinzuweisen, die sich ähnlich an mehreren Orten in der Schweiz wiederholt. So kommen zum Beispiel Krautstrünke (Abb. 196:3f) in Kombination mit Warzenbechern (Abb. 196: 8–10), mit aus einer Glasblase hergestellten grünen Kelchgläsern (197:15) und mit Kelchgläsern mit Löwenbalustern (197:20) in ähnlicher Form etwa vom Schloss Hallwil[54], vom Wasserschloss Mülenen[55] oder von der Fundstelle Burggasse 17 in Biel[56]. Ähnliches Material wird zum Teil auch im angrenzenden Ausland gefunden (etwa im Elsass oder im südwestdeutschen Raum). Weiter ist interessant festzustellen, dass sich neben Typen, die über einen doch ziemlich grossen geographischen Raum verbreitet sind, andere abzuzeichnen beginnen, die nach den bisherigen Kenntnissen offenbar nur aus schweizerischen Grabungen bekannt sind. Ein Beispiel dafür ist das Fragment eines grünlichen Kelchglases (197:16), das aus drei Elementen – Fuss, gerippter Hohlnodus und Kuppa – zusammengesetzt ist. Vergleichbare Funde stammen etwa aus Mülenen[57] und Biel[58] oder werden im Historischen Museum Bern aufbewahrt[59]. Ein anderes Beispiel ist das Fragment eines farblosen Hohlbalusters mit zwei blauen gestempelten Nuppen (197:23), das ähnlich etwa aus der Grabung «Reischacherhof» in Basel bekannt ist.[60] Möglicherweise handelt es sich bei beiden um regionale Produkte aus einer der doch ziemlich zahlreichen Glashütten auf dem Gebiete der heutigen Schweiz. Neben den Funden, die regional nur sehr begrenzt vorzukommen scheinen, sind im Material aus Bümpliz auch solche, die man in fast ganz Europa hätte machen können, etwa einige der farblosen Kelchgläser (197:17–22). Sie sind nur schwer einem Produktionsgebiet zuzuordnen. Vor nicht allzulanger Zeit hätte man sie ihrer Qualität, des farblosen Glases, der zum Teil blauen Verzierungen oder des Golddekors wegen ohne Zögern Venedig zugeschrieben. Ob sie wirklich teilweise von dort stammen oder aus einer der zahlreichen à la Façon de Venise arbeitenden Hütten, lässt sich momentan noch nicht entscheiden.

Im gesamten Fundmaterial ist als einziges intaktes Glas ein kleines Fläschchen (198:32) überliefert. Alle übrigen Funde sind meist sehr kleinteilig fragmentiert, was die typologische und zeitliche Einordnung schwierig, ja zum Teil unmöglich macht. Bei der Auswahl der Funde für den Katalog wurde versucht, einerseits Fragmente vorzustellen, die noch einen gewissen Eindruck vom ehemaligen

* Manuskriptabschluss anfangs 1998.

54 Lithberg 1932, Tafeln 346–351.
55 Meyer et al. 1970, Tafeln auf den S. 228–231.
56 Glatz 1991, Abb. S. 65, 67, 69.
57 Meyer et al. 1970, S. 230, Abb. 70–73.
58 Glatz 1991, S. 146, Taf. 14, Nr. 295.
59 Glatz 1991, S. 146, Taf. 14, Nrn. 304, 306, 308.
60 Kamber/Keller 1996, S. 61, Abb. 22 rechts.

Gefäss hergeben, anderseits auch solche, die dazu dienen können, die im Fundspektrum vorhandenen typologischen Gruppen (Becher, Kelchgläser, Flaschen, Pharmaziegläser, Flachglas) aufzuzeigen.

Der zeitlichen Beschränkung der Bearbeitung wegen war es nicht möglich, die ca. 500 Fragmente auf Pass-Stücke durchzusehen. Dass davon durchaus Resultate zu erwarten wären, zeigen einige wenige Fälle, in denen im Laufe der Bearbeitung zufälligerweise Fragmente aus verschiedenen Grabungskomplexen als zusammengehörig erkannt wurden. Ebenfalls aus Zeitmangel war es nicht möglich, den Versuch zu unternehmen, die Anzahl der Individuen der verschiedenen typologischen Gruppen zu eruieren.

II. Katalog

Abb. 196: Glasfunde. Becher 13.–19. Jahrhundert. M 1:2.

1 Nuppenbecher, Fragment. Gekniffener Fussring. Hochgestochener Boden. Ansatz Wandung mit zwei Nuppen (eine sehr klein und rund, eine grösser und schneckenhausförmig abgedreht). Farbloses Glas, verwittert, versintert, irisiert. Nr. BAS G S/W 63.1.423. – Zeitstellung: 13./Anfang 14. Jh. – Vgl.: Müller 1980, S. 52, Nr. D21 – Baumgartner/Krueger 1988, S. 195–197, Nrn. 168–172.

2 Rippenbecher, Fragment. Wandungsteil mit durch Einblasen in eine Form hergestellten Diagonalrippen. Ansatz zu ausbiegender Lippe. Farbloses Glas, verwittert, versintert, irisiert. Nr. BAS B/212. – Zeitstellung: 13./Anfang 14. Jh. – Vgl.: Müller 1980, S. 52, Nr. D13 – Baumgartner/Krueger 1988, S. 223, Nr. 212.

3 Krautstrunk, Fragment. Gekniffener Fussring. Ansatz zu hochgestochenem Boden. Auf der Wandung Nuppe mit gerichteter Spitze und kleiner Ansatz zu weiterer Nuppe. Blaugrünes Glas, irisiert. Nr. BAS 14/74. – Zeitstellung: 15./Anf. 16. Jh. – Vgl.: Baumgartner/Krueger 1988, S. 298, Nr. 342, S. 337–339, Nrn. 403–406.

4 Krautstrunk, Fragment. Wandungsstück mit zwei sich leicht überlappenden Nuppen mit gerichteten Spitzen. Blaugrünes Glas, leicht irisiert. Nr. BAS S 6/1–4/1. – Zeitstellung: 15./Anf. 16. Jh. – Vgl.: Meyer 1970, S. 228, Nr. 39 – Baumgartner/Krueger 1988, S. 298, Nr. 342, S. 337–339, Nrn. 403–406.

5 Kreuzrippenbecher, Fragment. Hochgestochener Boden. Wandung mit durch zweimaliges Einblasen in eine 14 fach gerippte Form hergestelltem Kreuzrippenmuster. Grünes Glas, leicht irisiert. Nr. BAS G 7/1. – Zeitstellung: 15./Anf. 16. Jh. – Vgl.: Baumgartner/Krueger 1988, S. 308, Nr. 359, S. 375–377, Nrn. 463-466 – Waton 1990, S. 34, Taf. 8, Nr. 72e, f.

6 Fussbecher, Keulen- oder Stangenglas, Fragment. Durch Hochstechen der Glasblase hergestellter Fuss mit hohlem Rand. Ansatz zu leicht konischer Wandung mit 22 durch Einblasen in eine Form hergestellten Rippen. Hellgrünes Glas, verwittert, irisiert. Nr. BAS G 1/4/1. – Zeitstellung: 16. Jh. – Vgl.: Baumgartner/Krueger 1988, S. 388f., Nr. 486f. – Foy/Sennequier 1989, S. 325, Nr. 363 – Henkes 1994, S. 88, Nrn. 21.3, 21.4, 21.6, S. 101, Nr. 24.7.

7 Fussbecher, Fragment. Durch Hochstechen der Glasblase hergestellter Fuss mit hohlem Rand. Farbloses Glas, teilweise irisiert. Nr. BAS 13413. – Zeitstellung: 16. oder 18. Jh. – Vgl.: Dexel 1977, S. 87, Abb. 54 links – Rückert 1982, Taf. 86, Nr. 308 – Horat 1986, S. 89, Abb. 75 – Auger 1990, S. 289, Taf. 3, Nrn. 35, 37 – Waton 1990, S. 71, Taf. 17, Nr. 149.

8 Warzenbecher, Fragment. Einmal umgelegter glatter Faden als Fussring. Ansatz zu hochgestochenem Boden und zu Wandung, beide mit durch Einblasen in eine Form hergestellten runden Warzen. Hellgrünes Glas, verwittert, versintert, irisiert. Nr. BAS o.Nr. - Zeitstellung: 2. H. 16./Anf. 17. Jh. – Vgl.: Lithberg 1932, Taf. 347 D – Meyer 1970, S. 229, Nrn. 47, 61 – Goetz 1990, S. 207, Taf. 11, Nr. 170 – Waton 1990, S. 68, Taf. 14, Nr. 122 – Glatz 1991, S. 135, Taf. 3, Nr. 35 – Prohaska 1992, S. 84, Abb. 95, obere Reihe rechts.

9 Warzenbecher, Fragment. Hochgestochener Boden und Ansatz zu Wandung, beide mit durch Einblasen in eine Form hergestellten runden Warzen. Farbloses Glas, verwittert, irisiert. Nr. BAS 13413. – Zeitstellung: 17. Jh. – Vgl.: Lithberg 1932, Taf. 348 B, C – Klesse 1978, S. 88, Nr. 9 – Glatz 1991, S. 135, Taf. 3, Nr. 38f. – Prohaska 1992, S. 84, Abb. 95, untere Reihe rechts – Henkes 1994, S. 139, Nr. 31.1 – Frascoli 1997, S. 31, Abb. 31, S. 90, Abb. 103a, S. 99, Abb. 113, S. 100, Abb. 114, Typ 74, S. 101, Abb. 115, obere Reihe, Taf. 13, Nr. 92.

10 Warzenbecher, Fragment. Randscherbe mit durch Einblasen in eine Form hergestellter tropfenförmiger Warze. Farbloses Glas, verwittert, irisiert. Nr. BAS J 9/1. – Zeitstellung: 17. Jh. – Vgl.: Bremen 1967, S. 110, Nr. 109 – Meyer 1970, S. 229, Nr. 59 – Klesse 1978, S. 88, Nr. 8 – Prohaska 1992, S. 84, Abb. 95, untere Reihe rechts – Henkes 1994, S. 139, Nr. 31.1.

11 Rippenbecher, Fragment. Massives, gedrücktes Kugelfüsschen (eines von wohl ehemals drei). Ansatz zu hochgestochenem Boden und zu Wandung. Kräftige, durch Einblasen in eine Form hergestellte Rippen, im untern Teil der Wandung einmal eingeschnitten. Farbloses Glas, leicht irisiert. Nr. BAS G 7/1. – Zeitstellung: 4. V. 17. Jh. – Vgl.: Lithberg 1932, Taf. 348 D - Bauer/Gabbert 1980, S. 119, Nr. 263 – Rückert 1982, Taf. 81, Nr. 285f. – Waton 1990, S. 91, Taf. 3, Nr. 20 – Glatz 1991, S. 136, Taf. 4, Nr. 46f. – Henkes 1994, S. 252, Nrn. 53.2, 53.3 – Frascoli 1997, S. 90, Abb. 103b, S. 99, Abb. 113, S. 100, Abb. 114, Typ 76, S. 101, Abb. 115, untere Reihe, Taf. 47, Nr. 571.

12 Becher mit Diamantriss, Fragment. Randscherbe mit diamantgerissenem Dekor (Hirsch und Baumwerk). Farbloses Glas, verwittert, irisiert. Nr. BAS 13410. – Zeitstellung: 2.H. 17./Anf. 18. Jh. – Vgl.: Laméris 1991, S. 131, Nr. 135 (Laubwerk).

13 Becher mit Punktmuster, Fragment. Randscherbe mit durch Einblasen in eine Form hergestelltem Muster mit vertieften Punkten. Farbloses Glas, glaskrank (feine Haarrisse). Nr. BAS 13405. – Zeitstellung: 18./19. Jh. – Vgl.: Lithberg 1932, Taf. 347 G – Bremen 1967, S. 113, Nr. 113 – Dexel 1977, S. 95, Abb. 71 rechts, S. 97, Abb. 76, zweites Stück von links, S. 158, Abb. 202, zweites Stück von rechts – Matteotti 1994, S. 135, Nr. 166.

14 Becher mit Vertikalrippen, Fragment. Randscherbe mit durch Einblasen in eine Form hergestellten Vertikalrippen. Farbloses Glas, leicht irisiert. Nr. BAS J 2/2. – Zeitstellung: 18./19. Jh. – Vgl.: Lithberg 1932, Taf. 347 H-K – Bremen 1967, S. 93, Nr. 94 – Horat 1986, S. 85, Abb. 67 – Bellanger 1988, S. 361, Abb. oben links – Glatz 1991, S. 137, Taf. 5, Nr. 70 – Henkes 1994, S. 303, Nr. 61.4.

Abb. 197: Glasfunde. Kelchgläser 16.–17. Jahrhundert. M 1:2.

15 Kelchglas, Fragment. Durch Hochstechen der Glasblase hergestellter Fuss mit hohlem Rand. Ein Glasposten, der zur Befestigung des Hefteisens diente, schliesst das kurze Schaftstück gegen unten ab. Ansatz zu konischer Kuppa. Hellgrünes Glas, teilweise verwittert, leicht irisiert. Nr. BAS G 1/3/4. – Zeitstellung: 16. Jh. – Vgl.: Lithberg 1932, Taf. 348 I, K – Meyer 1970, S. 230, Nrn. 68, 75, 79 – Loew 1979, S. 43, Taf. 1, Nr. 1 – Barrera 1988, S. 350, Abb. 5, Nr. 18f. – Foy/Sennequier 1989, S. 277, Nr. 291 – Jannin 1990, S. 136, Taf. 3, Nr. 57 – Glatz 1991, S. 139, Taf. 7, Nr. 106, S. 140, Taf. 8, Nr. 118, S. 143, Taf. 11, Nr. 192 – Glatz/Gutscher 1995, S. 51, Nr. 14.

16 Kelchglas, Fragment. Oberes Stück eines hochgezogenen Fusses. Hohlnodus mit 16 durch Einblasen in eine Form hergestellten Rippen. Ansatz zu ausladender Kuppa. Das Glas wurde aus drei einzeln geblasenen Elementen (Fuss, Nodus, Kuppa) zusammengefügt. Hellgrünes Glas, leicht verwittert, irisiert. Nr. BAS G 3/2. – Zeitstellung: 16. Jh. – Vgl.: Meyer 1970, S. 230, Nrn. 70–73 – Loew 1979, S. 43. Taf. 1, Nrn. 3, 6, 7, 9 – Bellanger 1988, Abb. S. 467 (typähnlich im Aufbau, weitere intakte Gefässe kaum erhalten) – Foy/Sennequier 1989, S. 285, Nr. 305 (typähnlich im Aufbau) – Glatz 1991, S. 146, Taf. 14, Nrn. 295, 304, 306, 308.

17 Kelchglas mit Flügelschaft, Fragment. Fuss mit nach unten umgeschlagenem Rand. Schaft hergestellt aus einem hohlen, fein gerippten Röhrchen mit gegenständigen henkelartigen Ansätzen aus blauem Glas. Kuppa mit 12 wohl durch Einblasen in eine Form hergestellten Rippen, abwechselnd in zwei verschiedenen Ausführungen (glatt oder im oberen Bereich mit Tropfen). Farbloses und blaues Glas, kaum Alterungsspuren. Nr. BAS G 15/2/1a+b. – Zeitstellung: 1. H. 17. Jh. – Vgl.: Hetteš 1960, Nr. 26 – Jansen 1962, S. 23, Nrn. 7-9, 11 – Klesse 1973, S. 107, Nr. 477 – Mosel 1979, S. 52, Nr. 8 – Klesse/Mayr 1987, Nr. 24f. – Barrera 1988, S. 357, Abb. 13, Nr. 40 – Bellanger 1988, Abb. S. 265 – Goetz 1990, S. 203, Taf. 7, Nrn. 123, 125 – Laméris 1991, S. 103, Abb. 88 – Ritsema van Eck/Zijlstra-Zweens 1993, S. 51, Nr. 60f. – Baumgartner 1995, S. 49, Nr. 36.

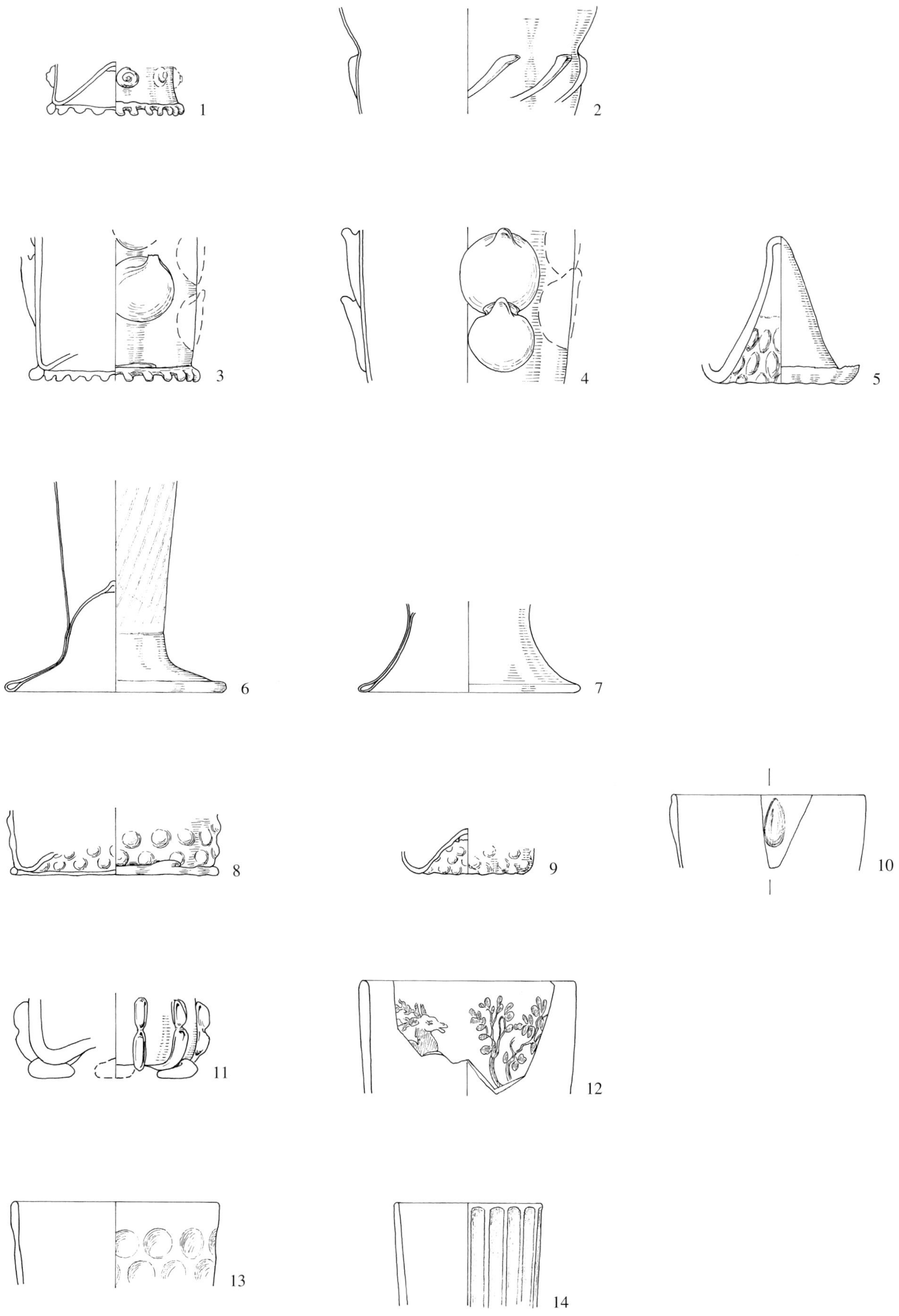

Abb. 196: Legende S. 204.

18 Kelchglas mit Rippenkuppa, Fragment. Kuppa mit 12 wohl durch Einblasen in eine Form hergestellten Rippen, abwechselnd in zwei verschiedenen Ausführungen (glatt oder im oberen Bereich mit Tropfen). Zwei aufgelgte, dünne Fäden. Spuren einer Vergoldung im Lippenbereich. Kleines, ursprüngliches Fehlstück unterhalb der Lippe. Farbloses Glas, leicht verwittert, irisiert. Gold, weitgehend abgerieben. Nr. BAS 13413. – Zeitstellung: 1. H. 17. Jh. – Vgl.: Mosel 1979, S. 52, Nr. 8 – Bellanger 1988, Abb. S. 265 – Goetz 1990, S. 206, Taf. 10, Nr. 157 – Theuerkauff 1994, S. 256, Nr. 232, Abb. 42.

19 Kelchglas (?) mit Rippenkuppa, Fragment. Kuppawandung mit ursprünglich wohl 12 durch Einblasen in eine Form hergestellten Rippen. Farbloses Glas, verwittert, irisiert. Nr. BAS o.Nr. – Zeitstellung: 17. Jh.

20 Kelchglas mit Löwenbaluster, Fragment. Fuss mit nach unten umgeschlagenem Rand. In eine zweiteilige Form geblasener Hohlbalusterschaft mit je zwei gegenständigen Löwenköpfen und Kartuschen. Im Unterteil des Balusters wohl 10, im Oberteil wohl 12 Rippen. Farbloses Glas, verwittert, irisiert. Nr. BAS J 9/3/4a+b. – Zeitstellung: 1.H. 17. Jh. – Vgl.: Lithberg 1932, Taf. 350 A–O, Taf. 351 A–F – Meyer 1970, S. 230, Nr. 84f. – Loew 1979, S. 43, Taf. 1, Nr. 4 – Goetz 1990, S. 204f., Taf. 8f., Nrn. 127–148 – Jannin 1990, S. 135, Taf. 2, Nr. 33 – Glatz 1991, S. 147, Taf. 15, Nr. 336 – Theuerkauff 1994, S. 240–256, Nrn. 220–232 – Frascoli 1997, S. 99, Abb. 113, S. 100, Abb. 114, Typ 86, S. 101, Abb. 115, obere Reihe, Taf. 13, Nr. 98.

21 Kelchglas, Fragment. Ansatz zu Fussplatte. Kurzes profiliertes, massives Übergangsstück zu Hohlbaluster mit 17 durch Einblasen in eine Form hergestellten Vertikalrippen. Zwei gegenständig aufgelegte und gekniffene Glasfäden. Farbloses Glas, verwittert, irisiert. Nr. BAS 13413. – Zeitstellung: 1. H. 17. Jh. – Vgl.: Chambon 1955, Taf. XXXV, Nr. 124 – Tait 1979, S. 52, Nr. 49.

22 Kelchglas, Fragment. Oberer Teil eines Schaftes mit (von unten nach oben) Ansatz zu einem hohlen Baluster (?), massiver Scheibe und massivem profiliertem Anschlussstück zur ausladenden Kuppa. Im Bereich der Scheibe henkelartiger Ansatz, der wohl auf der gegenüberliegenden Seite ein Pendant hatte. Farbloses Glas, verwittert, irisiert. Nr. BAS 13413. – Zeitstellung: 1. H. 17. Jh. – Vgl.: Lithberg 1932, Taf. 351 H.

23 Kelchglas, Fragment. Oberteil eines Hohlbalusters mit zwei gegenständigen, gestempelten blauen Nuppen. Farbloses Glas mit Braunstich, blaues Glas, teilweise verwittert, leicht irisiert. Nr. BAS 13412. - Zeitstellung: 17. Jh. – Vgl.: Kamber/Keller 1996, S. 61, Abb. 22 rechts.

24 Kelchglas, Fragment. Hohler Schaft mit Baluster und Nodus und 17 durch Einblasen in eine Form hergestellten Diagonalrippen. Im Oberteil des Nodus zwei gegenständige Ansätze wohl zu henkelartigen Verzierungen. Farbloses Glas, verwittert, irisiert. Nr. BAS o.Nr. - Zeitstellung: 17. Jh. – Vgl.: Lithberg 1932. Taf. 351 O, P – Lanmon/Whitehouse 1993, S. 217, Abb. 79.2 – Theuerkauff 1994, S. 291, Nr. 275, S. 294, Nr. 280.

25 Kelchglas, Fragment. Glatter Fuss. Massiver Stengelschaft mit eingestochener Luftblase im Unterteil. Ansatz zu Kuppa. Farbloses Glas, verwittert, irisiert. Nr. BAS J 2/2 und BAS J 1/1. – Zeitstellung: 17. Jh. – Vgl.: Billeter 1969, S. 100, Abb. rechts.

Abb. 198: Glasfunde. Flaschen, Pharmaziegläser, Flachglas 13.–18. Jahrhundert. M 1:2.

26 Flasche, Fragment. Dicker, in den Lippenrand eingeschmolzener blauer Faden, darunter dünner, mehrfach spiralförmig umgelegter blauer Faden. Farbloses und blaues Glas, verwittert, irisiert. Nr. BAS S 5/4/85. – Zeitstellung: 13./14 Jh. – Vgl.: Baumgartner/Krueger 1988, S. 277f., Nr. 310f., S. 326, Nr. 391f.

27 Flasche, Fragment. Ansatz zu bauchigem Gefässkörper, kurzer Hals und ausgebogene glatte Lippe. Hellgrünes Glas, verwittert, irisiert. Nr. BAS o.Nr. – Zeitstellung: 16./17. Jh. – Vgl.: Lithberg 1932, Taf. 355 F - Baumgartner/Krueger 1988, S. 419, Nr. 525 – Waton 1990, S. 28, Taf. 2, Nr. 14, S. 60, Taf. 6, Nr. 42 – Glatz 1991, S. 148, Taf. 16, Nr. 349 – Huwer 1992, S. 137, Abb. 196 links – Prohaska 1992, S. 95, Abb. 117, untere Reihe miftleres Stück.

28 Flasche, Fragment. Fuss mit hohlem Rand durch hochstechen der Glasblase gebildet. Ansatz zu bauchigem Gefässkörper. Hellgrünes Glas, verwittert, irisiert. Nr. BAS G 7/2 und BAS G 7/1. – Zeitstellung: 16./17. Jh. – Vgl.: Baumgartner/Krueger 1988, S. 420, Nr. 526 – Prohaska 1992, S. 95, Abb. 117, obere Reihe rechts.

29 Flasche, Fragment. Ansatz zu wohl fast zylindrischem Gefässkörper. Gerundete Schulter, kurzer Hals und ausgebogene, wulstartig verdickte Lippe. Hellgrünes Glas, verwittert, irisiert. Nr. BAS G 18/2. – Zeitstellung: 16./17. Jh. – Vgl.: Frascoli 1997, S. 100, Abb. 114, Typ 89, S. 101, Abb. 115, untere Reihe, Taf. 13, Nr. 106, Taf. 39, Nr. 447.

30 Flasche, Fragment. Ansatz zu wohl fast zylindrischem Gefässkörper. Konisch ansteigende Schulter, kurzer Hals und ausgebogene Lippe. Hellgrünes Glas, verwittert, irisiert. Nr. BAS J 1/1. – Zeitstellung: 16./17. Jh. – Vgl.: Lithberg 1932, Taf. 355 A – Huwer 1992, S. 138, Abb. 197, untere Reihe, drittes Stück von links – Matteotti 1994, S. 135, Nrn. 154 –157 – Baeriswyl/Junkes 1995, S. 225, Abb. 429, Nrn. 385-393 – Frascoli 1997, S. 100, Abb. 114, Typ 89, S. 101, Abb. 115, untere Reihe, Taf. 39, Nr. 445.

31 Flasche, Fragment. Ansatz zu Schulter. Leicht konischer Hals. Ausgebogene, nach innen umgeschlagene Lippe. Hellgrünes Glas, verwittert, irisiert. Nr. BAS 13413. – Zeitstellung: 16./17. Jh. – Vgl.: Rademacher 1933, Taf. 6 f, g, h, l – Heinemeyer 1966, S. 43, Nr. 94 – Bremen 1967, S. 59, Nr. 43 - Bauer/Gabbert 1980, S. 99, Nr. 207 – Auger 1990, S. 293, Taf. 7, Nrn. 82, 95 – Glatz 1991, S. 153, Taf. 21, Nr. 412 – Huwer 1992, S. 138, Abb. 197, untere Reihe, zweites Stück von links – Frascoli 1997, S. 100, Abb. 114, Typ 89, S. 101, Abb. 115, obere Reihe, Taf. 13, Nr. 102.

32 Fläschchen. Leicht hochgestochener Boden. Zylindrische Wandung, kurzer Hals und ausgebogene Lippe. Hellgrünes Glas, verwittert, irisiert. Nr. BAS G 7/1/4. – Zeitstellung: 16./17. Jh. – Vgl.: Lithberg 1932, Taf. 354 B – Loew 1979, S. 45, Taf. 3, Nr. 10.

33 Flasche, Fragment. Nach unten sich leicht erweiternder Hals. Unterhalb der ausgebogenen Lippe einmal umgelegter Faden. Hellgrünes Glas, verwittert, irisiert. Nr. BAS G 3/2. – Zeitstellung: 17./18. Jh. – Vgl.: Loew 1979, S. 46, Taf. 4, Nr. 6 – Glatz 1991, S. 150f., Taf. 18f., Nrn. 364, 383 – Matteotti 1994, S. 133, Nrn. 146f., S. 135, Nr. 150f. – Baeriswyl/Junkes 1995, S. 225, Abb. 242, Nrn. 405, 407.

34 Fläschchen, Fragment. Zylindrischer Gefässkörper, im Durchmesser nur wenig kleinerer zylindrischer Hals. Das Gefäss wurde in eine zweiteilige Form geblasen, von der deutlich Nahtstellen sichtbar sind. Hellgrünes Glas, kaum Alterungsspuren. Nr. BAS 13413. – Zeitstellung: 18./19. Jh. (?).

35 Destillierhelm (Alembik), Fragment. Gerundeter Oberteil des Destillierhelms mit aufgesetztem, massivem Knauf. Grünes Glas, verwittert, irisiert. Nr. BAS G 3/2. – Zeitstellung: 16./17. Jh. – Vgl.: Baumgartner/Krueger 1988, S. 434, Nr. 547f. – Waton 1990, S. 62, Taf. 8, Nrn. 54–56 – Glatz 1991, S. 158, Taf. 26, Nr. 480 – Henkes 1994, S. 322, Abb. 198.

36 Albarello, Fragment. Ansatz zu Schulter, eingeschnürter Hals und leicht verdickte, ausgebogene Lippe. Hellgrünes Glas, verwittert, irisiert. Nr. BAS G 4/4/2. – Zeitstellung: 16./17. Jh. – Vgl.: Lithberg 1932, Taf. 353 N–R – Loew 1979, S. 45, Taf. 3, Nr. 5 – Waton 1990, S. 62, Taf. 10, Nrn. 75–78, S. 82, Taf. 3, Nr. 14 – Glatz 1991, S. 159, Taf. 27, Nrn. 483, 486 – Theuerkauff 1994, S. 368, Abb. 76, S. 369ff., Nr. 382ff. – Frascoli 1997, Taf. 43, Nr. 501.

37 Brustglas (Oberteil) oder Tintenfass (Oberteil), Fragment. Die im Fragment vorhandene Öffnung ist nicht ausgebrochen, sondern willentlich hergestellt und sauber verschmolzen. Brustglas: eingetiefte Schulter mit Öffnung zum Ansetzen an der Brust. Tintenfass: eingetiefte Schulter mit Öffnung zum Abstreichen des Federkiels. Hellgrünes Glas, verwittert, irisiert. Nr. BAS 13411. – Zeitstellung: 17./18. Jh. (?). – Vgl.: Rückert 1982, Taf. 102, Nr. 360f. – Henkes 1994, S. 341, Nr. 67.13, S. 345, Nr. 67.25.

38 Flachglas, Fragment. Kanten auf die ganze Länge mit dem Kröseleisen bearbeitet. Hellgrünes Glas, verwittert, irisiert. Nr. BAS G 18/2/2. – Zeitstellung: 15.–18. Jh.

39 Flachglas, Fragment. Zwei der vier Kanten mit dem Kröseleisen bearbeitet. Hellgrünes Glas, verwittert, irisiert. Nr. BAS 13413. – Zeitstellung: 15.–18. Jh. – Vgl.: Meyer 1970, S. 227, Nrn. 5–8.

40 Flachglas, Fragment. Eine der drei Kanten mit dem Kröseleisen bearbeitet. Hellgrünes Glas, verwittert, irisiert. Nr. BAS G 3/1. – Zeitstellung: 15.–18. Jh. – Vgl.: Meyer 1970, S. 227, Nr. 3f.

41 Butzenscheibe, Fragment. Fünf nicht zusammenpassende Fragmente, das Mittelstück mit schwach ausgeprägtem Hefteisenabriss, die äusseren Fragmente mit umgeschlagenem Rand. Hellgrünes Glas, verwittert, irisiert. Nr. BAS 13412. – Zeitstellung: 15.–18. Jh. – Vgl.: Meyer 1970, S. 227, Nr. 1f. – Horat 1986, Abb. S. 174 (F84-541-2) – Henkes 1994, S. 352, Nr. 68.3 – Baeriswyl/Junkes 1995, S. 255, Abb. 289.

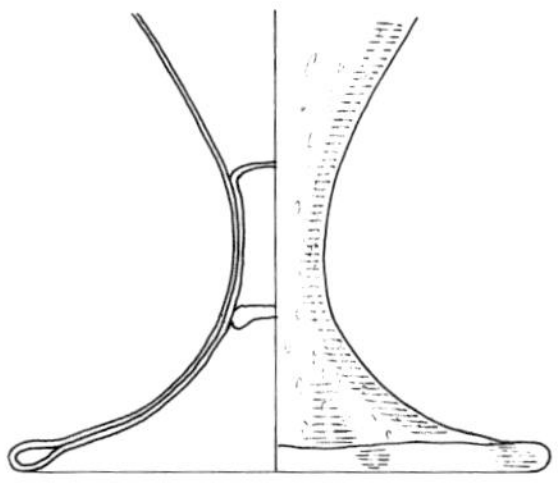
15

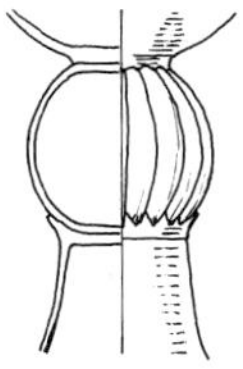
16

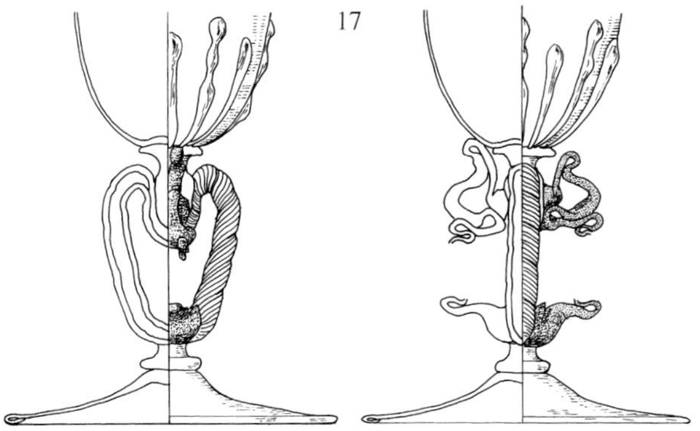
17

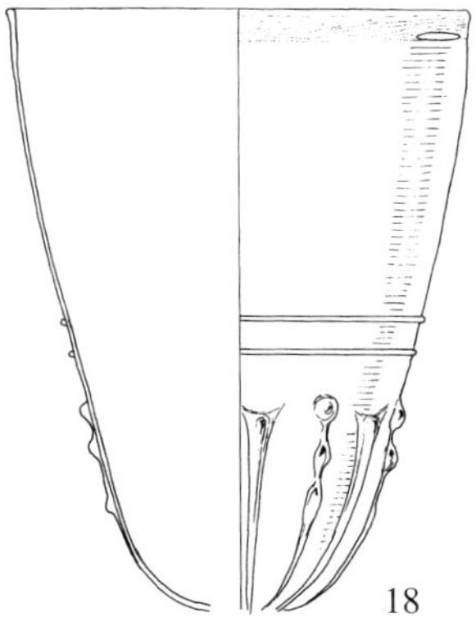
18

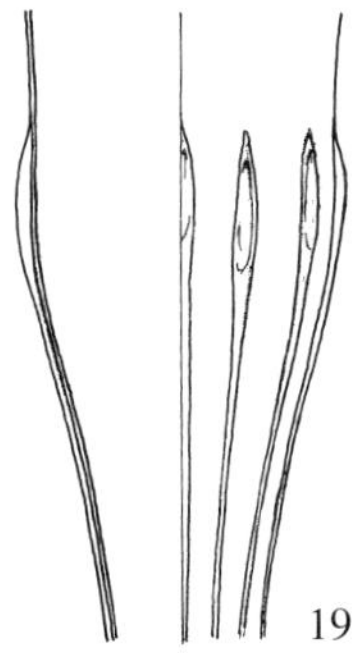
19

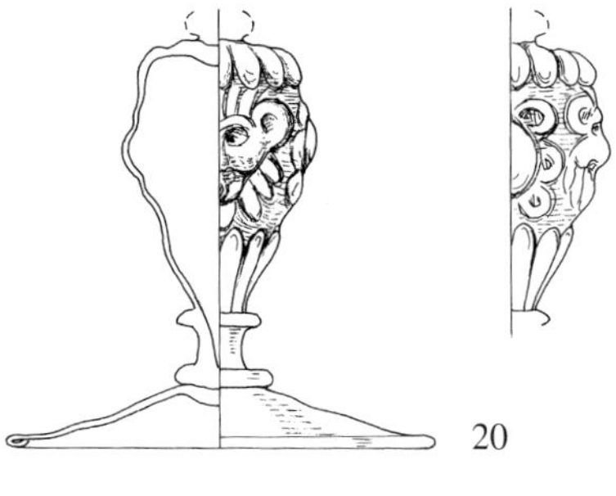
20

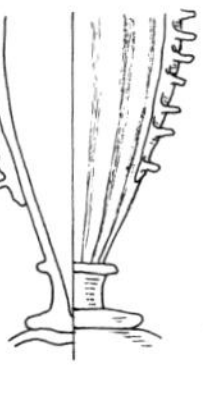
21

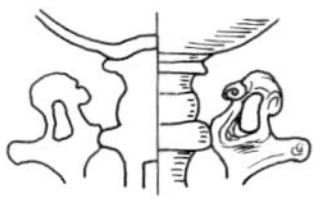
22

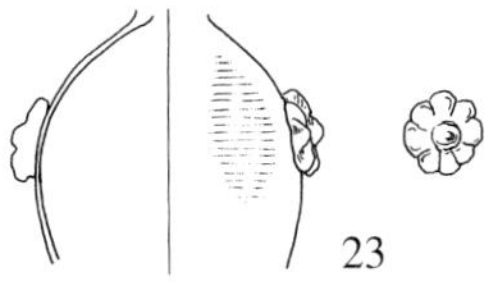
23

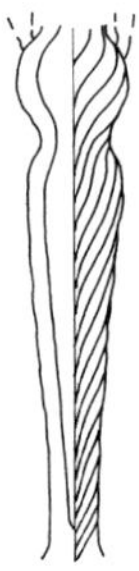
24

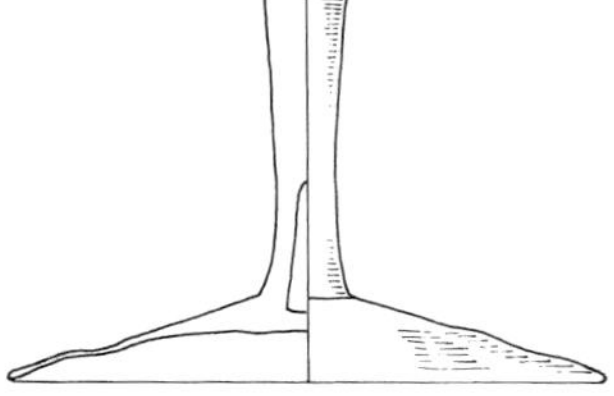
25

Abb. 197: Legende S. 204, 206.

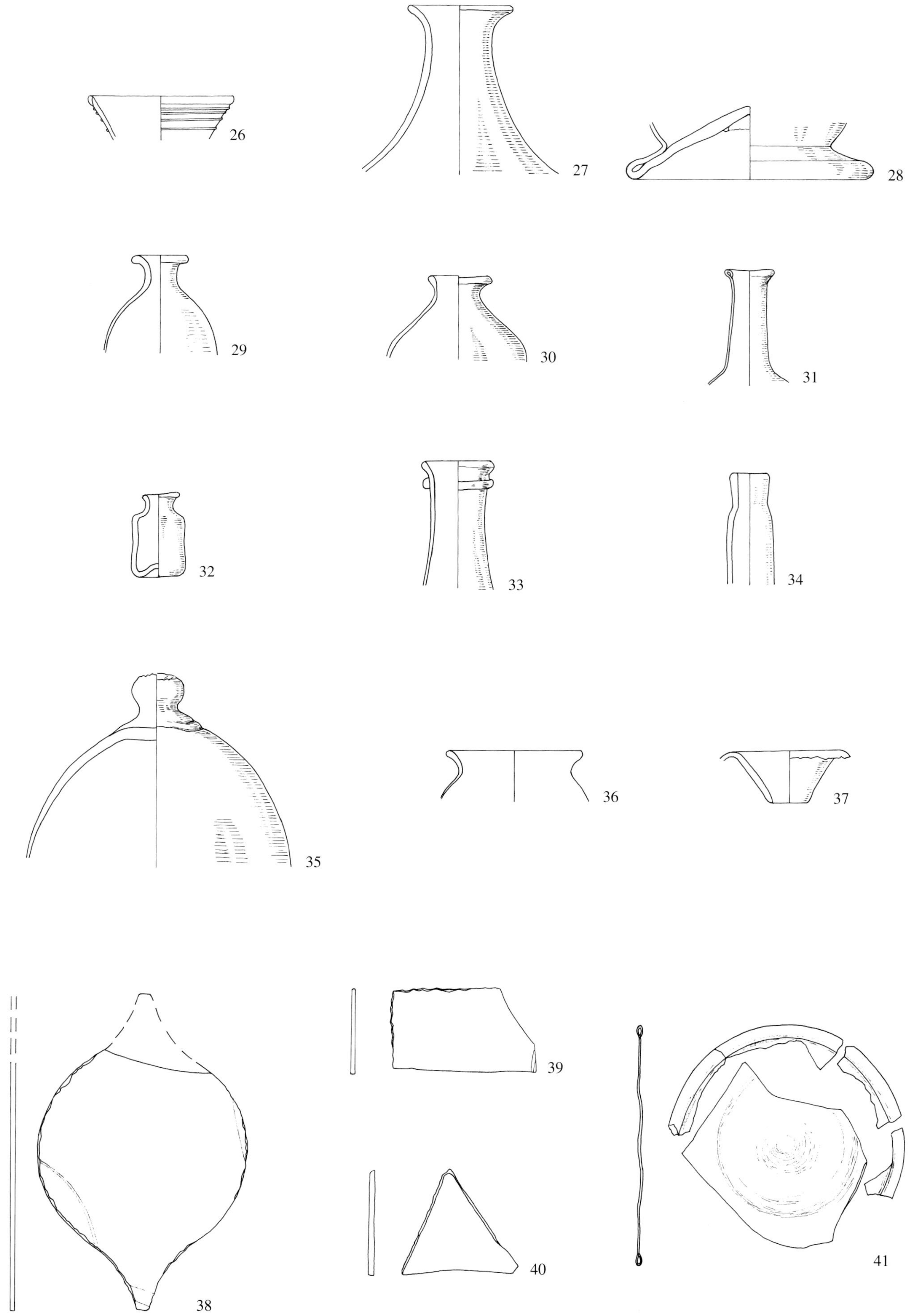

Abb. 198: Legende S. 208.

Zusammenfassung

Die Auswertungen der archäologischen Untersuchungen von 1966–1970 umfassen die archäologischen und bauanalytischen Befunde, die Kleinfunde sowie die Schriftquellen. Zusammen ergeben sie für Bümpliz ein Bild, für das sich einstweilen kaum Vergleichsbeispiele beibringen lassen. Wenn wir aber die besondere historische Stellung von Bümpliz als Königshof (lateinisch: *curia*) bzw. als Reichsgut ausklammern und nur als Mittelpunkt eines herrschaftlich organisierten Güterverbandes (lateinisch: *curtis*) sehen, erweist sich Bümpliz gewissermassen als archäologischer Normalfall. Die scheinbare Singularität beruht auf der vorläufig schlechten Forschungslage.

Hinweise auf erste Siedlungstätigkeit in der Umgebung lieferten ganz wenige Scherben der Bronzezeit, der Römerzeit und des Frühmittelalters. Das Fehlen von Befunden sowie die abgeschliffenen Ränder der wenigen prähistorischen und römischen Scherben sprechen deutlich für eine Verschleppung von bachaufwärts liegenden Siedlungsplätzen, von denen einige bereits bekannt sind.

Das Herrschaftszentrum: die *Curtis* oder *Curia* des 10./11. Jahrhunderts

Als Mittelpunkt eines herrschaftlich organisierten Güterkomplexes ist die *Curtis* oder *Curia* von Bümpliz erst vom 14. Jahrhundert an urkundlich fassbar, und nur die ausdrückliche Bezeichnung als Reichsgut erlaubt uns, einen direkten Bogen zu den schriftlichen Belegen des frühen 11. Jahrhunderts zu schlagen, aus denen hervorgeht, dass König Rudolf III. in Bümpliz – z.B. 1016, 1025 und 1030 – Urkunden ausgestellt hat.

Die archäologischen Grabungen haben als ältesten Befund den Nachweis eines bis ins 10. Jahrhundert, vermutlich in die Zeit Rudolfs II. zurückreichenden, herrschaftlichen Gebäudekomplexes an der Stelle des *Alten Schlosses* erbracht: drei Pfostenbauten in einem mit Kreisgraben und Palisade umwehrten Areal (Periode Bümpliz I). Es bleibt jedoch unsicher, wie und wo sich Rudolfs III. Beurkundungen abgespielt haben. Mindestens aus den Dokumenten von 1016 und 1030 ist ein ansehnlicher Personenaufmarsch zu erschliessen, für den die Platz- und Raumverhältnisse in der *Curtis* wohl zu eng gewesen wären. Wir dürfen annehmen, dass die rechtsverbindlichen Übertragungsakte ausserhalb der *Curtis* vorgenommen worden sind, auf dem Gerichtsplatz oder vor der Kirche. Das schliesst nicht aus, dass die Urkunden selbst in einem Gebäude der *Curtis* geschrieben worden sein könnten. Bümpliz war nun einmal keine Pfalz mit einem geräumigen Audienzsaal. Die zur *Curtis* gehörigen Güter bildeten aber die Versorgungsbasis für den König und sein Gefolge während der Dauer seiner Aufenthalte. Allerdings weisen die Befunde kaum auf ein längeres Verweilen oder gar eigentliches Hofhalten hin. Dazu war die *Curtis* doch zu bescheiden dimensioniert und eingerichtet. Zudem fehlen in den Fundschichten von Periode Bümpliz I die Wildtierknochen, die als Zeugnisse königlicher Jagdveranstaltungen gedeutet werden könnten.

Ausbau zum Savoyischen Stützpunkt nach 1255?

Das völlige Schweigen der schriftlichen Überlieferung zwischen 1030 und 1306 hüllt die Rolle der *Curtis* von Bümpliz in ein Dunkel, das durch die archäologischen Befunde nur teilweise aufgehellt wird. Auf das Schicksal der Anlage von Bümpliz übte zweifellos die Lage zwischen den Reichsburgen Laupen und Gümmenen sowie der im späten 12. Jahrhundert gegründeten Stadt Bern einen wesentlichen Einfluss aus.

Die Errichtung eines gemauerten Beringes im 12. Jahrhundert, verbunden mit einer Erhöhung des Niveaus und damit auch mit einer neuen Innenüberbauung (Periode II), lässt sich aber doch dahingehend interpretieren, dass die Inhaber und Bewohner der *Curtis* deren Funktionstauglichkeit bewahren und verbessern wollten. Erst in der 2. Hälfte des 13. Jahrhunderts, als auf dem Areal mit dem mächtigen, jedoch bald wieder abgetragenen Rundturm (Periode IIIa) monumentale Bauten mit Kastellburgcharakter (Periode IIIb) errichtet wurden oder zumindest werden sollten, bekam der Wohnkomfort, fassbar etwa in Ofenkeramik und Trinkgläsern, jenen gehobenen Standard, der den Ansprüchen der niederadligen Oberschicht entsprach. Es spricht vieles dafür, als initiierende Kraft hinter diesem Ausbau Peter von Savoyens Schirmherrschaft über Bern im Jahr 1255 zu sehen. Der Fertigstellung dürfte der für Peter nachteilige Friedensvertrag von 1267 zuvor gekommen sein.

Ein Bedürfnis, den Hof von Bümpliz in eine Burg umzuwandeln, hatten nur die Savoyer, während für die Habsburger, genauer für die Herren von Maggenberg, die Bümpliz als Reichspfand besassen, solche Investitionen kaum ratsam waren: Von einer kleinen Wasserburg aus hätte man die starke Stadt Bern nicht ernsthaft bedrohen können, wohl aber hätten die Berner, die bereits Nydegg zerstört hatten, eine solche Anlage unmittelbar vor ihren Toren bei der erstbesten Gelegenheit dem Erdboden gleichgemacht.

Patrizischer Schlossbau: der Ausbau zur «Veste» von ca. 1471 und deren Umbauten

Auffallenderweise sank der Standard im 14. und 15. Jahrhundert wieder ab, bis dann in Periode IV mit dem Schlossbau von ca. 1471 eine völlig neue Phase begann. Es ist nicht anzunehmen, dass vor der Errichtung der Veste um 1471 die Berner Patrizier, die in Bümpliz die Grundherrschaft besassen, in der Curtis Wohnsitz genommen haben.
Es ist kein Zufall, dass der Terminus *Veste* erst ab 1485 in den Quellen auftaucht, denn zu diesem Zeitpunkt war der Umbau der älteren Anlage, der dem ganzen Komplex ein burgartiges Aussehen verlieh (Bümpliz IV) im wesentlichen abgeschlossen.

Die neuzeitlichen Umbauten der Schlossanlage – als Besitzer folgen auf die von Erlach die Familien Tillier, Jenner, Tschiffely Stürler, von Graffenried, Haag, von Steiger, von Tavel – widerspiegeln den Bauwillen des stadtbernischen Patriziates zwischen bürgerlichem Repräsentationsbedürfnis und ökonomischer Effizienz, zwischen Neugestalten und Bewahren. Herausragend sind die Bautätigkeiten von 1471 (Torturm), 1632 (Ringmauer und Nordwestflügel mit Ausstattungsresten und 1980 aufgrund von Befunden rekonstruiertem Erker) und 1700–1720 (Turmsaal und Gärten). Besonders einschneidend war der um 1740 erfolgte Abbruch des Ostteiles.

Von der Heilanstalt zum Kulturzentrum

Nach dem Bau des Neuen Schlosses (1742) wurde der Altbau zur Dependence. Neuen Aufschwung brachte die nach 1839 eingerichtete Heilanstalt für Gemütskranke, die 1849 in eine Knaben-Erziehungsanstalt umgewandelt und nach Konkurs 1883 verkauft wurde. Ende des 19. Jahrhunderts wurde die Liegenschaft zum Mietshaus, das 1919 an die Gemeinnützige Genossenschaft Altes Schloss Bümpliz überging. Mit Lesesaal, Kleinkinderschule, alkoholfreier Gemeindestube und Bibliothek war der Bauzustand erreicht, der bis zur Restaurierung von 1979/1980 (Rausser & Clemençon) Bestand haben sollte. Seit 1954 ist das Alte Schloss im Besitz der Stadt Bern und dient seit dem Umbau als Begegnungs- und Kulturzentrum.

Résumé

De l'interprétation des investigations archéologiques entreprises entre 1966 et 1970 à Bümpliz, mettant en œuvre non seulement les fouilles et leur mobilier, mais aussi les sources écrites, il se dégage une image à laquelle on ne peut encore guère fournir d'exemples comparatifs. Mais si l'on fait abstraction de la situation historique particulière de Bümpliz, cour royale (lat. *curia*) et domaine impérial, pour n'y voir que le centre d'un ensemble de domaines agricoles (lat. *curtis*) organisé selon un modèle seigneurial, on se trouve alors en présence d'un cas archéologique pour ainsi dire normal. La singularité n'est ici qu'une apparence due aux progrès encore insuffisants de la recherche.

Les premiers indices d'habitats établis dans les environs se limitent à quelques rares tessons de l'Age du Bronze, de l'époque gallo-romaine et du haut Moyen Age. A en juger par l'absence de tout contexte et par l'aspect émoussé des bords des tessons préhistoriques et gallo-romains, ceux-ci ont certainement été charriés par la rivière depuis des villages situés plus en amont, et dont quelques-uns sont déjà connus.

La *curtis ou curia*: le centre d'une seigneurie au Xe/XIe s.

Ce n'est qu'au XIVe s. que la seigneurie territoriale de Bümpliz – la *curtis* ou *curia* – fait son apparition dans les documents, et seule la mention explicite d'une villa impériale nous permet de faire le lien avec ces textes du début du XIe s. qui nous apprennent que Rodolphe III, roi de Bourgogne, émit plusieurs actes à Bümpliz, en 1016, 1025 et 1030 par exemple.

Les plus anciennes attestations fournies par l'archéologie sont les vestiges d'un ensemble de bâtiments remontant probablement au temps de Rodolphe II et situé à l'emplacement du *Alten Schloss* (vieux château). Il s'agit de trois constructions à poteaux protégées par un fossé circulaire et une palissade, qui constituent la phase Bümpliz I. On ne peut toutefois établir le lieu où les chartes de Rodolphe III ont été émises. En 1016 et en 1030 pour le moins, on doit supposer que la signature fut accompagnée d'une affluence considérable de personnes qui n'auraient guère trouvé place dans la *curtis*. On est donc porté à admettre que ces actes juridiques ont été établis à l'extérieur de la *curtis*, sur la place de justice ou devant l'église, ce qui n'empêche pas qu'ils aient pu être rédigés dans l'un des bâtiments de la *curtis*. Bümpliz n'était pas un «Pfalz», un palais imperial possédant une vaste salle d'audience. Les biens composant la *curtis* servaient de base d'approvisionnement pour la durée des séjours du roi et de sa suite, mais aucun indice ne nous permet de croire que le souverain y soit demeuré longuement ou même que sa cour y ait siégé. La *curtis* aurait été bien trop petite et trop modestement équipée pour cela. De plus, les couches archéologiques de la phase Bümpliz I ne contenaient aucun reste d'ossements d'animaux sauvages qui pourraient témoigner de chasses royales.

Un point d'appui savoyard dès 1255?

L'absence de toute mention écrite entre 1030 et 1306 fait peser sur la fonction de la *curtis* un mystère que l'archéologie ne peut lever qu'en partie. Le destin de l'établissement de Bümpliz a sans aucun doute été marqué par la proximité des châteaux impériaux de Laupen et de Gümmenen puis de la ville de Berne, fondée à la fin du XIIe s.

Mais en construisant une enceinte de pierre au XIIe s., en rehaussant le niveau de sol et en réaménageant l'intérieur (phase Bümpliz II), il semble que les propriétaires et les habitants du *curtis* ont voulu en conserver et en améliorer la fonction.
L'introduction d'un niveau de confort domestique répondant aux hautes exigences de la petite noblesse, dont témoignent les céramiques de poêle et les verres à boire, ne remonte cependant qu'à la deuxième moitié du XIIIe s., au moment où l'on dressa une puissante tour circulaire – pourtant rapidement démolie (phase Bümpliz IIIa) – et réalisa ou du moins envisagea la construction de bâtiments donnant à l'ensemble un caractère de château-fort rectangulaire (phase Bümpliz IIIb). Maints indices incitent à voir l'origine de cet agrandissement dans le protectorat que Pierre de Savoie exerça sur Berne depuis 1255. L'achèvement semble en avoir été devancé par le traité de paix de 1267, défavorable au comte de Savoie.

Seuls les Savoie pouvaient avoir besoin de transformer la *villa* de Bümpliz en château fort, alors que pareille entreprise n'eût pas été opportune pour les Habsbourg, ou plus précisément pour les seigneurs de Maggenberg, qui détenaient Bümpliz en gage impérial. Depuis ce petit château-fort à douves, ils n'auraient en effet guère pu prétendre sérieusement menacer Berne, tandis que les Bernois, qui avaient déjà détruit Nydegg, auraient saisi la première occasion pour raser cette forteresse construite à leurs portes.

Le château patricien: la «Veste» de 1471 environ et ses transformations

Etonnamment, la qualité de l'habitat déclina au cours des XIVe et XVe s., avant que, vers 1471, la phase IV marquât un renouveau avec la construction du château-résidence. Rien ne nous permet de supposer que les patriciens bernois qui détenaient alors la seigneurie de Bümpliz aient pris domicile dans la *curtis* avant la construction de la *Veste* (de l'all. «fest», fort) vers 1471.

Ce n'est pas un hasard si le terme de *Veste* n'apparaît qu'en 1485 dans les sources, car c'est alors seulement que fut achevée, pour l'essentiel, la transformation des anciennes bâtisses en un ensemble possédant un réel aspect de château fort (Bümpliz IV).

Les transformations opérées sur le château par ses propriétaires successifs – les familles von Erlach, Tillier, Jenner, Tschiffely, Stürler, von Graffenried, Haag, von Steiger et von Tavel – sont l'expression de cette volonté de bâtir des patriciens de la ville de Berne, oscillant entre besoin de prestige bourgeois et pragmatisme économique, entre goût de la nouveauté et conservatisme. Les éléments saillants de cette activité architecturale sont la tour-porte de 1471, le mur d'enceinte et l'aile nord-ouest de 1632, avec ses restes de décoration et son oriel reconstruit en 1980 sur la base des indices repérés, enfin la salle de la tour et les jardins de 1700–1720. La démolition de la partie orientale vers 1740 représenta encore une intervention importante.

De l'asile d'aliénés au centre culturel

La construction du nouveau château en 1742 relégua l'ancien au rang de dépendance. Le lieu connut une nouvelle prospérité avec l'installation, en 1839, d'un asile d'aliénés, transformé en 1849 en institut d'éducation pour garçons et finalement vendu après faillite en 1883. Devenu maison locative à la fin du XIXe s., l'immeuble échut en 1919 à une coopérative d'utilité publique, la «Gemeinnützige Genossenschaft Altes Schloss Bümpliz». Equipé d'une salle de lecture, d'une école enfantine, d'une auberge communale sans alcool et d'une bibliothèque, il demeura dans cet état jusqu'à la restauration effectuée en 1979–1980 par les architectes Rausser & Clemençon. Propriété de la ville de Berne depuis 1954, l'Ancien Château est utilisé, depuis sa dernière transformation, comme centre culturel et lieu de rencontre.

Traduction: Laurent Auberson, Moudon

Summary

An analysis of the archaeological research carried out between 1966 and 1970 at Bümpliz, comprising not only on the excavations and their furniture but written sources as well, gives an overall impression for which there would seem to be no comparable examples at the present time. However, if we disregard the peculiar historical situation of Bümpliz – a royal court (Lat. *curia*) and imperial estate – and simply consider it as the centre of a group of agricultural estates (Lat. *curtis*), organised along the seigniorial model, we are faced with a normal, so to speak, archaeological case. The singularity here ostensibly stems from a temporary lack of progress in research.

The earliest evidence of any settlements occupying the region is confined to a few rare earthenware fragments from the Bronze Age, the Gallo-Roman era and the early Middle Ages. Judging from the absence of any related contextual findings and from the seemingly worn edges of the prehistoric and Gallo-Roman potsherds, there is little doubt that they came from villages situated upstream, several of which are already known, and had been carried down by the river.

The *curtis* or *curia*: centre of a seigniory in the 10th–11th centuries

It was not until the 14th century that the territorial seigniory of Bümpliz – the *curtis* or *curia* – began appearing in documents, and it is only the express reference to an imperial property that allows us to connect it with early 11th century texts, which tell us that Rudolph III, king of Burgundy, issued several deeds in Bümpliz, for instance in 1016, 1025 and 1030.

The oldest archaeological evidence is the remains of a group of buildings. probably dating back to the time of Rudolph II, situated at what is now the site of the *Altes Schloss* (Old Castle). These were three wooden post buildings protected by a circular fosse and a palisade, which constitute the Bümpliz I phase. However, the exact location of the signing of the Rudolph III charters has not been established. In 1016 and 1030 at least, we would suppose that the signing of the charters was accompanied by a considerable influx of people who could hardly have found place in the *curtis*. This would lead us to believe that these legal deeds were signed outside the *curtis,* on the meeting place of the law court or in front of the church, which does not mean that they had not actually been drawn up in one of the buildings of the *curtis.* Bümpliz was not a «Pfalz», a fortified royal residence, with a large court room. The properties comprising the *curtis* served as a supply base during the visits of the king and his entourage, but there is no indication that the sovereign lived there for any long periods of time or even that his court was held there. The *curtis* would have been much too small and modestly equipped for that. Moreover, archaeological layers from the Bümpliz I phase contained no bones of wild animals that might have indicated the existence of royal hunts.

A Savoyard base after 1255?

In the absence of any documentary references to the *curtis* between 1030 and 1306, its function remains a mystery, and one that archaeology can only partially elucidate. The course of the development of Bümpliz was undoubtedly influenced by the proximity of the imperial castles of Laupen and Gümmenen and the town of Bern, founded at the end of the 12th century.

But by building a stone enceinte in the 12th century, elevating the level of the ground and constructing new buildings within the walls (Bümpliz II phase) it would seem that the owners and inhabitants of the *curtis* wanted to maintain and improve its function.
However, the introduction of a degree of domestic comfort sufficient to satisfy the high demands of the gentry, as evidenced by the stove tiles and drinking glasses, only dates back to the second half of the 13th century. It was at that time that an immense circular tower was built – which was soon afterwards demolished however (Bümpliz phase IIIa) – and buildings were constructed or at least begun, giving the settlement the aspect of a square castle (Bümpliz phase IIIb). There are many indications that this expansion had its origins in the protectorate exercised by Pierre de Savoie over Bern since 1255.

Only the Savoys could have needed to convert the *villa* of Bümpliz into a fortified castle, whereas a similar undertaking would hardly have been advisable for the Hapsburgs, or more precisely, for the seigneurs of Maggenberg, who held Bümpliz under imperial pledge. Indeed, from this small moated castle they could hardly seriously pretend to threaten Berne, while the Bernese, on the other hand, who had already destroyed Nydegg, would have seized the first opportunity to raise this fortress that had been built on their own doorstep.

The patrician castle: the «Veste», circa 1471, and its conversions.

Most surprisingly, the quality of the settlement deteriorated during the 14th and 15th centuries, until phase IV marked a turning point, around 1471, with the construction of the castle-residence. There is nothing to indicate that the Bernese patricians, who at that time held the seigniory of Bümpliz, had taken up residence in the curtis prior to the construction of the *Veste* (from the German word «fest», meaning strong) around 1471.

It is no coincidence that the term *Veste* did not appear in documents until 1485, since it was not until then that most of the conversion was terminated, which transformed the old buildings into a complex resembling a fortified castle (Bümpliz IV).

Further modernizations made to the castle by its successive owners – the von Erlach, Tillier, Jenner, Tschiffeley, Stürler, von Graffenried, Haag, von Steiger and von Tavel families – reflect this desire of the patricians of Bern to build, which oscillated between the bourgeois need for prestige and financial pragmatism, between a taste for the new and conservatism. The salient elements of this architectural activity are the tower gate, constructed in 1471, the enceinte wall and north-west wing, built in 1632, with the remains of its furnishings and its oriel, rebuilt in 1980 on the basis of findings, and finally the hall of the tower and the gardens of 1700–1720. The demolition of the eastern section around 1740 was also an important event.

From lunatic asylum to cultural centre

The construction of the *Neues Schloss* (new residence) in 1742 relegated the old one to the rank of an outbuilding. The place enjoyed new prosperity with the installation of a lunatic asylum in 1839, converted in 1849 into a reform school for boys and finally sold following its bankruptcy in 1883. After becoming a block of flats at the end of the 19th century, the building was turned over to a public service cooperative, the «Gemeinnützige Genossenschaft Altes Schloss Bümpliz». Equipped with a reading room, infant school, municipal inn that did not serve alcohol and a library, it remained in that state until the restoration work carried out in 1979–1980 by architects Rausser & Clemençon. Property of the town of Bern since 1954, the *Altes Schloss*, or Old Castle, has been used since its last conversion as a cultural centre and meeting place.

Translation: Clare Keller, Boudry

Bibliografie

Teil A: Die archäologischen Forschungen zur mittelalterlichen Burg

(Werner Meyer)

A. 1 Archivalien

St. A. BE, Bümpliz Nr. 72, Dok. 51 und 109, 129:
Staatsarchiv Bern. Dokumentenbücher und Regestenwerke. Bümpliz Nr. 72.

A. 2 Literatur und Quellen

Aeschbacher, Burgen 1
Aeschbacher, Paul. Die Burgen und Schlösser des Kantons Bern. Jura und Seeland. Bd. 1. Basel 1934. (Die Burgen und Schlösser der Schweiz. Bd. 7).

Archäologie im Kanton Bern 1, 1990
Archäologie im Kanton Bern: Fundberichte und Aufsätze. (Hg.) vom Archäologischen Dienst des Kantons Bern. Bd. 1. Bern 1990.

Bacher, Bern-Bümpliz
Bacher, René. Bern-Bümpliz-Mauritiuskirche 1991. Dokumente zum römischen Gutshof. In: Archäologie im Kanton Bern 3B. 1994. S. 397–414.

Bader, Burghofstatt
Bader, Karl Siegfried. Burghofstatt und Herrschaftseigen. Ländliche Nutzungsformen im herrschaftlichen Bereich. In: Patze, Hans (Hg.). Die Burgen im deutschen Sprachraum. Bd. 2. Sigmaringen 1976. S. 249–272. (Vorträge und Forschungen. (Hg.) vom Konstanzer Arbeitskreis für mittelalterliche Geschichte 19/2).

Berns grosse Zeit
Berns grosse Zeit – das 15. Jahrhundert neu entdeckt. (Hg.) Beer, Ellen J. et al. Bern 1999.

Blondel, L'architecture militaire
Blondel, Louis. L'architecture militaire au temps de Pierre II de Savoie. Les donjons circulaires. In: Genava 1935. S. 271–321.

Büchi, Maggenberg
Büchi, Albert. Die Ritter von Maggenberg. In: Freiburger Geschichtsblätter 15. 1908. S. 70ff.

Bürgi/Meyer, Mülenen
Bürgi, Jost. Meyer, Werner. Die Wasserburg Mülenen. In: Mitteilungen des Historischen Vereins des Kantons Schwyz 63. 1970. S. 1–343.

Büttner, Waadtland und Reich
Büttner, Heinrich. Waadtland und Reich im Hochmittelalter. In: Deutsches Archiv 7. 1944. S. 475–515.

Büttner, Staufer und Zähringer
Büttner, Heinrich. Staufer und Zähringer im politischen Kräftespiel zwischen Bodensee und Genfersee während des 12. Jahrhunderts. Zürich 1961 (Mitteilungen der Antiquarischen Gesellschaft in Zürich 40/3).

Burgen in Mitteleuropa 1
Burgen in Mitteleuropa: ein Handbuch. (Hg.) Deutsche Burgenvereinigung e.V. durch Böhme, Horst Wolfgang et al. Bd. 1. Stuttgart 1999.

Burgenfreund 3, 1957, Nr. 1/2
Der Burgenfreund. (Hg.) von Hieronymus Willy. Nr. 1ff. Basel 1955ff.

Burgenkarte der Schweiz
Burgenkarte der Schweiz. 1:200'000. Blätter 1–4. (Hg.) vom Schweizerischen Burgenverein. Wabern-Bern 1974–1985.

Chapuisat, Chillon
Chapuisat, Jean-Pierre. Schloss Chillon. Basel 1973. (Schweizerische Kunstführer. Nr. 113 franz.).

Colardelle/Verdel, Paladru
Colardelle, Michel/Verdel, Eric (Hg.). Les habitats du lac de Paladru (Isère) dans leur environment. Paris 1933.

Donati/Pfeifer
Donati, Pierangelo/Pfeifer, Hans Rudolf. 2000 anni di Pietra Ollare. (Hg.) Dipartimento dell' Ambiente. Bellinzona 1986.

Erkens, Konrad II
Erkens, Franz-Reiner. Konrad II. Herrschaft und Reich des ersten Salierkaisers. Regensburg 1998.

Fehring, Einführung
Fehring, Günter P. Einführung in die Archäologie des Mittelalters.
2. verb. Auflage. Darmstadt 1992.

FRB 1/2/3/4/5/6/7/9/10
Fontes Rerum Bernensium. Berns Geschichtsquellen. Bd. 1ff. Bern 1883ff.

Feller, Geschichte Berns 1
Feller, Richard. Geschichte Berns. Bern 1946. (Archiv des Historischen Vereins des Kantons Bern 38).

Gotische Stadt
Die gotische Stadt in Bau und Bild: Archäologische Funde. Illustrierte Chroniken. (Hg.) von Baeriswyl, Armand et al. Bern 1999.

Gutscher, Nidau
Gutscher, Daniel. Die Anfänge von Nidau BE. In: NSBV. 16. 1989.
S. 1–7.

HBLS 3
Historisch-Biographisches Lexikon der Schweiz. Bde. 1–8. Neuenburg 1921–34.

Hellmann, Savoyen
Hellmann, S. Die Grafen von Savoyen und das Reich bis zum Ende der staufischen Periode. Innsbruck 1900.

Hofer/Grütter, Altes Schloss
Hofer, Paul/Grütter, Hans. Bümpliz, Altes Schloss. Studie zum Forschungsstand, zur Restaurierung und zur Eingliederung des Baukomplexes. Unpubl. Mskr. Bern 1969/70 (ADB).

Hofer/Meyer, Nydegg
Hofer, Paul. Meyer, Hans Jakob. Die Burg Nydegg. Forschungen zur frühen Geschichte von Bern. Bern 1991.

Hofer, Pfarrkirche
Hofer, Paul. Pfarrkirche St. Mauritius. Grabungen 1962–63 im Kircheninnern und Kirchhof. Unpubl. Mskr. Bern-Halen 1965 (ADB).

Hinz, Motte und Donjon
Hinz, Hermann. Motte und Donjon. Zur Frühgeschichte der mittelalterlichen Adelsburg. Köln Bonn 1981 (Zeitschrift für Archäologie des Mittelalters. Beiheft 1).

Janssen, Burg
Janssen, Walter. Die Bedeutung der Burg für die Wirtschafts- und Sozialgeschichte des Mittelalters. In: Das Handwerk in vor- und frühgeschichtlicher Zeit. (Hg.) Jankuhn, H. Janssen, W. Schmied-Wiegand, R. Tiefenbach, H. Bd. 2. Göttingen 1983.

Justinger, Chronik
Justinger, Konrad. Berner Chronik. (Hg.) Studer, Gottlieb. Bern 1871.

Kasser, Yverdon
Kasser, Rodolphe. Yverdon: histoire d'un sol et d'un site avec la cité qu'ils ont fait naitre. Yverdon 1975.

Meyer, Alt-Wartburg
Meyer, Werner. Die Burgruine Alt-Wartburg im Kanton Aargau: Bericht über die Forschungen 1966/67. Olten 1974. (Schweizer Beiträge zur Kulturgeschichte und Archäologie des Mittelalters. Bd. 1).

Meyer, Bellinzona
Meyer, Werner. Die Burgen von Bellinzona. Bern 1994 (Schweizerische Kunstführer Serie 56. Nr. 551/552).

Meyer, Bümpliz
Meyer, Werner. Das «Alte Schloss Bümpliz» ein mittelalterlicher Adelssitz. In: Château Gaillard 7. Caen 1975. S. 159–172.

Meyer, Burgen der Schweiz
Meyer, Werner. Burgen der Schweiz. Bd. 4 (Genf, Waadt, Wallis). Zürich 1981.

Meyer, Burgenbau und Herrschaftsbildung
Meyer, Werner. Burgenbau und Herrschaftsbildung zwischen Alpen und Rhein im Zeitalter der salischen Herrscher. In: Böhme, Horst W. (Hg.). Burgen der Salierzeit 2. Sigmaringen 1991. S. 303–330. (Römisch-Germanisches Zentralmuseum. Monographien 26).

Meyer, Burgenbruch
Meyer, Werner. Burgenbruch und Adelspolitik im alten Bern. In: Festgabe für Edgar Bonjour zu seinem siebzigsten Geburtstag am 21. August 1968. Basel Stuttgart 1968. S. 317–337.

Meyer, Frohburg
Meyer, Werner. Die Frohburg. Ausgrabungen 1973–1977. Zürich-Olten 1989 (Schweizer Beiträge zur Kulturgeschichte und Archäologie des Mittelalters. Bd. 16).

Meyer, Frühe Adelsburgen
Meyer, Werner. Frühe Adelsburgen zwischen Alpen und Rhein. In: Fleckenstein, Josef (Hg.). Das ritterliche Turnier im Mittelalter. Göttingen 1985. S. 571–587. (Veröffentlichungen des Max-Planck-Instituts für Geschichte 80).

Meyer, Rodung, Burg und Herrschaft
Meyer, Werner. Rodung, Burg und Herrschaft. In: Burgen aus Holz und Stein. SBKAM Bd. 5. 1979. S. 43–80.

Meyer, Salbüel
Meyer, Werner. Salbüel LU. Bericht über die Forschungen von 1982. In: Pfostenbau und Grubenhaus. SBKAM Bd. 17. 1991. S. 75–139.

Meyer/ Oesch, Maultrommelfunde
Meyer, Werner. Oesch, Hans. Maultrommelfunde in der Schweiz. In: Festschrift für Arnold Geering zum 70. Geburtstag 1972. Bern Stuttgart 1972. S. 211ff.

MGH DD Burg, Nrn. 89, 104, 108, 110, 116, 122, 123
Monumenta Germaniae Historica. Regum Burgundiae e stirpe Rudolfina diplomata et acta. Die Urkunden der burgundischen Rudolfinger. (Hg.) Schieffer, Theodor. München 1977.

Naef, Chillon
Naef, Albert. Château de Chillon. 2 Bde. Lausanne 1929/30.

Oettli, Ortsnamen
Oettli, Paul. Deutschschweizerische Ortsnamen. Erlenbach-Zürich 1945. (Volksbücher des deutschschweizerischen Sprachenvereins 15).

Olsen, Wikingerburgen
Olsen, Olaf. Die geometrischen, dänischen Wikingerburgen. SBKAM Bd. 5 .1979.

Ott, Riedburg BE
Ott, Hans. Riedburg BE. In: Nachrichten des Schweizerischen Burgenvereins. Jg. 32 (1959). S. 5–7.

Poupardin, Le royaume de Bourgogne
Poupardin, René. Le royaume de Bourgogne (S. 888–1038). Étude sur les origines du Royaume d'Arles. Paris 1907.

Rösener, Jagd
Rösener, Werner (Hg.). Jagd und höfische Kultur im Mittelalter. Göttingen 1997. (Veröffentlichungen des Max-Planck-Instituts für Geschichte. Bd. 135).

Schilling, Berner Chronik 2
Schilling, Diebold. Berner Chronik. Bd. 2. 1483. bearb. von Boesch, Hans. Hilber, Paul. Bern 1943–1945. (4 Bde./2 Beilagen).

Schmid, Bümpliz
Schmid, Bernhard. Der Königshof in Bümpliz. In: Festschrift für Emil Welti. Aarau 1937. S. 271–302.

Stettler, Genealogien/Bümpliz
Burgerbibliothek Bern. Mss. Hist. Helv. XIV 62: Stettler, Karl Ludwig. Genealogien der Berner Geschlechter. Bd. 1. S. 259f. (von Bümpliz).

Stettler, Studien
Stettler, Bernhard. Studien zur Geschichte des oberen Aareraums im Früh- und Hochmittelalter. Thun 1964.

Stürler, Landgerichte
Stürler, Robert von. Die vier Berner Landgerichte Seftigen, Sternenberg, Konolfingen und Zollikofen: Ihre Entstehung und Rechtsentwicklung bis 1798. Diss. Bern 1920/21.

Tauber, Herd und Ofen
Tauber, Jürg. Herd und Ofen im Mittelalter. Untersuchungen zur Kulturgeschichte am archäologischen Material vornehmlich der Nordwestschweiz (9.–14. Jahrhundert). Olten 1980. (Schweizerische Beiträge zur Kulturgeschichte und Archäologie des Mittelalters. Bd. 7).

Taylor, Castle-Building
Taylor, Arnold Joseph. Studies in castles and castle-building. London 1985.

Tschumi, Urgeschichte
Tschumi, Otto. Urgeschichte des Kantons Bern. (alter Kantonsteil) Einführung und Fundstatistik bis 1950. Bern 1953.

Türler, Laupen
Türler, Heinrich. Das Schloss Laupen. In: Neues Berner Taschenbuch 10. 1924. S. 161ff.

Welti, Stadtrecht
Welti, Friedrich E. Das Stadtrecht von Bern. Sammlung Schweizerischer Rechtsquellen. 2. Abt. Kt. Bern. Bd. 1. S. 3ff.: Die Berner Handveste. Aarau 1902.

Wild, Mülenen
Wild, Werner. Reichenbach, Burg und Letzi Mülenen. Bern 1997 (Schriftenreihe der Erziehungsdirektion des Kantons Bern, Hg. vom ADB).

Wurstemberger, Peter II. 1, 3, 4
Wurstemberger, Johann Ludwig. Peter der Zweite, Graf von Savoyen, Markgraf in Italien, sein Haus und seine Lande. Bde. 1–4. Bern-Zürich 1856–1858.

Zeerleder, Urkunden 2, Nr. 807
Zeerleder, Karl. Urkunden für die Geschichte der Stadt Bern und ihres frühesten Gebietes bis zum Schluss des dreizehnten Jahrhunderts. (Hg.) von dessen Erben. Bd. 2. Bern 1953–1954. (insg. 3 Bände).

Zeune, Burgen
Zeune, Joachim. Burgen. Symbole der Macht. Ein neues Bild der mittelalterlichen Burg. Regensburg 1996.

Zimmermann, Geschossspitzen
Zimmermann, Bernd. Mittelalterliche Geschossspitzen. Schweizer Beiträge zur Kulturgeschichte und Archäologie des Mittelalters. Bd. 26. 2000.

Zimmermann, Pfosten, Ständer und Schwelle
Zimmermann, Hajo. Pfosten, Ständer und Schwelle und der Übergang vom Pfosten- zum Ständerbau. In: Probleme der Küstenforschung im südlichen Nordseegebiet 25. Oldenburg 1998. S. 9–240.

A. 3 Die Holzkohlereste aus dem Schlossgraben

(Angela Schlumbaum)

Albrecht u.a. 1999
H. Albrecht/A. Schlumbaum/S. Jacomet, Das archäobotanische Fundmaterial: Die Holzkohlen – Ein Beitrag zur mittelalterlichen Holznutzung in der Nordwestschweiz. In: J. Pfrommer / D. Gutscher, Laufen Rathausplatz. (Bern 1999) S. 249–260.

Ammann 1989
B. Ammann, Late-Quaternary palynology at Lobsigensee. Regional vegetation history and local lake development. Dissertationes Botanicae 137, 1989, 157.

Bartlome u.a. 1994
V. Bartlome/H. Kormann, Bümpliz und seine Wälder. (Bümpliz 1994), 40.

Berger 1963
L. Berger, Die Ausgrabungen in Basel am Petersberg. Ein Beitrag zur Frühgeschichte Basels. (Basel 1963).

Iseli 1994
Holzuntersuchungen von Reichenbach, Mülenen Burg (BE), unpubl. Bericht 1994.

Jacomet 1981
S. Jacomet, Die Hölzer und Früchte im Sodbrunnen, in Müller, F. (Ed.), Die Burgstelle Friedberg bei Meilen am Zürichsee. Zeitschrift für Archäologie des Mittelalters 9, 1981, S. 69–77.

Körber-Grohne 1978
U. Körber-Grohne, Pollen-, Samen- und Holzbestimmungen aus der mittelalterlichen Siedlung unter der Oberen Vorstadt in Sindelfingen (Württemberg). Forschungen und Berichte der Archäologie des Mittelalters in Baden-Württemberg 3, 1978, S. 184–198.

Meyer 1975
W. Meyer, «Das alte Schloss» von Bümpliz, ein mittelalterlicher Adelssitz. Chateau Gaillard 7, 1975, S. 159–172.

Meyer-Hofmann 1970
W. Meyer-Hofmann, Fundreihe H (Holz). In: Die Wasserburg Mülenen. Mitteilungen des historischen Vereins des Kantons Schwyz 63, 1970, S. 185–193.

Müller 1992
U. Müller, Holzhandwerk in Konstanz und Freiburg. In: Stadtluft, Hirsebrei und Bettelmönch. Die Stadt um 1300. (Zürich, Stuttgart 1992) S. 407–412.

Müller 1996
U. Müller, Holzfunde aus Freiburg/Augustinereremitenkloster und Konstanz. Forschungen und Berichte der Archäologie des Mittelalters in Baden-Württemberg (Stuttgart 1996), 328, 52 Tafeln.

Schoch u.a. 1979
W. Schoch/F. Schweingruber, Die Bestimmung der Holzreste. In: J.Schneider et al (Hrsg.), Der Münsterhof in Zürich. I. (Olten 1979).

Schoch 1985
W. H. Schoch, Die Holzreste; Textilreste, Die Bestimmung der Fasern; Die Pflanzenfunde. In Högl, L.: Burgen im Fels. Schweizer Beiträge zur Kulturgeschichte und Archäologie des Mittelalters 12, 1985, S. 82–117.

Scholkmann 1982
B. Scholkmann, Mittelalterliches Holzgerät aus Südwestdeutschland. Zu Forschungsproblematik und Forschungsstand eines Sachgutkomplexes. Zeitschrift für Archäologie des Mittelalters 10, 1982, S. 101–131.

Schweingruber 1976
F. H. Schweingruber, Prähistorisches Holz. Academica helvetica (Bern, Stuttgart 1976), 106.

Schweingruber 1990
F. H. Schweingruber, Mikroskopische Holzanatomie. (Birmensdorf 1990), 226.

Teil B: Die baugeschichtlichen Forschungen zum Alten Schloss

(Johanna Strübin Rindisbacher)

B. 1 Quellen

Archivbestände

Baugesuchsakten, Bauinspektorat Bern (unter Bümplizstrasse 89).

Brandversicherung, Lagerbücher Bümpliz, Bände 1806, 1834, 1864, 1882, STAB (B 2376, B 2377, B 2378, B 2379).

Gemeinnützige Genossenschaft Altes Schloss Bümpliz, Protokollbuch 1919-1925, OAB (C30).

Gemeinnützige Genossenschaft Altes Schloss Bümpliz, Mappe mit Korrespondenz, Rechnungen, Statuten, 1919–1954, OAB (C31).

Gemeinnütziger Frauenverein Bümpliz, Schloss-Ausschuss, Akten 1950–1974, OAB (C6).

Grundbücher Bümpliz, Grundbuchamt, Amtshaus Bern.

Hausbüchlein Franz Ludwig von Erlachs d. Ä., Abschrift des 17. Jahrhunderts, STAB (532, 1a).

Sanitätswesen, Private Irrenanstalten, 1838–1867, STAB (BB XI Nr. 831).

Stettler 1839
Karl Ludwig Stettler, Historische Topographie des Kantons Bern, Bd. 1, Vorrede 1839 unterzeichnet, Nachträge aus den 40er Jahren, Schenkungsurkunde 1858, BBB (Mss. hist. helv. XIV 60), S. 91–93.

Urbar der Herrschaft Bümpliz 1345–1784, STAB (Dokumentenbücher 72).

Wirtschaftenkontrolle der Einwohnergemeinde Bümpliz, begonnen am 1. November 1895, StAB (B.7.1).

Gedruckte Quellen

Adressbücher der Stadt Bern 1918, 1919, 1920, StAB.

Erziehungsanstalt für Knaben im Schloss Bümpliz bei Bern, Vereinsdruckerei Bern o. J. (um 1850), Prospekt der Gebrüder Allemann, SLB (VBE 7124).

Dokumentationen

DKB, Bildarchiv, Planarchiv und Postkartensammlung (unter Landsitze, Bümpliz).

DKB, Fotodokumentation zum Umbau DKB (Fotos HvF, Altes Schloss Bümpliz).

DSB, Aktendossier (unter Bümplizstrasse 89).

Fotosammlung Paul Loeliger, OAB.

Umbaudokumentation mit Fotos und Zeitungsausschnitten von Marco Ryter, Architekt, Bern, DSB.

Grabungsakten ADB (Bümpliz, Altes Schloss).

Pläne und Umbauakten ArchHBA (unter Bümplizstrasse 89).

B. 2 Nachschlagewerke

Grosjean 1960
Georges Grosjean, Kantonaler Karten- und Plankatalog, Landesvermessung und Topographie des Kantons Bern, 2. Teil, hg. v. Kantonale Karthographiekommission, Bern 1960.

HBLS 1921–1934
Historisch-Biographisches Lexikon der Schweiz, hg. v. Allgemeine Geschichtsforschende Gesellschaft der Schweiz, Neuenburg 1921–1934.

Kunstführer Bd. 3
Kunstführer durch die Schweiz, Bd. 3, Basel-Landschaft, Basel-Stadt, Bern, Freiburg, Jura, Solothurn, hg. v. der Schweizerischen Gesellschaft für Kunstgeschichte, Bern 1982 5'.

von Rodt 1950
Bernhard von Rodt, Genealogien burgerlicher Geschlechter der Stadt Bern, Bde. 1–6 und Ergänzungsband, Bern 1950, Manuskript, BBB.

SI 1881–1987
Schweizerisches Idiotikon, Wörterbuch der schweizerdeutschen Sprache, Bde. 1–14, Frauenfeld 1881–1987.

SKL 1905–1917
Schweizerisches Künstler-Lexikon, hg. v. Carl Brun, Bde. 1–4, Frauenfeld 1905–1917.

B. 3 Darstellungen

Abstimmungsvorlage 1978
Botschaft des Stadtrates an die Gemeinde betreffend Restaurierung des Alten Schlosses Bümpliz, 9. März 1978.

Ausstellungskatalog Bern 1995, Bde. 1, 2
Im Schatten des Goldenen Zeitalters, Künstler und Auftraggeber im bernischen 17. Jahrhundert, Ausstellungskatalog Kunstmuseum Bern, Bd. 1: Katalog, Bd. 2: Essays, Bern 1995.

Barthlome 1994
Vinzenz Barthlome, Hansruedi Kormann, Bümpliz und seine Wälder, Bümpliz 1994.

Bellwald 1983
Ueli Bellwald, Zytglogge, Bern 1983.

Braun-Bucher 1991
Barbara Braun-Bucher, Der Berner Schultheiss Samuel Frisching 1605–1683, Schrifttum, Bildung, Verfassung und Politik des 17. Jahrhunderts auf Grund einer Biographie, Schriften der Berner Burgerbibliothek, Bern 1991.

Braun-Bucher 1995
Barbara Braun-Bucher, «Gott gäb mir Gnad/Dass mir diss buch nüt schad», Zum Bildungshintergrund des bernischen Patriziats im 17. Jahrhundert, in: Ausstellungskatalog Bern 1995, Bd. 2, S. 1–33.

Das Bürgerhaus Bern
Bd. 1: Das Bürgerhaus der Schweiz, Bd. V: Das Bürgerhaus im Kanton Bern, 1. Teil, hg. v. Schweizerischer Ingenieur- und Architektenverein, Zürich 1917; Bd. 2: Das Bürgerhaus der Schweiz, Bd. XI: Das Bürgerhaus im Kanton Bern, 2. Teil, hg .v. Schweizerischer Ingenieur- und Architektenverein, Zürich 1922.

de Capitani 1982
François de Capitani, Adel, Bürger und Zünfte im Bern des 15. Jahrhunderts, Schriften der Berner Burgerbibliothek, Bern 1982.

Egger 1997
Heinz Egger, Bümpliz, Altes Schloss, Dendrochronologische Analyse des Dachstockes sowie einiger Bundbalken, Manuskript, Boll, den 23. Juni 1997, DKB.

Erlach 1989
Hans Ulrich von Erlach, 800 Jahre Berner von Erlach, Die Geschichte einer Familie, Bern, 1989.

von Fischer 1971
Hermann von Fischer, Altes Schloss Bümpliz, Ergebnisse der Bauuntersuchungen, in: Edwin Rausser, Pierre Clemençon, Beat Zumstein, Altes Schloss Bümpliz (ein Grundlagenheft zum Bauvorhaben), Typoskript, Bern 1971, Archiv HBA, DSB.

Felsenburg 2002
Daniel Gutscher/Armand Baeriswyl, in: Burgergemeinde Bern (Hrsg.) Die Felsenburg in Bern in ihrer geschichtlichen und kulturellen Bedeutung, Bern 2002, im Druck.

Furrer 1997
Bernhard Furrer, Das Schloss Holligen, in: Denkmalpflege in der Stadt Bern 1993–1996, Sonderdruck der Berner Zeitschrift für Geschichte und Heimatkunde 59, 1997, Heft 1 und 2, S. 166–171.

Herzog 1995
Georges Herzog, «Zu Lust und Nutz», Voraussetzungen und Hintergründe zu einer bernisch geprägten Stillebenmalerei im 17. Jahrhundert, Ausstellungskatalog Bern 1995, Bd. 2, S. 239–255.

Hofer, Grütter 1969/1970
Paul Hofer, Hans Grütter, Historisch-Antiquarische Kommission der Stadt Bern, Bern-Bümpliz, Altes Schloss, Studie zum Forschungsstand, zur Restaurierung und zur Eingliederung des Baukomplexes, Typoskript, Bern, Dezember 1969/Januar 1970.

Holenstein 1991
André Holenstein, Die Huldigung der Untertanen, Rechtskultur und Herrschaftsordnung (S. 800–1800), Stuttgart, New York 1991.

Kellerhals, Strübin 1990
Andreas Kellerhals, Johanna Strübin, Die Berner Werkmeister des späten 16. bis zum Ende des 18. Jahrhunderts, in: ZAK 47, 1990, S. 113–121.

Kunstdenkmäler Bern I
Paul Hofer, Die Kunstdenkmäler der Stadt Bern, Bd. 1: Stadtbild, Wehrbauten, Stadttore, Anlagen, Denkmäler, Brücken, Stadtbrunnen, Spitäler, Waisenhäuser, Basel 1952.

Kunstdenkmäler Bern V
Paul Hofer, Luc Mojon, Die Kunstdenkmäler der Stadt Bern, Bd. 5: Die Kirchen (Antonierkirche, Französische Kirche, Heiliggeistkirche, Nydeggkirche), Basel 1969.

Kunstführer Bd. 3 1982
Kunstführer durch die Schweiz, Bd. 3: Basel-Landschaft, Basel-Stadt, Bern, Freiburg, Jura, Solothurn, hg. v. Gesellschaft für Schweizerische Kunstgeschichte, Bern 1982, S. 239.

Loeliger 1983 Altes Bümpliz
Paul Loeliger, Altes Bümpliz, Schöne Dorfbilder, Bern 1983.

Loeliger 1983 Altes Schloss Bümpliz
Paul Loeliger u.a., Altes Schloss Bümpliz, Ein Überblick auf Geschichte, Restaurierung und Betrieb, hg. v. Schlossverein Bümpliz, Bern 1983.

Loeliger 1983 Typoskript
Paul Loeliger, Hans Sarbach, Erwin Wolf, Altes Schloss Bümpliz, Ein Überblick auf Geschichte, Restauration und Betrieb, hg. v. Gemeinnütziger Frauenverein und Schlossverein Bümpliz, Typoskript, Bümpliz 1983, DSB.

Ludi 1995
Regula Ludi, Der Ahnenstolz im bernischen Patriziat, Sozialhistorische Hintergründe der Wappenmalerei im 17. Jahrhundert, in: Ausstellungskatalog Bern 1995, Bd. 2, S. 35–48.

Maync 1979
Wolf Maync, Bernische Wohnschlösser, Ihre Besitzergeschichte, Bern 1979, S. 33–36.

Meyer 1985
Werner Meyer, Hirsebrei und Hellebarde, Olten und Freiburg i. Br. 1985.

Pfister 1995
Christian Pfister, Geschichte des Kantons Bern seit 1798, Bd. 4: Im Strom der Modernisierung, Bevölkerung, Wirtschaft und Umwelt 1700–1914, hg. v. Historischer Verein des Kantons Bern, Bern 1995.

Rausser 1971
Edwin Rausser, Pierre Clemençon, Beat Zumstein, Altes Schloss Bümpliz (Grundlagenheft zum Bauvorhaben), Typoskript, Bern 1971, Arch HBA.

Ronco 1997
Elena Ronco, I maestri prismellesi e il tardogotico svizzero (1490–1699), Die Prismeller Baumeister und die Spätgotik in der Schweiz (1490–1699), Mailand 1997.

Schmid 1995
Regula Schmid, Reden, rufen, Zeichen setzen, Politisches Handeln während des Berner Twingherrenstreites 1469–1471, Zürich 1995.

Schweizer 1987
Jürg Schweizer, Burgen, Schlösser, Landsitze, in: Illustrierte Berner Enzyklopädie, Bd. 3: Siedlung und Architektur, Bern 1987, S. 80–109.

Sigg 1986
Randi Sigg-Gilstad, Felsenburg, Baugeschichtliche Voruntersuchung mit denkmalpflegerischen Empfehlungen, Typoskript, Bern 1986, DSB.

Steiger 1954
Christoph von Steiger, Innere Probleme des bernischen Patriziats an der Wende zum 18. Jahrhundert, Schriften der Berner Burgerbibliothek, Bern 1954.

Strübin 1995 Carthographica Helvetica
Johanna Strübin, Vermessungspläne von Joseph Plepp (1595–1642), dem bernischen Werkmeister, Maler und Kartenverfasser, in: Carthographica Helvetica 12/1995 S. 3–12.

Strübin 1995 Ausstellungskatalog
Johanna Strübin, Zwischen Perspektive und Mörtelrezept, Zum Bildungshintergrund von Joseph Plepp (1595–1642), dem bernischen Werkmeister, Maler und Kartenverfasser, in: Ausstellungskatalog Bern 1995, Bd. 2, S. 141–164.

Strübin 1984
Johanna Strübin, Neues Schloss Bümpliz, Historische Bauuntersuchung vom 13. und 15. November 1984, Manuskript und Pläne, DSB.

von Wurstemberger 1985
R. von Wurstemberger, Das Neue Schloss Bümpliz (Benteli-Schloss), in: Bümplizer Zeitung 29–36, April–Dezember 1985.

Vortrag des Gemeinderates an den Stadtrat betreffend Restaurierung des Alten Schlosses Bümpliz, Bern 8. Februar 1978.

Teil C: Die spätmittelalterlichen und neuzeitlichen Funde

C.1 Die frühneuzeitlichen Keramik- und Metallfunde aus Burggraben und Schlosshof

(Christine Keller)

Baeriswyl/Junkes 1995
Armand Baeriswyl/Marina Junkes, Der Unterhof in Diessenhofen. Archäologie im Thurgau 3, 1995.

Bauer/Endres/Kerkhoff-Hader
Bauer/Endres/Kerkhoff-HaderLeitfaden zur Keramikbeschreibung, München 1986 (Kataloge der prähistorischen Staatssammlung. Beih. 2).

Bellwald 1980
Ueli Bellwald, Winterthurer Kachelöfen, Bern 1980.

Buchs 1988
Hermann Buchs, Vom Heimberger Geschirr zur Thuner Majolika, Thun 1988.

Franz 1969
Rosemarie Franz, Der Kachelofen, Graz 1969.

Frascoli 1997
Lotti Frascoli, Handwerker- und Kaufmannshaushalte im frühneuzeitlichen Winterthur. Monographien der Kantonsarchäologie Zürich, Nr. 29. Zürich und Egg 1997.

Hamer 1990
Frank und Janet Hamer, Lexikon der Keramik und Töpferei. Material, Technik, Geschichte. Augsburg 1990.

Kaufmann u.a. 1994
Eva Roth Kaufmann/René Buschor/Daniel Gutscher, Spätmittelalterliche reliefierte Ofenkeramik in Bern, Bern 1994.

Kovacsovics 1991
Wilfried K. Kovacsovics, Aus dem Wirtshaus zum Schinagl – Funde aus dem Toskanatrakt der Salzburger Residenz. Salzburger Museum Carolino Augusteum, Jahresschrift 35/36, 1989/1990, 1991, S. 7–131.

Matteotti 1994
René Matteotti, Die Alte Landvogtei in Riehen, Materialhefte zur Archäologie, Heft 9, 1994. Basel 1994.

Rigert/Wälchli
Erwin Rigert und David Wälchli, Das «Hebandenhuus» in Kaisten. Bauarchäologische Untersuchungen an einem Bauernhaus des frühen 17. Jahrhunderts mit einem Vorgänderbau aus dem Spätmittelalter. In: Vom Jura zum Schwarzwald, 70. Jahrgang, Frick 1996, S. 29–112.

Schwab 1921
Fernand Schwab, Beitrag zur Geschichte der bernischen Geschirrindustrie. Schweizer Industrie- und Handelsstudien, hrsg. M. R. Weyermann, Heft 7, Weinfelden/Konstanz 1921.

Stephan 1987
Hans-Georg Stephan, Die bemalte Irdenware der Renaissance in Mitteleuropa. München 1987.

Toussaint-Samat 1987
Maguelonne Toussaint-Samat, Histoire naturelle et morale de la nouritture. Paris 1987.

Thut 1990/91
Walter Thut, Drainröhren statt Tischgeschirr. Das Hafnergewerbe auf der Berner Landschaft vom 17. bis ins 19. Jahrhundert und der Strukturwandel am Beispiel von Bäriswil, Hist. Inst. der Universität Bern, Bern 1990/1991.

Wyss 1966
Robert L. Wyss, Berner Bauernkeramik (Berner Heimatbücher), Bern 1966.

C. 2 Tonpfeifen aus dem Schlosshof

(Michael Schmaedecke)

Duco 1981
D. Duco, De Kleipijp in de Zeventiende Eeuwse Nederlanden, In: P. Davey (Hrsg.), The Archaeology of the Clay Tobacco Pipe V. Europe 2, Part II (BAR International Series 106), Oxford 1981.

Duco 1987
D. Duco, De Nederlandse Kleipijp, Leiden 1987.

Duco/Schmaedecke 1988
D. Duco, M. Schmaedecke, Tonpfeifenfunde aus der Grabung Kapuzinergasse in Breisach am Rhein. In: Fundberichte aus Baden-Württemberg 13, 1988, S. 777–795.

Matteotti 1994
R. Matteotti, Die alte Landvogtei in Riehen, Basel 1994.

Oswald 1975
A. Oswald, Clay Pipes for the Archaeologist (BAR 14), Oxford 1975, S. 37 f.

Peter 1979
Peter, Datierte Tonpfeifen aus dem Reischacherhof. In: Basler Zeitschrift für Geschichte und Altertumskunde, 79. Jg., 1979, S. 333–336.

Röber 1996
R. Röber, Tonpfeifen aus Konstanz, In: Knasterkopf. Mitteilungen für Freunde irdener Pfeifen 8/1996, S. 1–44.

Schmaedecke 1996
M. Schmaedecke, Zum Stand der Tonpfeifenforschung in der Schweiz. Ein erster Überblick. In: Knasterkopf. Mitteilungen für Freunde irdener Pfeifen 8/1996, 50–61.

Schmaedecke 1999
Schmaedecke, Michael, Zum Gebrauch von Tonpfeifen in der Schweiz. In: Schmaedecke (Hrsg.), Tonpfeifen in der Schweiz. Beiträge zum Kolloquium über Tabakspfeifen aus Ton, Liestal, 26.3.1999. Archäologie und Museum 40, Liestal 1999, S. 51–66.

Wilts 1996
A. Wilts, Starker Tobak. Tabakgená und Tabakverbote in Konstanz und am Bodensee im 17. und 18. Jahrhundert. In: Knasterkopf. Mitteilungen für Freunde irdener Pfeifen 8/1996, S. 45–50; I. Zieglerum, Tabac, Von dem gar heilsamen Wundtkraut Nicotiana, Zürich 1616.

C. 3 Die mittelalterlichen und neuzeitlichen Glasfunde

(Erwin Baumgartner)

Auger 1990
Michelle Auger, Lyon – Verrerie des XV – XVIIèmes siècles, in: Verrerie de l'est de la France, XIIIe – XVIIIe siècles, Dijon 1990 (= Revue archéologique de l'Est de du Centre-est, neuvième supplément), S. 277–293.

Baeriswyl/Junkes 1995
Armand Baeriswyl/Marina Junkes, Der Unterhof in Diessenhofen – Von der Adelsburg zum Ausbildungszentrum, 1995 (= Archäologie im Thurgau 3).

Barrera 1990
Jorge Barrera, Le verre à boire des fouilles de la Cour Napoléon du Louvre, in: Annales du 11e Congrès de l'Association Internationale pour l'Histoire du Verre, Amsterdam 1990, S. 347–364.

Bauer/Gabbert 1980
Margrit Bauer/Gunhild Gabbert, Europäisches und aussereuropäisches Glas, Frankfurt 19802 (Sammlungskatalog Museum für Kunsthandwerk Frankfurt).

Baumgartner/Krueger 1988
Erwin Baumgartner/Ingeborg Krueger, Phoenix aus Sand und Asche – Glas des Mittelalters, München 1988.

Baumgartner 1995
Erwin Baumgartner, Verre de Venise et Façon de Venise, Genf 1995 (Sammlungskataloge Musée Ariana Genf, Bd. 2).

Bellanger 1988
Jacqueline Bellanger, Verre d'usage et de prestige, Paris 1988.

Billeter 1969
Erika Billeter, Glas aus der Sammlung des Kunstgewerbemuseums Zürich, Zürich 1969.

Bremen 1967
Walther Bremen, Die Reliquiengläser des Diözesanmuseums in Rottenburg am Neckar, Rottenburg 1967.

Chambon 1955
Raymond Chambon, L'histoire de la verrerie en Belgique du IIme siècle à nos jours, Brüssel 1955.

Dexel 1977
Thomas Dexel, Gebrauchsglas, Braunschweig 1977
Foy/Sennequier 1989.

Foy/Sennequier 1989
Danièle Foy/Geneviève Sennequier, A travers le verre du moyen âge à la renaissance, Rouen 1989 (Ausstellungskatalog Musée départemental des antiquités Rouen).

Frascoli 1997
Lotti Frascoli, Handwerker- und Kaufmannshaushalte im frühneuzeitlichen Winterthur, Zürich/Egg 1997 (= Monographien der Kantonsarchäologie Zürich 29).

Glatz 1991
Regula Glatz, Hohlglasfunde der Region Biel – Zur Glasherstellung im Jura, Bern 1991.

Glatz/Gutscher 1995
Regula Glatz/Daniel Gutscher, Burgdorf, ehemaliges Siechenhaus – Ergebnisse der archäologischen Grabungen und Bauforschungen 1989–1991, Bern 1995.

Goetz 1990
B. Goetz, Montbéliard – Cabaret de l'Hôtel de Ville: verrerie du premier quart du XVIIème siècle, in: Verrerie de l'est de la France, XIIIe–XVIIe siècles, Dijon 1990 (= Revue archéologique de l'Est de du Centre-est, neuvième supplément), S. 187–209.

Heinemeyer 1966
Elfriede Heinemeyer, Glas, Düsseldorf 1966 (Sammlungskataloge des Kunstmuseums Düsseldorf, Bd. 1).

Henkes 1994
Harold E. Henkes, Glas zonder glans, Rotterdam 1994 (= Rotterdam Papers 9) (Ausstellungkatalog Museum Boymans – van Beuningen Rotterdam).

Hettes 1960
Karel Hettes, Venezianisches Glas, Prag 1960.

Horat 1986
Heinz Horat, Flühli-Glas, Bern/Stuttgart 1986.

Huwer 1992
Elisabeth Huwer, Körper- und Gesundheitspflege, in: Vor dem grossen Brand – Archäologie zu Füssen des Heidelberger Schlosses, Stuttgart 1992 (Ausstellungskatalog), S. 127–140.

Jannin 1990
François Jannin, L'artisanat du verre en Argonne – L'atelier de «Pologne», commune de Chatrices, XVI–XVIIèmes siècles, in: Verrerie de l'est de la France, XIIIe–XVIIIe siècles, Dijon 1990 (= Revue archéologique de l'Est de du Centre-est, neuvième supplément), S. 123–136.

Jansen 1962
Béatrice Jansen, Catalogus van Noord- en Zuidnederlands glas, Den Haag 1962 (Sammlungskatalog Gemeentemuseum Den Haag).

Kamber/Keller 1996
Pia Kamber/Christine Keller, Das Fundmaterial im Spiegel der häuslichen Sachkultur, in: Historisches Museum Basel (Hrsg.), Fundgruben, Basel 1996 (Ausstellungskatalog Historisches Museum Basel), S. 49–68.

Klesse 1973
Brigitte Klesse, Glassammlung Helfried Krug, Bd. 2, Bonn 1973.

Klesse/Saldern 1978
Brigitte Klesse/Axel von Saldern, 500 Jahre Glaskunst – Sammlung Biemann, Rastatt 1978.

Klesse/Mayr 1987
Brigitte Klesse/Hans Mayr, Veredelte Gläser aus Renaissance und Barock, Sammlung Ernesto Wolf, Wien 1987.

Laméris 1991
Frides Laméris/Kitty Laméris, Venetiaans & Façon de Venise Glas 1500–1700, Amsterdam 1991 (Ausstellungskatalog Nieuwe Kerk Amsterdam).

Lanmon/Whitehouse 1993
Dwight P. Lanmon/David B. Whitehouse, Glass in the Robert Lehmann Collection, New York 1993.

Lithberg 1932
Nils Lithberg, Schloss Hallwil – Die Fundgegenstände, Bd. III:2, Stockholm 1932.

Loew 1979
Fernand Loew, Le verre à Neuchâtel du XIVe au XVIIIe siècle, in: Musée Neuchâtelois 1/1979, S. 26–48.

Matteotti 1994
René Matteotti, Die alte Landvogtei in Riehen, Basel 1994 (= Materialhefte zur Archäologie in Basel 9).

Meyer 1970
Werner Meyer et al., Die Wasserburg Mülenen, Einsiedeln 1970 (= Mitteilungen des Historischen Vereins des Kantons Schwyz, Heft 63).

Mosel 1979
Christel Mosel, Glas, Hannover 19792 (Sammlungskataloge des Kestner-Museums Hannover, Bd. 1).

Müller 1980
Felix Müller, Der Bischofstein bei Sissach, Kanton Baselland – Die hochmittelalterlichen Funde, Derendingen-Solothurn 1980 (= Basler Beiträge zur Ur- und Frühgeschichte, Bd. 4).

Prohaska 1992
Christine Prohaska-Gross, Keramik, Holz und Glas, in: Vor dem grossen Brand – Archäologie zu Füssen des Heidelberger Schlosses, Stuttgart 1992 (Ausstellungskatalog), S. 66–97.

Rademacher 1933
Franz Rademacher, Die deutschen Gläser des Mittelalters, Berlin 1933.

Ritsema van Eck/Zijlstra-Zweens 1993
Pieter C. Ritsema van Eck/Henrica M. Zijlstra-Zweens, Glass in the Rijksmuseum, Bd. 1, Amsterdam/Zwolle 1993.

Rückert 1982
Rainer Rückert, Die Glassammlung des Bayerischen Nationalmuseums München, Bd. 1, München 1982.

Tait 1979
Hugh Tait, The Golden Age of Venetian Glass, London 1979 (Ausstellungskatalog British Museum London).

Theuerkauff 1994
Anna-Elisabeth Theuerkauff-Liederwald, Venezianisches Glas der Veste Coburg, Lingen 1994.

Waton 1990
Marie-Dominique Waton, Strasbourg-Istra: verrerie, in: Verrerie de l'est de la France, XIIIe–XVIIIe siècles, Dijon 1990 (= Revue archéologique de l'Est de du Centre-est, neuvième supplément), S. 17–91.

Abkürzungen

ADB	Archäologischer Dienst des Kantons Bern
AKBE	Archäologie im Kanton Bern, Fundbericht und Aufsätze
ArchHBA	Archiv des Hochbauamtes der Stadt Bern
BBB	Burgerbibliothek Bern
BHM	Bernisches Historisches Museum
DKB	Denkmalpflege des Kantons Bern
DSB	Denkmalpflege der Stadt Bern
FRB	Fontes Rerum Bernensium
HAK	Historisch-Antiquarische Kommission der Stadt Bern
MGH	Monumenta Germaniae Historica
NSBV	Nachrichten des Schweizerischen Burgenvereins (heute: Mittelalter – Moyen Age – Medioevo – Temp medieval)
OAB	Ortsarchiv Bümpliz
SBKAM	Schweizerische Beiträge zur Kulturgeschichte und Archäologie des Mittelalters
SLB	Schweizerische Landesbibliothek Bern
STAB	Staatsarchiv Bern
StAB	Stadtarchiv Bern
ZAK	Zeitschrift für Schweizerische Archäologie und Kunstgeschichte
hg.	herausgegeben

Abbildungsnachweis

Archäologischer Dienst des Kantons Bern, Eliane Schranz, Max Stöckli: 2, 5, 6, 13–16, 18, 33, 37, 39, 40, 43–48, 53, 54, 69, 79, 84, 86, (n. Vorl. v. Bruno Seitz); 99, 117, 126, 127, 167-170 (n. Vorl. v. Johanna Strübin Rindisbacher); hintere Umschlagseite (Badri Redha).

Burgerbibliothek Bern: 112, 144 (G. Howald).

Bernisches Historisches Museum, Stefan Rebsamen: 1 und vordere Umschlagseite, 111; Hans Grütter: 3.

Clemençon & Ernst, Architekturbüro, vormals Rausser & Clemençon, Planarchiv: 162–164.

Denkmalpflege des Kantons Bern, Bildarchiv: 149, 152– 155, 156 (H.G.Wirz), Hermann von Fischer: 97, 103, 115, 120–124, 143; Martin Hesse†: 133; Gerhard Howald: 134; Planarchiv: 104, 114, 151.

Hochbauamt der Stadt Bern, Archiv: 91, 92; 96, 113 (Umzeichnung ADB, E.Schranz), 161.

intermonument restauro Bellwald (vormals Atelier für Architektur und Restaurierungen Margrit und Ueli Bellwald Schwab, Bern): 128 (Umzeichnung ADB, E. Schranz).

Loeliger, Paul, Hinterkappelen, Ortsarchiv Bümpliz: 157, 158, 160.

Medizinhistorisches Institut Universität Bern, Bildarchiv: 145.

Meyer, Werner, Basel: 4, 7–12, 17, 19–32, 34–36, 38, 41, 42, 49–52, 64, 67, 68, 70–78, 80–82.

Prescher, Felicitas, Basel: 55–60, 172–198.

Ryter, Marco, Architekt, Bern, Denkmalpflege der Stadt Bern: 87, 95, 102, 105–107, 119, 129, 139, 140–142, 146–148, 150, 159.

Rindisbacher, Matthias, Architekt, Bern: 93, 94, 100, 101, 108–110, 116, 125, 130–132, 135–138, 165, 166.

Seitz, Bruno, Basel (s. auch oben Archäologischer Dienst des Kantons Bern): 83, 85.

Staatsarchiv des Kantons Bern (Foto M. Rindisbacher): 88–90, 118.

Johanna Strübin Rindisbacher, Bern (s. auch oben Archäologischer Dienst des Kantons Bern): 98.

Register

Das Register umfasst Orts- und Personennamen (ohne Autoren und Mitarbeitende der letzten Grabung bzw. Restaurierung) sowie wichtigste Sachbegriffe. Ordnungsstichworte, welche als Gliederung des Grabungs- bzw. Bauuntersuchungsberichtes dienen und daher als Kapitelüberschriften des Inhaltsverzeichnisses vorkommen, wurden nicht systematisch ins Register aufgenommen. Ortsnamen ohne Kantons- oder Landeszeichen befinden sich im Kanton Bern.
Kursive Ziffern verweisen auf Abbildungsnummern.